CHRISTENTUM UND GESELLSCHAFT

Herausgegeben von

Henneke Gülzow und Hartmut Lehmann

Band 9

Hartmut Lehmann

Das Zeitalter des Absolutismus

Gottesgnadentum und Kriegsnot

Verlag W. Kohlhammer
Stuttgart Berlin Köln Mainz

CIP-Kurztitelaufnahme der Deutschen Bibliothek

Lehmann, Hartmut:
Das Zeitalter des Absolutismus : Gottesgnadentum und Kriegsnot / Hartmut Lehmann.
Stuttgart, Berlin, Köln, Mainz : Kohlhammer, 1980.
(Christentum und Gesellschaft ; Bd. 9)
ISBN 3-17-005813-4 kart.
ISBN 3-17-005926-2 Lw.

Umschlagbild: Kardinal Richelieu. Triple-Porträt, das als Vorstufe für ein geplantes Denkmal gedacht war.
Ölgemälde von Philippe de Champaigne. National Gallery, London.
Abdruck aus: H. Langer, Kulturgeschichte des 30jährigen Krieges, Stuttgart 1978.

Stuttgart Berlin Köln Mainz
Verlagsort: Stuttgart
Umschlag: hace
Gesamtherstellung: W. Kohlhammer GmbH
Grafischer Großbetrieb Stuttgart
Printed in Germany

Inhalt

Vorwort 9

I. Gegenreformation, Absolutismus, Barock

Zum Problem einer politischen und sozialen Geschichte des Christentums im Zeitalter des Absolutismus 11

Zum Forschungsstand (11) – Abgrenzung gegenüber dem Zeitalter der Reformation und dem Zeitalter der Aufklärung (12) – Deutungen in der älteren und in der neueren Literatur (13) – Gegenreformation und Barock (16) – Krise des 17. Jahrhunderts (17) – Das neue naturwissenschaftlich-philosophische Weltbild (18) – Grundsätzliches zum Verhältnis von Religiösem und Politischem (19).

II. Staatskirche, Gemeindekirche, Religionsfreiheit

Die Kirchen als Teil und politisch-religiöse Gruppen als Gegner des absolutistischen Herrschaftssystems

1. *Begründung und Varianten absolutistischer Kirchen- und Religionspolitik* 23
Ältere und neuere Absolutismusforschung (23) – die Position von Machiavelli (25) – die Haltung von Reinkingk (26), Bossuet (27), Hobbes (28) – die Rolle der Höfe (29) und der Hofprediger (31) – Sozialdisziplinierung (31) – Rechtswesen (32) – Merkantilismus (32) – Staatskirchensysteme (33) und Oppositionsbewegungen (33) – Entstehung größerer religiöser Toleranz (34).

2. *Fürstlicher Katholizismus und ständischer Protestantismus I: Spanien und die Niederlande* 35
Philipp II.: Religiosität (36) und Regalismus (36) – Spanien und das Papsttum (37) – Innenpolitik: Kampf gegen Juden und Mauren (38) – Außenpolitik: Kampf gegen Türken und Engländer (38) – Aufstand (39) und Aufstieg der Niederlande (41) – der Niedergang Spaniens im 17. Jh. (43).

3. *Fürstlicher Katholizismus und ständischer Protestantismus II: Österreich, Böhmen und Ungarn* 44
Die Herrschaft der österreichischen Habsburger im 16. Jh. (44) – Gegenreformation und »Bruderkampf« (45) – Böhmen 1609 bis 1627 (47) – Siebenbürgen und Ungarn im 17. Jh. (49) – der Aufstand des Rákóczi (50) – der ungarische Protestantismus im 18. Jh. (50).

4. *Konfessionelle Konkurrenz und konfessionelle Koexistenz* 51
Der Augsburger Religionsfrieden und das Alte Reich (52) – Gegenreformation und Jesuitenorden (53) – die Rolle Bayerns (55) – protestantische Territorien und Konkordienformel (56) – die Entscheidung 1618/20 (56) – Dänemark und Schweden im Dreißigjährigen Krieg (57) – der Westfälische Frieden (58) – protestantische und katholische Territorien nach 1648 (59) – religiöse Intoleranz im 18. Jh. (60) – der Sonderfall Schlesien (60).

5. *Gallikanismus und Jansenismus* 61
Die Hugenottenkriege (62) – Edikt von Nantes (63) – auf dem Weg in den Absolutismus (63) – Richelieus Kampf gegen Hugenotten (65) und Jansenisten (66) – Mazarin (67) – sozialer und politischer Hintergrund des Jansenismus (67) – Ludwig XIV. und die Hugenotten: Aufhebung des Edikts von Nantes (68), Emigration (69), Camisardenkriege (69) – Ludwig XIV. und der Jansenismus (70).

6. *Anglikanismus und Puritanismus* 72
Die Reformation in England unter Heinrich VIII. (72), Eduard VI. (73), Mary Tudor (73) – Elisabeth I. und der Anglikanismus (73) – John Foxe (74) – Anfänge des Puritanismus (75) – die Entwicklung in Schottland (76) – Charakterisierung des Puritanismus (76) – Kirchenpolitik Jakobs I. (77) – Parlament und Puritanismus (77) – Revolution und Bürgerkrieg (79) – Oliver Cromwell (80) – Restauration (81) – Glorious Revolution (82).

7. *Territorialismus und Pietismus* 83
Brandenburg-preußische Kirchenpolitik unter Johann Sigismund und dem Großen Kurfürsten (84) – Toleranz und Territorialismus (85) – Friedrich III. (I.) (88) – Charakterisierung des Pietismus (88) – »Preußentum und Pietismus« unter Friedrich Wilhelm I. (89) – Friedrich der Große (91) – der Pietismus in anderen deutschen Territorien (91).

8. *Absolutistische Herrschaft und religiöses Engagement* 93
Probleme der Beurteilung (93) – Notwendigkeit der Differenzierung (94) – Phasen (94) und Typen absolutistischer Kirchen- und Religionspolitik (95) – Lehre und Selbstverständnis der absolutistischen Staatskirchen (96) und ihrer Gegner (97) – Föderaltheologie (97) – Erweckungstheologie (97) – Eschatologie (98) – soziale Träger religiöser Erneuerung (98) – drei Typen von konfessionellen Minderheiten (100) – Toleranz und Intoleranz (101) – die religiöse Entwicklung in den englischen Kolonien in Nordamerika (103).

III. Not, Angst, Hoffnung

Die Krise des Glaubens im 17. Jahrhundert

1. *Ursachen, Erscheinungsformen und Folgen der großen Krise des 17. Jahrhunderts* 105
Die Krisentheorien von E. J. Hobsbawm (105), H. R. Trevor-Roper (105), Chr. Hill (106), T. K. Rabb (107) – neue Deutung der Krise des 17. Jahrhunderts (108) – demographische (109), wirtschaftliche (109), außenpolitische (110), innenpolitische (110), bildungsgeschichtliche Aspekte (111) – die Reaktion der Zeitgenossen (111) – Schwierigkeiten bei der Erforschung (112) – Zusammenhang der Krise des 17. Jh. mit der Geschichte des Christentums (112).

2. *Trost und Erbauung* 114
Die Verbreitung erbaulicher Literatur im 17. Jh. (114): Thomas a Kempis (115), Franz von Sales (115), Lewis Bayly und John Bunyan (115), Johann Arndt (116) – erbauliche Kirchenlieder, Briefe und Leichenpredigten (116) – erbauliche Literatur im 18. Jh. (117) – die Werke von Arndt (118) und Franz von Sales vor dem Hintergrund der Krise des 17. Jh. (120) – P. Gerhardt (120) – Individualisierung der Frömmigkeit (121) – Trennung von Frömmigkeit und Konfessionsbewußtsein (122).

3. *Aus der Angst zur Hoffnung* 123
Heilsgeschichtliche Chronologie und Zeitzeichen (124): Gegenreformation (124), Türkenkriege (125), Kometen (125), allgemeine Not (125) – Anfänge des Zeitungswesens (127) – Stimmen zum nahen Jüngsten Gericht aus dem Alten Reich (128) – »vulgärer« Chiliasmus (130) und spiritualistischer Chiliasmus (130): Johann Heinrich

Alsted (131), Comenius (131) – Spener (131) – Varianten des endzeitlichen Denkens im England des 17. Jh. (132) – zum Zusammenhang von Krise und Endzeiterwartung (133).

4. *Aus der Not zur Repression* 135
Judenverfolgungen im 14./15. sowie im 17. Jh. (135) – Vernichtung der polnischen Judengemeinden (137) – Hoffnung auf Erlösung durch Sabbatai Zewi (137) – Philosemitismus der Barockzeit (138): Chiliasmus im Alten Reich und in England (138), ökonomische Motive und Rolle der Hofjuden (139) – Hexenverfolgungen im ausgehenden 16. und im 17. Jh. (141) – Begründungen und Grenzen (141) – Zusammenhang von Endzeitglauben und geringerer Repression von religiösen und sozialen Außenseitern (143).

5. *Aus Not und Angst zur Leistung* 144
Zeitgenössischer Hintergrund und historische Aspekte der Weber-These (145) – Berufsethik und Krise des 17. Jh. (146) – die Lehre vom »Ausschöpfen« der Zeit in der Erbauungsliteratur (146) – Sozialdisziplinierung durch den Absolutismus (147) – Endzeiterwartung und Berufsethik (147) – verschiedene Auswirkungen in verschiedenen Ländern (149) – Berufsarbeit als Leistung für die Gemeinschaft der Christen (151).

6. *Aus der Hoffnung zu neuer Erkenntnis* 152
Erneuerung der Eschatologie und neue wissenschaftliche Erkenntnis (153) – Johann Valentin Andreae und die Rosenkreuzer (154) – Francis Bacon und die Entwicklung der Wissenschaften in England (155) – Samuel Hartlib und die puritanische Revolution (156) – Royal Society of London (157) – Newton (157) – Descartes (159) – Hobbes (160).

7. *Vom Jahrhundert der Angst zum Jahrhundert der Hoffnung* 161
Die Auswirkungen der besonderen religiösen und theologischen Kräfte des 17. Jh. im 18. Jh. (161) – typische und atypische theologische Stimmen des 17. Jh.: Johann Schmidt (163) – Theophil Großgebauer (164) – Spinoza (165) – Pierre Bayle (166) – die Deutungen von P. Hazard (167) und W. McNeill (167) – Auswirkungen der Krise des 17. Jh. auf die Entwicklung von Theologie und Frömmigkeit (168).

IV. Orthodoxie, Heilsverlangen, Aufklärung

Wandlungen des Christentums vom Zeitalter des Konfessionalismus zum Zeitalter der Säkularisierung 170

Kirche, Theologie und Frömmigkeit im Zeitalter der Reformation und der Gegenreformation (170) – neue theologische Akzente im 17. Jh.: Traditionalismus (171), Gegenwartsbezug (172), endzeitlicher Biblizismus (172), prophetische Verkündigung (173) – Nichtchristliches im 17. Jh. (173) – Krankheit und Tod (174) – katholische und protestantische Christen (175) – Auswirkungen der Krise und des Absolutismus (176) – theologische Vorbilder (177) – Veränderungen im 18. Jh. (177) – das Erbe des 17. Jh. (178).

Personenregister 179

Sachregister 184

Für Silke

Vorwort

Als Friedrich Schiller im ausgehenden 18. Jahrhundert auf die zwei Jahrhunderte seit der Reformation zurückblickte, faszinierte ihn der Freiheitskampf der Niederlande gegen das katholische Spanien ebenso wie der böhmische Aufstand gegen das katholische Österreich und in diesem Zusammenhang auch Wallenstein. In den zwei Jahrhunderten, die seit Schillers Zeit vergangen sind, engagierten sich viele Historiker für die nationale Sache und verloren dabei die dem Weltbürger Schiller eigene Weite des Blicks; andere konzentrierten sich auf den Siegeszug der absolutistischen Herrschaftsform und distanzierten sich vom Schillerschen Freiheitspathos; manche Historiker entdeckten auch das von Schiller einseitig abgewertete katholische Europa der Gegenreformation wieder, einen Karl V. und einen Philipp II., die nach Schillers Urteil dem geistigen und kulturellen Fortschritt den Weg zu versperren suchten. Trotz dieser und anderer Akzente, die seit Schillers Zeiten von Historikern neu gesetzt wurden, die große Faszination ist geblieben, die schon im ausgehenden 18. Jahrhundert von der nachreformatorischen Zeit ausging. Geblieben ist nicht nur bis in die jüngste Zeit das von Schiller begründete Interesse an Wallenstein, geblieben ist vielmehr die auch ihn schon bewegende Frage, wie sich Europa zwischen den großen Erschütterungen des Reformationszeitalters und den noch größeren Erschütterungen im Zeitalter der Aufklärung und der Französischen Revolution entwickelte, und geblieben sind viele Fragen und Probleme, die auch im ausgehenden 20. Jahrhundert noch eine Beschäftigung mit dem Europa zwischen Luther und Lessing, zwischen Calvin und Voltaire, zwischen Müntzer und Rousseau rechtfertigen. Nicht das Zeitalter der Reformation, sondern das Zeitalter des Absolutismus war, was heute oft vergessen wird, die letzte Epoche europäischer Geschichte, in der das Christentum fast alle Bereiche des politischen, geistigen und kulturellen Lebens beeinflußte. Viele der grundsätzlichen Fragen und Probleme jener Zeit betreffen deshalb auch die Geschichte des Christentums, wie andererseits die Geschichte des Christentums zum historischen Verständnis jener Epoche beitragen kann. Welche Bedeutung einer Darstellung des Christentums zukommt, die die politischen und sozialen Aspekte besonders herausarbeitet, wird im ersten Kapitel erklärt.

In den Jahren, in denen ich den vorliegenden Band konzipierte und niederschrieb, wurde mir von vielen Seiten Rat und Hilfe zuteil. Danken möchte ich Freunden und Kollegen, mit denen ich den Plan einer politischen und sozialen Geschichte des Christentums im Zeitalter des Absolutismus erörtert habe, danken möchte ich den Teilnehmern von mehreren Seminaren, in denen ich in den vergangenen Jahren einzelne Teile der Gesamtthematik diskutieren konnte, und danken möchte ich vor allem meinen Mitarbeitern am Historischen Seminar der Universität Kiel, die mir bei der Beschaffung der weitverstreuten Literatur, beim Lesen der Korrekturen und bei der Erstellung des Personenregisters halfen. Besonderer Dank gebührt ferner Herrn Dr. Jörn Halbe und Herrn Jürgen Schneider vom Verlag Kohlhammer, die die Serie »Christentum und Gesellschaft« betreuen, sowie meinem Mitherausgeber, Herrn Professor Dr. Henneke Gülzow. Schließlich danke ich sehr herzlich meiner Frau für kritische und sachkundige Ratschläge. Ihr sei dieser Band gewidmet.

Kiel, im Februar 1980 *Hartmut Lehmann*

I. Gegenreformation, Absolutismus, Barock

Zum Problem einer politischen und sozialen Geschichte des Christentums im Zeitalter des Absolutismus

Nachdem in den vergangenen Jahren die ohnehin nicht ganz kleine Zahl von Darstellungen zur Geschichte des Christentums zwischen Reformation und Aufklärung durch eine Reihe zum Teil umfangreicher Publikationen ergänzt wurde, liegt die Frage nahe, warum im folgenden, und zudem auf knappem Raum, die gleiche Periode christlicher Geschichte noch einmal geschildert wird. Die Antwort auf diese Frage kann nicht auf einige wenige Sätze beschränkt werden, da sie mitten hinein in die grundsätzlichen Probleme führt, die eine Geschichte christlicher Theologie und Frömmigkeit sowie christlicher Gruppen und Kirchen in den knapp zweihundert Jahren zwischen dem Zeitalter Luthers und Calvins und dem Zeitalter Voltaires und Rousseaus aufwirft. Beginnen wir mit allgemeinen Überlegungen, die mit der Konzeption der Reihe zusammenhängen, deren Teil der vorliegende Band ist, und gehen dann ein auf die besonderen Fragen dieses Bandes, auf seine Konzeption, seine Schwerpunkte und seine Abgrenzung.

Untersucht man die thematische Ausrichtung älterer und neuerer Werke zur Kirchengeschichte, in denen die Zeit vom späten 16. bis ins frühe 18. Jahrhundert behandelt wird, dann zeigt sich, von konfessionellen und nationalen Akzenten abgesehen, auch hier das für andere Perioden des Christentums charakteristische Bild: Interpretiert wurden in der Vergangenheit vor allem die Aussagen der großen Theologen, analysiert wurden innerkirchliche Kämpfe sowie die Kämpfe zwischen den großen Glaubensrichtungen. Die mit den etablierten Kirchen nur teilweise zusammenhängenden Frömmigkeitsbewegungen wurden dagegen schon seltener dargestellt, die verschiedenen sozialen und politischen Träger der verschiedenen christlichen Gruppen und Kirchen häufig vernachlässigt. Wenngleich Zeugnisse der europäischen Philosophie und Kultur in den meisten Abhandlungen zur Geschichte des Christentums in jener Epoche zwar ebenso erwähnt werden wie die großen politischen Taten der großen Herrscher, so sind doch kaum Ausführungen zu finden über Interdependenzen zwischen politischen und kirchlichen Strukturen, zwischen wirtschaftlicher und gesellschaftlicher Entwicklung sowie zwischen religiösen und sozialen Bewegungen. Der vorliegende Band konzentriert sich deshalb auf diese Themenbereiche und verfolgt das Ziel, das vorwiegend aus geistes- und theologiegeschichtlicher sowie kirchenpolitischer Sicht entworfene Bild dieser einen Periode christlicher Geschichte zu ergänzen, wenn nötig aber auch zu korrigieren.

Um Mißverständnisse zu vermeiden, sind dabei einleitend einige Punkte zu klären. Wenn in der folgenden Untersuchung ein Stück des Wandels christlicher Kirche, Frömmigkeit und Theologie im Wandel von Staat, Gesellschaft, Wirtschaft und Kultur erörtert wird, dann soll nicht nur die an der Theologie- und Geistesgeschichte orientierte Kirchengeschichtsschreibung herausgefordert werden; kritisiert werden soll auch jener sterile sozioökonomische Determinismus, der in der Untersuchung der materiellen Basis eine hinreichende Erklärung für die Veränderung des politischen und geistigen Überbaus sieht, zu dem dann auch die Religion gezählt wird.

Ferner ist zu betonen, daß im folgenden auf gewisse Verallgemeinerungen nicht verzichtet werden kann. Zwar sind die wechselseitigen Beziehungen und die gegenseitige Beein-

flussung von Religiösem und Politischem je nach der Art und der Stärke der beteiligten Kräfte von Fall zu Fall, von Land zu Land und von Periode zu Periode verschieden. Nur indem die grundsätzlichen Probleme erörtert und die allgemeinen Richtungen beschrieben werden, kann jedoch die Debatte über Schicksal und Bedeutung des nachreformatorischen Christentums belebt werden. Daraus ergibt sich, daß in der folgenden Abhandlung weder in lexikalischer Kürze die bisherigen Forschungen über den hier untersuchten Zeitraum zusammengefaßt, noch daß möglichst viele signifikante Ereignisse, Gestalten und Werke vorgestellt werden sollen. Im folgenden ist also weder ein kompletter Abriß aller politischen und sozialen Aspekte noch eine umfassende Beschreibung aller ökonomischen und kulturellen Kräfte in der Geschichte des Christentums zwischen Reformation und Aufklärung intendiert. Für eine solche Summe fehlen neben wichtigen Vorarbeiten nicht zuletzt Beiträge, die Zusammenhänge herstellen, die Schwerpunkte setzen und begründen, kurz Beiträge, die deuten. Gewiß, die Deutung eines so komplexen Gegenstands wie des Verhältnisses von Christentum und Gesellschaft ist ein schwieriges, ein ambitiöses Unterfangen. Will sie mehr sein als eine von der weiteren Forschung nur noch in einer Anmerkung erwähnte Randnotiz, dann hat sie die Grundfragen der damaligen Periode zu behandeln und zu bewerten und sich mit den daraus ergebenden Konsequenzen für Periodisierung und Terminologie zu beschäftigen. Zur Präzisierung der folgenden Ausführungen, auch, um keine falschen Erwartungen zu wecken, sei deshalb nachdrücklich betont, daß hier nicht mehr, freilich auch nicht weniger, als ein Beitrag zur Diskussion über alte und neue Deutungen geleistet werden soll.
Damit kommen wir zu den besonderen Problemen, die sich einer politischen und sozialen Geschichte des Christentums vom ausgehenden 16. bis ins frühe 18. Jahrhundert, von der Gegenreformation bis zur Frühaufklärung, stellen. Die zeitliche Abgrenzung dieser Untersuchung ist ebensowenig selbstverständlich wie der innere Zusammenhang der hier in einem Band dargestellten Periode. Zunächst zur Abgrenzung gegenüber der Reformation: In den knapp zwei Jahrzehnten zwischen 1545 und 1565 wurde das politische und konfessionelle Kräftefeld in Europa verwandelt durch die reichsrechtliche Absicherung der konfessionellen Koexistenz zwischen Alt- und Neugläubigen im Augsburger Religionsfrieden, durch den Tod Luthers und den beginnenden Streit um sein theologisches Erbe, durch die Ausarbeitung der Calvinschen Lehre und die rapide Verbreitung dieser zweiten, politisch brisanten protestantischen Richtung vor allem in Westeuropa, durch die endgültige Trennung Englands von der römischen Kirche, durch die gleichzeitige Erneuerung der alten Kräfte im Konzil von Trient, durch Gründung und Ausbreitung des Jesuitenordens sowie durch die Resignation Karls V., das Scheitern seiner Universalpolitik und den Beginn der spanischen Hegemonial- und konfessionellen Machtpolitik Philipps II., um nur die wichtigsten Ereignisse und Entscheidungen zu nennen. Außerdem konsolidierten sich in den gleichen Jahren jene staatlich-konfessionellen Einheiten, die aus der Verbindung von Machtpolitik und Konfessionalismus im Zeitalter der Reformation hervorgegangen waren. Auch wenn beispielsweise in Frankreich oder in Ostmitteleuropa noch bis zum Ende des 17. Jahrhunderts religiös-kirchliche Verschiebungen erfolgen sollten, war doch seit der Mitte des 16. Jahrhunderts der Gegensatz zwischen »katholischen« und »protestantischen« Mächten zu einem Grundelement europäischer Politik geworden. Natürlich hatten nach 1555 nicht alle der in der Reformation Luthers und der folgenden Spaltung der europäischen Christenheit zusammenwirkenden Kräfte und Bewegungen schlagartig ihre Bedeutung verloren; auch soll nicht übersehen werden, daß die demographische und ökonomische Gesamtentwicklung Europas nach der Jahrhundertmitte zunächst im wesentlichen ungebrochen weiter verlief. Deshalb gab es auch über die Zeitenwende in der Mitte des 16. Jahrhunderts hinweg ein gutes Stück Kontinuität, wenigstens bis zum Beginn des 17. Jahrhunderts. Leopold von Ranke hatte seine Refor-

mationsgeschichte bis zur Mitte des 16. Jahrhunderts geführt und dann ein neues Zeitalter angesetzt. Seine Periodisierung ist heute zu ergänzen: Nicht in der Mitte des 16. Jahrhunderts, im Jahrzehnt zwischen 1550 und 1560, wohl aber in dem halben Jahrhundert zwischen 1555 und 1618 entwickelten sich in Europa neue machtpolitische, ökonomische, soziale und nicht zuletzt auch neue religiöse und kirchliche Konstellationen.
Noch schwieriger ist es, das Ende der mit der zweiten Hälfte des 16. Jahrhunderts einsetzenden neuen Ära und die Einheit der bis dahin führenden Epoche zu begründen. Zwar wird in vielen historischen Werken mit dem Jahr 1740, dem gleichzeitigen Regierungsantritt Friedrichs II. und Maria Theresias, der Übergang vom Absolutismus zum aufgeklärten Absolutismus gekennzeichnet; die entscheidende Zeitenwende wird jedoch in der Regel im Jahr 1789 und damit beim Ausbruch der Französischen Revolution gesehen. Diese Periodisierung mag für die politische Geschichte auch durchaus richtig sein. Für das europäische Christentum brachte hingegen die sich seit dem Ende des 17. Jahrhunderts zunächst langsam und dann seit dem dritten und vierten Jahrzehnt des 18. Jahrhunderts stürmisch entwickelnde Aufklärung die für ihr weiteres theologisches und politisches Schicksal, die für ihre weitere geistige und soziale Rolle ausschlaggebende Herausforderung. Die Säkularisierung des Denkens wurde zur Schlüsselfrage für die christliche Theologie und die christlichen Kirchen, noch ehe im Zuge der Französischen Revolution die Säkularisation geistlichen Besitzes und damit der Abbau kirchlicher Machtpositionen begonnen, noch ehe das Zeitalter der Revolutionen eingesetzt hatte. Außerdem ist zu berücksichtigen, daß etwa seit dem zweiten Drittel des 18. Jahrhunderts die europäische Bevölkerung rasch wuchs, daß parallel dazu auch die europäische Wirtschaft eine neue Expansionsphase erlebte und das wirtschaftende Bürgertum jene Positionen zu erobern begann, von denen aus es dann auch die politische Macht beanspruchen sollte, schließlich, daß wenig später mit der Publikation der *Encyclopédie* in Frankreich die Aufklärung Gemeinbesitz gebildeter Bürger werden und die Industrielle Revolution in England einsetzen sollte. Noch ehe aufgeklärte Despoten wie Joseph II. rigoros die kirchlichen Verhältnisse neu zu ordnen begannen, stellten sich also der Theologie, insbesondere der christlichen Ethik und Frömmigkeit völlig neuartige soziale und ökonomische Probleme und Aufgaben. Die im 18. Jahrhundert einsetzenden geistigen und wissenschaftlich-technischen Veränderungen, die sich in der Folgezeit besonders auf dem industriellen Sektor und in der Politik zeigen sollten, erschütterten alles, auf was Christen bisher in dieser Welt gebaut hatten. Somit wurde es mit dem Zeitalter der Aufklärung für sie unumgänglich, die traditionelle Rolle des Christentums zu überdenken und neu zu definieren.
Von den Grenzen, von Reformation und Aufklärung her gesehen, ergeben sich noch keine zwingenden Argumente für die Einheit des zwischen diesen beiden Schlüsselperioden liegenden Abschnitts christlicher Geschichte. Auch in der allgemeinhistorischen und in der kirchenhistorischen Literatur, die es hier wenigstens in aller Kürze vorzustellen gilt, wird denn auch die Zeit zwischen Reformation und Aufklärung, soweit ich sehe, nur selten als Entwicklungseinheit behandelt. Das in den letzten Jahren von Hubert Jedin herausgegebene große *Handbuch der Kirchengeschichte* faßt beispielsweise im vierten Band die Reformation, die katholische Reform und die Gegenreformation zusammen und geht im fünften Band ein auf die Kirche im Zeitalter des Absolutismus und der Aufklärung. Der vor kurzem von Raymund Kottje und Bernd Moeller publizierte zweite Band der *Ökumenischen Kirchengeschichte* führt bis zum Westfälischen Frieden, während der dritte Band dann von diesem Stichjahr bis zur Gegenwart reicht. Karl Heussis weitverbreitetes, inzwischen in 13. Auflage vorliegendes *Kompendium der Kirchengeschichte* faßt Reformation und Gegenreformation als eine sich von 1517 bis 1689 erstreckende Periode zusammen, auf welche dann, wie mir scheint, um mehrere Jahrzehnte verfrüht, das

Zeitalter der Aufklärung folgt. In dem im Entstehen begriffenen Sammelwerk *Die Kirche in ihrer Geschichte* sind nach den bis 1555 geführten Abschnitten über die Reformation Abschnitte über die katholische Reformation und die Gegenreformation sowie über die lutherische und reformierte Orthodoxie zu finden; die dann folgenden Abschnitte gelten der katholischen Entwicklung von 1648 bis 1870, dem Pietismus und der Aufklärung sowie, in besonderen Kapiteln, der russischen, der englischen, der französischen und der niederländischen Kirchengeschichte. Die große, von Augustin Fliche und Victor Martin begründete französische Kirchengeschichte *Histoire de l'Eglise* nimmt ebenfalls das Jahr 1648 als Grenze zwischen zwei Bänden.

Nur in wenigen Werken ist eine andere Einteilung zu finden: Hans-Walter Krumwiede behandelt in seiner *Geschichte des Christentums* ebenso wie Johannes Wallmann in seiner *Kirchengeschichte Deutschlands* die gesamte nachreformatorische Kirchengeschichte bis zur Gegenwart in einem Band, Krumwiede unter der Überschrift »Neuzeit«, ähnlich wie Friedrich-Wilhelm Kantzenbach in seinem (dem Titel nach vielversprechenden, jedoch in der Durchführung enttäuschenden) Werk *Christentum in der Gesellschaft.* Die von Winfried Zeller herausgegebene Sammlung *Der Protestantismus des 17. Jahrhunderts* reicht vom Beginn dieses Jahrhunderts bis hin zum Pietismus, der in einem weiteren Band der gleichen Serie behandelt wird. Zeller sucht den Begriff des 17. Jahrhunderts in einer neuen Frömmigkeit, in einem »inneren und äußeren Ungesichertsein(s)«, das er als Folge der diese Epoche zutiefst erschütternden »frömmigkeits- und geistesgeschichtlichen Krisen« ansieht (S. XIV). In der unter internationaler Beteiligung verfaßten und von L. J. Rogier, R. Aubert und M. D. Knowles herausgegebenen *Geschichte der Kirche* werden im dritten Band Reformation und Gegenreformation geschildert, wobei im Teil über die Gegenreformation mit der kirchengeschichtlichen Bedeutung des Barock und des Absolutismus unter anderem Themen zur Sprache kommen, die auch hier zur Debatte stehen werden. Der vierte Band dieses Werks gilt dann der Kirche im Zeitalter der Aufklärung, Revolution und Restauration. Am nächsten steht die hier vorgeschlagene Periodisierung dem zweiten Band der *Deutschen Geistesgeschichte der Neuzeit* von Hans-Joachim Schoeps, 1978 unter dem Titel *Das Zeitalter des Barock* erschienen; zu betonen ist jedoch, daß im folgenden die Periode »Zwischen Reformation und Aufklärung«, so Schoeps' Untertitel, in wesentlichen Punkten anders als von diesem interpretiert wird.

Bei den allgemeinhistorischen Werken überwiegt bei weitem die Zahl derjenigen, in denen die Mitte des 17. Jahrhunderts als wichtigste Zäsur zwischen Reformation und Französischer Revolution betrachtet wird. Nach diesem Prinzip ist etwa *Gebhardts Handbuch der Deutschen Geschichte* aufgebaut, in dessen zweiten Band die deutsche Geschichte der Frühen Neuzeit durch die Jahre 1517, 1555, 1648 und 1789 gegliedert wird; und diesem Prinzip folgt noch ausdrücklicher Theodor Schieders *Handbuch der Europäischen Geschichte,* dessen dritter Band *Die Entstehung des neuzeitlichen Europa* bis zu den Jahren 1648/1660 verfolgt und dessen vierter Band dann *Europa im Zeitalter des Absolutismus und der Aufklärung* darstellt. Auch auf die neue *Propyläen Geschichte Europas* ist in diesem Zusammenhang zu verweisen, bei der die Jahre 1648/49 die Grenze zwischen dem zweiten und dem dritten Band bilden, sowie schließlich, wenigstens für das allgemeine Geschichtsbewußtsein in der Bundesrepublik Deutschland nicht zu unterschätzen, auf die Geschichtslehrbücher der Sekundarstufe I, deren zweite, für die Untertertia bestimmten Bände in allen Verlagen bis zum Westfälischen Frieden reichen, und deren Jahresbände für die Obertertia dann von dieser Zäsur ausgehen. Englische und französische Historiker stimmen in diesem Punkt mit deutschen Historikern weitgehend überein. In *Harpers History of Europe* wird die Zeitspanne zwischen 1559 und 1715 auf drei Bände aufgeteilt, die jeweils etwa ein halbes Jahrhundert umfassen (John H. Elliott

1559–1598; J. W. Smit 1598–1648; John Stoye 1648–1715). Das große Sammelwerk *Peuples et Civilisations* gliedert den gleichen Stoff in zwei Bände, die von 1559 bis 1660 und von 1661 bis 1715 reichen. Henry Kamen sieht in seiner umfassenden Darstellung *The Iron Age* (1971) ebenfalls das Jahrhundert von 1550 bis 1660 als Einheit an und liefert damit fast so etwas wie eine Ergänzung zu Ragnhild Hatton, die in ihrem Buch *Europe in the Age of Louis XIV* (1969) das Leben und die Wirkung dieses einen Herrschers mit einer der großen Perioden der europäischen Geschichte gleichsetzt.
Sieht man ab von Universalgeschichten wie der *Propyläen Weltgeschichte,* der *Historia Mundi* und der *Saeculum Weltgeschichte* auf der einen Seite, welche die Geschichte von der Reformation bis zur Französischen Revolution in einem Band zusammenfassen, sowie stark unterteilten Sammelwerken wie der *New Cambridge Modern History* auf der anderen Seite, in der jeweils nur höchstens vier bis fünf Jahrzehnte als Entwicklungs- und damit als Bandeinheit genommen werden, dann bleiben nur einige wenige allgemeinhistorische Werke, in denen die Mitte des 17. Jahrhunderts nicht als Zeitenwende herausgestellt wird. Dazu gehört die von Gerhard Ritter initiierte *Geschichte der Neuzeit,* deren erster, von Erich Hassinger bearbeiteter Teil das 14., 15. und 16. Jahrhundert umfaßt, während Walther Hubatsch im zweiten Teil dann das ganze 17. und 18. Jahrhundert als *Das Zeitalter des Absolutismus* begreift. Dazu gehört ferner Roland Mousniers große Darstellung des 16. und 17. Jahrhunderts im vierten Band der *Histoire Générale des Civilisations.* Und dazu gehört schließlich, noch einmal mit verschiedener Periodisierung und verschiedener Akzentsetzung, Pierre Chaunus Werk *Europäische Kultur im Zeitalter des Barock,* das auf die Zeit zwischen 1620 und 1760 eingeht. Während D. H. Pennington sich in seinem Buch *Seventeenth Century Europe* mit dem Zeitabschnitt zwischen 1600 und 1700 befaßt, ohne für dieses Säkulum eine besondere Deutung zu geben, beschränkt sich Carl Joachim Friedrichs 1952 veröffentlichte Studie *The Age of Baroque* (deutsch 1954: *Das Zeitalter des Barock*), in der »das rastlose Streben nach Macht« als gemeinsamer Nenner jener Ära angesehen wird (S. 56), bezeichnenderweise auf das halbe Jahrhundert von 1610 bis 1660 und folgt somit auch der Vorstellung von einer Zeitenwende in den Jahren 1648/1660. Selbst in George Clarks seit 1929 mehrfach aufgelegter Abhandlung *The Seventeenth Century* erfahren wir einleitend, in der Mitte des 17. Jahrhunderts habe sich das Leben in vielerlei Hinsicht völlig verändert, so daß man gemeinhin diese Zeit als eine der großen Wasserscheiden der neueren Geschichte ansehe, allein vergleichbar mit der Renaissance, der Reformation oder der Französischen Revolution. Zwar gebe es, so Clark, für diese Veränderungen keinen Begriff, den man in Großbuchstaben schreiben könne, und doch sei ein Wechsel der Atmosphäre zwischen dem früheren und dem späteren Teil des Jahrhunderts deutlich zu erkennen.
Nachzutragen bleibt, daß in den einzelnen, genannten Werken die jeweils getroffene Periodisierung und die jeweils für die Perioden benützten Termini mit verschiedenen Argumenten begründet werden. Einige Gesichtspunkte, die die Vorstellung von einer Zäsur in der Mitte des 17. Jahrhunderts betreffen, sollen hier genannt werden. Zunächst fällt auf, daß alle Autoren, die in der Mitte des 17. Jahrhunderts eine Zeitenwende sehen, Schwierigkeiten haben, den Absolutismus historisch einzuordnen. Unabhängig davon, ob diese Zäsur mit dem Hinweis auf das Ende des Dreißigjährigen Krieges, das Ende des Englischen Bürgerkrieges oder den Beginn der Herrschaft Ludwigs XIV. begründet wird, immer wenn die Vorstellung von einer großen Wende mitten im 17. Jahrhundert dominiert, werden entweder die bereits im 16. Jahrhundert liegenden Anfänge absolutistischer Regierungsweise vernachlässigt im Vergleich zu der mit der Hegemonialpolitik Ludwigs XIV. beginnenden Entwicklung, oder aber es zerfällt das gesamte Phänomen Absolutismus in mehrere, kaum mehr miteinander in Beziehung gesetzte Perioden und nationale Erscheinungsformen. In einer Untersuchung, in der die Einwirkung des Abso-

lutismus auf Kirche, Theologie und Frömmigkeit aufgezeigt und auch mögliche Einflüsse der kirchlich-religiösen Sphäre auf das politische und soziale Geschehen jener Zeit erfaßt werden sollen, wäre es jedoch kurzsichtig, die Veränderungen besonders zu akzentuieren, die mit den Jahren 1648 und 1660 zusammenhängen. Im Gegenteil: Vor allem im Absolutismus ist jene politische, soziale, ökonomische und kulturelle Kraft zu sehen, die die knapp zwei Jahrhunderte zwischen Reformation und Aufklärung prägte, mehr als irgendeine andere historische Bewegung. Auch wenn in der folgenden Studie keineswegs ignoriert wird, daß es innerhalb des absolutistischen Zeitalters verschiedene Entwicklungsformen und Entwicklungsstufen gab, so sind doch die vom Absolutismus ausgehende Dynamik und Faszination kaum hoch genug einzuschätzen, wenn man die vielfältigen Zusammenhänge zwischen dem religiös-kirchlichen und dem politisch-sozialen Bereich klären und verstehen will.
In verschiedenen Darstellungen werden die Konfessionspolitik der Gegenreformation und die Barockkultur als besondere historische Kräfte neben den Absolutismus gestellt. Diese Trennung kann nur überzeugen, wenn man den Absolutismus auf die politische Sphäre im engeren Sinne, auf Verfassung und Verwaltung beschränkt, sie verkennt jedoch den umfassenden Anspruch, den die absolutistischen Herrscher selbst erhoben – auch und gerade auf den Gebieten der Kultur und der Religion. Wie immer man die konfessionellen Auseinandersetzungen der Jahrzehnte nach 1550 bezeichnet, als Gegenreformation, mit Nachdruck auf der Rekatholisierung protestantisch gewordener Gebiete, als katholische Reform, unter Hinweis auf innere Erneuerung, theologische Besinnung und Reformbestrebungen innerhalb der alten Kirche, oder als Zeitalter der Glaubenskämpfe, in keinem Falle kann man an der Tatsache vorbei, daß schon das Konzil von Trient nicht ohne maßgebliche Mitwirkung altgläubiger Herrscher zustandegekommen war und daß dann auch dessen Ergebnisse nur mit fürstlicher Hilfe in Kraft gesetzt werden konnten. Deshalb erscheinen die Gegenreformation und auch die von Hubert Jedin zu Recht hervorgehobene katholische Reform als eine zwar die erste Phase des Absolutismus prägende, diesem aber, wenn es um die politischen und sozialen Wirkungen konfessioneller Bestrebungen geht, insgesamt subsumierbare Größe.
Auch Kunst und Literatur des Barock hängen mit dem Absolutismus eng zusammen. Ohne Zweifel von älteren kulturellen und künstlerischen Kräften wesentlich beeinflußt und in seiner Ausbreitung und Entfaltung von einer wenigstens teilweise jenseits des Politischen liegenden eigenen Energie, bildete das Barock doch die für den Absolutismus einzigartige und konstitutive kulturelle Form: Die barocke Hofkultur prägte das Selbstverständnis der absolutistischen Fürsten und damit auch die Herrschaftsform des Absolutismus. Diese Fürsten verstanden die absolute Monarchie nicht nur als die allerchristlichste aller Staatsformen, von der Barockkultur absolutistischer Residenzen gingen auch wesentliche Impulse aus, die das kirchliche und religiöse Leben beeinflußten. Gerade wenn man die Zusammenhänge zwischen dem politisch-sozialen und dem kirchlich-religiösen Bereich untersucht, dann löst sich die von der Kunst- und der Literaturgeschichte etablierte Autonomie barocker Kultur weitgehend auf.
Noch einmal einzugehen ist auf die Bedeutung der Zäsur der Jahre 1648/1660, die in fast allen Werken, in denen wir sie finden, auch als kirchenpolitisch-theologische Zeitenwende herausgestellt wird. Vorher wurde, so ist zu lesen, intensiv über theologische Fragen gestritten, während nachher andere Wissenschaften die Theologie in den Hintergrund drängten; vorher bestimmten Papst und konfessionell eingestellte Fürsten die allgemeine Politik, während danach eine vom Konfessionellen losgelöste Staatsraison dominierte; vorher herrschte schließlich eine intensive Frömmigkeit, während danach die Säkularisierung des Denkens einsetzte und die christliche Ethik ihre Bedeutung als Norm des Handels verlor. Gewiß, in allen diesen Argumenten liegt ein Stückchen Wahrheit, je-

doch, so scheint mir, ein noch größeres Stück Simplifizierung. Zwar ist nicht zu bestreiten, daß beispielsweise der Papst mit dem Jahr 1648 einen Teil seines diplomatischen Einflusses auf das europäische Mächtekonzert verlor und daß bereits seit der Mitte des Dreißigjährigen Krieges die Zahl der über die konfessionellen Grenzen hinweg geschlossenen diplomatisch-militärischen Bündnisse zunahm. Kirche und Religion wurden jedoch mit dem Jahr 1648 nicht einfach eine Sphäre des europäischen Lebens, die fortan nur noch von sekundärer Bedeutung war. Mit dem Puritanismus und dem Anglikanismus, mit dem Jansenismus und dem Gallikanismus, mit der lutherischen Orthodoxie und dem Jesuitenorden wirkten bedeutende religiös-politische Strukturen und Bewegungen über die Mitte des 17. Jahrhunderte hinweg. Selbst die Gefahr einer weitergehenden Rekatholisierung war nach 1648 noch keineswegs gebannt, wie die Aufhebung des Edikts von Nantes 1685, die fast gleichzeitig einsetzende strikt katholische Politik Jakobs II. in England und die geradezu hysterische Reaktion des europäischen Protestantismus auf beide Ereignisse zeigen. Gegen die Vorstellung von einer früh einsetzenden und sich rasch auswirkenden Säkularisierung sei hier betont, daß Kirche, Theologie und Frömmigkeit auch in der historischen Welt des späten 17. und des 18. Jahrhunderts keineswegs ihre Bedeutung verloren hatten.

Wir kommen damit zu einem weiteren wichtigen Punkt. Das Kräftefeld der miteinander vielfach verbundenen und sich gegenseitig beeinflussenden Potenzen Staat und Kirche, Gesellschaft und Frömmigkeit, Wirtschaft und Kultur sowie Philosophie und Theologie wurde zwischen Reformation und Aufklärung nicht ausschließlich durch den Absolutismus bestimmt und kann deshalb nicht ausschließlich vom Absolutismus her interpretiert werden. In diese komplexen Interdependenzen wirkten noch zwei weitere Bewegungen hinein: Zum einen die vor allem von der Philosophie und der Geschichte der Naturwissenschaften erforschte und häufig in den Mittelpunkt ihrer Untersuchungen über das 17. Jahrhundert gestellte Entstehung des neuen Weltbildes von Galilei bis Newton, sowie zum anderen die von englischen Wirtschafts- und Sozialhistorikern zunächst erkannte, von der neueren Demographie bestätigte, von anderen historischen Disziplinen und den Historikern anderer Länder aber nur schrittweise rezipierte Vorstellung von einer großen Krise der Politik, der Ökonomie und der allgemeinen Lebensverhältnisse im Europa des 17. Jahrhunderts. Wie es scheint, bestehen insbesondere zwischen der Krise des 17. Jahrhunderts und der Theologie und Frömmigkeit jener Ära wichtige Wechselwirkungen, Einflüsse und Reaktionen, die mit den vom Absolutismus ausgehenden Wirkungen, mit der absolutistischen Kirchenpolitik und der Theologie des Gottesgnadentums, nur zum Teil zusammenhängen und die doch wesentliche Züge der religiösen Entwicklung zwischen Reformation und Aufklärung zu erklären vermögen. In der folgenden Studie wurde deshalb der Versuch unternommen, neben dem Absolutismus auch die »Krise des 17. Jahrhunderts« als eine zweite , Theologie und Frömmigkeit jener Epoche zutiefst prägende Erscheinung zu berücksichtigen.

Daß es Querverbindungen zwischen dem Absolutismus und der zeitlich kürzer als die absolutistische Ära verlaufenden, gewissermaßen in diese eingebettete Krise des 17. Jahrhunderts gibt, sei nachdrücklich betont. So gehört auf der einen Seite das absolutistische Herrschaftssystem mit seinen übersteigerten machtpolitischen Ambitionen nach innen und seiner risikoreichen Außenpolitik mit zu jenen Kräften, die Kriege und Bürgerkriege, Not und Elend und somit auch die Krise des 17. Jahrhunderts auslösten; auch die rasch wachsenden finanziellen Ansprüche absolutistisch regierender Fürsten und die von ihnen durchgesetzten höheren Steuern sowie die Rückwirkung dieser Finanzlasten und der Kriege auf die Wirtschaft sind als Kräfte, die die Krise intensivierten, zu nennen. Auf der anderen Seite beanspruchten zum Absolutismus tendierende und absolut herrschende Fürsten, besser als andere politische Kräfte, besser beispielsweise als die Stände oder Parlamente ihrer Länder, mit den Folgen der Krise fertig zu werden. Zur Durchsetzung absolutistischer Herrschaft gehörte deshalb häufig die Parole, allein dieses System sei in der Lage, die innere und äußere Ordnung wiederherzustellen und die Wirtschaft zu fördern. Indem absolutistische Politik die Krise verschärfte und doch zugleich auch den politischen Gewinn aus der Krise zog, entstand in mehreren europäischen Ländern über mehrere Jahrzehnte des 17. Jahrhunderts hinweg eine Art *circulus vitiosus* zwischen diesen beiden Kräften.

Die Querverbindungen zwischen den im ersten Teil der folgenden Abhandlung dargestellten kirchenpolitischen und theologischen Wirkungen des Absolutismus und der im zweiten Teil erörterten Bedeutung der Krise des 17. Jahrhunderts für die damalige Theologie und Frömmigkeit sollten jedoch, wie mir scheint, nicht überschätzt werden. Gerade viele der frommen Christen richteten sich nicht allein nach dem, was die absolutistischen Herrscher anordneten oder versprachen: Einige der Frommen wurden durch die Krise des 17. Jahrhunderts in der Hoffnung bestärkt, die große Not werde durch die baldige Wiederkunft Christi beendet, der dann auch über die absoluten Herrscher triumphieren würde; andere wollten sich durch besondere Leistungen selbst ihre Zugehörigkeit zum kommenden Gottesreich sichern und kümmerten sich kaum noch um Politik; einige Christen engagierten sich in den Notjahren besonders im Kampf gegen jene Kräfte, hinter denen sie den Teufel vermuteten; wiederum andere zogen sich schließlich völlig vom öffentlichen Leben zurück und suchten Trost und Erbauung im kleinsten Kreis der Gleichgesinnten, wobei sich diese Reaktionen und Einstellungen gegenseitig nicht ausschlossen. Es ist deshalb so schwierig, den besonderen Weg, die Eigenart und die Probleme der politischen und sozialen Geschichte des Christentums zwischen Reformation und Aufklärung zu erfassen und die Rolle von Kirche, Theologie und Frömmigkeit in der komplexen historischen Welt des 17. Jahrhunderts zu analysieren, weil beide Kräfte, weil der Absolutismus und die Krise des 17. Jahrhunderts auf verschiedene Weise eine verschiedene Wirkung entfalteten. Wir gehen deshalb davon aus, daß sich die Entwicklung des Christentums in jener Zeit in einem Feld doppelter Spannung, in einer doppelten Auseinandersetzung vollzog: Sie wurde bestimmt vom Kampf um die absolutistische Herrschaftsform, in dessen Verlauf einzelne Kirchen als Staatskirchen den Absolutismus stützten, während sich einzelne religiöse Richtungen mit den politischen Gegnern des Absolutismus verbündeten, und sie wurde ebenso bestimmt durch die säkulare Katastrophe des 17. Jahrhunderts, in deren Verlauf die Frage nach der Macht des Guten und der Macht des Bösen in der Welt eindringlich gestellt und in der die Suche nach Wegen, die aus der Misere herausführten, eine zentrale Bedeutung gewann. Das Christentum lebte in jener Zeit somit zwischen den Ansprüchen und Auswirkungen des Gottesgnadentums und der Hoffnung auf ein Ende der Not.

Zu fragen bleibt, wie es mit der Entwicklung des neuen naturwissenschaftlich-philosophischen Weltbilds im 17. Jahrhundert steht. Ohne Zweifel haben die Technik und die Naturwissenschaften seit der Mitte des 18. Jahrhunderts das Gesicht der Welt grundlegend verändert. In den davorliegenden zwei Jahrhunderten hat dagegen die von Naturwissenschaftlern und Philosophen begründete neue Sicht der Welt die kirchlich-religiöse Sphäre viel weniger berührt als beispielsweise der Absolutismus und die Krise des 17. Jahrhunderts. Trotz aller Reaktionen, welche Galilei und Descartes bei ihren traditionell theologisch argumentierenden und streng kirchlich gebundenen Zeitgenossen hervorriefen, beschränkte sich die Auseinandersetzung um die neue Weltsicht, aufs ganze gesehen, auf einen relativ kleinen Personenkreis. Erst im 18. Jahrhundert, erst mit dem Sieg der Aufklärung, sollte auch die neue Weltdeutung zu einer schicksalhaften Herausforderung für die europäische Christenheit werden. Deshalb wird die im 17. Jahrhundert entwickelte neue Sicht der Welt im folgenden nicht als eine dritte Kraft gewürdigt, die neben

›Absolutismus‹ und ›Krise‹ das Schicksal des Christentums im 17. Jahrhundert entscheidend prägte. Außerdem wird in den neueren Forschungen darauf aufmerksam gemacht, daß Newtons Frömmigkeit nicht ohne Bedeutung für seine Forschungen war, eine Frömmigkeit, die mit ihrer eschatologischen Ausrichtung durchaus in Beziehung zur Krise des 17. Jahrhunderts und der, wie zu zeigen sein wird, von dieser ausgelösten allgemeinen Erneuerung der Eschatologie steht. Zwar wird mit diesem Hinweis die innere Entwicklung der neueren Naturwissenschaft nur zum Teil erfaßt; im Rahmen unserer Überlegungen ist es aber doch möglich, auch die auf Newton zuführende Bewegung als Teil der von der Krise des 17. Jahrhunderts ausgelösten religiös-geistigen Anstrengungen zu sehen und somit in den zweiten Teil der folgenden Ausführungen einzuordnen.

Auf einige Punkte ist einleitend noch einzugehen. Zunächst ist zu betonen, daß nach der vorliegenden Konzeption zwei wichtige Teile der christlichen Geschichte zwischen Reformation und Aufklärung ganz an den Rand der Erörterungen rücken: Die Geschichte des Papsttums und die Kirchen in Übersee. Außerdem können die Entwicklungen in der russisch-orthodoxen und in der griechisch-orthodoxen Kirche überhaupt nicht behandelt werden. Sollten die folgenden Überlegungen nicht in einem kirchenhistorischen Kompendium münden, dann waren diese Beschränkungen jedoch notwendig.

Einen weiteren Aspekt gilt es hervorzuheben: Redet und schreibt man vom Verhältnis von Kirche und Staat, vom Verhältnis von Frömmigkeit und Gesellschaft oder vom Verhältnis von Theologie und Kultur, so handelt es sich dabei um scharfe Distinktionen, die aus dem Denken und der Erfahrung des späten 18. und des 19. Jahrhunderts stammen. In der davorliegenden Epoche, auch noch in der Zeit zwischen Reformation und Aufklärung, waren diese verschiedenen Kräfte eng miteinander verbunden und wurden in der Theorie nur selten und in der Praxis schon gar nicht voneinander getrennt. Erinnern wir uns, wie eng im frühneuzeitlichen Europa politische und kirchliche Institutionen sowohl im öffentlich-rechtlichen als auch in dem, was man als den gesellschaftlich-informellen Bereich nennen könnte, miteinander verklammert waren: An die Familie als den untersten Baustein sowohl der staatlichen als auch der kirchlichen Ordnung, an Taufe, Eheschließung und Beerdigung mit ihrer kirchlich-religiösen und zugleich staatsbürgerlichen Funktion, an die Gemeinden mit Pastoren, Vorstehern und Gemeinderat, denen die Sittenaufsicht und damit die elementare moralische Disziplinierung oblag, auf der dann die weitergehende politische Disziplinierung aufbauen konnte, sowie schließlich an die Rolle der Kirchen im Rahmen der inneren Staatsverwaltung und der Gesamtpolitik. In vielen Bereichen existierten dabei personelle Verbindungen zwischen der kirchlichen und der politischen Sphäre: Mitglieder von Konsistorien und Bischöfe agierten zugleich in Politik und Wirtschaft ebenso wie führende Politiker auch kirchlich einflußreiche Stellen okkupierten und maßgeblich Kirchenfragen bestimmten. Solche Ämterhäufung und Grenzverwischung war möglich, weil geistlicher und weltlicher Bereich auf den gleichen theologisch-philosophischen Fundamenten ruhten und die Obrigkeitslehre der Kirchen den werdenden modernen Staat ebenso selbstverständlich trug wie sich die Souveränitätslehre dieser Staaten auch auf die Einheit von Kirche und Religion erstreckte. Kirchlich-religiöse Querelen waren deshalb im alten Europa stets zugleich Staatsaffären ebenso wie Staatsaffären stets auch ihre Rückwirkung auf Kirche, Theologie und Frömmigkeit hatten.

Zu fragen ist ferner, ob die von den Bereichen des Politischen und des Religiösen ausgehenden Wirkungen vom späten 16. bis ins frühe 18. Jahrhundert gleich groß waren. Stimmt der erste Eindruck, daß die Kirchenorganisation, die theologischen Lehren und die Frömmigkeitsbewegungen jener Epoche vom Absolutismus und von der Krise des 17. Jahrhunderts außerordentlich stark geprägt wurden, stärker, wie es scheint, als sie ihrerseits die politisch-sozialen Bewegungen bestimmten? Gewiß wäre es falsch, die in der damaligen Zeit konstatierbaren Veränderungen im religiös-theologisch-kirchlichen Bereich allein als Reaktionen auf die politischen, sozialen, kulturellen und wirtschaftlichen Veränderungen zu sehen, die vom ›Absolutismus‹ und der ›Krise‹ ausgelöst wurden. Zu bedenken ist jedoch auch, daß als Ergebnis der Erschütterungen des Reformationszeitalters die theologische Kontiniutät gebrochen war und die Frömmigkeitsstruktur eher labil als fest, wobei das absolutistische Staatsverständnis und die Krise des 17. Jahrhunderts eher zu einer weiteren Schwächung als zu einer Stärkung der kirchlichen und religiösen Traditionen beitrugen. Wie sich an Beispielen wie der katholischen Erneuerung nach dem Konzil von Trient, dem Puritanismus oder dem Jansenismus zeigen läßt, wurden religiös-theologische Neuansätze außerdem meistens schon nach kurzer Zeit mit politischen Kräften konfrontiert, mit politischen Zielen verbunden und häufig genug durch politische Erwägungen in ihrer Substanz verändert. Zahlreiche Theologen und Kirchenpolitiker stützten ganz bewußt die absolute Monarchie und damit das System des Gottesgnadentums, da sie von der neuen politischen Autorität auch eine Verstärkung ihres eigenen Einflusses erhofften. Überall dort, wo sie gegen den Absolutismus opponierten, waren sie aber aus eigener Kraft nicht in der Lage, dem Siegeszug der Fürsten entgegenzutreten. In England, wo dies gelang, waren die Puritaner bezeichnenderweise Teil einer weit über den engeren religiösen Bereich hinausgehenden Oppositionsbewegung. Auf dem Kontinent waren Kirche und religiöse Gruppen dagegen stets Partei in dem Sinn, daß sie zunächst in die Auseinandersetzungen zwischen Fürst und Ständen hineingezogen und später stets an ihrer Loyalität zum absoluten Fürsten gemessen wurden. Auch andere Beispiele aus der damaligen Zeit zeigen, daß man religiös-theologische Entscheidungen politischen Entscheidungen unterordnete, kirchliche Fragen allgemeinpolitischen Zielen subsumierte: Herrscher wechselten um politischer Vorteile willen den Glauben; religiöse Dissidenten wurden aus politischen Gründen unterdrückt oder vertrieben. Wo immer man religiöse Bedürfnisse und religiöse Kräfte in jener Zeit zu erfassen und zu beschreiben versucht, bei einzelnen Personen, bei Gruppen oder in der Gesamtgesellschaft und deren Institutionen, immer wieder sind innere Bezüge schwächer als äußere Einwirkungen, immer wieder erscheint die Autonomie der religiösen und theologischen Entwicklung weniger stark als der von politischen und sozialen Kräften herrührende Wandel.

Diese Beobachtungen rühren an Grundfragen einer sozialen und politischen Geschichte des Christentums zwischen Reformation und Aufklärung, die wir noch keineswegs genau kennen und die künftig noch besser erforscht werden müssen. Welche Bedeutung besaßen, so ist an dieser Stelle noch einmal zu fragen, denn der Absolutismus, die mit diesem ein Stück weit verbundene Gegenreformation und die Barockkultur, die Krise des 17. Jahrhunderts und auch die neue Weltsicht für das religiöse Selbstverständnis und die kirchliche Loyalität der verschiedenen sozialen Gruppen und Schichten in den verschiedenen Ländern Europas? Genügt es, dabei von den die einzelnen Gesellschaften tragenden Elementen wie Familien, Zünften oder Ständen zu reden, oder gilt es daneben auch die verschiedenen Minderheiten sowie sozial schwer faßbare Elemente wie Auswanderer und Sträflinge, wie Heranwachsende und Behinderte zu berücksichtigen? Wie beeinflußten sozialkulturelle Konstellationen, wie sozialpsychologische Stimmungen, wie sozialökonomische Interessen die Theologie und Frömmigkeit? Wie stark waren auf dem Gebiet des Glaubens Kontinuität und Diskontinuität, Generationenkonflikt und Familientradition, Kommunikation und Eigenerfahrung, die prägende Kraft einzelner Persönlichkeiten und die Gruppendisziplin? Wie beeinflußte die tägliche Frömmigkeit die Theologie, wie diese das Glaubensleben, wie weit klafften Programme und Wirklichkeit, ethische Normen und tagtägliche Entscheidungen auseinander? Wie mißt man Grade von Frömmigkeit, die Stärke kirchlicher Organisation, die Ausstrahlung theologischer Lehre, wo haben wir theologisch oder frömmigkeitsgeschichtlich Neues vor uns und wo alte Ansichten in neuem Gewand oder nur unwesentlich veränderte alte Formen? Auf welche Weise kann man bestimmen, wann und wie ältere theologische Aussagen reaktiviert werden und neues Gewicht für kirchliche, ethische und politische Entscheidungen gewinnen, wann und wie aus der Bibel bekannte Vorbilder und politisch-theologische Handlungsmodelle spätere Aktionen prägten? Wie beschreibt man, auch terminologisch, die Grenze zwischen Glauben und Aberglauben, wie Grade der Konformität im Rahmen dessen, was Zeitgenossen als die rechte Lehre ansahen, wie die Verwurzelung verschiedener Sozialgruppen in älteren und jüngeren christlichen und nichtchristlichen Traditionen? Puritanische Prediger mußten beispielsweise, wie Keith Thomas in *Religion and the Decline of Magic* (1971) gezeigt hat, im England des 17. Jahrhunderts wetteifern mit lokalen Zauberern, Gesundbetern und Heilkünstlern, da der Gemeine Mann nicht selbstverständlich und ohne weiteres dem theologisch ausgebildeten Pfarrer vertraute; französische Bauern waren noch im späten 17. Jahrhundert, um ein weiteres, von Jean Delumeau in *Le Catholicisme entre Luther et Voltaire* (1971) dargelegtes Beispiel zu nennen, durchaus polytheistisch eingestellt und bekannten sich nur oberflächlich zu christlichen Glaubensaussagen und christlichen Riten, und das in einer Zeit, in der sich die geistige Elite Frankreichs um theologische Spitzfindigkeiten stritt und man aus deren Werken den Eindruck gewinnen kann, dieses Land sei damals durch und durch christlich gewesen. Wie kann man herausfinden, ob theologische Überzeugungen und Religiosität in den oberen sozialen Schichten die unteren Schichten beeinflußten, wie das Verhältnis der Frömmigkeit in Stadt und Land erklären, wie die Rolle von Geistlichen und Laien in einer Zeit, in der sich nicht nur die Fürsten als von Gott eingesetzte Garanten der wahren Lehre verstanden, sondern auch fürstliche Räte am gesteigerten kirchenpolitischen Selbstbewußtsein ihrer Herren partizipierten und theologische Literatur zensierten, Fragen der Caritas regelten sowie Häretiker verfolgten und bestraften. Wie können die für die einzelnen Länder sehr verschiedenartigen, insgesamt hochspezialisierten Forschungsergebnisse der Wirtschafts- und Sozialgeschichte, der Rechts- und Verfassungsgeschichte sowie der Kultur- und Geistesgeschichte mit der Religions- und Kirchengeschichte in eine Beziehung gesetzt werden, wie kann man überhaupt Interdependenzen zwischen Politischem und Religiösem, Theologischem und Sozialem erfassen, ohne Zusammenhänge über Gebühr zu simplifizieren, wie kann man ethische oder religionspsychologische Probleme verdeutlichen, ohne den Wandel und die Veränderung eben dieser Probleme zu vernachlässigen, wie kann man religionsstatistisch-quantitative Ergebnisse darlegen, ohne die Erkenntnis der qualitativen Aspekte zu beeinträchtigen, der Normen und Werte, der Ängste und Hoffnungen, der Herrschaft und der Macht. Und wie steht es schließlich mit der besonderen Affinität von Autor und Lesern zu bestimmten Werten und Traditionen christlicher Provenienz, die, reflektiert oder unreflektiert, zugestanden oder verdrängt, das Interesse an der politischen und sozialen Geschichte des Christentums begründen und die doch möglicherweise auch die Ergebnisse der Forschung sowie die Bewertung dieser Ergebnisse wenigstens teilweise prägen. Weitere Fragen und Probleme könnten genannt werden. Die folgenden Ausführungen haben ihren Zweck erfüllt, wenn sie auf dem langen Weg, der zu überzeugenden Antworten auf diese Fragen führt, ein Stück weiterhelfen.

Bibliographische Hinweise zu I

Hier, wie im Anschluß an die anderen Kapitel, kann aus der Fülle der zum Thema vorliegenden älteren und neueren Literatur nur eine knappe Auswahl genannt werden.

Alewyn, Richard u. a., Aus der Welt des Barock (1957).
ders. (Hg.), Deutsche Barockforschung (1970).
Chaunu, Pierre, Europäische Kultur im Zeitalter des Barock [frz. 1966] (1968).
Clark, George, The Seventeenth Century (1929, ²1947).
Clark, George u. a. (Hg.), The New Cambridge Modern History, Bd. 3–7 (1957–70).
Delumeau, Jean, Naissance et Affirmation de la Réforme = Nouvelle Clio Bd. 30 (1968).
ders., Le Catholicisme entre Luther et Voltaire = Nouvelle Clio Bd. 30 bis (1971).
Flemming, Willi, Deutsche Kultur im Zeitalter des Barock (1937, ²1960).
Fliche, Augustin u. Martin, Victor (Hg.), Histoire de l'Eglise, Bd. 17–18 (1948, 1960).
Franzen, August, Kleine Kirchengeschichte (1965, ⁷1977).
Friedrich, Carl Joachim, Das Zeitalter des Barock [engl. 1952] (1954).
Halphen, Louis u. Sagnac, Philippe (Hg.), Peuples et Civilisations, Bd. 9: Hauser, Henri, La prépondérance espagnole. 1559–1660 (1934, ³1948); Bd. 10: Sagnac, Philippe u. Saint-Léger, A., Louis XIV. 1661–1715 (1935, ³1949).
Hatton, Ragnhild, Europe in the Age of Louis XIV (1969).
Heussi, Karl, Kompendium der Kirchengeschichte (1909, ¹³1971).
Hubatsch, Walther, Das Zeitalter des Absolutismus, 1600–1789 (1962, ⁴1975).
Jedin, Hubert (Hg.), Handbuch der Kirchengeschichte, Bd. 4: Reformation, Katholische Reform und Gegenreformation. (1967, ²1976); Bd. 5: Die Kirche im Zeitalter des Absolutismus und der Aufklärung (1970, ²1977).
Kamen, Henry, The Iron Century. Social Change in Europe 1550–1660 (1971).
Kantzenbach, Friedrich Wilhelm, Christentum in der Gesellschaft, Bd. 2: Reformation und Neuzeit (1976).
Kottje, Raymund u. Moeller, Bernd (Hg.), Ökumenische Kirchengeschichte, Bd. 3: Neuzeit (1974).
Krumwiede, Hans-Walter, Geschichte des Christentums III. Neuzeit: 17. bis 20 Jahrhundert = Theologische Wissenschaft Bd. 8 (1977).
Loewenich, Walter von, Geschichte der Kirche, 2 Bde. (1938, ²1964).
Lortz, Josef, Geschichte der Kirche in ideengeschichtlicher Betrachtung, 2 Bde (1932, ²²/²³1965).
Mandrou, Robert, Staatsräson und Vernunft. 1649–1775 = Propyläen Geschichte Europas Bd. 3 (1976).
Moeller, Bernd, Geschichte des Christentums in Grundzügen (1965, ²1979).
Mousnier, Roland, Les XVIe et XVIIe siècles = Histoire Générale des Civilisations Bd. 4 (1953, ⁴1965).
O'Connell, Marvin R., The Counter-Reformation 1559–1610 (1974).
Pennington, Donald H., Seventeenth Century Europe (1970).
Rogier, Ludovicus Jacobus, Aubert, R., u. Knowles, M. D. (Hg.), Geschichte der Kirche, Bd. 3: Reformation und Gegenreformation (1965), Bd. 4: Die Kirche im Zeitalter der Aufklärung, Revolution und Restauration (1966).
Schieder, Theodor (Hg.), Handbuch der Europäischen Geschichte, Bd. 3: Die Entstehung des neuzeitlichen Europa, hg. Engel, Josef (1971); Bd. 4: Europa im Zeitalter des Absolutismus und der Aufklärung, hg. Wagner, Fritz (1968).
Schmidt, Kurt Dietrich, Grundriß der Kirchengeschichte (1949–1959, ⁷1978).
ders., Wolf, Ernst u. Moeller, Bernd (Hg.), Die Kirche in ihrer Geschichte, Teile L–N (1963–1975).
Schnürer, Gustav, Katholische Kirche und Kultur in der Barockzeit (1937).
Schöne, Albrecht (Hg.), Stadt – Schule – Universität – Buchwesen und die deutsche Literatur im 17. Jahrhundert (1976).
Schoeps, Hans-Joachim, Deutsche Geistesgeschichte der Neuzeit, Bd. 2: Das Zeitalter des Barock (1978).
Stamm, Rudolf (Hg.), Die Kunstformen des Barockzeitalters (1956).
Vierhaus, Rudolf, Deutschland im Zeitalter des Absolutismus = Deutsche Geschichte Bd. 6 (1978).
Wallmann, Johannes, Kirchengeschichte Deutschlands II. Von der Reformation bis zur Gegenwart = Ullstein Deutsche Geschichte Bd. 12 (1973).
Zeeden, Ernst Walter, Hegemonialkriege und Glaubenskämpfe, 1556–1648 = Propyläen Geschichte Europas Bd. 2 (1977).
Zeller, Winfried (Hg.), Der Protestantismus des 17. Jahrhunderts (1962).

II. Staatskirche, Gemeindekirche, Religionsfreiheit

Die Kirchen als Teil und politisch-religiöse Gruppen als Gegner des absolutistischen Herrschaftssystems

1. *Begründung und Varianten absolutistischer Kirchen- und Religionspolitik*

Von der Mitte des 16. bis ins letzte Drittel des 18. Jahrhunderts, als der Absolutismus die dominierende Herrschaftsform in Europa war, wurde der Begriff Absolutismus nicht verwendet. Erst im Frankreich der 1790er Jahre, erst nachdem mit dem Ausbruch der Französischen Revolution der Absolutismus theoretisch und praktisch in Frage gestellt war, begann man den Begriff *absolutisme* zu gebrauchen, um das Herrschaftsverständnis der vorangehenden Epoche zu charakterisieren, und erst in den 1830er und 1840er Jahren, als die Epoche des Absolutismus auch in Mitteleuropa dem Ende zuging, wurde der Begriff ins Englische und Deutsche übernommen. Es dauerte dann noch einmal eine Generation, ehe die Historiker über Umfang und Bedeutung des Absolutismus zu streiten begannen. Dabei ersetzten sie nicht nur den pejorativen Akzent, mit dem der Begriff Absolutismus bis dahin behaftet war, durch eine positive Betrachtung; sie versuchten nun auch, den Absolutismus von früheren und späteren historischen Perioden abzuheben und seine Entwicklung zu gliedern. Wilhelm Roscher, der hier als erster zu nennen ist, unterschied 1874 in seiner *Geschichte der National-Ökonomik in Deutschland* drei Phasen: Den konfessionellen Absolutismus, zu dem er Philipp II. und Ferdinand II. rechnete, den höfischen Absolutismus, vor allem vertreten durch Ludwig XIV., sowie den aufgeklärten Absolutismus. Seit dieser Zeit, ungefährt hundert Jahre also, spielt die Frage eine Rolle, ob es eine besondere konfessionelle Phase oder Variante des Absolutismus gegeben habe, sowie, damit verbunden, die weitere Frage, wie weit eine bestimmte Kirchen- und Religionspolitik konstitutives Element absolutistischer Herrschaft ist.

Bereits im Jahre 1889 argumentierte Reinhold Koser gegen Roscher, die Vorstellung von einer ersten konfessionellen Phase des Absolutismus sei falsch. Philipp II. sei nicht weniger höfisch gewesen als Ludwig XIV., dieser nicht weniger konfessionell gebunden als der spanische Habsburger. Es gelte vielmehr den »praktischen« Absolutismus, der Wesen und Inhalt seiner Herrschaft betonte, vom »grundsätzlichen« Absolutismus zu unterscheiden, dem es auf die Formeln und Formen der Macht angekommen sei. Nachdem Friedrich Meinecke 1924 den »werdenden« vom »reifen« Absolutismus abgehoben und für die erste Entwicklungsstufe auch die religiös-kirchlichen Elemente unterstrichen hatte, argumentierte Fritz Hartung 1932, es gebe keinen für alle europäischen Staaten gültigen Verlauf des Absolutismus, man müsse vielmehr Erscheinungsformen oder Typen unterscheiden. Freilich konzedierte auch er, gerade der starke religiöse Einschlag habe dem Absolutismus von der Mitte des 16. bis zur Mitte des 17. Jahrhunderts überall in Europa eine gewisse Einheitlichkeit gegeben. Diesen Punkt griff dann Wilhelm Mommsen 1938 auf, als er ausführte, der werdende Absolutismus habe sich besonders intensiv mit den Problemen Kirche und Konfession beschäftigt, ehe er sich über dieses Erbe aus der älteren europäischen Geschichte hinweggesetzt und eine allein von der Staatsräson getragene Innen- und Außenpolitik begründet habe. Im Jahre 1948 ging auch Reinhard Wittram auf das Verhältnis von Christentum und Absolutismus ein. Zwei seiner Überlegungen seien hier erwähnt. Im Hinblick auf die nach 1945 heiß umstrittene Frage, ob Luthers politische Einstellung in die Tradition des autoritär denkenden Deutschland und damit auch in das Deutschland Hitlers eingegangen sei, Calvins Lehre dagegen in die Tradition der westlichen Demokratien und der Gegner des Faschismus, führte er aus, die lutherische Obrigkeitsgesinnung habe den Absolutismus nicht begründet, die Entwicklung zu dieser Herrschaftsform sei gerade auch in katholischen Territorien erfolgt, ebenso wie sich der Calvinismus nur zum Teil mit aristokratisch-ständischen und somit antiabsolutistischen Kräften verbunden habe. Außerdem meinte Wittram, die Vertreibung der Hugenotten aus Frankreich 1685 sei nicht mehr Ausdruck mittelalterlichen Glaubenseifers, sondern vielmehr der erste Versuch, »den neuen, absoluten und souveränen Staat auch geistig auf eine Einheit zu begründen« (in: Hubatsch, Hrsg., *Absolutismus,* S. 105). Dieses Ergebnis entsprach dem, was vor ihm schon Meinecke und Hartung ausgeführt hatten. In den letzten zwanzig Jahren wurde schließlich die von Fritz Hartung eingeleitete Differenzierung des historischen Phänomens Absolutismus weiter vorangetrieben; im Gegensatz zu Hartungs am modernen Staat orientierten Deutung wurde dabei aber vor allem die Rolle der Stände im Zeitalter des Absolutismus herausgearbeitet. Die Bedeutung des Religiösen und der Kirchen wurde demgegenüber nur noch am Rande erwähnt. Kurt von Raumer zeigte 1957 aber beispielsweise, daß Kirche und Religion nicht nur wichtige Elemente bei der Begründung des Absolutismus waren, sondern daß es auch die von religiösen Überlegungen bestimmte Glaubens- und Gewissensfreiheit war, die zur Begrenzung, Auflösung und Überwindung des Absolutismus beitrug.

Die heutige Forschungslage über den Absolutismus und insbesondere über die Rolle von Kirche und Religion im Rahmen des absolutistischen Herrschaftssystems kann durch eine Reihe von Argumenten charakterisiert werden. Besonders wichtig ist die Beobachtung, die fürstliche Auffassung vom göttlichen Recht der Krone, das Gottesgnadentum, wie es im Deutschen heißt, habe neben finanziellen, ökonomischen, machtpolitischen und militärischen Elementen mit zur Etablierung absolutistischer Herrschaft beigetragen. Wie ebenfalls häufig zu lesen ist, war es die während der konfessionellen Auseinandersetzungen des späten 16. Jahrhunderts entstandene bürgerkriegsähnliche Lage, in der sich die absolutistische Regierungsweise herausbildete, die sich dann, gestützt auf Militär und Beamtenschaft, einen vom Kirchlich-Religiösen losgelösten Aktionsbereich schuf und den Primat des Religiösen brach. Schließlich wird darauf hingewiesen, daß in allen europäischen Ländern, allerdings auf sehr verschiedene Weise, religiöses Gedankengut von Gegnern des Absolutismus vorgetragen wurde und religiöse Gruppen zu den Gegnern des Absolutismus gehörten.

Zu ergänzen ist freilich, daß Kirche und Religion nicht zu den gut erforschten Bereichen absolutistischer Herrschaft gehören. Das hat, wie mir scheint, verschiedene Gründe. Die Neuhistoriker interessieren sich, wenn sie sich mit der auf die Reformation folgenden Periode beschäftigen, nur gelegentlich für religiöse und kirchliche Fragen und leisten damit der Vorstellung von einer rapide voranschreitenden Säkularisierung aller Lebensbereiche im neuzeitlichen Europa Vorschub. Die Kirchenhistoriker beschränken sich dagegen in der Regel auf ihr engeres Fachgebiet und vertrauen, wenn es um allgemeinere politische Zusammenhänge geht, dem von den Historikern gelieferten Bild, ohne dieses kritisch zu prüfen. Kaum notwendig ist es, die marxistische Forschung zu diesem Thema zu erwähnen, da die marxistischen Historiker mit dem historischen Phänomen des Absolutismus nicht zurecht kommen. Auf der einen Seite ist er für sie Ausläufer des Feudalismus, auf der anderen Seite Vorstufe des Kapitalismus; sie sehen in ihm also, wie schon Friedrich Engels schrieb, eine Art Übergangsherrschaft, in der die alten weltgeschichtlichen Potenzen noch zu stark und die neuen noch zu schwach gewesen seien. Dadurch wird von ihnen in sozialer Hinsicht verkannt, daß unter der absolutistischen Herrschaft der Adel zunächst schwächer, im 18. Jahrhundert aber wieder stärker wurde und daß auch das Bürgertum keineswegs kontinuierlich an Macht gewann; in ökonomischer Hinsicht wird von ihnen verkannt, daß der Absolutismus durchaus die Wirtschaft und damit, vereinfachend ausgedrückt, den ›Kapitalismus‹ förderte; und es wird schließlich von ihnen in geistig-kultureller, machtpolitischer sowie religiös-kirchlicher Hinsicht das eigene Gesicht und das eigene Gewicht jener Ära nicht klar genug gemacht, wobei die marxistische Doktrin von der Abhängigkeit des Überbaus von der materiellen Basis ebensowenig hilft, in die Probleme des Absolutismus einzudringen wie das von marxistischen Historikern vertretene Prinzip der Dialektik in der historischen Entwicklung.

Trotz intensiver Forschungen über die Ära des Absolutismus ist somit insgesamt ein Defizit an Forschungen über die politische und soziale Geschichte des Christentums unter dem Absolutismus zu konstatieren. Es fehlen beispielsweise Einzelforschungen über Themen wie kirchliche Finanzpolitik (Wolfgang Reinhards Studie über *Papstfinanz und Nepotismus unter Paul V. 1605–1621*, 2 Bde., 1974, ist eine Ausnahme), die sozialen Träger religiöser Strömungen oder die religionspsychologischen Aspekte politisch-sozialer Veränderungen. Und es fehlen auch Forschungen, die auf der einen Seite die Grenzen absoluter Herrschaft im religiös-kirchlichen Bereich erkennen und die auf der anderen Seite doch die vom Absolutismus auch auf die frommen Zeitgenossen ausgehende Faszination und die vom Absolutismus in die Kirchen- und Religionspolitik hineingetragene Dynamik verdeutlichen. So nimmt es nicht Wunder, daß in der Literatur sehr unterschiedliche Meinungen zu finden sind, wenn die politische und soziale Bedeutung des Christentums im Zeitalter des Absolutismus beschrieben wird.

Kein Denker löste vom 16. bis ins 18. Jahrhundert mehr Kontroversen aus und prägte doch zugleich die Theorie und Praxis absolutistischer Herrschaft mehr als Niccoló Machiavelli. Die Kontroversen um Machiavelli entstanden vor allem, weil der Florentiner die Religion zum *instrumentum regni* gemacht hatte. In seinem Hauptwerk, dem 1512 bis 1517 entstandenen, aber erst nach seinem Tode im Jahre 1532 gedruckten *Il Principe* erklärte Machiavelli, man müsse es verstehen, wenn Fürsten, um ihre Herrschaft zu behaupten, gegen Treue, Barmherzigkeit, Menschlichkeit und Religion verstießen. Zwar müsse ein Herrscher sehr darauf bedacht sein, nichts zu sagen, was nicht von diesen Eigenschaften zeuge, so daß jedermann den Eindruck habe, er verkörpere Milde, Treue, Redlichkeit, Menschlichkeit und Gottesfurcht. Vor allem sei es notwendig, den Eindruck zu erwecken, als eigne gerade ihm die letztere Tugend (Kapitel XVIII). Im übrigen legte Machiavelli aber dann ausführlich dar, wie Fürsten politische Macht erringen und erworbene Herrschaft mit List und Tücke verteidigen konnten. In den 1531 zuerst publizierten *Discorsi sopra la Prima Deca di Tito Livio* betonte Machiavelli außerdem, Religion könne einem Staat nützen, wenn nur die Ziele des Staates stets an erster Stelle stünden (Kapitel XI).

Zu solch kalter und kalkulierter Interessenpolitik mochte sich in den folgenden zwei Jahrhunderten kein Fürst und kein Berater eines Fürsten bekennen, auch wenn viele politische Entscheidungen so aussehen, als seien sie von Machiavelli inspiriert. Jean Bodin, der den die absolutistische Zeit bestimmenden Begriff der Souveränität definierte, betonte im Gegensatz zu Machiavelli, alle Handlungen eines Herrschers müßten an Gottes Gebote und an das natürliche Recht gebunden sein. Auch den italienischen und deutschen Staatsrechtslehrern des 17. Jahrhunderts, die sich ausführlich zur Staatsräson äußerten, galt Machiavelli, wie Friedrich Meinecke schreibt, »als verruchter Heide« (*Die Idee der Staatsräson in der neueren Geschichte,* 3. Aufl. 1929, S. 147). Sie behalfen sich mit dem, was Meinecke als gereinigte, entgiftete und ›gute‹ Staatsräson charakterisiert (S. 148). Zu dieser guten Staatsräson gehörte dann neben der Einheit der Religion im Staate die Nichtduldung neuer Bekenntnisse, wobei das Einheitsideal im Laufe des 17.

Jahrhunderts dann immer mehr mit politischen und immer weniger mit religiösen Argumenten begründet und damit von der religiösen Sphäre gewissermaßen in die politische Sphäre verlagert wurde. Nun war es »die Einheit im Staate«, wie Friedrich Meinecke bemerkt, die auch durch »die Einheit im Glauben« verbürgt werden sollte (S. 177).
Aus der großen Zahl von Werken, in denen im 17. Jahrhundert das Verhältnis von Religiösem und Politischem beschrieben wurde, sollen hier drei besonders typische Positionen vorgeführt werden. Zunächst zu dem lutherischen Staatsrechtslehrer Theodor Reinkingk, der im 17. Jahrhundert in verschiedenen deutschen Territorien wirkte und für den Kirche und Religion integrale Bestandteile konservativ-patriarchalischer Territorialpolitik waren. Reinkingk eröffnete sein 1653 erschienenes Werk *Biblische Policey / In drey Stände / Als Geistlich- Weltlich- und Haußstand abgetheilet* mit einer Polemik gegen »Machiavellus unnd andere seine Nachfolger«, welche »die Regier-Kunst gar anders« beschrieben und die »von GOtt gegebene Instruction deß Gesetzbuchs / gar auff die Seite« setzten. Stattdessen nähmen sie »ein ander *Principium,* welches sie *Rationem Status,* oder *Raison de Estat,* oder auch wol gar die Betrieg-Kunst deß Staats halber / und zu dessen Nutzen / andere zubetriegen« nennen würden. Während Machiavelli meine, »daß Arg List / Betrug / Tücke und böse Stücke / denen / die von geringen auff- und zu großen Dingen kommen wollen / sehr nöthig«, wobei »dieselbe auch umb so viel weniger verweißlich seyn / wann man den Schalck verborgen / und die Tücke mit einem eusserlichen ehrbaren Schein bedecken und verkleistern könne«, stütze er seine Staatslehre ganz und gar auf die Bibel als Gottes Gesetzbuch. In dem Abschnitt »Von dem Geistlichen Stande« führte Reinkingk dann aus, die Religion sei eine gewaltige Stütze guter Politik in allen Ständen. Insbesondere stärke sie das Band der Untertanen zur Obrigkeit. Sie werde mißbraucht *pro ratione status,* für Kriege und Tyrannei, und ihre Ausbreitung sei durch Zwang nicht möglich. Religionsspaltung verursache freilich Zwietracht, Mißtrauen, »wol gar Krieg« (S. 35 ff.); außerhalb der Kirche sei »kein Heyl / keine wahre Religion« (S. 57 ff.); Geistliche sollten die Reputation der Obrigkeit in keiner Weise schmälern. In dem Abschnitt »Von dem weltlichen Stande« ergänzte Reinkingk, die Untertanen sollten ihre Obrigkeit ehren und ihr gehorchen; auch tyrannische Obrigkeiten seien »als eine wolverdiente Straff gedultig« zu ertragen (S. 31 f.).
Obwohl Reinkingk Machiavellis Lehre von der Staatsräson bekämpfte, war die von ihm befürwortete Religions- und Kirchenpolitik von der des Florentiners doch nicht allzu weit entfernt. Indem Reinkingk die Rechte von Geistlichen und Gläubigen gegenüber dem Staat, nicht aber die Herrschaft des Staates über Religion und Kirche begrenzte, schwächte er die Autonomie des Religiösen gegenüber dem politischen Bereich; indem er die Einheitlichkeit der Landesreligion postulierte, die Kirche dem Staate ein- und unterordnete und jeden Widerstand verbot, forderte er eine Art Staatskirche, die nicht mehr, wie bisher die Kirchen in lutherischen Territorien, auf der Vorstellung vom landesherrlichen Kirchenregiment ruhe, sondern die Teil einer umfassenden und auf das Naturrecht gegründeten Konzeption von Territorialherrschaft geworden sei. Diesen Standpunkt hatte auch Hugo Grotius in seinem im 17. Jahrhundert mehrfach aufgelegten Werk *De Imperio Summarum Potestatum circa sacra* vertreten. Obwohl Reinkingk den Fürsten keine Gewalt über das innere Leben der Kirchen, sondern nur über das äußere Kirchenwesen zugestand, und obwohl er sich nicht ausdrücklich zum fürstlichen Absolutismus bekannte, führten seine Vorschläge, wenn Fürsten einmal die Stände in ihren Territorien ausgeschaltet hatten, zu einer weitgehenden Suprematie des Herrschers über Kirche und Religion. Es war neben Reinkingk im Alten Reich vor allem Samuel Pufendorf, der für dieses System des »Territorialismus« eintrat, welches dann zur dominierenden Doktrin absolutistischer Kirchen- und Religionspolitik in Brandenburg-Preußen werden sollte.

Eine für die Fürsten noch vorteilhaftere Position vertrat der katholische Theologe, Hofprediger Ludwigs XIV. und spätere Bischof von Meaux Jacques-Bénigne Bossuet, der sich in seiner zur Belehrung des Dauphin 1677 verfaßten und nach seinem Tode 1709 veröffentlichten Studie *Politique Tirée des Propres Paroles de l'Ecriture Sainte* mit der im späten 16. und im frühen 17. Jahrhundert in Spanien, Frankreich und England entwikkelten Lehre vom göttlichen Recht der Monarchen beschäftigte. Gott habe das Königtum selbst eingesetzt und die erbliche Monarchie als die natürlichste und dauerhafteste aller Staatsformen ausgewählt, schrieb er; durch den Monarchen übe Gott seine Herrschaft aus. Daraus ergebe sich, daß die Person des Königs geheiligt sei und jeder, der sich an ihr vergreife, ein Sakrileg begehe; ferner bedeute dies, daß die Könige ihre Gewalt als eine ihnen von Gott anvertraute Sache mit Scheu und Zurückhaltung einsetzen sollten, fordere doch Gott von ihnen Rechenschaft. Solche Zurückhaltung war nach Bossuet jedoch nur den Fürsten selbst geboten; die Fürsten konnten sich, wie er glaubte, nur selbst zurechtweisen, wenn sie merkten, daß sie Böses getan hatten. Die Untertanen konnten dagegen höchstens Gott im Gebet bitten, die Einstellung des Fürsten zu ändern, von diesem direkt aber niemals einen Gesinnungswandel verlangen. Gegen die fürstliche Autorität gab es nach Bossuet deshalb kein anderes Heilmittel als seine Autorität selbst: Die königliche Gewalt war absolut. Daraus folgte zweierlei: Wer dem Fürsten den Gehorsam verweigerte, machte sich zum Feind der öffentlichen Sicherheit, zum Feind der menschlichen Gesellschaft und bekannte sich auch als Feind der wahren Religion. Außerdem sollten Fürsten nach Bossuet ihre Macht gebrauchen, um falsche Religionen zu unterdrücken, wobei sie Härte gebrauchen durften, nach Bossuet Milde aber vorzuziehen war. Wer es aber nicht anerkennen wolle, daß die Fürsten in Religionsdingen mit Strenge vorgehen, weil er meine, die Religion müsse frei sein, der befinde sich in einem gottlosen Irrtum. Einziger Schutz der Untertanen vor der Staatsgewalt sei ihre Unschuld.

Diese Sätze gingen ein gutes Stück über das hinaus, was Jean Bodin ein knappes Jahrhundert zuvor in *Les Six Livres de la République* geschrieben hatte. Zwar ist auch dort zu finden, die Stellung souveräner Fürsten sei geheiligt und unverletzlich (»sainct et inviolable«), sie seien Gottes Ebenbild (»l'image de Dieu«), Gottes Stellvertreter (»lieutenant de Dieu«), allein Gott untertan und jeder Widerstand gegen sie Gottesverachtung. Statt auf die fürstliche Majestät zu pochen, hatte Bodin jedoch die Fürsten als Hirten ihrer Völker (»pasteurs des peuples«) bezeichnet, statt ihre Unabhängigkeit herauszustreichen, hatte er zwar ihre Freiheit gegenüber dem traditionellen Recht, daneben jedoch ausdrücklich und wiederholt ihre Bindung an das natürliche Recht und an die Gebote Gottes betont und war sogar dafür eingetreten, in einem Staate verschiedene Religionen zu dulden. Hatte Bodin gehofft, mit seiner Lehre von der Stärkung der fürstlichen Souveränität seinen Zeitgenossen einen Weg aus den bitteren Religionskriegen zu zeigen, schrieb Bossuet am Hofe eines Fürsten, der die ganze Machtfülle absolutistischer Herrscher besaß. Dazu kamen noch weitere Elemente, die den Bodinschen Souveränitätsbegriff bei Bossuet verstärkten: Die Erinnerung an den schon im Mittelalter ausgebildeten sakralen Charakter des französischen Königtums, das kämpferische missionarische Ethos aus der Zeit der Gegenreformation, die Erfahrung der bedrohten und im Kampf geretteten staatlichen Einheit aus der Zeit der Fronde sowie schließlich die politische Machtentfaltung und das höfische Zeremoniell unter Ludwig XIV. Hatte der Jurist Bodin geistige Vorarbeit für den späteren Absolutismus geleistet, wurde der Theologe Bossuet zum virtuosen Interpreten und Apologeten des seinen Untertanen gegenüber allmächtigen, direkt von Gott eingesetzten und allein Gott verantwortlichen Monarchen. Niemand beschrieb das Gottesgnadentum besser als Bossuet; kein Herrscher praktizierte Bossuets Lehre besser als Ludwig XIV. Vom Frankreich des Sonnenkönigs aus sollte das Gottesgnadentum zum Inbegriff und zur Maxime fürstlicher Herrschaft in Europa werden.

Für die traditionelle Stellung der Kirche und Theologie noch einschneidender, systematischer und philosophisch fundierter als Bossuet hatte schon kurz vor diesem der englische Universalgelehrte und politische Denker Thomas Hobbes die Herrschaft des Staates über die Religion beschrieben. In seinem 1651 erschienenen großen Werk *Leviathan, or Matter, Form and Power of a Commonwealth, Ecclesiastical and Civil* leitete Hobbes theoretisch zwar »die Entzauberung der Monarchie von Gottes Gnaden« ein, da er, wie Stephan Skalweit 1957 bemerkte, die Staatsgewalt auf den Unterwerfungsvertrag zurückführte (HZ 184, S. 78); seine Zeitgenossen waren jedoch mehr beeindruckt von Hobbes' Argumenten gegen das Widerstandsrecht der Untertanen und für die erbliche Legitimität monarchischer Herrschaft. Sorgfältig bemühte sich auch Hobbes, seine Staatslehre aus der Bibel abzuleiten. Mehr als die Hälfte des *Leviathan* widmete er der Frage, wie Kirche und Religion in den Staat eingeordnet werden könnten. Seine Antwort war eindeutig: Nach Hobbes hatte der Herrscher zu entscheiden, auf welche Weise Gott zu verehren sei; er hatte dafür zu sorgen, daß dies einheitlich geschah. Außerdem war es nach Hobbes' Ansicht Pflicht christlicher Regenten, wahre von falschen Propheten, wahre von falschen Wundern zu scheiden und über die richtige Bibelauslegung zu wachen. Der Autorität des Fürsten oblag es nach Hobbes also, »alle Arten von Lehren zu billigen oder abzulehnen, und ihren mündlichen und schriftlichen Befehlen – was auch immer Privatleute darüber denken mögen – haben alle Menschen zu gehorchen, die sich unter den Schutz ihrer Gesetze stellen wollen«. »Die Lehrsätze über das Reich Gottes« beeinflußten nach Hobbes »das Reich der Menschen in so hohem Maße, daß sie nur von denjenigen zu bestimmen sind, die unter Gott die souveräne Gewalt besitzen« (*Leviathan,* hrsg. v. Iring Fetscher, 1966, S. 346). Die Christen hatten nach Hobbes ihren Souverän sogar als »Propheten Gottes« anzusehen. Täten sie das nicht, müßten »sie entweder ihre eigenen Träume für die Weissagung halten, von der sie ihrer Meinung nach geleitet werden, oder die Aufwallung ihres Herzens für den Geist Gottes«. Oder aber müßten sie es »ertragen, von einem ausländischen Fürsten oder einem ihrer Mit-Untertanen geführt zu werden, die sie durch Verleumdung der Regierung in einen Aufstand hineinhexen können, ohne ihre Berufung anders nachweisen zu können als dadurch, daß sie bisweilen außerordentlich erfolgreich sind oder straflos ausgehen, und die, indem sie auf diese Weise alle Gesetze, göttliche wie menschliche, zerstören, jede Ordnung, Regierung und Gesellschaft auf das erste Chaos der Gewalttätigkeit und des Bürgerkriegs zurückwerfen« (S. 333). Für Hobbes gab es ferner zwar »Christen im Staatsgebiet verschiedener Fürsten und Staaten«, aber jeder von ihnen war »dem Staat untertan, dessen Glied er ist« und konnte folglich »den Befehlen anderer Personen nicht unterstehen« (S. 357). Auf diese Weise seien die Dinge schon im Alten Testament geregelt gewesen, belehrte Hobbes seine Leser, und wenn Christus wiederkomme, werde er auf dieser Erde auch als König regieren. Gegenüber den kraft göttlichen Rechts (*iure divino*) amtierenden Souveränen, die kirchliches und politisches Recht in ihrer Hand vereinigten, hatte nach Hobbes auch der Papst keinerlei Macht. Ausdrücklich widerlegte Hobbes die Ansicht des führenden katholischen Theologen jener Epoche, Roberto Bellarmin, eines Jesuiten, der in seiner 1610 in Rom erschienenen Schrift *De Potestate Summi Pontificis in Rebus Temporalibus* gegen die von dem Engländer William Barclay vorgetragene Lehre vom Gottesgnadentum der Tudors polemisiert, sich aber, was Hobbes übersieht, nur für die indirekte Gewalt des Papstes auf politischem Gebiet ausgesprochen hatte und damit weit hinter den Ambitionen des gegenreformatorischen Papsttums zurückgeblieben war. Wer wie der Papst oder calvinistische Kirchenälteste (Presbyter) behaupte, die jeweilige Kirche sei Gottes Reich, fügte Hobbes in einem anderen Abschnitt hinzu, der strebe nur nach Macht und wolle nichts anderes als Gewalt über das Volk ausüben.

Wie immer man Hobbes interpretiert, als Vorläufer des Totalitarismus oder als Theoretiker des gesellschaftlichen Friedens, als Neubegründer konstruktiven politischen Denkens oder als Vertreter der bürgerlichen Souveränitätslehre: Keiner seiner Zeitgenossen ging so weit wie er in dem Bestreben, Religion und Kirche ausschließlich politischen, speziell herrschaftsstabilisierenden Zwecken zu unterstellen. Auch wenn er bei seiner Analyse der Machtverhältnisse seiner Zeit den Einfluß von Kirche und Theologie noch schwächer gezeichnet haben mag, als dieser tatsächlich war, so beeindruckt doch, daß eine so radikale Funktionalisierung des Religiösen von einem der hervorragendsten Geister des 17. Jahrhunderts für möglich und notwendig gehalten wurde. Gewiß, viele seiner Zeitgenossen wollten auch Hobbes nicht folgen. Sie betrachten ihn, ähnlich wie vor ihm schon Machiavelli, als Atheisten. Ähnlich wie Machiavelli sollte jedoch auch Hobbes noch Generationen später gelesen und als eine für seine Zeit typische und in die Zukunft weisende Stimme ernst genommen werden.

Die Unterschiede zwischen der Art und Weise, wie sich Reinkingk, Bossuet und Hobbes das beste Verhältnis von Staat und Kirche vorstellten, sind beträchtlich. Während Reinkingk vom Fürsten als dem Landesvater, dem auch die *cura religionis* obliege, ausging und somit eine Art patriarchalischen Obrigkeitsstaat befürwortet, gründete Hobbes auch die Herrschaft der Fürsten über Kirche und Religion auf den Gesellschaftsvertrag. Demgegenüber propagierte allein Bossuet die Union von fürstlicher Souveränität und Gottesgnadentum. Als *rex christianissimus* stand der Fürst nach Bossuet auch nicht hinter dem Papst zurück. Streng genommen begründete somit allein Bossuets Lehre vom Gottesgnadentum uneingeschränkt den fürstlichen Absolutismus; in einem weiteren Sinne zeugen aber alle drei hier vorgetragenen Stimmen von der politischen Dynamik des Absolutismus und von dem Willen der absoluten Fürsten, Religion und Kirche in ihren Machtbereich einzubeziehen und ihrer Herrschaft dienstbar zu machen. Diese Aspekte sollen im folgenden noch etwas näher beschrieben werden.

Was die politische Einstellung der Fürsten angeht, so ist ihre Absicht unverkennbar, sich gerade mit dem Hinweis auf die ihnen von Gott übertragene Aufgabe als Herrscher vom Hochadel abzuheben. »Die prätendierte absolute Machtvollkommenheit des Herrschers duldet von sich keine andere Auffassung als die, Ebenbild Gottes und dessen irdischer Amtswalter zu sein«, wie es Jürgen Frhr. von Kruedener vor kurzem formulierte (S. 30). Diese Distanzierung, die vor allem der machtpolitischen Domestizierung des Adels diente, wurde, wie Kruedener ebenfalls ausführt, durch das, was er Kultisierung, Charismatisierung und Theokratisierung der fürstlichen Rolle nennt, wirkungsvoll ergänzt (S. 30–41). Kultisierung hieß, daß die höfischen Feste wie kultische Handlungen konzipiert und wie Gottesdienste vollzogen wurden, daß das barocke Schloß gewissermaßen die Kultstätte des Königtums war, wo dessen Priester und Propheten lebten, wohin es Wallfahrten gab, wo die heiligen Symbole aufbewahrt und dem Volk gezeigt und wo die heiligen Handlungen nach dem strengen Zeremoniell, einer Art fürstlichen Liturgie, vollzogen wurden. Die Herrscher hatten die Pflicht zur Repräsentation der Majestät; als Vertreter Gottes auf Erden mußten sie den Untertanen ein Bild der Vollkommenheit vermitteln. Eberhard Straub schreibt dazu: »So wie Gott – umgeben von Engeln und Erzengeln, Cherubim und Seraphim, den himmlischen Heerscharen und anderem Gefolge – in der Mitte seines Hofes thronte, so umgaben das Abbild Gottes auf Erden die Adligen«; so wie man sich das Reich Gottes als »eine Sphäre glänzender Glückseligkeit« vorstellte, so sollte der Hof »ein überwältigendes Abbild des Glücks« sein (S. 92). Charismatisierung hieß dann, daß die bislang traditionell legitimierte Herrschaft durch charismatische Züge bewußt überhöht wurde, wobei auch hier der höfische Aufwand den Glauben an die überlegene Qualifikation des Monarchen suggerieren sollte. Theokratisierung hieß schließlich nicht nur, daß Kirchenrecht und Kirchenpolitik cäsaropapistischen Maximen folgten, es hieß auch, daß die demonstrative Verehrung Gottes durch den Fürsten die

fürstliche Autorität stärkte, daß der Fürst einerseits der Bevölkerung entrückt wurde, andererseits aber, um noch einmal Kruedener zu zitieren, »von Zeit zu Zeit Offenbarungen der sakralen Würde« gab, »die nicht mehr dem Zufall überlassen wurden durften« (S. 39).
Kultisierung und Theokratisierung drückten sich auch in der fürstlichen Architektur aus. Die Schlösser der absolutistischen Herrscher waren, wie Hans Sedlmayr 1938 konstatierte, »keine Profanbauten«, sie waren vielmehr »Sitze der irdischen Olympier: des deutschen Apoll, des deutschen Herkules und Mars und ihrer Palladine und bilden eine Sphäre, die, selber sakral, der Kirchenkunst mindestens gleichgeordnet ist, für kurze Zeit sie aber überragt«. Für Sedlmayr gehörte die Angleichung des imperialen und des kirchlichen Kunstschaffens zu den »auffallendsten und beredtesten Tatsachen des deutschen Spätbarock«. Schloßbau und Kirchenbau begegneten sich seiner Ansicht nach in der übergeordneten Sphäre der »glorificatio, der Verherrlichung, mit ihren Leitvorstellungen des Triumphs und der Apotheose, dort Christi und seiner Heiligen, hier des Kaisers und seiner Fürsten, der neuen Olympier«. Nur das italienische Kirchenbarock des 17. Jahrhunderts könne man deshalb als Kunst der Gegenreformation bezeichnen, nicht aber das deutsche Barock nach 1683, den Reichsstil (S. 137 f.). Aufgrund der neueren Forschungen über das Gottesgnadentum wird man, anders als Sedlmayr es 1938 interpretierte, folgern können, daß die barocke Architektur nicht nur Elemente der kirchlichen Baukunst übernahm, sondern daß die ganze kirchliche Sphäre, auch die kirchlichen Bauformen, systematisch und bewußt in den absolutistischen Herrschaftsbereich, auch in die Repräsentationsarchitektur der Residenzen, eingeschmolzen, buchstäblich eingebaut wurden mit dem Ziel, die durch den absolutistischen Herrscher verwirklichte neue Einheit von Herrschaft und Christentum zu demonstrieren und zu symbolisieren. Anders als Sedlmayr wird man deshalb auch nicht annehmen dürfen, die absolutistischen Fürsten und ihr Hofstaat hätten sich als die »neuen Olympier« allein als Fortführer der klassisch-griechischen Tradition gesehen, die für sie in einer Konkurrenz zu der von der Kirche und der Kirchenkunst bewahrten christlichen Tradition stand. Der griechische Mythos und seine Vertreter wurden vielmehr von den dem Absolutismus dienenden Künstlern aufgenommen, um in Architektur, Skulptur und Malerei jene Vorstellung größtmöglicher Vollkommenheit auszudrücken, jene Schönheit, Reinheit, Erhabenheit und Harmonie, die sie auch im Gottesgnadentum sahen.
Aus der zum göttlichen Recht der Könige gehörenden Vorstellung von der *sacra maiestas* folgte auf keinen Fall eine Trennung vom christlichen Traditionszusammenhang. Eberhard Straub betont zu Recht, daß beispielsweise die Selbstkrönung des brandenburgischen Kurfürsten Friedrich III. zum ersten preußischen König und seine Salbung durch zuvor von ihm selbst ernannte Bischöfe nicht »Demonstration« einer vom christlichen Herrscherbild gelösten Herrscherauffassung war, sondern »die letzte Konsequenz der sacralen Herrscheridee, die einer kirchlichen Vermittlung nicht mehr bedurfte, um das Amt zu heiligen« (S. 45). Zu Recht stellt er dar, wie der Fürst und sein Hof im Zeitalter des Absolutismus »mit hohem Eifer« das vollbrachten, was als Werke des Glaubens galt: Die Stiftung von Kirchen, Klöstern und sakralen Gegenständen, Kampf gegen Ketzer, Mission und Wallfahrten, Gebete, Beichte und Kommunion. »Mit all dem zeigte man sich als Christ und offenbarte Demut, Großherzigkeit und Nächstenliebe«, wie Straub bemerkt (S. 101). Mit all dem wurden weit in das 18. Jahrhundert hinein religiöse Übungen und kirchliche Handlungen Teile der höfischen Kultur. Es wäre deshalb falsch, im Absolutismus nur jene Kraft zu sehen, die Kirche und Religion politischen Zwecken dienstbar machte; vermittelt durch die Lehre vom Gottesgnadentum floß vielmehr ein großer Teil der finanziell-kulturellen Energie der Höfe auch hinein in die Propagierung und Demonstration des Christentums.

An der Rolle der Hofprediger am absolutistischen Hof läßt sich die ganze Problematik absolutistischer Einwirkung auf Kirche und Religion ablesen: Auf der einen Seite waren die Hofprediger nicht mehr als ein Ornament der höfischen Kultur; dazu gehörte, daß sie ebenso wie die Jägermeister oder die Orchestermusiker oder die Hofarchitekten ihre Aufgabe gut zu erfüllen hatten, was in ihrem Falle bedeutet, daß sie alle liturgischen Formen genau befolgen mußten und Gottes Wort streng und mächtig verkünden sollten. Wehe ihnen jedoch, wenn sie die christliche Ethik zu direkt auslegten und wenn dies gar mit persönlichen Anspielungen auf Verhältnisse am Hof geschah; dann hatten sie in der Regel die fürstliche Gunst bald verloren. Auf der anderen Seite wurden Herrscher und Hof durch den Hofprediger aber auch eng an die Kirche gebunden. Auch wenn es den Hofpredigern meist nicht gelang, zu maßgeblichen politischen Beratern der Fürsten zu werden und somit den Cäsaropapismus insgeheim in einen Papocäsarismus umzufunktionieren, so war und blieb die Kirche durch ihre Arbeit doch eine Sphäre besonderen Einflusses am Hof und in der Gesamtpolitik. In den protestantischen Ländern war dabei ohnehin eine weitgehende Identität von Staatsräson und Kirchenpolitik gegeben oder doch erreichbar, da der Fürst hier seit der Reformation die Position eines obersten Bischofs einnahm. In katholischen Ländern mußten sich die Fürsten dagegen erst eine Art nationalkirchliche Autonomie gegen das Papsttum sichern. Hier wurde die fürstliche Bestätigung päpstlicher Verlautbarungen, die Handhabung des Plazet (*placetum regium*), zum Signum und zum Kampfinstrument fürstlicher Souveränität. Auch das in der Gegenreformation erstarkte Papsttum konnte sich in Ländern wie Frankreich oder Spanien nicht gegen den fürstlichen Gebrauch des Plazet durchsetzen. Unter dem Absolutismus wurden in katholischen Ländern somit auch die machtpolitischen Konsequenzen aus den bereits im Spätmittelalter dem Papsttum abgewonnenen kirchlichen Rechtspositionen gezogen.

Als weitere Aspekte absolutistischer Kirchen- und Religionspolitik sind ferner die Zentralisierung und Bürokratisierung sowie die Sozialdisziplinierung zu nennen. Der hierarchisch aufgebauten fürstlichen Beamtenschaft diente zunächst die von der Spitze her gelenkte kirchliche Ordnung durchaus als Vorbild. Je mehr sich die Zentralbürokratie entwickelte und an Erfahrung und Einfluß gewann, desto stärker wurde dann aber der politische Wille, auch den ganzen kirchlichen Apparat in die innere Staatsverwaltung einzuordnen. Je mehr sich die Fürsten daran gewöhnten, aus dem Kabinett zu regieren, desto eher waren sie versucht, auch Kirchenfragen in eigener Regie und in letzter Instanz zu entscheiden. Für katholische Herrscher galt es dann, wie erwähnt, den Einfluß des Papstes abzublocken, während protestantische Herrscher in der Regel ihre von einem Konsistorium oder Bischöfen geleitete Kirchenorganisation gegen alle Versuche verteidigten, das religiöse Leben von den Gemeinden her aufzubauen. Für eine erfolgreiche fürstliche Politik der Sozialdisziplinierung war jedoch gerade der direkte Einfluß auf Gemeindeebene besonders wichtig. Hier wurde der Gemeine Mann angesprochen; hier übten die Geistlichen neben der Sittenaufsicht im Laufe des 17. Jahrhunderts mit der Schulaufsicht auch eine wichtige staatspolitische Funktion aus. Absolutistische Herrscher waren deshalb immer wieder bestrebt, die niedere Geistlichkeit für ihr Regiment einzunehmen oder, falls diese sich nicht unterordnete, deren Widerstand zu brechen. Das gelang, wenn auch mit spektakulären Fehlschlägen, aufs ganze gesehen der französischen Monarchie und dem Gallikanismus. Am Widerstand der niederen Geistlichkeit zerbrach dagegen unter anderem der vom Anglikanismus gestützte Versuch des englischen Königtums, eine absolute Herrschaft zu errichten.

Es bleibt, auf die Bedeutung der stehenden Heere, der Rechtssprechung und des Merkantilismus für die absolutistische Kirchen- und Religionspolitik hinzuweisen. In den von den absolutistischen Fürsten eingeführten stehenden Heeren spielten die Feldprediger eine ähnliche Rolle wie die Hofprediger an der Residenz. In den Augen der Militärs waren sie ein im Grunde unnötiges Attribut der Heere. Sie hatten keinen Einfluß auf irgendwelche wichtigen militärischen Entscheidungen. Zugleich agierten die Feldprediger aber als Propagandisten des christlichen Fürsten und als Missionare für christlichere Gesinnung. Gewiß, in den großen Kriegen des 17. Jahrhunderts waren viele Feldprediger vom Elend, das sie sahen, so erschüttert, daß sie Seelsorger der Soldaten waren und sonst nichts; manch agiler Feldprediger wurde von den Fürsten aber auch später auf eine einflußreiche Stelle gesetzt und somit für seinen Einsatz belohnt. Nicht zuletzt viele Hofprediger hatten als Feldprediger begonnen, waren von Fürsten beim Manöver oder auf einem Kriegszug entdeckt und dann an den Hof geholt worden. Ein weiterer Gesichtspunkt verdient in diesem Zusammenhang Erwähnung: Während es für die absolutistischen Herrscher sinnvoll, auch verlockend, war, als Feldprediger und Hofprediger Geistliche einzusetzen, die das Gottesgnadentum voll und ganz bejahten, erkannten auch andere kirchlich-theologische Gruppen, die den Absolutismus nur teilweise bejahten, durchaus die Chance, die in diesen Positionen lag. So lancierten sie, wenn es die Möglichkeit dazu gab, am Hof oder im Heer ihre Kandidaten, um König und Militärs für ihre Überzeugung einzunehmen und um ihrer Richtung gegenüber anderen Richtungen einen Vorteil zu verschaffen. So gelang es dem halleschen Pietismus beispielsweise, in Brandenburg-Preußen nach 1700 fast alle Feldpredigerstellen zu besetzen. Das war gewiß Ausdruck seines Einflusses am Hof, zugleich jedoch auch ein wichtiger Sieg der Pietisten im Kampf gegen die Orthodoxie.

»Die Verfügung über die Kirche« war, wie es Josef Engel vor einigen Jahren im *Handbuch der Europäischen Geschichte* ausdrückte (Bd. III, S. 415), »eines der wichtigsten Souveränitätsrechte und sicherlich dasjenige, das den Aufstieg zur Souveränität, aber auch ihre Sicherung garantierte«. Deshalb blieb das Gottesgnadentum auch nicht ohne Einwirkung auf die Justiz, oder, anders ausgedrückt: Deshalb folgte aus dem absolutistischen Anspruch auf ein Staatskirchensystem, daß die als Wahrer der Rechtsordnung fungierenden staatlichen Gerichte nunmehr auch zu Wahrern der Konfessionsordnung wurden. Der Staat war unter dem Absolutismus also nicht nur, wie bisher meist schon, für die Exekution von Urteilen im kirchlich-theologischen Bereich zuständig; staatliche Gerichte maßten sich vielmehr nun an, solche Prozesse auch ohne Mitwirkung kirchlicher Stellen durchzuführen und für die Kirche und die Theologen verbindliche Urteile zu fällen. Die Ketzerprozesse, auch die Prozesse gegen die Hexen, die man für besonders gefährliche Ketzer hielt, wurden deshalb vor staatlichen Gerichten durchgeführt. Religion und Theologie waren nicht Angelegenheiten, die zwischen den Gläubigen und ihren Geistlichen oder zwischen den Theologen und ihren Kirchenoberen verhandelt wurden, noch gar Privatsache, sondern primär Domäne des Staates. Dabei wurde die Entwicklung staatlicher Verantwortung auf das Glaubensleben der Untertanen besonders groß, weil sich in der Frühen Neuzeit mit dem Inquisitionsprozeß eine Form der Rechtssprechung durchsetzte, nach der im Gegensatz zum älteren Anklageprozeß (Akkusationsprozeß) die Staatsorgane tätig werden mußten, wenn ihnen der Verdacht eines Unrechts, also auch der Verdacht fehlender Rechtgläubigkeit, bekannt wurde, und nach der die Gerichte alle ihnen für die Wahrheitsfindung notwendig erscheinenden Mittel einsetzen durften, auch die Folter. Durch diese beiden Bestimmungen kam es vom ausgehenden 16. bis ins frühe 18. Jahrhundert in zahlreichen europäischen Ländern zu Prozessen über Glaubensfragen, die durch Denunziationen ausgelöst wurden und in deren Verlauf die Angeklagten schwerem physischen und psychischen Druck ausgesetzt waren.

Der Kampf gegen diese Mißstände war ohne Zweifel ein Ruhmesblatt der Aufklärung. Noch ehe sich die prozeßrechtlichen Überlegungen der Aufklärer aber hatten durchsetzen können, waren aus dem wirtschaftlichen Bereich wichtige Impulse gekommen, die

auf mehr Toleranz hinwirkten. Im 16. Jahrhundert war die Übernahme des Kirchenguts durch die Krone in einem Land wie England zunächst ohne Zweifel ein politischer Akt gewesen, der, vom erheblichen Zuwachs des herrschenden Hauses an Rechtstiteln und Einnahmen ganz abgesehen, gerade auch die sakrosankte Stellung des Souveräns oberhalb jeder anderen Gewalt ausdrückte. In dem Maße jedoch, in dem sich in der vom Absolutismus im 17. Jahrhundert favorisierten Wirtschaftslehre des Merkantilismus auch die Überlegung durchsetzte, zur Steigerung von Staatseinnahmen nütze nicht zuletzt eine Steigerung der in Handel und Handwerk tätigen Bevölkerung, in dem Maße auch, in dem diese Doktrin durch die glänzenden wirtschaftlichen Erfolge der Niederländer bestätigt wurde, in diesem Maße entstand für viele absolutistische Herrscher ein Zielkonflikt zwischen der zur Sicherung ihrer Herrschaft notwendigen Erreichung beziehungsweise Erhaltung der religiösen Einheit im Staate sowie der vom Merkantilismus geforderten Steigerung der Bevölkerungszahl, der Peuplierung. Im Jahre 1685 stießen beide Prinzipien aufeinander: Während Ludwig XIV. die wirtschaftlich besonders produktive Gruppe der Hugenotten gewaltsam unterdrückte, zum größten Teil zur Emigration zwang und dadurch der französischen Wirtschaft noch jahrzehntelang sichtbaren Schaden zufügte, holte der Große Kurfürst alle Hugenotten, die er erreichen konnte, in sein Land, um so dessen Wirtschaftskraft zu steigern.
Fassen wir zusammen: Gestützt auf die Lehre vom Gottesgnadentum (*Loi divin des rois, Divine right of kings*) wurde im 16. und 17. Jahrhundert in vielen europäischen Staaten die Kirche zum Teil staatlicher Herrschaft. Der Regalismus in Spanien, der Gallikanismus in Frankreich, der Anglikanismus in England und der Territorialismus im Alten Reich sind Varianten eines mit der absolutistischen Herrschaft eng verbundenen Staatskirchensystems. Keine Frage, daß zahlreiche katholische und protestantische Kirchenpolitiker und Theologen in den verschiedenen europäischen Ländern das Gottesgnadentum der Herrscher in der Hoffnung unterstützten, auf diese Weise auch ihre Kirchen gegen innere und äußere Feinde zu schützen und ihre jeweilige Konfession zu sichern. Keine Frage jedoch auch, daß erst durch die Herrschaft über die Kirche der Absolutismus seine epochemachende neue Qualität erhielt.
An den absolutistischen Residenzen wurde die nur Gott verantwortliche Machtfülle der absolutistischen Fürsten mit den Mitteln des Zeremoniells und der Kunst glanzvoll demonstriert. An diesen Höfen wurden dann aber auch für das alte Europa völlig neue Maßstäbe von Luxus und Verschwendung gesetzt sowie für die traditionelle Moral völlig neue Lebensformen praktiziert. Beides rief den Widerstand von Christen aus allen Schichten hervor. Innerkirchliche Erneuerungsbewegungen, aber auch mit den Kirchen nicht mehr verbundene religiöse Gruppen, wandten sich in der Folge gegen die ihrer Ansicht nach dogmatisch verhärteten, ethisch insensibel gewordenen und durch zu viel Macht korrumpierten Staatskirchen. Der ethische Widerstand gegen die Auswüchse der barock-absolutistischen Hofkultur wurde zum Kraftquell des Quietismus in Spanien, des Jansenismus in Frankreich und Italien, des Puritanismus in England und des Pietismus im Alten Reich. Eine national und konfessionell gebundene, nur im Blick auf das eigene Land und die eigene Kirche argumentierende Geschichtsschreibung hat es bisher weitgehend verhindert, daß diese Kräfte trotz aller Unterschiede, auf die einzugehen sein wird, als strukturell ähnliche Phänomene eingestuft und erforscht wurden. Wenig überzeugend ist die vom Marxismus und teilweise auch vom Liberalismus vorgetragene Meinung, allein das Bürgertum sei Träger der gegen den Absolutismus gerichteten politisch-religiösen Opposition gewesen. In der Phase des werdenden Absolutismus verbanden sich vielmehr die religiös gebundenen, von ethischen und theologischen Überlegungen bestimmten Gegner absolutistischer Fürsten mit den in den Ständen organisierten und am alten Recht orientierten Opponenten, zu denen neben den Vertretern der Städte vor allem auch große

Teile des Adels gehörten; in der Phase des voll etablierten Absolutismus waren es dann teilweise wieder Vertreter von Städten, die nicht Residenz waren, teilweise aber auch Adlige, die den Sprung an den Hof nicht geschafft oder nicht gewollt hatten, die zum eigentlichen Träger auch des religiös-ethischen Widerstandes wurden. An den absolutistischen Höfen selbst fand die religiös bestimmte und ethisch argumentierende Opposition häufig Unterstützung bei den Frauen oder den Müttern der Fürsten und ihrer Höflinge. Von den kriegerischen Idealen und der exzessiven Jagdleidenschaft der höfischen Männerwelt abgestoßen und ausgestoßen, gelegentlich aber auch von Mätressen in ihrer Stellung am Hofe bedroht, suchten sie Trost in erbaulicher Lektüre und fanden Halt in einer verinnerlichten Frömmigkeit. Für eine ganze Reihe absolutistischer Höfe war die vom Fürsten durchaus mißbilligte Allianz zwischen seiner Frau oder seiner Mutter und dem Hofprediger typisch, der mit solchem Engagement allerdings stets seine Stellung riskierte. Alle diese religiös gebundenen Kritiker des Absolutismus wollten unter dem Eindruck der bösen neuen Verhältnisse nichts anderes als eine Rückkehr zu der, wie sie meinten, moralisch intakten patriarchalischen Regierungsweise der früheren Zeit. Ihrer politischen Einstellung fehlte deshalb zunächst durchaus jene Zukunftsperspektive, die man unterstellt, wenn man das Bürgertum zum Träger jeder Opposition gegen den Absolutismus macht. Aus der religiös motivierten Auseinandersetzung mit dem Absolutismus entstanden dann aber freilich auch politische Kräfte, die zur Überwindung dieser Herrschaftsform beitrugen, genuin politische Energien, die dann auch auf die Ziele und die Grundsätze der im Kampf gegen den Absolutismus engagierten religiösen Gruppen zurückwirkten, so daß sich auch diese für eine neue politische Ordnung einzusetzen begannen: In einzelnen Fällen erstrebten die politischen und die religiösen Gegner des Absolutismus dann nichts Geringeres als Glaubens- und Gewissensfreiheit für den einzelnen und die Tolerierung verschiedener Bekenntnisse im Staate.

Im Europa zwischen Reformation und Aufklärung wurde größere religiöse Toleranz jedoch nur schrittweise erreicht; nur in einzelnen Ländern entstand zunächst das, was man als Inseln der Toleranz bezeichnen könnte. Auch Rückschläge blieben nicht aus. Der erfolgreiche Widerstand der Niederlande gegen Philipp II. und der Sieg des Parlaments in England begeisterten zwar Gegner des Absolutismus in ganz Europa, verstärkten zugleich jedoch auch den Willen absolutistischer Fürsten, ihre Herrschaft noch besser abzusichern. Nicht der Sieg über den Absolutismus, sondern der Erfolg dieser Herrschaftsform bestimmte die Geschichte der meisten europäischen Länder vom späten 16. bis ins frühe 18. Jahrhundert. In der Innenpolitik hieß dies, daß Dissidenten verfolgt, daß die Rechte konfessioneller Minderheiten eingeschränkt, ja daß solche Minderheiten überhaupt unterdrückt wurden. Das war das Schicksal der Morisken in Spanien, der Hugenotten in Frankreich, beispielsweise aber auch das der Katholiken in England. In der Außenpolitik hieß dies, daß konfessionspolitische Ziele mit in die Definition und die Verfolgung machtpolitischer Interessen einflossen. Ignoriert man die Absicht, die eigene als die wahre Kirche zu verteidigen, kann man weder die Europapolitik Philipps II. verstehen noch, ein gutes Jahrhundert später, diejenige Karls XII. von Schweden. Konfessionspolitische Überlegungen sowie die Reaktion auf die Kirchen- und Religionspolitik in Europa wirkten sich schließlich auch aus im Verhältnis Europas zu den seit dem 15. Jahrhundert entdeckten Ländern in Übersee. In allen Fällen waren die Absichten der Kolonisatoren, ihr Vorgehen gegenüber den Eingeborenen und ihre Erfolge auch abhängig vom Stand der Auseinandersetzungen um Kirche und Religion in den Mutterländern. Wie unterschiedlich die Ergebnisse sein konnten, zeigen die spanisch-katholische Suprematie über Südamerika, der Sieg des aus England stammenden Puritanismus in Nordamerika und die weitgehende Vernachlässigung christlicher Mission durch die Niederländer in Südostasien.

Eine letzte Bemerkung sei angefügt: Der Reichtum der europäischen Geschichte, auch der Reichtum der politischen und sozialen Geschichte des Christentums zwischen Reformation und Aufklärung, liegt in der Vielfalt der Formen, in der Vielfalt der Probleme und in der Vielfalt der Lösungen und Antworten. Ehe das Wechselverhältnis zwischen der politischen und der sozialen sowie der kirchlichen und der religiösen Entwicklung im Zeitalter des Absolutismus weiter diskutiert wird, sollen deshalb die wichtigsten Konstellationen und Streitfälle dargestellt, die wichtigsten Varianten beschrieben werden. Erst wenn wir diese Fälle kennen, wird sich abwägen lassen, was es für das Christentum, auch für christliche Theologie und Frömmigkeit, bedeutete, daß die meisten Kirchen in jener Ära Teil des absolutistischen Herrschaftssystems wurden, und erst dann wird entschieden werden können, was es für den Absolutismus hieß, daß christliche Ethik den Widerstand gegen diese Herrschaftsform begründete und christliche Gruppen die Opposition gegen das Gottesgnadentum bestärkten.

Bibliographische Hinweise zu II.1.

Außer den unter I. genannten Werken siehe:

Brunner, Otto, »Vom Gottesgnadentum zum monarchischen Prinzip. Der Weg der europäischen Monarchie seit dem hohen Mittelalter«, in: Neue Wege der Verfassungs- und Sozialgeschichte (1956, ²1968) 160–186.

Carsten, Frances L., Princes and Parliaments in Germany from the 15th to the 18th Century (1959, ²1963).

Dickens, Arthur Geoffrey (Hg.), The Courts of Europe. Politics, Patronage and Royalty 1400–1800 (1978).

Elias, Norbert, Die höfische Gesellschaft (1969, ³1977).

Gerhard, Dietrich (Hg.), Ständische Vertretungen in Europa im 17. und 18. Jahrhundert (1969, ²1974).

Hofmann, Hanns Hubert (Hg.), Die Entstehung des modernen souveränen Staates (1967).

Hubatsch, Walther (Hg.), Absolutismus = Wege der Forschung Bd. 314 (1973).

Kruedener, Jürgen Frhr. von, Die Rolle des Hofes im Absolutismus (1973).

Lousse, Emile, »Absolutismus, droit divin, despotisme éclairé«, Schweizer Beiträge zur Allgemeinen Geschichte 16 (1958) 91–106.

Meinecke, Friedrich, Die Idee der Staatsräson in der neueren Geschichte (1924, ⁴1976).

Mommsen, Karl, Auf dem Wege zur Staatssouveränität (1970).

Oestreich, Gerhard, Geist und Gestalt des frühmodernen Staates (1969).

Sedlmayr, Hans, »Die politische Bedeutung des deutschen Barocks (Der ›Reichsstil‹)«, in: Gesamtdeutsche Vergangenheit. Festgabe für Heinrich Ritter von Srbik (1938) 126–140.

Straub, Eberhard, Repraesentatio Maiestatis oder churbayerische Freudenfeste (1969).

Vierhaus, Rudolf, »Absolutismus«, in: Sowjetsystem und demokratische Gesellschaft, Bd. 1 (1966) 17–37.

2. *Fürstlicher Katholizismus und ständischer Protestantismus I: Spanien und die Niederlande*

In der Mitte der 1550er Jahre, als Philipp II. die Macht von seinem im Kampf um die kaiserliche Hegemonie und die Einheit des Christentums erschöpften Vater Karl V. übernahm, zeichneten sich in den durch die Reformation ausgelösten europäischen Glaubenskämpfen zwei neue Tendenzen ab. Zum einen gab es, wie das auch der Augsburger Religionsfrieden signalisierte, kaum noch eine Hoffnung auf eine Versöhnung der Konfessionen und eine Wiedervereinigung der zerbrochenen Kirche. Die Staatsmänner waren deshalb allenthalben in Europa bemüht, in ihren Herrschaften den jeweils siegreich gebliebenen Glauben zu sichern. Überall verstärkten sie zu diesem Zweck ihren Einfluß auf die Kirchen, und überall kam es dadurch zu einer weitgehenden Identifizierung von Staats- und Kirchenpolitik und zu einer Konfessionalisierung der Politik. Zum anderen lösten in den gleichen Jahren die im Konzil von Trient vorangetriebene Neubesinnung und Reform der alten Kirche und die eklatanten Erfolge der Anhänger Calvins in Westeuropa eine weitere Zuspitzung der Auseinandersetzungen zwischen Alt- und Neugläubigen aus. Diese neue konfessionspolitische Lage bewirkte, daß nun in beiden großen Lagern die Neigung zur Kompromißlosigkeit in Glaubensdingen wuchs: Politiker aller Glaubensrichtungen zogen aus der engen Verbindung von Staat und Kirche den Schluß, in ihren Staaten müsse konfessionelle Uniformität bestehen; Theologen aller Lager zeigten sich bereit, Glaubensdifferenzen nicht mehr mit theologischen Argumenten, sondern auf dem Schlachtfeld auszufechten. Beide Tendenzen bestimmten auch die Religions- und Kirchenpolitik Philipps II.: Mit Nachdruck war er bemüht, Spanien zu einer uneinnehmbaren Bastion des alten Glaubens auszubauen, und mit ebenso großem Nachdruck war er bestrebt, mit politischen und notfalls auch mit militärischen Mitteln den Einfluß des Protestantismus in Europa zu mindern.

Eine kurze Bemerkung zur Religiosität Philipps II. ist angebracht, ehe diese beiden Grundzüge spanisch-katholischer Politik näher beleuchtet werden können. Die Zeugnisse für den tiefen Glauben des 1527 geborenen spanischen Habsburgers sind bekannt und brauchen hier nicht wiederholt werden. Als der knapp Dreißigjährige 1556 das Erbe seines Vaters antrat, war er überzeugt, seine Herrschaft sei direkt von Gott, innerhalb und auch außerhalb Spaniens sei er dazu berufen, Gottes Sache zu dienen; allein Gott sei er für sein Handeln verantwortlich. Ohne Zögern war Philipp II. deshalb bereit, seine ganze politische Macht für den Glaubenskampf einzusetzen und dabei auch die weitreichenden Kompetenzen der spanischen Krone über die spanische Kirche zu nützen. Zwar ist es eine von englischen Protestanten im Europa des späten 16. Jahrhunderts mit Erfolg verbreitete Legende, Philipp II. sei nichts als der verlängerte Arm des Papsttums, nichts als der weltliche Exponent der Gegenreformation gewesen. Denn ohne Zweifel verfolgte er neben den konfessionellen auch machtpolitische Ziele. Während der Papst beispielsweise ein von Spanien unabhängiges und starkes katholisches Frankreich wollte, half Philipp II. den französischen Katholiken im Kampf gegen die französischen Protestanten nur wenig, weil er glaubte, auf diese Weise selbst eine Vorherrschaft über das Nachbarland erreichen zu können. Während der Papst Philipp II. schon um 1560 zum Kampf gegen das endgültig zum neuen Glauben überwechselnde England aufforderte, griff dieser diese Macht erst zwanzig Jahre später an, erst als er dafür auch politische und wirtschaftliche Gründe sah; und auch in der Politik gegenüber den aufständischen Niederlanden waren sich Philipp II. und die Kurie durchaus uneins. Trotzdem wäre es falsch, das konfessionelle Element in Philipps Politik zu unterschätzen. Bei allen wesentlichen Entscheidungen ließ sich dieser ebenso selbstdisziplinierte wie gewissenhafte, ebenso verschlossene wie pedantische und mißtrauische Herrscher von der Überzeugung leiten, was den Altgläubigen nütze, sei gut für Spanien, und was Spanien stärke, helfe auch der alten Kirche. Durch Philipp II. kam es deshalb zu einer weitgehenden Verschmelzung von spanischer Hegemonialpolitik und gegenreformatorischem Katholizismus.

Philipps Macht über Kirche und Religion beruhte auf einer Vielzahl von Rechten und Regelungen, die teilweise schon von seinen Vorgängern erworben worden waren, die er aber aufgrund seiner Machtfülle besser als diese auszuwerten verstand. Bereits 1523 hatte Papst Hadrian Karl V. das Recht konzediert, ohne Mitwirkung der Kurie in Spanien Bischöfe zu ernennen; das spanische Staatskirchensystem, der Regalismus, sah außerdem vor, daß der spanische Staatsrat als höchste und letzte Appellationsinstanz bei allen kirchlichen und theologischen Streitfragen fungierte, daß die spanische Krone alle päpstlichen Bullen und Breven überprüfte, ehe diese veröffentlicht wurden und nur das verlautbarte, was nicht im Widerspruch zu spanischen Gesetzen stand. Ferner flossen dem Staat die kirchlichen Einkünfte zu, auch die Kreuzzugssteuer, und seit 1567 außerdem eine beson-

dere Abgabe auf Pfarreibesitz, die zur Finanzierung des Krieges in den Niederlanden bestimmt war. Schließlich waren seit dem ausgehenden 15. Jahrhundert in Spanien alle Prozesse gegen Personen, die falscher Glaubensüberzeugung verdächtigt wurden, Staatssache. Geradezu demonstrativ wohnte Philipp II. 1559, kurz nachdem er nach Spanien gekommen war, der Verbrennung von zwölf Ketzern in Valladolid bei. Unter seiner Regierung wurden das System der Bespitzelung möglicher Dissidenten gewaltig ausgebaut und von der Inquisition Tausende von Todesurteilen vollstreckt. Zwischen Landesverrat und Ketzertum gab es jetzt keine Grenze mehr. Spanische Gesetze bestimmten, was katholisch war, und indem die Krone nur ihr treu ergebene Bischöfe einsetzte, folgte aus dem Regalismus auf lange Zeit vor allem eine Stärkung eben dieses Regalismus. Im Gegensatz zu Heinrich VIII., der sich von Rom trennte, anerkannte Philipp II. zwar noch den Papst als Oberhaupt der Kirche; die Unterordnung der Kirche unter den Staat war in Spanien unter seiner Herrschaft aber eher noch größer als im England des 16. Jahrhunderts.
Zum Verhältnis Philipps II. zur Kurie und zum Verhältnis der Kurie zu Spanien sind einige ergänzende Ausführungen notwendig. Je stärker sich das gegenreformatorische Papsttum als politische und geistige Kraft konsolidierte, desto mehr wurde für die Kurie die spanische Sonderstellung zum Problem. Philipp II. hinderte die Päpste nicht nur daran, Einfluß auf die spanische Kirche zu nehmen; mit dem apostolischen Vikariat für die Neue Welt beanspruchte er außerdem auch einen den Päpsten durchaus gleichwertigen Rang. Nachdem Alexander VI. schon um 1500 Spaniern und Portugiesen die Mission in den neu entdeckten amerikanischen Ländern völlig überlassen und Leo X. diese Regelung 1514 ausdrücklich bestätigt hatte, waren in Mittel- und Südamerika allein von Madrid und Lissabon abhängige katholische Staatskirchen entstanden. Nicht die Päpste, sondern die Könige von Spanien und Portugal bestimmten in den folgenden Jahrzehnten, welche Orden in diesen Gebieten missionieren durften, wie Bistumsgrenzen gezogen und welche Personen zu Bischöfen ernannt wurden. Die Päpste hatten im 16. Jahrhundert, von den Verlusten an die Neugläubigen ganz abgesehen, somit zunächst auch eine weitergehende Regionalisierung beziehungsweise Parzellierung der dem alten Glauben treuen Kirche nicht aufhalten können. Als die Kurie 1622 mit der *Congregatio de Propaganda Fide* eine neue Zentralbehörde für die äußere Mission der Kirche schuf, stand das von der spanischen und der damals mit ihr vereinigten portugiesischen Krone beanspruchte Universalpatronat wiederum zur Debatte. Auf der einen Seite waren die in der Neuen Welt etablierten Kirchen nicht Missionskirchen, sondern vollgültige Teile der spanischen beziehungsweise der portugiesischen Kirche; auf der anderen Seite beanspruchte die seit dem Konzil von Trient erneuerte römische Kirche nunmehr unmißverständlich direkten Einfluß in diesen überseeischen Gebieten. Die Lösung, die man 1622 fand, war praktisch und raffiniert zugleich: Die römische Unterscheidung zwischen altgläubigen Gebieten (*terrae sedis apostolicae*) und Missionsgebieten (*terrae missionis*) wurde nicht auf die spanischen Besitzungen in Übersee angewandt, die damit *de iure* Teil der spanischen Kirche blieben; die inzwischen machtpolitisch geschwächte spanische Krone mußte es jedoch hinnehmen, daß Rom nach 1622 eigene Missionare in diese Länder schickte und somit dort praktisch von Rom abhängige Missionskirchen aufbaute.
Was Philipps Kirchen- und Religionspolitik betrifft, so profitierte er ohne Zweifel außerordentlich von dem, was man zusammenfassend als katholische Reform bezeichnen kann. Dazu gehörte die verstärkte Hinwendung von Kirche und Orden zu Erziehungsaufgaben ebenso wie das neue soziale Engagement, also die tätige Liebe für Arme und Kranke; dazu zählte die Intensivierung des volkstümlichen Glaubens nicht weniger als die Seelsorge und die Reinigung und Einübung der Glaubensartikel. Zwar hatte Philipp II. in einigen Punkten durchaus eigene Vorstellungen von dem, was für die Kirche gut sei. So sicherte er gegen die Kurie den Bestand des Karmeliterordens, der sich dann

von Spanien aus über ganz Europa ausbreitete. Insgesamt ist seine Politik jedoch nicht vorstellbar ohne jene brisante Mischung von Aktion und Organisation, von Glauben und Gefühl, die den gegenreformatorischen Katholizismus auszeichnete.
In der Innenpolitik konzentrierte sich Philipp II. nicht darauf, ein neues absolutistisches Verfassungssystem zu schaffen, durch das die Cortes aufgelöst und die verschiedenen Räte für Kastilien, Aragon sowie für seine anderen Besitzungen in Italien und in Übersee vereinigt worden wären. Ihm genügte es, daß er vom Eskorial aus alle politischen Fäden in der Hand hatte. Er regierte absolutistisch, ohne die verfassungspolitischen Konsequenzen daraus zu ziehen. Viel wichtiger war es dem frühzeitig an die große Politik gewöhnten Sohn Karls V., der mit Hilfe des 1548 in Spanien eingeführten burgundischen Hofzeremoniells als unnahbare Majestät auftrat, jedwede religiöse oder politische Opposition auszuschalten. Die Verschärfung der Bücherzensur 1558 und das Verbot für Spanier, an ausländischen Universitäten außer in Bologna, das direkt Rom unterstand, zu studieren, richteten sich gegen die spanischen Anhänger des Erasmus und die wenigen protestantischen Gruppen im Lande. Anders als der Kampf gegen die getauften Juden, die *conversos,* und gegen die getauften Mauren, die *moriscos,* war diese Auseinandersetzung mit dem Erbe des Humanismus und der Reformation für Philipp aber nur eine Nebensache und keine Kraftprobe für seine Herrschaft.
Die katholischen Könige Ferdinand und Isabella hatten durch 1492 und 1502 erlassene Edikte die spanischen Juden und einen guten Teil der in Spanien lebenden Mauren ins Ausland vertrieben. Ihr Programm, die Reinheit und Einheit von Glauben und Blut, war Verpflichtung für den Urenkel. Den ersten Stoß richtete er gegen die mit dem spanischen Adel vielfach verwandten *conversos,* so daß viele Adlige ihre Stammbäume fälschten, gar ihren Namen änderten, um der auch beim spanischen Bürgertum populären Forderung nach Reinheit des Blutes zu entsprechen. Den entscheidenden Kampf führte Philipp II. dann aber gegen die *moriscos.* Aus Furcht, die nordafrikanischen Mohammedaner könnten Granada zurückerobern, verordnete er 1567, die häufig nur arabisch sprechenden und weder sozial noch politisch integrierten *moriscos* müßten binnen drei Jahren spanisch lernen und viele ihrer traditionellen Bräuche aufgeben. Dadurch provozierte er einen gewaltigen Aufstand, der erst nach zwei Jahren niedergeschlagen werden konnte. Obwohl anschließend zahlreiche Morisken in andere Teile Spaniens deportiert wurden, schwelte der Konflikt weiter. Im Jahre 1609 verfügte Philipp III. schließlich die Austreibung der in Spanien verbliebenen, meist im Handwerk beschäftigten 300 000 Morisken. Das christliche Spanien jubelte ihm zu. Als 1614 dieser Gewaltakt durchgeführt war, hatte zwar der Grundsatz der Reinheit der Religion und des Blutes gesiegt, Spanien aber auf Jahrzehnte hin nicht mehr wettzumachende demographische und wirtschaftliche Verluste erlitten. Befürworter eines konfessionell gebundenen Absolutismus vertraten im späten 16. und frühen 17. Jahrhundert immer wieder die Ansicht, ein durch Krieg zerstörtes Reich, dem das göttliche Heil erhalten bleibe, sei mehr wert als ein unversehrtes Reich, dem aber, weil es die Ketzerei und damit die Herrschaft des Teufels zulasse, Gottes Segen fehle. Ihren Maximen entsprach die Innenpolitik Philipps II. und Philipps III.
Solche Prinzipientreue war auch in der spanischen Außenpolitik jener Epoche zu finden, dort aber viel schwieriger als in der Innenpolitik durchzuhalten. In der ersten Phase seiner Herrschaft, den 1560er und 1570er Jahren, konzentrierte Philipp II. seine Kräfte auf das Mittelmeer, um dort die Türken zu bekämpfen. Die verschiedenen Aktionen, die er anregte und unterstützte, scheiterten aber jedes Mal an den besonderen Zielen seiner Verbündeten: Die Kurie und Frankreich fürchteten eine spanische Hegemonie, Venedig bangte um seine Getreideimporte aus dem Schwarzmeergebiet, die österreichischen Habsburger suchten schließlich türkische Gegenschläge im Donaugebiet zu vermeiden. Allein 1571, als die Türken von Venedig die Abtretung Zyperns forderten und sich

Spanien, die Kurie und Venedig in einer Heiligen Liga verbanden, kam es in der Seeschlacht von Lepanto zu einem großen Sieg, einem Erfolg freilich, der auch nicht weiter ausgewertet wurde. Bereits 1573 unterzeichneten die Venezianer einen Sonderfrieden mit den Türken; fünf Jahre später, 1578, schloß dann auch Philipp II., enttäuscht und von seinen Verbündeten im Stich gelassen, einen Waffenstillstand mit den Türken. Die machtpolitischen Sonderinteressen der katholischen Mächte hatten damit über ihre Solidarität gesiegt; oder, aus anderer Sicht bewertet: Die Furcht vor Philipps spanisch-katholischer Hegemonialpolitik hatte ein Zusammenwirken aller katholischen Mächte verhindert.

In der zweiten Phase seiner Herrschaft, den 1580er und 1590er Jahren, standen die überseeischen Gebiete und der Kampf gegen England im Zentrum der Außenpolitik Philipps. Nachdem er 1580 seine Erbansprüche in Portugal durchgesetzt hatte und ihm das riesige portugiesische Kolonialreich zugefallen war, griffen die Engländer seine Vorherrschaft auf dem Atlantik und in der Neuen Welt an. Waren die Kaperzüge englischer Schiffe vorher nur Nadelstiche gewesen, die den spanischen Koloß zwar ärgerten, aber nicht verletzten, so unterbrachen englische Schiffe nunmehr immer häufiger den spanischen Handel mit der Neuen Welt. Als die Engländer dann auch noch ein Expeditionskorps in die aufständischen Niederlande schickten und mit der Hinrichtung von Mary Stuart die katholische Partei in England vernichteten, fühlte sich Philipp zum Kampf herausgefordert und entschloß sich zum direkten Angriff auf die englische Seemacht. Die Niederlage der glorreichen Armada 1588 sollte macht- und wirtschaftspolitische, aber auch kirchen- und religionsgeschichtliche Folgen zeitigen. Obwohl sich Philipp II. noch bis zum Ende seiner Regierung bemühte, die katholische Sache im atlantischen Raum zu beschützen, zog die Entscheidung von 1588 den Sieg der seefahrenden englischen und niederländischen Protestanten über Spanier und Portugiesen in Übersee nach sich. Hatten die Spanier bis dahin den Atlantik als ein ihnen durch päpstlichen Schiedsspruch zugesichertes *mare clausum* angesehen, so respektierten die englischen *privateers* kein *dominium* auf hoher See und keine vom Papst definierten Hoheitsgewässer. Hatten Spanier und Portugiesen mit päpstlicher Sanktion die Länder der Neuen Welt unter sich aufgeteilt, so brachen die niederländischen Kaufleute nunmehr in das portugiesische Handelsimperium in Ostasien ein. Die 1604 in dem Friedensvertrag zwischen Spanien und England im Nordatlantik festgesetzte Grenze zwischen einem spanischen und einem englischen *dominium* hatte nur vorübergehende Geltung. Bereits 1608 brachte der Holländer Hugo Grotius die neue Lage auf die Formel vom *mare liberum* und verkündigte die Lehre von der Freiheit der Meere. Damit waren die völkerrechtlichen und die machtpolitischen Voraussetzungen für das Eindringen und den Sieg des Protestantismus in Nordamerika geschaffen.

Die Niederlage der Armada machte es ferner für Philipp II. völlig unmöglich, doch noch den in den 1560er Jahren ausgebrochenen Aufstand in den Niederlanden niederzuschlagen und damit jene Auseinandersetzung siegreich zu beenden, die seine Macht mehr als jeder andere Konflikt geschwächt hatte. Nachdem sich in den Niederlanden Mitte der 1550er Jahre die ersten calvinistischen Gemeinden gebildet hatten und seit 1563 calvinistische Synoden abgehalten wurden, traf die Politik Philipps, alle Ketzer unnachsichtig zu verfolgen, dieses Land härter als irgendeinen anderen Teil des spanisch-habsburgischen Imperiums. Bereits in der Mitte der 1560er Jahre schlossen sich führende niederländische Adlige zusammen, um der spanischen Inquisition zu widerstehen und gegen die spanische Unterdrückung anderer religiöser Meinungen Obstruktion zu leisten. Als die Statthalterin Philipps, Margarethe von Parma, 1566 protestantische Predigten verbot, versammelten sich bewaffnete Protestanten und stürmten einige katholische Kirchen und Klöster. Noch waren diese radikalen Calvinisten nur eine kleine Minderheit. Die Reaktion der Statthalterin, protestantische Predigten überall dort wieder zu gestatten, wo sie bisher schon üblich waren, hatte deshalb gute Aussicht, die überwiegende Mehrheit der weder dem strengen Calvinismus noch dem kämpferischen Katholizismus zuneigenden Niederländer zu überzeugen und für den Kurs der Regierung zu gewinnen. Als Philipp aber diese Regelung strikt ablehnte und stattdessen spanische Truppen in die Niederlande entsandte, um dort die alte Ordnung wiederherzustellen, war das politische und auch das konfessionelle Klima vergiftet. Das scharfe Durchgreifen des spanischen Befehlshabers, Herzog Alba, trug ein übriges dazu bei, die Niederländer gegen den König einzunehmen. Nach der Hinrichtung der Adligen Egmont und Hoorne 1568, die sich 1565/66 als Führer der zu einer Vermittlung bereiten Gruppe hervorgetan hatten, sprachen immer weitere Kreise in den Niederlanden von spanischer Tyrannei und solidarisierten sich mit den Calvinisten. Nun wurden die den weiteren Kampf bestimmenden, die Verhältnisse in der Hitze des Kampfes gewiß vereinfachenden, für viele Niederländer aber gerade deswegen überzeugenden Formeln geprägt: Ihr Kampf galt den Spaniern als Landfremden, er galt dem spanischen Absolutismus, der die ständische Verfassung der Niederlande zu vernichten und dem Lande schwere neue Steuern aufzuerlegen drohte, die, so ein weiteres Argument, nichts anderes als den gegenreformatorischen Katholizismus und die Inquisition finanzieren sollten. In der Person Philipps schienen vielen Niederländern alle diese Gefahren geradezu symbolhaft vereinigt: Willkür und Fremdherrschaft, Absolutismus und Ausbeutung, Inquisition und reaktionärer Katholizismus. Viel weniger deutlich trat hervor, für welche Ziele die Niederländer kämpften. Immerhin wird schon in jenen ersten Jahren des niederländischen Freiheitskampfes deutlich, daß sie ihre alten ständischen Institutionen bewahren, in Religionsfragen, abgesehen vom Kampf gegen den spanischen Katholizismus, keine Gewalt ausüben und Wilhelm den Oranier als Führer der patriotischen Bewegung unterstützen wollten.

Erste militärische Unternehmen des Oraniers waren freilich 1568 gescheitert. Die Sache der niederländischen Opposition machte erst wieder weitere Fortschritte, als die Wassergeusen 1572 die nördlichsten Gebiete der Niederlande, die Provinzen Holland und Seeland, befreiten. Unter den Wassergeusen hatte auch der Calvinismus besonders viele Anhänger gefunden. Nachdem sie 1572 zunächst beschlossen hatten, der reformierte und der katholische Gottesdienst sollten frei sein, verboten sie 1573 die Messe. Damit opferten die Wassergeusen zwar ein Stück der religiösen Toleranz, für welche viele im Geiste des Humanismus erzogene Niederländer eintraten; damit gab es aber auch klarere Fronten als bisher: Die Entscheidung mußte zwischen dem alten ständischen Verfassungssystem und einer neuen Kirchenform auf der einen und dem spanisch-absolutistischen Regiment und der alten Kirche auf der anderen Seite gefällt werden. Diese Entscheidung war schwierig und von vielen Faktoren abhängig. Im Jahre 1576 unternahmen die Generalstaaten, der Ausschuß der Provinzialstände, deshalb noch einmal einen Vermittlungsversuch: Die fremden Truppen sollten abgezogen, der Protestantismus in Holland und Seeland ebenso wie der Katholizismus in den übrigen fünfzehn Provinzen zunächst anerkannt und die Religionsfrage im übrigen nach Regelung der politischen Differenzen ausführlich beraten werden. Philipp II. ging auf diese Pazifikation von Gent aber nur zum Teil ein. Da die militärische Lage ohnehin für ihn ungünstig war, stimmte er dem Rückzug seiner Truppen zu. Dagegen weigerte er sich, die Protestanten in Holland und Seeland auch nur vorübergehend, das heißt bis zu den geplanten Religionsgesprächen, zu tolerieren.

Philipps konsequent-konfessionelle Politik trieb die religiös gemäßigte, politisch-patriotische Mittelpartei erneut in das Lager der radikalen Calvinisten. Außerdem hatte Philipps Antwort den Calvinisten einmal mehr bewiesen, wie richtig ihre Parolen waren. Obwohl die spanische Militärmacht keineswegs geschlagen war, gingen die Calvinisten nun in allen niederländischen Provinzen zur Offensive über. Katholische Gottesdienste wurden gestört, Katholiken verfolgt. Immer wieder verkündeten die Calvinisten, die Sache der Niederlande stünde viel besser, wenn nicht so viele Katholiken immer noch Macht und Einfluß hätten. In dieser Situation kündigten die konservativen Katholiken die Genter Pazifikation und schlossen sich 1579 in der Union von Arras zusammen. Fast gleichzeitig vereinigten sich die Nordprovinzen in der Union von Utrecht. Damit wurde die endgültige Teilung des Landes vorbereitet. Während die Union von Arras einen Sonderfrieden mit Philipp schloß, weiterhin aber für eine friedliche Lösung des gesamten Problems in der Überzeugung eintrat, auf diese Weise könne der Katholizismus verlorenes Terrain am besten zurückgewinnen, bestimmten die entschiedenen Calvinisten zunächst die Politik der Utrechter Union. Sie interpretierten die Auseinandersetzung nunmehr als Schicksalskampf zwischen dem alten und dem neuen Glauben, als Entscheidung zwischen Freiheit und Tyrannei. Die politisch-patriotische Mittelpartei, die sich im konfessionellen Kampf nicht hatte engagieren wollen, wurde, so schien es, völlig zerrieben. In dem Maße, in dem sich die Nord- und die Südprovinzen in der Folgezeit als neue Territorien konsolidierten, zeigte es sich jedoch, daß diese Mittelpartei zwar vorübergehend untergegangen, aber nicht verschwunden war. Gewiß, in den Südprovinzen, überwiegend wallonischem Gebiet, dem späteren Belgien, hatte sie der siegreichen spanischen Gegenreformation auf Jahrzehnte hin wenig entgegenzusetzen. In den Nordprovinzen, die sich 1581 förmlich von Philipp II. lossagten, sollte die Mittelpartei dagegen den Charakter von Politik und Kultur wesentlich bestimmen. Als es galt, diese Provinzen als selbständigen Staat zu organisieren, zeigte es sich nämlich, daß die radikalen Calvinisten zwar im Kampf den Ton angegeben, daß sie aber nach wie vor nicht die Mehrheit der Bevölkerung hinter sich hatten.

Bevor jene niederländische Kirchen- und Religionsverfassung entwickelt wurde, die im Europa des 17. Jahrhunderts als Vorbild der Toleranz gepriesen oder als Hort des Libertinismus verdammt wurde, mußten aber schwere Kämpfe ausgefochten werden. Die erste Entscheidung galt es in der Frage zu treffen, ob kirchliche und staatliche Ämter nach dem Genfer Muster verbunden, oder ob Kirche und Staat getrennt und religiöse Minderheiten geduldet werden sollten. Gegen die orthodoxen Calvinisten, die sogenannten Präzisen, setzte sich hier die alte Mittelpartei durch, die sogenannten Libertiner, die von dem Landsyndikus Johann van Oldenbarnevelt geführt wurden. Noch heftiger wurde wenig später der innercalvinistische Streit um die Lehren des Jacob Arminius und des Franz Gomarus. Während Arminius postulierte, Christus sei für alle Menschen, nicht nur für die Prädestinierten, gestorben, und alle Menschen könnten deshalb aus freiem Willen den wahren Glauben als Gabe Gottes annehmen, beharrte Gomarus darauf, nur die Prädestinierten seien tatsächlich auserwählt und nur sie würden erlöst. Keine der beiden Seiten war bereit nachzugeben; Gewaltakte wurden verübt; ein neuer Bürgerkrieg drohte. Die Entscheidung oblag der großen Synode von Dordrecht. Als dort die Anhänger des Arminius, die seit 1610 auch Remonstranten hießen, verurteilt und ihre Lehre verboten wurde, unterlagen die Libertiner dem orthodoxen Calvinismus und damit auch die alte patriotische Partei den Machtansprüchen des mit den Präzisen verbündeten Statthalters Prinz Moritz von Oranien. So kraß diese Entscheidung von 1618 zunächst erscheinen mußte, so wenig radikal waren aber die Folgen. Auf Moritz folgte bald dessen tolerant gesinnter Halbbruder Friedrich Heinrich als Statthalter; die Führer der strengen Calvinisten mußten überdies erkennen, daß die Mehrheit der Gemeinden ihren Kurs ablehnte. Seit den späten 1620er Jahren konnten deshalb in den Niederlanden nicht nur Remonstranten, sondern auch Lutheraner und Katholiken, ja selbst Wiedertäufer und Juden, ungestört Gottesdienste abhalten. Die 1648 völkerrechtlich endgültig von Spanien gelösten Niederlande wurden somit zum Refugium verfolgter religiöser Dissidenten aus ganz Europa.

Überblickt man die ganze Auseinandersetzung zwischen spanischem Regiment und niederländischer Selbstregierung, jenen achtzigjährigen Krieg von 1568 bis 1648, so wird deutlich, in welchem Maße religiöse Kräfte und religiöse Argumente das Resultat dieses Kampfes bestimmten. Zwar ist nicht zu bestreiten, daß der erfolgreiche Widerstand der Provinzen Holland und Seeland nur durch deren besondere geographische Lage und die besondere, den Spaniern lästige und fremde militärische Strategie der Wassergeusen möglich wurde. Das ist jedoch nur die eine Seite – die religiös-konfessionelle Seite ist die andere: Aus religiösen Gründen lehnte Philipp jede Konzession an die Aufständischen ab; der Bildersturm von 1566 war für ihn ein deutliches Zeichen, daß sich in den Niederlanden die Feinde Christi erhoben hatten. Eher wollte er als Märtyrer des wahren Glaubens untergehen, als diese Bewegung dulden. Die religiöse Überzeugung, als neues Volk Gottes gegen die spanische Unterdrückung zu kämpfen, gab aber auch seinen Gegnern, den Calvinisten, Mut und ihren Losungen Überzeugungskraft. Nur indem sie jede spanische Maßnahme als Glaubensfrage auslegten, gelang es ihnen, die für den Erfolg des niederländischen Freiheitskampfes so wichtige soziale Mittelschicht zu mobilisieren. Ein Stück religiöse Überzeugung stand schließlich auch für die politisch-patriotische Partei auf dem Spiel. Sie lehnte die calvinistischen Bilderstürmer ebenso ab wie die katholische Gewaltpolitik; für ihre Führer, für einen Wilhelm von Oranien und später für einen Johann van Oldenbarnevelt, waren Name und Erbe des Erasmus mehr als nur eine Reminiszenz. Lange Zeit war ihr dritter Weg aufs höchste gefährdet. Anders als Erasmus, dessen Stimme in den Kämpfen der Reformation weithin ungehört verhallt war, konnten sie sich aber schließlich durchsetzen und in den Niederlanden weitgehende Geistesfreiheit und Toleranz verwirklichen.

Es dauerte Jahrzehnte, ehe dieses Ziel erreicht wurde, ehe die Niederlande ein politisches Eigenbewußtsein entwickelten, das die Gewissensentscheidung in Glaubensfragen als fundamentales Recht mit einschloß. Außerdem ist zu sehen, daß die starke Stellung der einzelnen Provinzen und der einzelnen Gemeinden in den Niederlanden wesentlich zur Fundierung einer Politik der religiösen Toleranz beitrug. Keine Frage schließlich, daß diese besondere Religionspolitik nur möglich war, weil die sie tragende Partei zugleich den enormen wirtschaftlichen Aufschwung der Nordprovinzen herbeigeführt und dem Lande großen Reichtum gebracht hatte. Nicht nur in Europa handelten die Niederländer ohne Rücksicht auf konfessionelle Barrieren mit jedem Land und jeder Stadt, wo sie Waren kaufen und verkaufen konnten; auch in Übersee legten sie kaum Wert auf die Missionierung ihrer eingeborenen Handelspartner. So florierte bezeichnenderweise die von führenden Männern der patriotischen Partei 1602 gegründete Ostindische Kompagnie, die das Geschäft über die Christianisierung stellte, während die von strengen Calvinisten 1626 gegründete Westindische Kompagnie, die zwar Handel treiben, vor allem aber dem Papsttum möglichst weite Gebiete in Südamerika und Afrika entreißen wollte, keinen Gewinn erwirtschaftete.

Politische und religiöse, ökonomische und geistige Kräfte wirkten somit zusammen, daß die Niederlande des 17. Jahrhunderts nicht nur offen für neue Ideen waren und, indem sie diese Ideen rezipierten, offen für religiös Verfolgte blieben, sondern daß dieses kleine Land eine hervorragende Stellung in ganz Europa einnahm. Amsterdam und die Niederlande vermittelten mehr Arbeitskräfte, Kapital und technisches Können als jede andere Stadt und jede andere Region Europas im 17. Jahrhundert; Niederländer entwarfen, leiteten und finanzierten Entwicklungsprojekte in Ländern wie Schweden und England, Frankreich und Italien; niederländische Wissenschaftler hatten engen Kontakt mit Kollegen in anderen Ländern; niederländische Künstler wurden bewundert und nachgeahmt; mit Descartes und Spinoza lebten und schrieben zwei der bedeutendsten Philosophen der Epoche in diesem Land, das auch John Locke, als er aus England fliehen mußte, von 1683 bis 1689 als Exil wählte. Die Toleranz in Glaubensfragen war sicherlich nur ein Aspekt

der Blüte der niederländischen Kultur im 17. Jahrhundert; ohne diese Toleranz ist jedoch die ganze von den Niederlanden ausgehende Faszination nicht vorstellbar.
Es bleibt, abschließend noch einmal auf Spanien einzugehen, wo gewissermaßen eine umgekehrte Entwicklung wie in den Niederlanden ablief. Bereits im ersten Jahrzehnt seiner Regierung sorgte Philipp II. dafür, daß sich sein Land vom übrigen Europa abschloß. Theologischer und philosophischer, aber auch politischer und rechtlicher Traditionalismus dominierten seitdem über jede Neuerung, gleichgültig ob diese aus dem eigenen Land oder aus der Fremde kam. Außerdem spielte das spanische Imperium in Übersee eine verhängnisvolle Rolle: Es raubte dem Mutterland, vor allem Kastilien, die Menschen, die dort für die innere Entwicklung dringend gebraucht worden wären; es lieferte mit dem Silber scheinbar unschätzbar große Macht, Machtmittel freilich, die in den verschiedenen Kriegen nur zu rasch zerrannen; und schließlich trug das Herrenleben in Übersee dazu bei, in Spanien den traditionellen ritterlichen Lebensstil zu konservieren, der weder in der Politik noch gar in der Wirtschaft des 17. Jahrhunderts der europäischen Konkurrenz gewachsen war. Schon unter Philipp III. wurde das Mißverhältnis zwischen den realen Möglichkeiten spanischer Politik und den zu hoch gespannten konfessionellen Zielen offenkundig. Als Olivares, der leitende Minister Philipps IV., in den 1620er und 1630er Jahren versuchte, mit einem Programm des religiösen Heroismus, wie es genannt wurde, mit einer Politik der inneren Reformen und einer betont offensiven Außenpolitik die spanische Weltgeltung wiederherzustellen, scheiterte er auf der ganzen Linie. Der Zweifrontenkrieg gegen Holland und Frankreich verschlang das Geld, das für Reformen notwendig gewesen wäre, ohne zu Erfolgen zu führen; die Reformen schlugen fehl, da die nichtkastilischen Reichsteile jede Neuerung ablehnten. Der große Aufstand der Katalanen 1640 und die Sezession Portugals im gleichen Jahr demonstrierten schließlich nur, wieviel Macht die spanische Krone inzwischen verloren hatte. Der religiöse Heroismus des Olivares hatte den Niedergang nur vorübergehend verschleiern, nicht aber aufhalten können. Fragt man nach den Gründen für den Verlust der spanischen Weltgeltung, so ist die von Philipp II. eingeleitete und von seinen Nachfolgern durchgehaltene Kirchen- und Religionspolitik mit an erster Stelle zu nennen. Sowohl in der Innen- als auch in der Außenpolitik hatte Philipp II. konfessionelle Ansprüche über andere Interessen, allein konfessionell begründete Regelungen über andere Lösungen gestellt. Gewiß, das von der Gegenreformation gestärkte religiöse Sendungsbewußtsein seines Hauses führte dazu, daß Spanien ein katholisches Land blieb. Dafür wurde jedoch ein sehr hoher Preis bezahlt.

Bibliographische Hinweise zu II. 2.

Braudel, Fernand, La Méditerranée et le Monde méditerranéen á l'époque de Philippe II, 2 Bde (1949, ²1966).

Elliott, John J., Imperial Spain 1469–1716 (1963).

Gams, Bonifatius Pius, Die Kirchengeschichte von Spanien, Bd. 1–5 (1862–1879, repr. 1956).

Geyl, Pieter, The Revolt of the Netherlands 1555–1609 (1932, ⁵1966).

ders., The Netherlands in the Seventeenth Century (1936). The Netherlands divided (1966), Bd. 1–2 (²1964–1966).

Huizinga, Johan, Holländische Kultur im 17. Jahrhundert [Holländisch 1941] (1961).

Kamen, Henry, Die spanische Inquisition [engl. 1965] (1967, TB 1969).

Konetzke, Richard, Geschichte des spanischen und portugiesischen Volkes = Die große Weltgeschichte, Bd. 8 (1939).

ders., »Zur Biographie Philipps II. von Spanien«, Historische Zeitschrift 164 (1941) 316–331.

Lea, Henry Charles, A History of the Inquisition in Spain, Bd. 1–4 (1906/07); deutsch Bd. 1–3 (1911–1912).

Lynch, John, Spain under the Habsburgs, 2 Bde (1964/69).

Petrie, Charles, Philipp II. von Spanien [engl. 1963] (1965).

Pfandl, Ludwig, Philipp II. (1938, ³1951).
Price, J.L., Culture and Society in the Dutch Republic during the Seventeenth Century (1974).
Roth, Cecil, A History of the Marranos (1932, repr. 1975).
Schäfer, Ernst, Beiträge zur Geschichte des spanischen Protestantismus und der Inquisition im 16. Jahrhundert, 3 Bde (1902, repr. 1969).
Smit, J. W., »The Netherlands Revolution«, in: R. Foster u. J. P. Greene (Hg.), Preconditions of Revolution in Early Modern Europe (1970) 19–54.
Wedgwood, Cicely Veronica, William the Silent (1944, 1960); deutsch in: Wege der Mächtigen (1970).
Wilson, Charles, Die Früchte der Freiheit. Holland und die europäische Kultur des 17. Jahrhunderts (1968).

3. *Fürstlicher Katholizismus und ständischer Protestantismus II: Österreich, Böhmen und Ungarn*

In welchem Maße sich die Herrschaft des Staates über die Kirche, die Steigerung fürstlicher Macht zum Absolutismus und eine auf konfessionelle Uniformität abzielende Politik gegenseitig bedingten, zeigt die Geschichte der österreichisch-habsburgischen Länder zwischen Reformation und Aufklärung. Zwar sind auch hier die gleichen allgemeinen Tendenzen zu finden, die die Kirchenpolitik des spanischen Zweigs des habsburgischen Hauses bestimmten: Der Wunsch, den alten Glauben im eigenen Lande zu bewahren und den neuen Glauben zurückzudrängen. Diesem Ziel wirkten jedoch drei Faktoren entgegen: Erbteilungen zerstörten die Einheit des regierenden Hauses und schwächten dadurch die Macht der Krone; Landstände der verschiedenen Reichsteile schützten mit ihren politischen Rechten zugleich auch den neuen Glauben; bei einzelnen Vertretern des Herrscherhauses nisteten sich schließlich Zweifel am alten Glauben ein. Obwohl die ständigen Auseinandersetzungen mit den Türken das christliche Glaubenspotential in den österreichischen Ländern immer wieder sensibilisierten und aktivierten, konnten die Herrscher das konfessionelle Element erst relativ spät zur Stärkung ihrer politisch-kirchlichen Position einsetzen. Die österreichisch-habsburgischen Länder, die im 18. und noch im 19. Jahrhundert die katholische Vormacht Europas werden sollten, zählten im ausgehenden 16. und noch weit ins 17. Jahrhundert hinein zu den kirchen- und konfessionspolitisch besonders umstrittenen Regionen Europas.
Wie fragil die Herrschaftsstrukturen im ungarisch-österreichisch-böhmischen Raum im 14. und 15. Jahrhundert waren, soll hier nicht rekapituliert werden. Im Jahre 1526, als nach der Schlacht bei Mohács das Erbe der Stephanskrone und der Wenzelskrone an den Bruder Karls V., Erzherzog Ferdinand, fiel, hatte dieser große Schwierigkeiten, auch als Herrscher anerkannt zu werden, da sich das dynastische Erbrecht noch keineswegs gegen das ständische Wahlrecht durchgesetzt hatte. Während die böhmischen Stände Ferdinand zum König wählten und die Stände Mährens und der Lausitz dieses Votum akzeptierten, stimmte die Mehrheit der ungarischen Stände für den Wojwoden von Siebenbürgen, Johann Zápolya, während nur eine Minderheit dem Habsburger Ferdinand die Stephanskrone anvertrauen wollte. Mit militärischer Macht vertrieb Ferdinand im folgenden Jahr zwar seinen Konkurrenten; bereits 1529 mußte er dann aber eine vernichtende Niederlage gegen die Ungarn hinnehmen. Von 1529 bis ins letzte Drittel des 17. Jahrhunderts herrschten die Habsburger deshalb nur über den westlichen und nordwestlichen Grenzraum Ungarns: Das zentrale Ungarn war türkisch; im Nordosten Ungarns etablierte sich das christliche, keineswegs aber prohabsburgische oder prokatholische Siebenbürgen.
Die Herrschaft der Türken in Ungarn war jedoch nur die eine Front, an der die Wiener Politik gefordert war. In dem Maße, in dem sich der Protestantismus in den österreichischen Erblanden ausbreitete, entstand im Kerngebiet habsburgischer Herrschaft eine

zweite, für Ferdinand und seine Nachfolger fast noch gefährlichere Auseinandersetzung. Schon vor dem Augsburger Religionsfrieden hatte der neue Glauben Anhänger in allen Bevölkerungsschichten der Alpenländer und der nördlichen Nachbargebiete gefunden: Städter und Landadlige, Gelehrte und Bauern. Söhne von österreichischen Adligen studierten beispielsweise in Wittenberg; das 1523 erlassene Verbot, protestantische Schriften zu verbreiten, erwies sich als undurchführbar; nach der Niederschlagung des Tiroler Bauernaufstands und der Verbrennung des von Zwingli beeinflußten Bauernführers Balthasar Hubmaier 1528 sammelte der Tiroler Jakob Huter in Mähren Gruppen von Wiedertäufern, die sich auch nach der Verbrennung Huters im Jahre 1536 in Mähren bis 1622 hielten, dann in Oberungarn, später in Siebenbürgen weiterbestanden und schließlich den Kern der Huterischen Gemeinden in Rußland und Nordamerika bilden sollten. Schon um 1540 hatten die Protestanten in den österreichischen Erblanden so festen Rückhalt, daß sie den Triumph Karls V. über seine protestantischen Gegner im Reich 1546/47 und seine gewaltsamen Rekatholisierungsmaßnahmen ohne Schaden überstanden. Wenngleich der Protestantismus im habsburgischen Gebiet nirgendwo offiziell als neue Landesreligion eingeführt wurde, engagierten sich die Landstände der verschiedenen Reichsteile doch energisch für den neuen Glauben. Zwar regierte als Landesherr und *advocatus ecclesiae* bis 1564 der in Spanien erzogene und dem katholischen Glauben treu ergebene König Ferdinand, zwar hatte dieser mit dem im Augsburger Religionsfrieden 1555 sanktionierten *ius reformandi* eine wichtige Waffe im Kampf gegen die Neugläubigen in die Hand bekommen: Es sollte jedoch Jahrzehnte dauern, ehe die österreichischen Habsburger dieses Recht in ihren Erblanden durchsetzen konnten, von den Ländern der Stephanskrone und der Wenzelskrone ganz zu schweigen.

Die entscheidende Schwächung der Krone erfolgte im Jahre 1564, als beim Tode Ferdinands die Kaiserkrone sowie die Herrschaft in Ober- und in Niederösterreich und in Böhmen und Ungarn an Maximilian II. fiel, während sein einer Bruder, Erzherzog Ferdinand, Tirol und die sogenannten Vorlande und sein anderer Bruder, Erzherzog Karl, Steiermark, Kärnten und Krain erhielt. Nun zeigte es sich, daß die Stellung dieser Landesfürsten in Religionsangelegenheiten zwar stark war, daß sie aber, wenn die Landstände gegen ihre Politik opponierten, stets taktieren und von ihren kirchenpolitischen Zielen große Abstriche machen mußten; nun zeigte es sich, daß das *ius reformandi* zwar ein Mittel zur Degradierung und Domestizierung der Landstände sein konnte, daß die gleichzeitige Durchsetzung einer absolutistischen und einer gegenreformatorischen Politik die Macht dieser von einer geteilten Souveränität zehrenden Herrscher aber überstieg. Das Haupt des Hauses, Kaiser Maximilian II., stand ohnehin der im Konzil von Trient erneuerten katholischen Kirche ebenso reserviert gegenüber wie dem dogmatischen und kämpferischen Protestantismus. Ob er aus Rücksicht auf Philipp II. oder weil ihn innerprotestantische Querelen abstießen oder weil er dies seinem Vater auf dem Sterbebett versprochen hatte, nicht zum Protestantismus übertrat, ist müßige Spekulation, wichtiger dagegen, daß die österreichischen Protestanten auf Wunsch Maximilians eine »Christliche Kirchenagenda« ausarbeiteten und daß der Kaiser den protestantischen österreichischen und böhmischen Adel durchaus gewähren ließ. Im Gegensatz dazu unterdrückte Erzherzog Ferdinand in Tirol und den Vorlanden, soweit er es konnte, alle Lutheraner und Wiedertäufer, so daß schon in den 1570er Jahren der katholische Charakter dieser Gebiete wieder hergestellt war. Eine Mittelstellung nahm der in Innerösterreich regierende Erzherzog Karl II. ein. Seit 1571 mit einer Wittelsbacherin, der Tochter des streng katholischen Herzogs Albrecht V. von Bayern verheiratet, war er zwar persönlich überzeugter Katholik, in der Landespolitik mußte er aber den überwiegend protestantisch gesinnten Ständen in Kärnten, Krain und der Steiermark Zugeständnisse machen, da er auf deren Hilfe im Kampf gegen die Türken angewiesen war. In der 1572 gewährten und 1576

bestätigten Religionspazifikation konzedierte er dem Adel dieser Länder das Recht auf Glaubensfreiheit sowie auf eigene Prediger und Schulen. 1578 versprach er dann auch den Städten und Marktflecken Religionsfreiheit. Als er von katholischer Seite heftig angegriffen wurde, widerrief er diese Zusagen und schlug einen strammen gegenreformatorischen Kurs ein. Schon 1579 ließ er aus der Grafschaft Görz die ersten protestantischen Prediger ausweisen; seit 1585 unterstützte er den Ausbau des Grazer Jesuitenkollegs zur Universität. Noch schärfer wurde die Rekatholisierung dann nach seinem Tode vorangetrieben. Sein seit 1595 regierender Sohn Ferdinand, der spätere Kaiser Ferdinand II., ließ sogenannte Reformationskommissionen durch die innerösterreichischen Länder ziehen, die mit der Hilfe von Söldnern evangelische Bücher verbrannten, evangelische Kirchen zerstörten, evangelische Prediger vertrieben und evangelische Gemeinden auflösten. Schonung erfuhr zunächst nur der landsässige Adel, der den neuen Glauben angenommen hatte.
Auch in den übrigen Reichsteilen spitzten sich nach dem Tode Kaiser Maximilians II. im Jahre 1576 die konfessionellen Kämpfe zu. In Nieder- und Oberösterreich sowie in Böhmen und Ungarn regierte Kaiser Rudolf II., der konfessionellen Streit noch mehr haßte als sein Vater, der aber die von verschiedenen Mitgliedern seines Hauses sowie von dem Propst von St. Stephan und späteren Wiener Erzbischof Melchior Klesl forcierte Rekatholisierung in Niederösterreich nicht zu hindern vermochte. So wurde der protestantische Gottesdienst in Wien wieder eingestellt, den Maximilian II. erlaubt hatte, wurden protestantische Hofangestellte entlassen, protestantische Bürger verhaftet und die evangelischen Gottesdienste und Kirchen in den niederösterreichischen Landstädten nacheinander aufgehoben. Noch dramatischer verlief die Gegenreformation in Oberösterreich, wo die protestantischen Stände in dem Calvinisten Georg Erasmus Tschernembl einen bedeutenden Führer besaßen. Als sich die oberösterreichischen Bauern 1592 erhoben, standen protestantischer Adel und protestantische Bauern aber in verschiedenen Lagern. Die Niederwerfung des Aufstands schwächte die Sache des neuen Glaubens somit doppelt: Das Vertrauen der Bauern in die konfessionelle Solidarität ihrer Herren war enttäuscht; zugleich hatte der Sieg über die Bauern jedoch nicht die Stellung des Adels, sondern die des Landesherren gestärkt.
Weder das, was in Innerösterreich geschah, noch das, was in Nieder- und Oberösterreich ablief, sondern der dynastische Konflikt zwischen dem Kaiser und seinem jüngeren Bruder, dem seit 1595 als kaiserlichem Statthalter in Niederösterreich eingesetzten Matthias sollte jedoch die weitere religions- und kirchengeschichtliche Entwicklung Österreichs bestimmen. Während Rudolf II. seine verschiedenen gelehrten und kulturellen Interessen verfolgte und die Wissenschaften und die Künste förderte, baute Matthias mit Hilfe des Wiener Erzbischofs Klesl seine Position zielstrebig aus; während Rudolf im Sinne der versinkenden Ära das christliche Kaisertum als Symbol der Universalität ansah und im Geist der Spätrenaissance in der Pansophie einen Weg zur Wiederherstellung der verlorenen geistigen Einheit suchte, ging es Matthias primär um die Macht. Seit 1607 war nicht mehr der als Sonderling verleumdete Kaiser das faktische Haupt der österreichischen Habsburger sondern Matthias.
Für die Landstände der verschiedenen Reichsteile schien die Konfrontation zunächst durchaus von Vorteil. Um die Stände für sich zu gewinnen, zögerte Matthias nicht, auch auf religiösem Gebiet Zusagen zu machen. Den mährischen Ständen sicherte er Religionsfreiheit zu, ebenso den Ständen im habsburgischen Teil Ungarns, die ihn 1608 dann auch zum König wählten. Den im Horner Bund zusammengeschlossenen nieder- und oberösterreichischen Ständen garantierte er 1609 ihre alten Gewohnheiten, was, ohne daß es ausdrücklich gesagt wurde, auch die Glaubensfreiheit mit einschloß. Im Gegenzug erließ dann der von Matthias militärisch inzwischen auf die Herrschaft in Böhmen zu-

rückgedrängte, auch dort aber von den böhmischen Ständen angegriffene Kaiser Rudolf II. den Majestätsbrief von 1609, der sehr weitgehende Konzessionen an Lutheraner, an die Nachfahren der gemäßigten Hussiten, die Utraquisten, sowie an die Böhmischen Brüder enthielt, die sich bereits 1575 auf die »Böhmische Konfession« geeinigt hatten und nun den besten Schutz ihres Glaubens in der Übertragung des Kirchenregiments vom König auf die böhmischen Stände sahen. Im einzelnen bestimmte der Majestätsbrief die völlige Religionsfreiheit für die böhmischen Protestanten, die Anerkennung ihrer Kirchenordnung bis »zur christlichen vollkommenen allgemeinen Vergleichung über die Religion im Heiligen Römischen Reiche«, ferner die Übertragung des Kirchenregiments, insbesondere der Aufsicht über die Ausbildung und Ordination von Predigern und über die Prager Universität, an einen von den böhmischen Ständen zu wählenden Ausschuß, die »Defensoren«, schließlich das Recht des Kirchen- und Schulbaus. »Vom heutigen Tage an«, hieß es im Majestätsbrief, »soll niemand, weder die höheren freien Landstände noch die Bewohner untertäniger Städte und Flecke, noch die Bauern von ihren Obrigkeiten oder irgend jemand, sei es von geistlichen oder weltlichen Personen, von ihrer Religion abgedrängt und zu einer anderen Religion durch Gewalt oder auf irgend eine ersonnene Art gezwungen werden«. Das war ein Programm religiöser Toleranz, so wie es sie im damaligen Europa nirgends gab, nicht einmal in den Niederlanden.
1611/12 kam es dann zur ersten wichtigen Entscheidung. Matthias dehnte seine Macht auch nach Böhmen hinein aus; die böhmischen Stände wählten ihn zum König; in die Prager Burg als Residenz eingesperrt, verlassen und verbittert, starb Rudolf II. Anfang 1612. Für den im gleichen Jahr auch zum Kaiser gewählten Matthias war das böhmische Problem damit aber noch lange nicht gelöst. Durch eine offensive Außenpolitik hoffte er vom konfessionellen Streit abzulenken und die böhmischen Stände für sich zu gewinnen. Der 1613 geplante Türkenzug kam jedoch nicht zustande, weil die in Regensburg versammelten Reichsstände nicht mitmachten; sein Versuch, 1614/15 Siebenbürgen zu gewinnen, scheiterte ebenfalls. Das ganze Taktieren des neuen Herrschers war vergeblich: Zunehmend formierte sich eine tschechisch-nationale Opposition gegen die habsburgisch-deutsche Oberherrschaft. Die böhmischen Stände beharrten darauf, der Majestätsbrief erlaube ihnen auch den Bau protestantischer Kirchen auf geistlichem Grund, eine Interpretation, die der Kaiser strikt ablehnte. Ein Jahr, nachdem der durch seine Rekatholisierungspolitik in Innerösterreich bei allen Protestanten berüchtigte Ferdinand zum König von Böhmen gewählt worden war, kam es zum offenen Bruch: Als der Prager Erzbischof den Bau von zwei protestantischen Kirchen untersagte und der Kaiser einen aus Protest einberufenen Protestantentag verbot, sagten sich die böhmischen Stände von der habsburgischen Herrschaft los, unterstrichen dies demonstrativ durch den Hinauswurf der kaiserlichen Statthalter und bildeten ein dreißigköpfiges Direktorium, das Truppen warb, die Jesuiten des Landes verwies und den Untertanen katholischer Herren das freie Bekenntnis garantierte, während es den Untertanen protestantischer Herren verbot, sich zum katholischen Glauben zu bekennen. In der böhmischen Konföderationsakte von 1619, die wenig später durch eine Union mit den Ständen von Ober- und Niederösterreich ergänzt wurde, verbündeten sich die Stände Böhmens, Mährens, Schlesiens und der Lausitz mit dem Ziel, Landesrechte und Religionsfreiheit zu wahren und zu schützen. Zusammen mit der ständischen Rechtstradition dieser Territorien schien auch der neue Glaube mitten in Europa einen großen Erfolg errungen zu haben.
Für den von den böhmischen Ständen abgesetzten König Ferdinand war zunächst der Weg für Gegenaktionen versperrt. Während er, von Spanien unterstützt, schon 1618 auf eine Entscheidung mit Waffengewalt drängte, wollten Kaiser Matthias und mit ihm Erzbischof Klesl keine überstürzten Reaktionen. Nach dem Sturz Klesls und dem Tod des Kaisers 1619 war jedoch die Bahn für Ferdinand frei. 1619/20 fielen deshalb die für das

künftige kirchenpolitische Schicksal Österreichs weiteren wichtigen Entscheidungen: Am 28. August 1619 wählten die Kurfürsten des Alten Reichs den Habsburger Ferdinand zum neuen Kaiser; schon zwei Tage zuvor, am 26. August, hatten die böhmischen Stände den pfälzischen Kurfürsten Friedrich, einen Calvinisten, als neuen König erkoren. Beide Seiten fühlten sich stark. Nachdem der Führer der böhmischen Stände, Matthias Thurn, 1619 mit einem Heer bis vor Wien gezogen war und sich den Böhmen auch der Fürst von Siebenbürgen, der Calvinist Gabriel Béthlen, angeschlossen hatte, wendete sich aber alles gegen sie: Herzog Maximilian von Bayern und die katholische Liga stellten ein Heer zur Unterstützung des Kaisers auf; der Kaiser brachte einen Waffenstillstand mit Béthlen zuwege; von pfälzischen Beratern des neuen böhmischen Königs initiierte radikal-calvinistische Aktionen in Prag zerstörten nicht nur die konfessionelle Union der böhmischen Protestanten, sondern bewirkten auch, daß mit dem sächsischen Kurfürsten die wichtigste protestantische Macht im Reich das Vorgehen des Kaisers gegen die böhmischen Stände unterstützte. 1620, mit der Schlacht am Weißen Berg und der Flucht des »Winterkönigs« ins niederländische Exil, war das Ende böhmischer Ständemacht und des böhmischen Protestantismus gekommen, da der Kaiser unnachsichtige Rache nehmen sollte: Die Aufständischen wurden, soweit sie nicht fliehen konnten, verhaftet, ihre Führer hingerichtet. Als warnendes Exempel gegen künftige Insubordination wurden die Köpfe von zwölf Hingerichteten bis 1631 öffentlich gezeigt. Die am Aufstand beteiligten Adligen wurden enteignet, protestantische Geistliche verfolgt und Rekatholisierungsmaßnahmen auf allen Ebenen und mit allen Mitteln vorangetrieben.

Als König Ferdinand 1627 die »Verneuerte Landesordnung« für Böhmen erließ, in der bis zum Erlöschen der habsburgischen Linie das Wahlrecht der böhmischen Stände aufgehoben, die böhmische Hofkanzlei nach Wien verlegt und Böhmen samt Nebenländern zum habsburgischen Erbkönigreich erklärt wurde, war eine soziale, kulturelle, wirtschaftliche, politische und konfessionelle Umschichtung allergrößten Ausmaßes beinahe abgeschlossen: Es hatte nicht nur die habsburgische Dynastie die Macht der böhmischen Stände gebrochen und in diesem Teil ihres Reichs eine rein absolutistische Herrschaft durchgesetzt; zahlreiche katholische deutsche und italienische Adlige hatten auch zu Schleuderpreisen großen Landbesitz in Böhmen erworben. Da die Führer der böhmischen Protestanten hingerichtet worden oder geflohen waren, gelang es dieser neuen Oberschicht, in Böhmen auch eine neue kirchlich-religiöse und kulturelle Entwicklung zu begründen, durch die die seit der Zeit eines Johann Hus besondere religiöse Tradition des tschechischen Bürgertums und Adels in Böhmen vernichtet wurde. Nur bei den Emigranten, die sich zum Teil in Siebenbürgen niederließen, lebte diese weiter. Gegen die gegenreformatorische Politik des Kaisers, der binnen eines Jahrzehnts die macht- und konfessionspolitische Lage der gesamten Region völlig verändert hatte, war auch in den übrigen Landesteilen nach 1620 kein ständischer Widerstand mehr möglich. Vom niederösterreichischen Adel abgesehen, der der kaiserlichen Politik gegenüber loyal geblieben war und nun für eine gewisse Zeit geschont wurde, zerfielen die restlichen protestantischen Gruppen in den österreichischen Erbländern in wenigen Jahren. Ein erneuter Aufstand der Bauern im bayrisch besetzten Oberösterreich 1626 brachte auch dort nur die gewaltsame Rekatholisierung; in großen Scharen zogen österreichische Kaufleute und Adlige in die protestantischen Reichsstädte und Fürstentümer Süddeutschlands; kaiserliche Patente für Ober- und Niederösterreich 1627 und für Innerösterreich 1628 bedeuteten, daß die Gegenreformation nunmehr in den Erblanden weitgehend ihr Ziel erreicht hatte.

Die konfessions- und machtpolitischen Erfolge Kaiser Ferdinands stärkten sein Sendungsbewußtsein. Noch hatte er jedoch den Absolutismus in dem von Ständen mitregierten habsburgischen Teil Ungarns nicht durchgesetzt, noch bestand mit dem Fürstentum

Siebenbürgen eine Bastion des Protestantismus am östlichen Rand seines Herrschaftsgebiets. Im ausgehenden 16. Jahrhundert, 1597, hatten die Fürsten von Siebenbürgen zugunsten der Habsburger auf ihre Herrschaft verzichtet. Als diese dann aber Maßnahmen gegen die Siebenbürger Protestanten ergriffen, wählten die Siebenbürger Stände 1605 den ungarischen Calvinisten Stefan Bocskay als neuen Fürsten, wandten sich vom Kaiser ab und huldigten dem Großvezir. Der Wiener Friede von 1606, in dem Kaiser Rudolf die Selbständigkeit Siebenbürgens garantieren und die Religionsfreiheit Ungarns bestätigen mußte, zeigte deutlich die Grenzen habsburgischer Politik im Osten. Sowohl unter Gabriel Béthlen (1613 bis 1629) als auch unter seinem Nachfolger, dem ebenfalls protestantischen Georg I. Rákóczi (1630 bis 1648), die beide absolutistisch regierten, war Siebenbürgen das Zentrum ungarischer Unabhängigkeit. Hier in Siebenbürgen war auch im 17. Jahrhundert noch die ganze religiöse Vielfalt des ungarischen Protestantismus zu finden: Lutheraner der Wittenberger Richtung bei den Siebenbürger Sachsen, Calvinisten im ungarischen Bürgertum und beim Adel, bei Gelehrten zunächst der Humanismus, später auch der Antitrinitarismus oder Unitarismus, der in Oberitalien entstanden war und vor allem in Polen Anhänger gefunden hatte, jedoch im ganzen übrigen Europa als unchristliche Sekte verfolgt wurde. Erst nach dem Tod Georgs II. Rákóczi im Jahre 1660 sank Siebenbürgen herab zu einem türkischen Vasallenstaat ohne eigene Macht, ehe es dann gut zwei Jahrzehnte später von den Habsburgern erobert wurde.
Weder Béthlen noch die beiden Rákóczis hatten jedoch verhindern können, daß die habsburgische Gegenreformation im königlichen Teil Ungarns Schritt für Schritt vorangekommen war. Die dortige politische und konfessionelle Konstellation war außergewöhnlich: Auf der einen Seite waren viele der Magnaten im Westen und Norden Ungarns Katholiken und seit Generationen einer antitürkischen Politik verpflichtet. Für sie war der Kaiser geistiges Symbol und machtpolitischer Exponent des christlichen Abendlandes. Auf der anderen Seite war auch der Kaiser im Kampf gegen die Türken auf die Unterstützung dieser Adligen angewiesen und konnte deshalb die von ihnen getragene ständische Verfassung nicht einfach ignorieren. Er hätte dadurch seine gesamte Türkenpolitik gefährdet. Dazu kam jedoch, daß sich die Wiener Politik während des Dreißigjährigen Krieges und dann auch während der Reichskriege gegen Ludwig XIV. ganz auf die Vorgänge im Westen konzentrierte und die Türkengrenze nur als eine Art Nebenschauplatz der großen Politik betrachtete. So fühlten sich die Katholiken Ungarns in ihrem Widerstand gegen die Türken vom Kaiser im Stich gelassen. Indem sie die Hilfe der Protestanten Siebenbürgens im Kampf gegen die Türken akzeptierten, stärkten sie aber den Protestantismus im königlichen Teil Ungarns ebenso wie die gesamtungarische Solidarität. Es war vor allem dem Jesuiten Peter Pázmány, von 1616 bis 1637 Erzbischof von Gran, zu verdanken, daß der Katholizismus auch in dieser Periode in Ungarn weitere Fortschritte erzielen und führende Adelsfamilien für sich gewinnen konnte.
Auch nach 1650, als die Türken erneut angriffen, wich Wien trotz erheblicher Gegenwehr zunächst zurück. Im Gefühl, vom habsburgischen Herrscherhaus verraten zu sein, nahmen nun ungarische Adlige Kontakt zu Ludwig XIV. auf. Als Leopold I. die Verschwörung entdeckte, sah er die Chance, auch in Ungarn den Absolutismus durchzusetzen. Die Anführer der Verschwörung wurden hingerichtet, die Rekatholisierung forciert. Nun zogen auch zahlreiche ungarische Protestanten ins Exil. Die Macht des Kaisers war freilich nicht stark genug, um den von Siebenbürgen aus organisierten und von den Türken unterstützten Aufstand der Kuruzzen in Oberungarn niederzuschlagen. Auf dem Reichstag von 1681, auf dem zum ersten Male die Mehrheit der ungarischen Stände wieder katholisch war, sah sich Leopold I. gezwungen, alle absolutistischen Direktiven zurückzunehmen und die ständische Verfassung wiederherzustellen. Doch auch diese Regelung sollte nur eine Zwischenlösung bleiben. Nachdem die Türken wenig später

ganz Ungarn überrannt hatten, 1683 bis Wien vorgedrungen waren, dann entscheidend besiegt und weit zurückgeworfen wurden, setzte der Kaiser doch noch seine Ziele durch. Auf einem weiteren Reichstag, 1687, mußten die ungarischen Stände auf ihr Wahlrecht verzichten und das Erbrecht der Habsburger anerkennen. Eine Militärverwaltung sorgte dafür, daß jeder ständische Widerstand gebrochen wurde; schwere Steuern lasteten auf dem Land. Nur im ehemaligen Siebenbürgen behielten die Protestanten Glaubensfreiheit.

Kurz nach Ausbruch des Spanischen Erbfolgekriegs setzte sich dann Franz II. Rákóczi an die Spitze des ungarischen Widerstands gegen die Habsburger. Getreu seinem Motto *pro deo et libertate* wurden die Rechte der Protestanten und die ständische Verfassung wiederhergestellt. 1707 erklärten die Aufständischen die Habsburger für abgesetzt. Obwohl auch Franz II. Rákóczi Verbindung zu Ludwig XIV. aufnahm, und obwohl der Krieg im Westen einen großen Teil der habsburgischen Truppen band, blieben jedoch die Erfolge aus. Nach militärischen Niederlagen floh Rákóczi ins polnische Exil. Es war kaisertreuen Ungarn und dem fortdauernden Krieg im Westen zuzuschreiben, daß die ungarischen Aufständischen im Frieden von Szatmár 1711 glimpflicher davonkamen als die Böhmen ein knappes Jahrhundert zuvor: Den aufständischen Soldaten wurde eine allgemeine Amnestie gewährt, die ungarische Verfassung und die ungarischen Religionsverhältnisse wurden vom Kaiser anerkannt, dem Lande allerdings eine hohe Kontribution auferlegt.

Vergleicht man die ungarische Rebellion von 1703 bis 1711 mit dem böhmischen Aufstand und mit dem Freiheitskampf der Niederlande, werden die Gründe für den Mißerfolg Rákóczis sichtbar. Den in den Türkenkriegen an Siegen geradezu berauschten kaiserlichen Heeren, die von einem Ungarn, Johann Graf Palffy, befehligt wurden, war sein durch die Pest geschwächtes Heer nicht gewachsen. Obwohl sich Rákóczi um ausländische Hilfe bemühte, blieb seine strategische Lage ebenso hoffnungslos wie die der Böhmen 1620. Außerdem fehlte den Ungarn ein so klares Programm wie seinerzeit den Niederländern. Gewiß, Rákóczis Anhänger waren antihabsburgisch und antiabsolutistisch eingestellt und wollten alle Fremdherrschaft von ungarischem Boden vertreiben. Da sie zum Teil Protestanten, zum Teil aber auch Katholiken waren, wurden diese Parolen jedoch nicht durch eine eindeutige konfessionelle Differenz zum Kaiser weiter vertieft. Es fehlte, so scheint es, bei den Ungarn mit der religiös motivierten Propaganda gegen den Herrscher das für den Sieg der Niederländer im späten 16. Jahrhundert entscheidende Element.

Auch nach dem Jahre 1711 konnte das Königreich Ungarn im Rahmen der Habsburgermonarchie, von Zwischenperioden abgesehen, seine rechtlich-politische Sonderstellung und seine ständische Verfassung bewahren. Dies trifft für den Einfluß des schon zwischen 1620 und 1680 stark geschwächten ungarischen Protestantismus nicht zu. Auch wenn es in Ungarn im 18. Jahrhundert nicht zu einer Frontstellung von Absolutismus und Katholizismus gegen Ständemacht und Protestantismus kommen sollte, so sorgten die Habsburger durch zahlreiche administrative Maßnahmen doch für eine sukzessive Zurückdrängung der Protestanten, die allein noch im ehemaligen Siebenbürgen eine Mehrheit in der Bevölkerung bildeten. Ausgelöscht wurde der ungarische Protestantismus freilich nicht. Er hatte, so zeigt sich rückblickend, die kritische Periode des integralen Absolutismus überlebt. Die politischen Ziele der neuen Zeit boten den Protestanten überdies einen gewissen Schutz, da die Wiener Politik in den Jahrzehnten nach 1720 bestrebt war, die von den Türken eroberten Gebiete im Südosten zu besiedeln. Zu diesem Zweck wurden Bauern in Süddeutschland geworben. Als in den 1750er Jahren in verschiedenen Alpentälern Protestanten entdeckt wurden, die aller Rekatholisierung zum Trotz ihren Glauben bewahrt hatten, wurden auch diese »Geheimprotestanten« an die ungarischtürkische Grenze deportiert und dort angesiedelt. Ganz verlieren wollte der Staat diese Untertanen nicht. Die von Karl VI. und Maria Theresia geförderte Peuplierungspolitik war deshalb auch der Grund, warum die noch in Ungarn lebenden Protestanten geduldet und nicht durch Rekatholisierungsmaßnahmen möglicherweise zur Emigration gedrängt wurden. Nicht mehr die konfessionelle Uniformität, sondern der ökonomische Nutzen besaß im 18. Jahrhundert politische Priorität.

Als Joseph II. im Jahre 1781 in einem Toleranzedikt den Angehörigen der lutherischen, der calvinistischen und der griechisch-orthodoxen Kirche in Österreich bürgerliche Gleichheit und die Freiheit der Glaubensausübung gewährte, entstanden dann auch im österreichischen Gebiet wieder protestantische Gemeinden. Freilich gelang es dem österreichischen Protestantismus nicht, den zwischen Reformation und Aufklärung verlorenen Boden zurückzugewinnen – Österreich blieb ein überwiegend katholisches Land. Die österreichischen Habsburger hatten zwar später als ihre spanischen Vettern mit einer Politik des Absolutismus und der Gegenreformation begonnen und bis ins 18. Jahrhundert weder das eine noch das andere Ziel völlig erreicht. Ihre Macht bewahrten sie dagegen länger als das spanische Weltreich. Weder in Spanien noch in Österreich war jedoch die vom katholischen Absolutismus forcierte Politik strikter konfessioneller Uniformität geeignet, die staatliche Macht auf Dauer zu steigern.

Bibliographische Hinweise zu II. 3.

Bucsay, Mihaly, Geschichte des Protestantismus in Ungarn (1959).
Evans, R. J. W., Rudolf II. and His World. A Study in Intellectual History 1576–1612 (1973).
Mecenseffy, Grete, Geschichte des Protestantismus in Österreich (1956).
Sturmberger, Hans, Georg Erasmus Tschernembl. Religion, Libertät und Widerstand (1953).
ders., Kaiser Ferdinand II. und das Problem des Absolutismus (1957).
ders., Aufstand in Böhmen. Der Beginn des Dreißigjährigen Krieges (1959).
Székely, György u. E. Fügedi (Hg.), La Renaissance et la Réformation en Pologne et en Hongrie. Renaissance und Reformation in Polen und Ungarn. 1450–1650 (1963).
Tomek, Ernst, Kirchengeschichte Österreichs, Bd. 2 u. 3 (1949 u. 1959).
Wandruszka, Adam, Das Haus Habsburg (1956, ²1959).

4. Konfessionelle Konkurrenz und konfessionelle Koexistenz

Will man die Auswirkungen absolutistischer Kirchen- und Religionspolitik in die historische Landschaft zwischen Reformation und Aufklärung einordnen, sind auch jene Staaten von Interesse, in denen sich der Absolutismus nicht durchsetzte, in denen sich also andere Formen staatlicher Organisation und demzufolge auch andere Beziehungen zwischen dem staatlich-politischen und dem kirchlich-religiösen Bereich herausbildeten. Dazu gehörte im vorrevolutionären Europa vor allem das Alte Reich, in dem zwar der Absolutismus in den meisten Territorien siegte, in dem aber alle Versuche zur Steigerung der zentralen Macht zum Absolutismus ebenso scheiterten wie die Durchsetzung einer das ganze Reich umfassenden konfessionellen Uniformität. Diese für das damalige Europa singuläre Konstellation wurde zum einen durch den politischen Einfluß fremder Mächte auf das Reich bewirkt, zum anderen durch das Scheitern der Reichsreform im 16. Jahrhundert. In beiden Fällen spielten konfessionelle Momente herein: Während England und Frankreich mit eigenen Problemen beschäftigt waren, beeinflußte im späten 16. und 17. Jahrhundert von Süden her die von Rom erneuerte katholische Bewegung die Verhältnisse im Alten Reich, von Norden her dagegen der in Dänemark und Schweden staatlich gesicherte und machtpolitisch organisierte Protestantismus. Dazu kam, daß im Reich selbst die religiös-kirchlichen Kämpfe unter Karl V. zu einem Gleichgewicht der konfessionellen Kräfte geführt hatten, zu einer prekären und von vielen Faktoren abhängigen Balance, die mit dem Augsburger Religionsfrieden Teil der Reichsverfassung wurde. Es geht im folgenden darum, Hintergründe und Folgen dieser Vorgänge zu beleuchten.

Indem der Augsburger Religionsfrieden die Anwendung des Landfriedens von 1495 auf den Kampf zwischen den katholischen Ständen und den Ständen Augsburgischer Konfession postulierte, brachte er das vorläufige Ende eines bitteren Streits. Weil 1555 Frieden geschlossen wurde, lobten schon die Zeitgenossen und loben noch die Historiker diese Übereinkunft. Dabei wird häufig übersehen, daß dieses Reichsgesetz zugleich auch die konfessionelle Parzellierung des Reichs bedeutete und konfessionelle Differenzen festschrieb, aus denen neuer Streit entspringen sollte. Die konfessionelle Parzellierung des Reichs folgte aus dem den Landesherren 1555 endgültig zugesprochenen *ius reformandi;* dieses Recht wiederum resultierte aus der Fixierung der reichsständischen auf Kosten der kaiserlichen Rechte. Solange die konfessionellen Differenzen zwischen den Reichsständen nicht abgebaut wurden, war damit aber das Entstehen einer einheitlichen, nach politischen und nicht nach kirchenpolitischen Gesichtspunkten urteilenden Reichskörperschaft blockiert. Solange die geistliche Jurisdiktion des Reiches bis zu »endlicher christlicher Vergleichung der Religion« suspendiert war, wie 1555 formuliert wurde, und solange Religionsfragen Staatsaffären blieben, mußten kirchenpolitische Maßnahmen des Kaisers an reichsständischem Protest scheitern. Der Augsburger Religionsfrieden war deshalb, wenn man vom Reich und nicht von den einzelnen Territorien her urteilt, fast die schlechteste aller im 16. Jahrhundert denkbaren Möglichkeiten: Indem die Macht des Kaisers gebrochen, zugleich aber auch die konfessionelle Spaltung der Reichsstände zementiert wurde, konnte erst mit der Säkularisierung wieder Bewegung in die Reichspolitik kommen.

Auch für die Territorien war der 1555 gefundene Ausgleich durchaus zwiespältig. Gewiß, die Landesfürsten waren nunmehr unbestritten die Herren in ihren Landeskirchen. Diese Landeskirchen waren damit aber nicht nur den jeweiligen politischen Intentionen der Fürsten ausgeliefert; die evangelischen Territorien waren häufig auch so klein, daß alle kirchen- und religionspolitischen Entscheidungen fast zwangsläufig provinziellen Charakter bekamen. Die von ausländischen protestantischen Mächten angebotene Hilfe wurde dagegen, wie die protestantischen Reichsstände bald merken sollten, nie ohne machtpolitische Hintergedanken gegeben. Im politischen Kampf der Gegenreformation lag hier ein Vorteil der katholischen Territorien, die sich an der Kurie als einer jenseits des Reichsverbandes stehenden Instanz orientieren konnten, während die politische Macht des Papstes nicht ausreichte, die Eigeninteressen katholischer Territorien nachhaltig zu beeinträchtigen.

Außerdem gab es eine ganze Reihe von Fragen, die im Augsburger Religionsfrieden nur teilweise oder schlecht geregelt worden waren. Wenn geistliche Fürsten zum neuen Glauben übertraten, sollten sie nach dem 1555 vereinbarten *reservatum ecclesiasticum* ihren Platz räumen, so daß das Territorium dem alten Glauben erhalten blieb und die konfessionspolitische Balance im Reich nicht verändert wurde; in Reichsstädten und in den Ritterschaften sollten die evangelische und die katholische Religion künftig nebeneinander bestehen; König Ferdinand hatte in einem Zusatz ferner konzediert, der Grundsatz *cuius regio eius religio* sei auf Städte und Ritter in geistlichen Territorien, die den neuen Glauben angenommen hatten, nicht anzuwenden; schließlich sollte für alle katholischen und lutherischen Untertanen, für die die Landeshoheit in Kirchen- und Religionssachen zum Zwang wurde, das *ius emigrandi* gelten. Jede dieser Formulierungen barg Zündstoff für neuen Konflikt. Warum sollten, wenn der Kaiser und seine katholischen Parteigänger in Süddeutschland die Gegenreformation auch in Reichsstädten und in geistlichen Territorien forcierten, norddeutsche Fürsten den geistlichen Vorbehalt beachten? War mit dem freien Abzug auch die Auswanderung von einzelnen nicht katholischen beziehungsweise nicht lutherischen Dissidenten gemeint, etwa der Wiedertäufer; ließ die Klausel auch die Emigration von größeren Gruppen zu, deren Fortgang Wirtschaft und Militär der entsprechenden Territorien nachhaltig schwächen konnte? Solange politische und konfessionelle Konkurrenz zwischen den Territorien des Reichs bestand, konnte sich dagegen all das nicht auswirken, was an Wegen und Formen einer konfessionellen Koexistenz nach dem Augsburger Religionsfrieden möglich gewesen wäre. Zwar war der Kaiser mit der Regelung von 1555 vom »Beschützer der einen christlichen Kirche, zum Wahrer des Religionsfriedens« geworden, wie Ulrich Eisenhardt schreibt (S. 23); da die österreichischen Habsburger aber in konfessionellen Fragen durchaus Partei waren, setzte der Kaiser wohl seine Macht ein, um sich in seinen eigenen Landen von den Fesseln des Augsburger Religionsfriedens zu befreien, nicht jedoch, um die Einhaltung dieses Reichsgesetzes zu kontrollieren und zu erzwingen. Als weitere schwere Hypothek sollte sich die Beschränkung des Religionsausgleichs auf Katholiken und Lutheraner erweisen. Mochte es den Landesfürsten noch gelingen, die Wiedertäufer zu unterdrücken, so eröffnete der Übertritt einzelner Reichsfürsten zum Calvinismus eine neue, 1555 kaum vorhersehbare konfessionspolitische Front.

Es gehörte zu den Besonderheiten des Augsburger Religionsfriedens, daß er politisch durchaus unterschiedliche Entwicklungen zuließ: Auf Reichsebene schuf er, wie Martin Heckel vor einigen Jahren darlegte, ein Provisorium, das den konfessionellen Streit zunächst beendete, das aber die Entscheidung über den neuen Glauben offenhielt. Diese vorläufige Ordnung ermöglichte es den Reichsjuristen in den folgenden Jahrzehnten aber, auf der Basis konfessioneller Parität und Gleichberechtigung von Lutheranern und Katholiken einen unkonfessionellen Reichs- und Rechtsgedanken zum System auszubauen. Auf der Ebene der Territorien wurde die Regelung von 1555 dagegen zur Grundlage geschlossener Konfessionsstaaten. Hier entwickelten die protestantischen Juristen die Episkopaltheorie, das heißt die Lehre von der Übertragung der Bischofsrechte auf den Fürsten; hier verbohrten sie sich in die Theorie von der *duplex persona* des Fürsten, der zugleich weltliche und geistliche Obrigkeit sei; hier sollte sich der Streit um den Einfluß des Calvinismus entzünden; und hier, auf der Ebene der Territorien, sollten schließlich auch die katholische Reform und die Gegenreformation ihre größte Wirkung, aber auch ihre größte Bedeutung als Konfliktpotential, entfalten.

Die religiös-kirchliche Entwicklung im Alten Reich hing zudem nach 1555 zu einem guten Teil von Kräften ab, die sich außerhalb des Reiches formierten, dann aber im Reich aufeinandertreffen sollten. Was den Katholizismus angeht, so wurde in den deutschen Territorien, wie anderwärts in Europa, der Jesuitenorden zur treibenden Kraft im Kampf um das in der Reformation verlorene kirchliche Terrain. 1534 von Ignatius von Loyola gegründet und 1540 von Papst Paul III. anerkannt, wandte sich dieser Orden der Seelsorge und der Caritas, der Unterrichtung in den Glaubenswahrheiten und der Predigt zu, Gebieten also, die man im 19. Jahrhundert unter dem Schlagwort »Innere Mission« zusammenfassen sollte. Die großen Erfolge der Anhänger des im Jahr des Wormser Reichstags, 1521, zum entschiedenen Katholizismus bekehrten, asketischen Basken resultierten aber letztlich aus der besonderen Struktur seines Ordens. Dazu gehörte erstens dessen zentralistische Verfassung und hierarchische Gliederung, die eine Kopie und Anwendung der Lehre vom päpstlichen Primat, eine Art absolutistische Herrschaft in einem übernationalen Personenverband, darstellte; dazu kam zweitens, daß keine Bindung der Ordensleute an Rechtsordnungen und Verwaltungsgrenzen der Kirche vorgesehen war, was die zentrale Lenkung und den gezielten Einsatz aller Jesuiten ermöglichen sollte; als drittes ist die Verpflichtung der Ordensmitglieder zu nennen, durch *exercitia spiritualia* ihre Einstellung als Christen zu festigen; und dazu kam schließlich viertens die Bereitschaft der Jesuiten, bei ihrer Arbeit lokale Sitten und Gebräuche zu beachten, wobei ihnen dieses Prinzip der »Akkommodation« nicht nur bei der Mission in Übersee, sondern in abgewandelter Form auch in Europa dazu verhalf, an Höfen und Universitäten Einfluß zu gewinnen.

Die Arbeit des Jesuitenordens wurde freilich wirkungsvoll ergänzt durch die Aktionen der im Konzil von Trient theologisch teilweise erneuerten und kirchenpolitisch zu neuem Selbstbewußtsein gelangten katholischen Kirche. Zwar wurde in Trient die von vielen Seiten geforderte Reform der Kurie noch nicht erreicht. Mit klaren Äußerungen zu den Sakramenten, zur Erbsünde und dem freien Willen des Menschen, zur Messe, zur Anrufung der Heiligen sowie zur Reliquien- und Bilderverehrung hatte die römische Kirche auf dem fast zwanzigjährigen Konzil aber viele alte Streitfragen bereinigt und sich in wichtigen Punkten von dogmatischen Äußerungen und liturgischen Veränderungen Luthers und Calvins abgegrenzt. Noch wichtiger als dieses Programm des Tridentinum, das für fast vier Jahrhunderte Geltung behalten sollte, war für das späte 16. Jahrhundert möglicherweise die Bestimmung, alle katholischen Geistlichen sollten künftig sorgfältig ausgebildet werden. Priesterseminare in Rom, Spanien, Frankreich und Flandern sollten für den Nachwuchs zur Betreuung der seit Ende der 1550er Jahre so sehr in Bedrängnis geratenen englischen und schottischen Katholiken sorgen. Insgesamt bedeutete das Konzil von Trient somit nicht den Abschluß von Veränderungen, sondern den Aufbruch zu weiterer Reform: Mit diesem Konzil hatten sich starke Kräfte der alten Kirche auf ein Programm verpflichtet, das neben defensiven Elementen, die der Erhaltung und Sicherung des katholisch gebliebenen Bestandes dienten, auch unzweideutig offensive Elemente enthielt, die auf eine Rückgewinnung von abgefallenen Kirchenprovinzen und abtrünnigen Gläubigen zielten. Zu den wichtigsten Neuregelungen, die nach dem Ende des Konzils vorgenommen wurde, gehörte, neben anderen Maßnahmen, 1564 die Einführung des *Index librorum prohibitorum,* der in katholischen Ländern eine feste Grundlage für die Bücherzensur schuf, die *Professio fidei tridentina* von 1566, die das Ergebnis des Konzils zur verbindlichen Glaubensnorm für alle Katholiken machte, das *Missale Romanum* von 1570, das zur Vereinheitlichung der Liturgie diente, das *Martyrologium Romanum* von 1584, das die ausgewucherte Heiligenverehrung wiederum regulierte und das 1625 durch feste Normen für die Heilig- und Seligsprechung ergänzt wurde, sowie die 1586 bis 1588 dann doch noch durchgeführte Reform des Kardinalskollegiums und der Kurienverwaltung, welche den Primat des Papstes aufs neue befestigte. Denkt man an die langen Debatten der vorangehenden Jahrhunderte, die weithin ohne praktische Konsequenzen geblieben waren, so erscheinen diese Veränderungen als gewaltige Schritte in kurzer Zeit. Sie sind nur zu verstehen, wenn man bedenkt, daß das, was herkömmlich als Gegenreformation bezeichnet wird, begleitet wurde von einer tiefgreifenden religiösen Erneuerung, ausgelöst durch den Schock der Reformation; außerdem sind diese Reformen nur zu erklären, wenn man berücksichtigt, daß die von der gegenreformatorischen Kirche zur Rekonstituierung und inneren Stärkung des Katholizismus benützten geistlichen und institutionellen Mittel ein großes Maß an Übereinstimmung besaßen mit dem allgemeinen Geist und den als fortschrittlich angesehenen Methoden des damaligen Zeitalters. Das Konzil von Trient bedeutete deshalb nichts anderes als den Beginn des Absolutismus in der römischen Kirche. Schließlich sollte man nicht übersehen, daß die Kurie in jener Zeit einen beträchtlichen Teil ihrer Einkünfte verwendete, um Subsidien für die katholischen Parteien zu zahlen, die in verschiedenen europäischen Ländern in Konfessionskämpfe verwickelt waren, daß sie also neben der geistig-theologischen auch die machtpolitisch-finanzielle Seite konfessioneller Konkurrenz nicht vernachlässigte.

Die Zentralisierung und Romanisierung der katholischen Kirche wirkten sich auch in den

katholischen deutschen Territorien aus. Ohne die Hilfe päpstlicher Nuntien wäre das katholische Reformprogramm im Reich nicht bekannt gemacht und durchgeführt worden, ohne strenge Visitationen wären neben Personen, die als Häretiker oder Lutheraner eingestuft werden, auch der gelegentliche Gebrauch des Laienkelchs, die Ehe von katholischen Priestern und die häufig nicht mehr nach dem Kanon gefeierte Messe unentdeckt und ungeahndet geblieben; ohne die Entsendung ausländischer Priester, vor allem von Jesuiten, in die Diözesen des Reichs hätten Seelsorge und Religionsunterricht nicht verbessert werden können; ohne die Mitwirkung Roms und des Jesuitenordens wäre es schließlich nirgendwo gelungen, die für die Ausbildung gutkatholischer Priester notwendigen Seminare und Theologischen Fakultäten einzurichten. Wie die Forschungen Ernst-Walter Zeedens zeigen, dauerte der Prozeß der konfessionellen Konsolidierung ohnehin länger, war die Durchführung der Gegenreformation auch in katholischen Territorien weit komplizierter, als man lange Zeit annahm. Nur dort, wo die Obrigkeit nicht zögerte und die Kräfte der katholischen Erneuerung unterstützte, wo sie auf die religiöse Unterweisung ihrer Untertanen drängte und auch die entsprechenden Finanzmittel einsetzte, nur dort kam die Konfessionalisierung tatsächlich voran.
Das Herzogtum Bayern spielte dabei im Alten Reich so etwas wie eine Schrittmacherrolle. Nachdem Herzog Albrecht V. 1559 die Jesuiten ins Land geholt und sich 1570 mit dem »Geistlichen Rat« eine zentrale Kirchenbehörde geschaffen hatte, deren Befugnisse dem landesherrlichen Kirchenregiment in protestantischen Territorien in nichts nachstanden, führte sein Nachfolger, der eng mit den Jesuiten kooperierende Herzog Wilhelm V., diesen Kurs noch konsequenter weiter. Im Jahre 1583 gründete er das Münchner Jesuitenkolleg, das künftig die Arbeit der ebenfalls von den Jesuiten beherrschten Theologischen Fakultät der Universität Ingolstadt wirkungsvoll ergänzen sollte; im gleichen Jahr schloß er ein Konkordat mit der Kurie, das den bayrischen Herzögen das Recht zusicherte, zahlreiche kirchliche Stellen zu besetzen sowie geistlichen Besitz zu besteuern und zu beaufsichtigen; und ebenfalls im Jahre 1583 gelang es dem Bayernherzog mit päpstlicher Hilfe, seinen Bruder Ernst als Erzbischof von Köln zu etablieren. Berührten die beiden ersten Maßnahmen zunächst im wesentlichen innerbayrische Verhältnisse, so beeinflußte dieser letzte Schritt die machtpolitische Balance des ganzen Reiches. Denn die Wahl des Wittelsbachers Ernst hieß nicht nur, daß es dem seit 1577 in Köln residierenden und mit dem Protestantismus sympathisierenden Erzbischof Gebhard Truchsess von Waldburg ebenso wie vor ihm schon Hermann von Wied 1543/46 mißlungen war, die Reformation in dem kirchenpolitisch so bedeutsamen Kölner Erzbistum einzuführen; mit dieser Wahl wurde nicht nur eine Art bayrischer Sekundogenitur am Niederrhein begründet, da nach dem ersten Wittelsbacher bis weit ins 18. Jahrhundert hinein stets Angehörige dieser einen Dynastie zu Kölner Erzbischöfen gewählt wurden; in der Entscheidung von 1583 zeigte sich vor allem auch die Entschlossenheit der Kurie, die Wittelsbacher als Alternative zu den seit 1564 durch inneren Streit gelähmten Habsburgern aufzuwerten. Nur so ist die Bereitschaft Roms zu erklären, dem Bayern Ernst, allen Reformforderungen zum Trotz, die Kumulation von insgesamt fünf Bistümern in Nordwestdeutschland zu gestatten, neben Köln auch Lüttich, Münster, Paderborn und Hildesheim. Auf Wilhelm V. folgte schließlich im Jahre 1597 Herzog Maximilian, der in seiner langen, bis zum Jahre 1651 währenden Regierungszeit zum unbestrittenen Haupt der katholischen Partei im Reich wurde. Nach innen forcierte Maximilian die antiständische Linie. Bei ihm wie bei seinen Vorgängern war die Politik der Gegenreformation nicht von der Durchsetzung des fürstlichen Absolutismus und dieser nicht vom Einfluß der Jesuiten zu trennen. Nach außen trat Maximilian energisch gegen die protestantischen Reichsstände auf und wußte wie beim Gewinn von Donauwörth 1607 machtpolitisch-bayrische und katholische Interessen wohl zu verbinden. Nachdem er sich im Jahre 1609 an die

Spitze der katholischen Liga gesetzt hatte, war es beinahe selbstverständlich, daß die Bayern im Jahre 1623 die Kurwürde gewannen, die den Pfälzern nach dem böhmischen Debakel weggenommen wurde.

Theologischer Streit zwischen Lutheranern und Calvinisten, politischer Provinzialismus und sozialer Traditionalismus sind demgegenüber charakteristisch für die Zustände in den meisten protestantischen Territorien im letzten Drittel des 16. und im frühen 17. Jahrhundert. Dieses Urteil gilt insbesondere für Kursachsen, das in seinem eigenen Gebiet und auch darüber hinaus eine orthodox-lutherische und politisch-konservative Linie favorisierte. Auf theologischem und kirchenpolitischem Gebiet wollten die sächsischen Nachfolger Luthers mit der Kirchen- und Schulordnung von 1580 sowie mit der Konkordienformel und dem Konkordienbuch vom gleichen Jahr vor allem Luthers Erbe bewahren: Die *Formula Concordiae* sollte als authentische und verbindliche Auslegung der *Confessio Augustana* den nach Luthers Tod zwischen Melanchthon auf der einen und Matthias Flacius auf der anderen Seite entbrannten Streit, jene teilweise sehr bittere Auseinandersetzung zwischen den »Philippisten« beziehungsweise »Kryptocalvinisten« und den »Gnesiolutheranern« beilegen; das zum fünfzigsten Jahrestag des Augsburger Bekenntnisses veröffentlichte Buch *Concordia. Christliche, wiederholete, einmütige Bekenntnüs nachbenannter Churfürsten, Fürsten und Stände Augsburgischer Confession und derselben Theologen Lehre und Glauben* stellte dagegen den Versuch dar, angesichts des erstarkenden katholischen Lagers wenigstens die wichtigsten protestantischen Fürsten auf eine gemeinsame theologische Formel zu verpflichten. Größere Gemeinsamkeit aller protestantischen Reichsstände war und blieb jedoch fraglich, solange die sächsischen Kurfürsten im Reich eng mit den Habsburgern zusammenarbeiteten. Für viele Protestanten des Alten Reichs war in den Jahrzehnten vor 1618 deshalb die Kurpfalz die eigentliche Vormacht des antikatholischen Lagers. Zwar folgten nur wenige Territorien dem Schritt der Pfälzer hin zum Calvinismus, deren 1563 erstellter Heidelberger Katechismus genau markierte, wo die Unterschiede zum Luthertum lagen. Nachdem die Kurpfalz aber nach langen Verhandlungen 1580 die Konkordienformel anerkannt hatte, waren viele protestantische Reichsfürsten überzeugt, die schärfsten Gegensätze zwischen Calvinisten und Lutheranern seien nunmehr überbrückt. Als sich in der Folgezeit die konfessionellen Auseinandersetzungen im Reich zuspitzten, schlossen sie sich der im Jahre 1608 von der Kurpfalz zusammen mit Württemberg, Baden-Durlach und Ansbach-Bayreuth gegründeten Evangelischen Union an. Ausdrückliches Ziel dieser Vereinigung, zu der auch Ulm, Straßburg, Hessen-Kassel, Kurbrandenburg und Pfalz-Zweibrücken gehörten, war es, jede nicht im Interesse der protestantischen Territorien liegende Ausübung der Reichsgewalt künftig zu unterbinden; die Stärke dieser Union lag vor allem in den engen Beziehungen der Pfälzer zu den führenden protestantischen Mächten Europas, zu den Niederlanden und zu England.

Wie schwach das protestantische Lager im Gegensatz zum katholischen jedoch im Grunde war, zeigte sich 1618/20: Während der bayrische Herzog Maximilian Kaiser Ferdinand II. die Unterstützung der Liga zusicherte, als dieser sich entschloß, das böhmische Gegenkönigtum des Pfälzers Friedrich V. auszulöschen, stand der neue böhmische König weitgehend allein. England und die Niederlande kamen ihm ebensowenig zu Hilfe wie die Union; Kurfürst Johann Georg I. von Sachsen bewies ein weiteres Mal, wie weit er sich in habsburgisches Fahrwasser begeben hatte und schloß sich dem Feldzug des Kaisers gegen die böhmischen Stände an. Als Kaiser und Liga nach der Eroberung Böhmens auch die Pfalz besetzten und den Krieg nach Norddeutschland trugen, forderten sie jedoch die großen protestantischen Mächte Nordeuropas heraus. Während aber der junge schwedische König Gustav Adolf zögerte und zunächst nur sondierte, wie er einen Feldzug gegen die kaiserlichen Armeen innen- und außenpolitisch absichern könnte, setzte sich der seit 1596 regierende dänische König Christian IV. an die Spitze der antihabsburgischen Kräfte und entschloß sich, im Alleingang die konfessionspolitische Balance im Reich wiederherzustellen. Der von der absolutistischen Regierungsweise faszinierte dänische König, seit der Reformation das unbestrittene Haupt der Kirche seines Landes, war überzeugt, im Interesse des neuen Glaubens zu handeln. Da die dänische Kirche die Konkordienformel nicht übernommen hatte und überdies die territorialpolitischen Absichten Christians IV. unklar waren, stieß sein Vorgehen jedoch bei den protestantischen Fürsten Norddeutschlands auf große Reserven, so daß sich diese militärisch abwartend verhielten. Wie kurzsichtig diese Politik war, zeigte sich wenig später. Als der dänische König 1626 von dem einen großen kaiserlichen Feldherrn, Tilly, vernichtend geschlagen wurde und als der andere große kaiserliche Feldherr, Wallenstein, 1628 bis nach Jütland, nach Mecklenburg und nach Pommern vordrang, zeichnete sich eine gewaltige Veränderung der konfessionellen und machtpolitischen Verhältnisse im Norden des Reichs ab. Nun war es Gustav Adolf, der Stralsund verteidigte, die Dänen schützte und auf diese Weise den Kaiser zum Lübecker Frieden von 1629 bewegte. Damit war es ihm zwar gelungen, den weiteren Vormarsch der Kaiserlichen zu verhindern. Da Kaiser Ferdinand aber kurz zuvor nicht die ihm von Wallenstein vorgetragenen Pläne zur Umwandlung des Reichs in eine Erbmonarchie aufgegriffen hatte, was möglicherweise den Weg zu einem Absolutismus auf Reichsebene geöffnet hätte, sondern im Restitutionsedikt seine konfessionspolitischen Ziele durchsetzte, war weiterer Konflikt kaum zu umgehen. Weder der schwedische König noch die protestantischen Reichsfürsten Norddeutschlands konnten und wollten dulden, daß die seit dem Jahre 1552 säkularisierten Reichsgebiete wieder dem alten Glauben unterworfen werden würden.

Wenn sich Gustav Adolf in den Jahren 1630 bis 1631 immer weiter in die Reichspolitik einmischte, wußte er sich im Einklang mit den Wünschen seiner lutherischen Untertanen. Zwar hatte sich die neue Kirche in Schweden erst in den letzten Jahrzehnten des 16. Jahrhunderts Schritt für Schritt konsolidiert. Erst die Kirchenordnung von 1571 hatte ihren evangelischen Charakter gesichert, erst die Kalmarer Statuten von 1587 ihr relative Selbständigkeit gebracht. Auf dem Krönungstag von Uppsala 1594 wurden schließlich diese Rechte von dem damals in Schweden an die Herrschaft gekommenen polnischen König Sigismund garantiert. Aber erst seit dem Regierungsantritt Gustav Adolfs im Jahre 1611 stimmten die Interessen der schwedischen Krone und des schwedischen Luthertums überein. Dem von einem außerordentlich klugen Kanzler, Axel Oxenstierna, beratenen jungen König gelang es nicht nur, die königliche Stellung zu stärken, die Zentralverwaltung auszubauen und zugleich den schwedischen Hochadel für die Ziele der Krone zu verpflichten; Gustav Adolf verstand es auch, auf politischem und wirtschaftlichem Gebiet eng mit den calvinistischen Niederlanden zu kooperieren und zugleich, 1617, das Luthertum zur Staatsreligion zu erklären. Als Gustav Adolf 1630 auf Usedom landete und 1631, gestützt auf den Vertrag von Bärwalde, der ihm französische Subsidien zusicherte, zur Eroberung Norddeutschlands ansetzte, zeichneten sich schwedische Geistliche als die Propagandisten der schwedischen Großmachtpolitik aus. Unter Hinweis auf die Könige des Alten Testaments erklärten sie ihren Monarchen zu einem Gesalbten des Herrn, der Gottes Sache den Weg bereitete; unter Hinweis auf das Volk Israel feuerten sie das schwedische Volk an, für diese Aufgabe große Opfer zu bringen. Gewiß, es gab auch Widerstände. Den schwedischen Adligen war der von den Geistlichen favorisierte fürstliche Absolutismus suspekt; außerdem war der König zwar als Schirmherr des neuen Glaubens anerkannt, aber nie zum *summus episcopus* der von einem Konsistorium regierten schwedischen Kirche avanciert; die protestantischen Reichsstände Norddeutschlands mißtrauten schließlich auch dem Pathos, mit dem ihnen Befreiung und Rettung versprochen wurde. Wenn sie sich 1631 mit Gustav Adolf verbündeten, so war für sie ein prinzi-

pieller Antikatholizismus weniger wichtig als der Kampf gegen die Hegemonie der katholischen Mächte im Reich. Als Gustav Adolf schon 1632 seinen Einsatz aber mit dem Leben bezahlte, wurde er auch bei deutschen Protestanten zum Heros und Märtyrer.
Die Motive, die Gustav Adolf zum Vorstoß ins Reich veranlaßten, sind in der Forschung umstritten. Auf der einen Seite sind seine machtpolitischen Absichten offenkundig, da eine kaiserliche Dominanz in Norddeutschland die Möglichkeiten der schwedischen Politik im Ostseeraum sehr beeinträchtigt hätte. Es war deshalb nur folgerichtig, wenn von Schwedens Kriegszielpolitik nach 1632 neben einem *contentement,* also der gebührenden Entlohnung der schwedischen Kriegstruppe, und neben einer *satisfaction,* also einer Entschädigung für die schwedischen Kriegsanstrengungen, auch eine *assecuration* gefordert wurde, territoriale Gewinne in Norddeutschland, die die schwedische Position gegen künftige Gefahren sichern sollten. Selbst wenn anzunehmen ist, daß Gustav Adolf die bei einigen Männern seiner Umgebung dominierende Meinung, es gelte vor allem den Protestantismus im Reich zu retten, nicht uneingeschränkt teilte, so gilt es auf der anderen Seite doch zu berücksichtigen, daß in diesem Falle politische und religiöse Argumente und Ziele kaum auseinanderzudividieren sind. Die Siege Gustav Adolfs waren auch Siege für das Luthertum in Schweden und im Reich, seine Niederlagen nicht nur Niederlagen für die Großmacht Schweden, sondern Rückschläge für den europäischen Protestantismus.
Die weiteren Stationen lutherisch-schwedischer und katholisch-kaiserlicher Politik im Dreißigjährigen Krieg können hier nicht ausführlich dargelegt werden. Zunächst war es der Kaiser, der im Prager Frieden von 1635 seine Ziele weitgehend erreichte. Obwohl er in einigen Punkten vom Restitutionsedikt abrückte, vergrößerte er seinen Einfluß auf politischem und konfessionellem Gebiet doch gewaltig. Nicht nur Kursachsen, das den Vertrag ausgehandelt hatte, sondern auch die meisten der schwedischen Bundesgenossen im Reich traten dem Frieden bei. Als Frankreich wenig später aber militärisch im Reich eingriff, war an eine Durchsetzung der 1635 geplanten kaiserlichen Reichspolitik nicht mehr zu denken. Erst der nach langen Verhandlungen unterzeichnete Westfälische Frieden sollte den grausamen Konflikt beenden. Verschiedene Punkte, die dieser »christliche, allgemeine, immerwährende Friede« postulierte, verdienen in unserem Zusammenhang Erwähnung. So wurde 1648 bestimmt, die den Wittelsbachern 1623 zugesprochene pfälzische Kurwürde solle bei diesem Haus verbleiben, für die Pfälzer aber eine zusätzliche, eine achte Kur geschaffen werden. In einem weiteren Artikel wurden der Passauer Vertrag von 1552 und der Augsburger Religionsfrieden von 1555 ausdrücklich bestätigt und festgestellt, »in allen übrigen Dingen« solle zwischen »Kurfürsten, Fürsten und Ständen beider Religionen genaue und gegenseitige Gleichheit herrschen« und »alle Gewalt und Tätlichkeit« für immer verboten sein. Ergänzend wurde dann ausgeführt, daß »der *terminus a quo* für die Wiederherstellung in geistlichen Dingen«, das heißt für alle den Bekenntnisstand betreffenden Fragen, der 1. Januar 1624 sein soll, der auch als Termin für die Restitution des geistlichen Besitzes sowie für die Ausübung der Autonomie, das heißt dem 1624 verbrieften oder herkömmlichen Recht auf freie Religionsausübung für bestimmte Gruppen gelten sollte. Die folgenden Artikel des Friedenswerks von Münster und Osnabrück bekräftigten das *ius emigrandi,* verlangten konfessionelle Parität an den obersten Reichsgerichten und verboten im Reichstag jede Majorisierung in Religionsfragen. Ein besonderer Artikel schloß die Reformierten in diese Regelungen mit ein. Weitere Artikel behandelten die Rechte der Reichsstände und bestimmten sowohl die schwedischen als auch die französischen Kriegsgewinne sowie Entschädigungen für die von Gebietsabtretungen betroffenen Reichsstände. Insgesamt erfüllte der Westfälische Frieden somit nicht nur die direkten territorialen Ambitionen Schwedens und Frankreichs; 1648 wurde vielmehr auch das von diesen Mächten als Kriegsziel verfolgte machtpolitische

Gleichgewicht zwischen Kaiser und Reichsständen sowie ein Gleichgewicht zwischen den Reichsständen verschiedener Konfession erreicht und durch zahlreiche Vorkehrungen fixiert. Die vor 1648 dominierende und von ständigen Konflikten belastete konfessionelle Konkurrenz wurde damit endgültig von einem System weitgehender und geordneter konfessioneller Koexistenz abgelöst; 1648 wurde die 1555 getroffene Ordnung in ihren positiven wie in ihren negativen Aspekten im Alten Reich perfektioniert.
Abschließend gilt es, Hypotheken und Chancen der 1648 vereinbarten kirchen- und konfessionspolitischen Regelungen zu erörtern. Was die Beziehungen zwischen den Territorien des Alten Reichs angeht, so ist seit diesem Jahr ohne Zweifel eine gewisse Entkonfessionalisierung der Politik zu konstatieren. Nachdem konfessionelle Bündnisse – die protestantische Union und die katholische Liga – vor 1618 und in den ersten Kriegsjahren große Politik gemacht hatten und nachdem durch Kaiser Ferdinand II in den 1620er Jahren die Rekatholisierung in Österreich und im Reich vorangetrieben worden war, zeichnete sich seit den 1630er Jahren in Religionsdingen eine Wende ab. Nicht nur das französisch-schwedische Bündnis widersprach enger konfessioneller Zielsetzung; gegen beide Mächte rückten auch die deutschen Reichsfürsten beider Konfessionen ebenso wieder enger zusammen wie sie sich gegen eine Vorherrschaft des Kaisers im Reich auf ihre Libertät besannen. Schließlich ließ die immer größer werdende Not in der letzten Kriegsphase in weiten Kreisen konfessionelle Zielsetzungen als sinnlos, allein religiösen Trost dagegen als angemessen erscheinen. Hinzuzufügen bleibt, daß diese Tendenzen auch nach 1648 dominierten: Konfessionelle Rücksichten spielten in der Außenpolitik der Reichsfürsten nunmehr nur noch eine untergeordnete Rolle; Bündnisse über Konfessionsgrenzen hinweg wurden üblich.
Der konfessionellen Entkrampfung im gegenseitigen Verhältnis der Territorien des Alten Reichs entsprach nach 1648 aber keine größere Toleranz im Innern der einzelnen Staaten. Im Gegenteil: Da die Herrschaft über Kirche und Religion allen Fürsten als wichtiges Attribut ihrer 1648 bestätigten und in gewissen Bereichen sogar noch erweiterten Souveränität galt, wurde in den folgenden Jahrzehnten, von wenigen Ausnahmen abgesehen, in den einzelnen Territorien die konfessionelle Uniformität ebenso strikt eingehalten wie die Suprematie des Staates über Kirche und Religion. Die von allen Fürsten nach dem Ende des Dreißigjährigen Krieges intensiv betriebene Wiederaufbau- und Kulturpolitik führte sogar dazu, daß nun erst, über ein Jahrhundert nach der Reformation, im Alten Reich jene alle Lebensbereiche berührenden, im Laufe der Jahre tief einwurzelnden und bis ins 20. Jahrhundert auffallenden Differenzen zwischen »evangelischen« und »katholischen« Gebieten, zwischen evangelischer und katholischer Mentalität und Lebensweise entstanden. Nun erst, nach dem Westfälischen Frieden, entwickelten sich im Alten Reich zwei Konfessionsnationen, die ihre Identität durch massive Vorurteile gegeneinander äußerst wirksam absicherten. Wie Ludwig Andreas Veit und Ludwig Lenhart vor einigen Jahren schrieben, stellte vor allem »der deutsche Barock als Ausdrucksform des katholischen Religiösen seiner Zeit den kultischen Gegensatz zum Frömmigkeitstyp des deutschen Protestantismus dar: hier Vernüchterung des Raumes, dort Freude an Raum; hier Liturgiearmut, fast kann man sagen völlige Liturgielosigkeit, dort begeisterte Freude am Gottesdienst; hier Nüchternheit des Bekenntnisaktes, der in das innere Erleben des Individuums verlegt wird, dort Frömmigkeit auch im Werke und in der Gemeinschaft; hier Bildergegnerschaft, dort Freude am heiligen Bild und an geweihten Andachtsgegenständen; hier subjektiv-autonomer Glaube an Gottes Wort in der Schrift, dort Glaube an Gottes Wort, aber dargeboten von der Kirche und in Verbindung mit der Überlieferung und mit der Wunderwelt der Heiligen, ihres Lebens und ihrer Legenden« (S. 43). So war, wie diese Autoren bemerkten, »der Staat des Barock« nichts anderes als ein »Bekenntnisstaat mit allen Folgerungen, die der fürstliche Absolutismus daraus nicht bloß für die

staatsbürgerliche Führung der Untertanen, sondern auch für die Planung der religiösen Kultur des Gebietes zog« (S. 45).
Noch im 18. Jahrhundert scheuten einzelne Fürsten und ihre Ratgeber innen- und außenpolitische Belastungen nicht, wenn es darum ging, den konfesionellen Charakter ihres Landes zu verteidigen. Zwei Beispiele mögen dies verdeutlichen. Als sich Ende der 1720er Jahre Lutheraner im Erzbistum Salzburg weigerten, zum katholischen Glauben überzutreten, wurden sie von Erzbischof Leopold Anton von Firmian des Landes verwiesen. Alle beim Corpus Evangelicorum in Regensburg und bei Kaiser Karl VI. unternommenen Vermittlungsversuche scheiterten, alle Proteste blieben vergeblich, alle Drohungen evangelischer Reichsstände, sie würden ihrerseits Repressalien gegen katholische Untertanen vornehmen, beeindruckten den Salzburger Erzbischof nicht. Auf Einladung König Friedrich Wilhelm I. von Preußen zogen im Jahre 1732 14000 der etwa 20000 Salzburger Emigranten nach Potsdam und von dort weiter nach Ostpreußen, wo sie in einem von der Pest depeuplierten Gebiet angesiedelt wurden. Daß konfessionelle Uniformität damals aber auch in protestantischen Territorien noch absolute Priorität besaß, sollte sich wenige Jahre später in Württemberg zeigen, wo seit 1733 der katholische Herzog Karl Alexander regierte. Bereits vor seinem Regierungsantritt abgeschlossene Religionsreversalien hinderten ihn zwar daran, direkt in die Angelegenheiten der evangelischen Landeskirche einzugreifen. Der mit dem Fürstbischof von Würzburg und Bamberg, Friedrich Karl von Schönborn, befreundete Herzog ließ jedoch im erzprotestantischen Württemberg katholische Gottesdienste abhalten, zog zahlreiche Katholiken an seinen Hof und machte den Juden Joseph Süß Oppenheimer zu seinem wichtigsten Berater in Wirtschafts- und Finanzfragen. Nach dem plötzlichen Tod des Herzogs 1737 kam es zu einer heftigen Reaktion: Der Hofstaat des Verstorbenen wurde in aller Eile aufgelöst, katholischer Gottesdienst verboten, Süß Oppenheimer maßlos verleumdet und nach einem juristisch mehr als zweifelhaften Prozeß zum Tode verurteilt und hingerichtet. Ebenso wie Erzbischof Firmian 1732 glaubte, er hätte Salzburg von gefährlichen Feinden befreit, so waren 1737 die württembergischen Landstände überzeugt, sie hätten ihr Vaterland gerettet. Gleichgültig, ob die Fürsten absolut regierten oder ob die Landstände, wie in Württemberg, noch ein gewisses Mitspracherecht besaßen: Fast überall im Alten Reich dominierte bis weit ins 18. Jahrhundert hinein ein integraler Konfessionalismus.
Neben Brandenburg-Preußen, auf das später einzugehen sein wird, nahm vor allem Schlesien eine Sonderrolle ein. Zwar hatten die Habsburger nach 1648 auch dort die Rekatholisierung forciert. Als die lange Zeit ziemlich feste Position des schlesischen Protestantismus zusammenzubrechen drohte, kam 1707 der schwedische König Karl XII. jedoch seinen lutherischen Glaubensgenossen zu Hilfe. Er unterstrich seine Rolle als Beschützer des Protestantismus und als Garant des Westfälischen Friedens nicht nur, indem er 1707 am Todestag Gustav Adolfs nach Lützen ritt; Karl XII., der im Zuge des Nordischen Krieges 1706 Sachsen erobert hatte, benützte die für ihn damals außerordentlich günstige, für Österreich dagegen prekäre militärische Lage auch dazu, um in der Altranstädter Konvention Wien zu zwingen, in den ehemals protestantischen schlesischen Fürstentümern insgesamt 130 enteignete Kirchen zurückzugeben und das evangelische Schulwesen wieder herzustellen sowie in den katholischen Erbfürstentümern Schlesiens den Bau von sechs neuen protestantischen Kirchen, den »Gnadenkirchen«, zu gestatten. Damit war der habsburgische Plan, die Gegenreformation auch in Schlesien und damit im letzten bis dahin noch teilweise protestantischen Teil ihres Reichs zu vollenden, gescheitert. Wie wir durch Herbert Schöffler wissen, führte die besondere religiöse Struktur Schlesiens zu einem besonders intensiven und fruchtbaren geistigen Leben. Hier kam es zu einer Begegnung der sonst voneinander getrennten konfessionellen Richtungen: Da das protestanti-

sche Schlesien keine Hochschule besaß, studierten zahlreiche junge Schlesier in den Niederlanden, vorzugsweise in dem calvinistischen Leyden, wo auch Descartes' System gelehrt wurde; viele junge Schlesier, vor allem die angehenden Theologen, zogen aber auch nach Sachsen, wo sie insbesondere in Jena ebenfalls mit dem zeitgenössischen westeuropäischen Denken vertraut gemacht wurden. Kurzum, was anderswo im späten 17. und frühen 18. Jahrhundert im Heiligen Römischen Reich verboten war, das war in Schlesien möglich: Eine Symbiose der großen geistigen Strömungen der damaligen Zeit. Während anderswo provinzielle Enge herrschte, konnten ein Martin Opitz, ein Andreas Gryphius und ein Christian Wolff aus den Kräften ganz Europas schöpfen. Eine Bemerkung Schöfflers (S. 240) stimmt freilich nachdenklich: »Nur das Schlesien großer Not, das Schlesien der Friedens-, Gnaden-, Grenz- und Zufluchtskirchen, das Schlesien unter unsagbarem Druck, nur das lutherische Schlesien ist das Schlesien der Dichtung und des neuen Denkens«. Schon ehe Friedrich II. von Preußen Schlesien eroberte, war dagegen, da mit der Regelung von 1707 allmählich »die Leiden wichen«, »auch das Ende des Segens da«.

Bibliographische Hinweise zu II. 4.

Ahnlund, Nils, Gustav Adolf den store (1932, ²1963).

Albrecht, Dieter, »Die kirchlich-religiöse Entwicklung. Zweiter Teil: 1500–1745«, in: Max Spindler (Hg.), Handbuch der bayerischen Geschichte (1969) 626–656.

ders., Richelieu, Gustav Adolf und das Reich (1959).

Barudio, Günter, Absolutismus – Zerstörung der ›libertären Verfassung‹. Studien zur ›Karolingischen Eingewalt‹ in Schweden zwischen 1680 und 1693 (1976).

Bireley, Robert, Maximilian von Bayern, Adam Contzen S. J. und die Gegenreformation in Deutschland 1624–1635 (1975).

Conrads, Norbert, Die Durchführung der Altranstädter Konvention in Schlesien 1707–1709 (1971).

Dickmann, Fritz, Der Westfälische Friede (1959, ³1972).

Eisenhardt, Ulrich, Die kaiserliche Aufsicht über Buchdruck, Buchhandel und Presse im Heiligen Römischen Reich deutscher Nation, 1496–1806 (1970).

Evennett, Henry Outram, The Spirit of the Counter-Reformation, hg. v. John Bossy (1968).

Goetze, Sigmund, Die Politik des schwedischen Reichskanzlers Axel Oxenstierna gegenüber Kaiser und Reich (1971).

Heckel, Martin, »Staat und Kirche nach den Lehren der evangelischen Juristen Deutschlands in der ersten Hälfte des 17. Jahrhunderts«, Zeitschrift der Savigny-Stiftung für Rechtsgeschichte, Kan. Abt. 42 (1956) 117–247, 43 (1957) 202–308 (als Buch 1968).

Jedin, Hubert, Geschichte des Konzils von Trient, Bd. 1–4 (1949–1976, Bd. 1 ³1977, Bd. 2 ²1978).

Kjöllerström, Sven, »Kirche und Staat in Schweden nach der Reformation«, Zeitschrift der Savigny-Stiftung für Rechtsgeschichte, Kan. Abt. 41 (1955) 271–289.

Krasenbrink, Josef, Die Congregatio Germanica und die Katholische Reform in Deutschland nach dem Tridentinum (1972).

Reinhard, Wolfgang, »Gegenreformation als Modernisierung? Prolegomena zu einer Theorie des konfessionellen Zeitalters«, Archiv für Reformationsgeschichte 68 (1977) 226–253.

Roberts, Michael, Gustavus Adolphus. A History of Sweden 1611–1632, 2 Bde (1953/58).

Schöffler, Herbert, Deutsches Geistesleben zwischen Reformation und Aufklärung (1940, ³1974).

Veit, Andreas Ludwig, u. Lenhart, Ludwig, Kirche und Volksfrömmigkeit im Zeitalter des Barock (1956).

Zeeden, Ernst-Walter, Das Zeitalter der Gegenreformation (1967).

ders. (Hg.), Gegenreformation = Wege der Forschung Bd. 311 (1973).

5. Gallikanismus und Jansenismus

Während im Alten Reich der Augsburger Religionsfrieden wenigstens vorübergehend die bitteren Auseinandersetzungen entschärfte, die aus dem Gegensatz zwischen reformatorischem und altem Glauben sowie dem sich teilweise damit überschneidenden Gegensatz zwischen kaiserlich-habsburgischem Machtanspruch und reichsfürstlicher Libertät entstanden waren, führten verwandte historische Kräfte in Frankreich in der zweiten Hälfte des 16. Jahrhunderts zu einer Serie von verheerenden Kriegen, die erst mit dem Edikt von Nantes 1598 beendet werden konnten. Auf der einen Seite entwickelte sich trotz scharfer Verfolgung durch Heinrich II. in den 1550er Jahren der französische Calvinismus zu einer politischen Macht, zu deren Anhängern neben bedeutenden Adligen auch einflußreiche und reiche Stadtbürger (Geschäftsleute, Juristen, Gelehrte) und sogar bäuerliche Kreise gehörten. Als 1559 die protestantische Kirche Frankreichs auf ihrer ersten Nationalsynode ein eigenes Bekenntnis formulierte, waren das theologische Selbstbewußtsein und die politischen Ansprüche der französischen Calvinisten unverkennbar. Auf der anderen Seite formierte sich in der gleichen Zeit in Frankreich ein militanter Katholizismus, dessen Führer sich die Vernichtung eben dieses französischen Protestantismus zum Ziel setzten: Die Krone sollte vor dem verderblichen Einfluß der Hugenotten, wie die Protestanten in Frankreich seit 1562 genannt wurden, gerettet, die konfessionelle Einheit des Vaterlandes verteidigt werden. Nach Abschluß des Konzils von Trient hatte diese Richtung auch ein eigenes theologisches Programm. Mit dem Kardinal Karl von Lothringen und seinem Bruder, dem Herzog Franz von Guise, hatte die katholische Partei ebenso energische Führer wie die Hugenotten im Prinzen Ludwig von Condé und im Admiral Gaspard de Coligny.

Als 1560 nach dem Tode Heinrichs II. nacheinander dessen unmündige Söhne an die Herrschaft kamen, eskalierten binnen kurzem die Gegensätze zwischen beiden Seiten zu einem bedingungslosen und gnadenlosen Konflikt. Verschiedene Cliquen am Hofe scheuten keine Intrige, um entscheidenden Einfluß auf die Regentschaft zu erlangen; außenpolitische Mächte, vor allem Spanien und England, wurden um Unterstützung gebeten und mischten sich in die innerfranzösischen Auseinandersetzungen ein; vor allem aber steigerte sich der religiöse Haß so sehr, daß Mord und Terror zum Mittel der Politik wurden. Die Extremisten beider Seiten standen sich dabei in nichts nach. Den größten Exzeß beging 1572 die katholische Partei, als in der Bartholomäusnacht und in den folgenden Wochen Tausende von Hugenotten, darunter auch Coligny, getötet wurden. Das zweifelhafte Verdienst einer theoretischen Rechtfertigung solcher Aktionen gehört dagegen der Hugenottenpartei. Im Jahre 1573 veröffentlichte Francis Hotman sein Werk *Franco-Gallia,* in dem er, weit über Calvins deutlich begrenzte Widerstandslehre hinausgehend, das Recht des Volkes auf Widerstand gegen eine tyrannische Obrigkeit und deren Helfer begründete. Im Jahre 1579 rechtfertigte dann Philippe du Plessis-Mornay in der anonym publizierten Schrift *Vindiciae contra tyrannos sive de principis in populum populique in principem legitima potestate* ausdrücklich den Widerstand gegen jegliche geistliche oder weltliche Tyrannei. Zu ergänzen bleibt, daß die von einer Volkssouveränität und der Lehre vom Herrschaftsvertrag ausgehenden Ansichten dieser Monarchomachen bald auch von katholischen Publizisten vertreten wurden.

In den 1570er Jahren entstand aber auch eine dritte Kraft in Frankreich, die Partei der »Politiker«, meist royalistische Katholiken, die sich vor allem für die Erhaltung der staatlichen Autorität einsetzten. Erst in den 1590er Jahren sollten ihre Vermittlungsbemühungen Erfolg haben. Mit dem Kronanwalt Jean Bodin und seinen 1576 publizierten *Six livres de la République* wurden diese »Politiker« zu Wegbereitern des Absolutismus in Frankreich. Die Krone und die staatliche Souveränität sollten, so lehrte Bodin, über dem Streit der Religionsparteien stehen und von innerem Druck ebenso unabhängig sein wie von fremder Autorität und allein dem göttlichen Recht und dem Naturrecht verpflichtet sein.

Nachdem zahlreiche Versuche, einen *modus vivendi* zwischen den Religionsparteien zu erreichen, gescheitert und die den Hugenotten in verschiedenen Edikten eingeräumten

Rechte und Sicherheiten immer wieder aufgehoben worden waren, gelang es Heinrich IV., einem ehemaligen Führer der protestantischen Partei, der 1593 zum Katholizismus übergetreten war, den Frieden herzustellen. Das von ihm ausgehandelte und 1598 verkündete Edikt von Nantes war ein Kompromiß, der weder katholischen noch protestantischen Maximalforderungen entsprach. Die katholische Kirche wurde durch dieses Edikt wieder in ganz Frankreich etabliert, aber auch Reformierten wurde erlaubt, in allen Teilen des Landes zu leben und zu arbeiten. Reformierte Gottesdienste sollten künftig allerdings nur überall da, wo sie im Jahre 1596 und bis August 1597 stattgefunden hatten, abgehalten werden dürfen, ferner nicht am Hof, nicht in Paris und fünf Meilen im Umkreis dieser Stadt und auch nicht in der Armee, außer im Quartier der obersten Befehlshaber, die sich zum reformierten Glauben bekennen; wo die Religionsausübung gestattet war, sollten auch dafür geeignete Gebäude errichtet und Friedhöfe angelegt werden dürfen; beim Zugang zu Universitäten und Schulen sowie bei der Behandlung von Kranken und Armen in Hospitälern und Krankenhäusern sollte Religion keine Rolle spielen; außerdem sollten die Reformierten Ämter in der königlichen Verwaltung, in Provinzen, Städten und Gemeinden übernehmen, reformierte Adlige die hohe Gerichtsbarkeit ausüben dürfen. Ausdrücklich wurde den Anhängern Calvins eingeschärft, die katholischen Feiertage zu respektieren und sich aller Bündnisse mit fremden Mächten zu enthalten; die Einziehung von Steuern sollte für sie ebenso verboten sein wie die Aushebung von Soldaten, die Errichtung von Befestigungen oder nicht ausdrücklich im Edikt genannte Versammlungen; konfisziertes Kirchengut sollten sie zurückgeben und den Kirchenzehnten bezahlen. In zwei besonderen, nicht veröffentlichten Patenten machte Heinrich IV. seinen ehemaligen Glaubensbrüdern aber auch einige Zugeständnisse: Als Ausgleich für verlorene Kirchengüter und die Zahlung des Kirchenzehnten sollten sie jährliche Subventionen erhalten, die für die Bezahlung von Predigern und den Unterhalt von Schulen bestimmt waren; außerdem wurden ihnen zunächst für die Dauer von acht Jahren unter königlichem Oberbefehl stehende Sicherheitsplätze übergeben, das waren Städte, Festungen und Schlösser mit Garnisonen, wobei der König sogar einen Zuschuß zum Unterhalt dieser Garnisonen bewilligte und zusagte, dort nur reformierte Gouverneure zu ernennen.

Vergleicht man das Edikt von Nantes mit dem Augsburger Religionsfrieden, so fällt vor allem zweierlei auf: Im Gegensatz zu der Reichsordnung von 1555, die konfessionelle Koexistenz auf der Basis getrennter Territorien und damit auf der Basis getrennter Herrschaftsräume brachte, wurde 1598 versucht, das Nebeneinander verschiedener Konfessionen innerhalb der gleichen Rechts- und Verwaltungssphäre zu regeln. Das war anspruchsvoller und schwieriger zugleich. Noch wichtiger ist der zweite Punkt. Während der Augsburger Religionsfrieden die königliche Gewalt im Reich stark beeinträchtigte, ja auf Jahrzehnte hinaus weitgehend lähmte, befestigte das Edikt von Nantes die Autorität des französischen Königtums aufs neue. Für die Hugenotten war dies, wie im Rückblick zu erkennen ist, ein äußerst zwiespältiges Ergebnis. Gewiß, auf der einen Seite verdankten sie Heinrich IV. den für sie als Minderheit notwendigen Schutz; auf der anderen Seite hatte ihnen Heinrich IV. aber trotz aller Zusagen schon 1598 jene Machtmittel genommen, die sie zur Verteidigung ihrer Position brauchten. Obwohl das Edikt von Nantes, wie vor allem der französische Klerus polemisierte, angeblich einseitig die Hugenotten favorisierte, waren es gerade sie, die in einem für sie gefährlichen Maße von der Krone abhängig geworden waren.

Auf der Grundlage der Pazifikation von 1598 baute die französische Krone im 17. Jahrhundert dann ihre Macht Schritt für Schritt aus. Schon Heinrich IV. unterwarf konspirierende Adlige, bedrängte opponierende Gerichtshöfe und beschnitt städtische Freiheiten. Unter Ludwig XIII. gingen die Ersten Minister den Weg zur königlichen Alleinherr-

schaft konsequent weiter. Sie entwickelten für die Krone eine dezidierte Finanz-, Wirtschafts-, Sozial-, Militär-, Kolonial- und Außenpolitik und stärkten die Zentralverwaltung; dagegen wurden die Generalstände 1614 zum letzten Male versammelt und die andauernde Opposition der Gerichtshöfe weitgehend ignoriert. Weder die vor allem in der ersten Jahrhunderthälfte in verschiedenen Städten und Provinzen ausbrechenden Aufstände, die *soulèvements populaires,* noch die große Adelsrevolte in der Jahrhundertmitte, die Fronde, konnten eine zunehmende Machtkonzentration durch die Krone verhindern. Ludwig XIV. vollendete schließlich, was Richelieu und Mazarin eingeleitet hatten: Gestützt auf die Lehre vom Gottesgnadentum wurde der Sonnenkönig zum hervorragendsten absoluten Herrscher seiner Zeit, dessen Regierungsweise fast alle europäischen Fürsten, soweit es die Zustände in ihren Ländern zuließen, nacheiferten.
In der Kirchen- und Religionsfrage stieß die absolutistische Politik der französischen Herrscher des 17. Jahrhunderts auf größere Widerstände als in vielen anderen Bereichen. Das lag nicht an den Hugenotten, bei denen schon während der Regierungszeit Heinrichs IV. die Lehren der Monarchomachen verdrängt und eindeutig royalistische und absolutistische Theorien vertreten wurden. Angesichts der fortdauernden Bedrohung durch das gegenreformatorische Papsttum, dessen antiprotestantische Politik von der katholischen Bevölkerung Frankreichs weithin unterstützt wurde, setzten sich die Hugenotten nunmehr für ein starkes Königtum ein, das im Sinne des Gallikanismus unabhängig vom Papst und im Sinne des Absolutismus unabhängig von den Generalständen sein sollte. In den hugenottischen Akademien von Sedan und Saumur, an denen im 17. Jahrhundert der größte Teil der reformierten Geistlichkeit Frankreichs studierte, wurde, wie Hartmut Kretzer gezeigt hat, die absolutistische Lehre vom Gottesgnadentum durchaus begrüßt, verteidigt und auch theoretisch begründet.
Der Widerstand, dem sich die königliche Kirchen- und Religionspolitik im 17. Jahrhundert gegenübersah, wurde vielmehr von verschiedenen Gruppen innerhalb des französischen Katholizismus getragen. Insbesondere im Klerus war die von der Krone vertretene Variante des Gallikanismus lange Zeit sehr umstritten, nach der der französische König die katholische Kirche ohne Mitwirkung des Papstes, aber auch ohne Mitwirkung der hohen Geistlichkeit und des Adels zu leiten beanspruchte. So waren beispielsweise in die 1594 publizierten und dann weit verbreiteten 83 Artikel der *Libertés de l'Eglise gallicane* des Pierrre Pithou zahlreiche Ideen des spätmittelalterlichen Konziliarismus und des Episkopalismus eingegangen, die einen episkopalen und einen parlamentarischen Gallikanismus, also eine auf die Professoren der Sorbonne, die Adligen der hohen Gerichtshöfe und die hohe Geistlichkeit gestützte Staatskirche, nicht aber einen königlichen Gallikanismus als beste Verfassung für die französische Kirche nahelegten. Auch Edmond Richer, der von 1608 bis zu seiner Absetzung im Jahre 1612 als Syndikus der Pariser theologischen Fakultät wirkte, lehnte die absolute Monarchie ab und setzte sich in seiner 1611 publizierten und 1629 in erweiterter Form vorgelegten Schrift *De ecclesiastica et politica potestate* für eine neue konziliare Kirchenverfassung ein. Scharfe Angriffe Roms konnten den Einfluß Richers im französischen Klerus nur steigern, der von Richelieu 1629 erpreßte Widerruf Richers die Wirkung des Richerismus nicht mehr rückgängig machen. Erst in den von Bossuet zusammengestellten und von einer Versammlung französischer Bischöfe im Jahre 1682 approbierten vier Gallikanischen Artikeln gelang es Ludwig XIV., die absolutistische Interpretation des Gallikanismus vollends durchzusetzen. Der erste dieser Artikel postulierte noch einmal die Grundsätze des Gottesgnadentums; der zweite unterstrich die konziliare Tradition seit dem 15. Jahrhundert, der dritte »die Regel, die Sitten und die vom Königtum und der gallikanischen Kirche angenommenen Einrichtungen«. Der vierte Artikel betonte schließlich, »in Fragen des Glaubens« habe der Papst zwar »den Hauptanteil« und seine Dekrete beträfen alle Kirchen, das päpstliche

Urteil sei aber »nicht unabänderlich, wenn nicht die Zustimmung der Kirche hinzugetreten ist«. Obwohl diese vom Papsttum heftig abgelehnten Artikel offiziell nur zwanzig Jahre lang gültig blieben, bezeichneten sie doch in prägnanter Form, wie Ludwig XIV. die katholische Kirche seines Landes als eine Art Staats- und Nationalkirche zu beherrschen beabsichtigte.

Häufig wird übersehen, daß die absolutistische Kirchenpolitik in Frankreich nur in einem Zweifrontenkrieg durchgesetzt werden konnte. Auf der einen Seite galt es für die Krone, die von den Jesuiten geführten ultramontanen Kräfte zu bekämpfen. Die in Frankreich arbeitenden Mitglieder des Jesuitenordens unterstützten zwar die absolutistischen Regierungsmaximen, die Mehrzahl von ihnen lehnte aber gegen Rom gerichtete nationalkirchliche Tendenzen und damit auch jede Form des Gallikanismus strikt ab. Auf der anderen Seite war es für die Krone notwendig, die seit Beginn des 17. Jahrhunderts in der französischen Geistlichkeit und im Kirchenvolk immer stärker werdende Erneuerungsbewegung von ihrer von Richer geprägten antiabsolutistischen und prokonziliaren Haltung abzubringen und auf die Linie des Königtums einzuschwören. Im Kampf zwischen Ludwig XIV. und dem Jansenismus sollte sich diese Auseinandersetzung in der zweiten Jahrhunderthälfte zuspitzen.

Wenn die königliche Variante des Gallikanismus nur relativ langsam verwirklicht werden konnte, so lag das schließlich aber auch daran, daß die Kirchenpolitik der Krone vom Edikt von Nantes bis zum Regierungsantritt Ludwigs XIV. alles andere als konsequent war. Heinrich IV. bemühte sich zunächst in den Jahren zwischen 1598 und 1610 vor allem darum, den mühsam errungenen konfessionellen Frieden zu bewahren. Seine Politik gegenüber Rom war zurückhaltend. So war er nicht sonderlich bestrebt, den Beschlüssen des Konzils von Trient in Frankreich Geltung zu verschaffen; ausdrücklich stützte er sich dagegen auf die der französischen Krone im Konkordat von 1516 zugestandenen Rechte. Zugleich ließ er es jedoch auch zu, daß die verschiedenen im Zuge der Gegenreformation entstandenen Orden, neben den Jesuiten vor allem die Oratorianer, die Kapuziner, die Rekollekten und die Ursulinen, in Frankreich eine lebhafte Tätigkeit entfalteten. Außerdem protegierte Heinrich IV. die von Franz von Sales, von Pierre de Bérulle und von der Mystikerin Barbara Avillot ins Leben gerufene geistig-religiöse Erneuerungsbewegung. Als Heinrich IV. starb, war, infolge dieser verschiedenen Schritte, die weitere Entwicklung des Christentums in Frankreich völlig ungewiß.

Richelieus Kirchen- und Religionspolitik konzentrierte sich dann bis zum Ende der 1620er Jahre wieder auf die Hugenotten. Nachdem reformierte Adlige sich seit 1612 wiederholt gegen die Krone erhoben und im Widerspruch zu dem Edikt von Nantes eine militärische Organisation aufgebaut und dazu auch fremde Subsidien verwendet hatten, setzte Richelieu alles daran, diesen Staat im Staate zu zerstören. In der Macht der hugenottischen Adligen sah er den Kern des adligen Widerstandes gegen die Krone. Im Jahre 1628 hatte er seine Gegner endlich militärisch bezwungen. Nach der Kapitulation von La Rochelle wurden den Hugenotten im sogenannten Gnadenedikt von Alès die 1598 zugestandenen Sicherheitsplätze genommen; reformierte Synoden bedurften fortan königlicher Genehmigung; unangetastet blieb dagegen die freie Ausübung des reformierten Glaubens. Mit diesen Maßnahmen hatte Richelieu nicht nur die bis dahin in der französischen Innen- und Außenpolitik sehr einflußreiche protestantische Partei zerschlagen; 1629 wurden die Reformierten auch aus ihrer seit 1598 rechtlich besonders geschützten Stellung entlassen und zu einer religiösen Minderheit reduziert, deren Schutz allein von der ihnen vom König zugesagten religiösen Toleranz abhing. Ihr weiteres Schicksal wurde von nun an am Hof entschieden. Die Lösung von 1629 entsprach im übrigen auch den Auffassungen, die Richelieu in seinem *Politischen Testament* niederlegte. In diesem König Ludwig XIII. gewidmeten, aber wohl nie überreichten und aus Richelieus Nachlaß zuerst 1688 publizierten Memorandum setzte sich der zum Ersten Minister avancierte Kardinal für weitreichende Herrschaftsrechte des Staates auf kirchlichem Gebiet ein. Dadurch erhoffte er sich nicht zuletzt eine weitere Stärkung der königlichen Autorität. Dagegen sprach er sich bei der Bekehrung von Andersgläubigen für Milde aus und lehnte es im Gegensatz zu der von Spanien beeinflußten *parti dévôt* ab, die Reformierten mit Gewalt zu unterdrücken.

Was den Katholizismus angeht, so unterstützte auch Richelieu die sich seit Beginn des 17. Jahrhunderts formierende Erneuerungsbewegung. Trotzdem blieb seine von der Staatsraison bestimmte Politik gerade für fromme Katholiken unbefriedigend. Sie konnten die von Richelieu 1629 den Hugenotten gegenüber praktizierte Toleranz ebensowenig verstehen wie seine Außenpolitik, die das katholische Spanien und das katholische Österreich bekämpfte, aber mit dem protestantischen Schweden zusammenarbeitete. Kein Wunder also, daß in den 1630er Jahren, als Frankreich auf der Seite Schwedens in den Dreißigjährigen Krieg eingriff, die Spannungen zwischen Richelieu und einigen politisch engagierten Führern der katholischen Erneuerungsbewegung zunahmen. Als der Abt von Saint-Cyran, Jean Duvergier de Hauranne, Richelieus Außenpolitik wiederholt kritisierte und als der Bischof von Ypern, Cornelius Jansen, in der 1635 veröffentlichten Schrift *Mars Gallicus* statt der Zusammenarbeit Frankreichs mit protestantischen Reichsfürsten ein Bündnis mit Spanien empfahl, fühlte sich Richelieu herausgefordert. 1638 ließ er Saint-Cyran verhaften. Als dieser nach dem Tode Richelieus, 1643, wieder auf freien Fuß gesetzt wurde, hatte die Bewegung der Jansenisten, wie sie seit den frühen 1640er Jahren genannt wurden, bereits einflußreiche Teile der französischen Geistlichkeit und des französischen Adels erfaßt. In dem noch 1643 gestorbenen Saint-Cyran sahen die Jansenisten ihren ersten Märtyrer, in dem posthum in drei Bänden in Löwen 1640 herausgegebenen Werk des 1638 verstorbenen Jansen *Augustinus seu doctrina sancti Augustini de humanae naturae sanitate, aegritudine medicina adversus Pelagianos et Massilienses* besaßen sie inzwischen ein gelehrtes und umfassendes theologisches Programm, das sich deutlich von den bisherigen Erneuerungsbestrebungen innerhalb des französischen Katholizismus unterschied.

Gestützt auf die Gnadenlehre des Augustinus hatte Jansen die Frage der Gnade in einer für den zeitgenössischen Katholizismus radikalen und provozierenden Weise beantwortet. Weder die guten Werke zählten, lehrte er, noch der menschliche Willen, sondern allein die von Gott den Menschen geschenkte *gratia victrix.* Obwohl sich Jansen scharf vom Calvinismus distanzierte, hatte er sich damit in dogmatischer Hinsicht deutlich der calvinistischen Prädestinationslehre angenähert. Auch in moraltheologischer Hinsicht warfen katholische Gegner den Jansenisten eine fatale Verwandtschaft mit den Calvinisten vor. Denn gegen die von der spanischen Spätscholastik, dem Molinismus, bestimmte Kasuistik der Jesuiten und gegen deren moralischen Probabilismus forderten alle Jansenisten eine scharfe Kirchenzucht und ethische Strenge. Wie Antoine Arnauld, der in den 1640er Jahren zum führenden Kopf und Sprecher der jansenistischen Bewegung wurde, 1643 in seinem Werk *De la fréquente communion* schrieb, sollte der allzu häufige Empfang der Sakramente eingeschränkt, sollten Unwürdige nicht mehr zur Kommunion zugelassen werden. Vor allem Arnauld macht die Vorstellung von persönlicher Buße und Reue und von einer persönlichen Verantwortung des einzelnen Gläubigen und des einzelnen Priesters zu einem festen Bestandteil der neuen Lehre. In kirchenrechtlicher Hinsicht waren die Jansenisten weniger originell und vertraten die damals noch sehr lebendigen konziliaren Theorien, wobei sie diese wenigstens teilweise mit einem episkopalen Gallikanismus zu verbinden suchten. Zu erwähnen bleibt die Kirchenpolitik, in der die Jansenisten die großen Gegenspieler der Jesuiten wurden. In fast allen Fragen vertraten sie konträre Positionen: Während die Jesuiten die Kirche als umfassende Heilsanstalt an-

sahen, propagierten die Jansenisten die religiöse Selbstverantwortung; während die Jesuiten entschieden die Barockkultur förderten, lehnten die Jansenisten allen Luxus und alle äußerliche Prachtentfaltung ab und setzten sich für einen ethischen Rigorismus ein, der teilweise asketische Züge annahm; während die Jesuiten den Absolutismus gegen Stände und Parlamente unterstützten, standen die Jansenisten eben diesen bislang privilegierten Körperschaften nahe und setzten auch in der Kirchenpolitik die konziliare und damit eine im Kern antiabsolutistische Tradition fort; beide Bewegungen rivalisierten schließlich um den entscheidenden Einfluß im französischen Klerus und Schulwesen.
In der Ära Mazarin wurden die Jansenisten noch tiefer in politische Auseinandersetzungen verstrickt. Obwohl sich führende Jansenisten nicht am Aufstand der Fronde beteiligten und loyal zur Krone standen, galten sie in den Augen Mazarins als gefährliche Oppositionelle. Auf sein Betreiben verwarf Papst Innozenz X. 1653 in der Bulle *Cum occasione* insgesamt fünf Aussagen zu den Themen Gnade und Prädestination, die angeblich aus Jansens *Augustinus* stammten. Die Jesuiten unterstützten sowohl die politischen als auch die theologischen Angriffe gegen die Jansenisten, wobei sie allerdings besonders von der – von Mazarin im übrigen nicht geteilten – Absicht des Papstes angetan waren, bei dieser Gelegenheit den Gallikanismus zu schwächen und den päpstlichen Primat gegenüber der französischen Kirche zur Geltung zu bringen. Die Jansenisten wehrten sich jedoch ebenso selbstbewußt wie geschickt. Antoine Arnauld griff seinerseits die Jesuiten an und entgegnete dem Papst, es gelte zwischen einer *question de droit* und einer *question de fait* zu unterscheiden. So stimme er den dogmatischen Aussagen der päpstlichen Bulle durchaus zu, bestreite jedoch energisch, die fünf verurteilten *propositiones* seien in Jansens *Augustinus* enthalten. Wenig später begann auch Blaise Pascal mit der Publikation seiner in kurzer Zeit weitverbreiteten *Lettres à un provincial*, in denen er die jesuitische Moraltheologie lächerlich machte. Weitere Schritte beider Seiten sind zu erwähnen. 1656 wurde Arnauld aus der Sorbonne ausgeschlossen; in der wiederum auf Druck Mazarins abgefaßten Bulle *Ad Sacram* bekräftigte Papst Alexander VII. 1656 noch einmal, Jansen habe sich der fünf 1653 verworfenen dogmatischen Abweichungen schuldig gemacht. Mazarin bewirkte auch, daß diese Bulle 1657 von einer *assemblée du clergé* zusammen mit einem Formular angenommen wurde, das von allen Geistlichen unterzeichnet werden sollte, was, da die Jansenisten nicht nachgaben, zu neuem Streit führte. Neben den öffentlichen Kontroversen gab es jedoch auch geheime Kontakte zwischen beiden Seiten. So setzte sich, wie wir seit kurzem wissen, der ältere Bruder Antoine Arnaulds, Robert Arnauld d'Andilly, in den Jahren 1654 bis 1659 mit Hilfe von Mittelsmännern bei Mazarin für die, wie er betonte, zu Unrecht verdächtigten und angegriffenen Jansenisten ein. Ihre Lehre entspreche alten Lehren der Kirche; sie hätten nie die Opposition gegen die Krone unterstützt und würden sich auch niemals in irgendwelche Intrigen gegen den König hineinziehen lassen.
Die Bedeutung dieser Vorgänge und die damit zusammenhängenden Wechselwirkungen zwischen dem sich etablierenden französischen Absolutismus und dem frühen Jansenismus sind in der Forschung umstritten. Auf der einen Seite steht die Meinung des Literatursoziologen Lucien Goldmann, der in verschiedenen Arbeiten, vor allem in dem 1955 erschienenen Werk *Le Dieu caché* behauptet, die zunehmende Zentralisierung und Bürokratisierung der Macht durch Richelieu und Mazarin habe wesentlich zur Entstehung des Jansenismus beigetragen. Teile des in seinem politischen Einfluß bedrohten und sozial degradierten älteren Amtsadels hätten sich im Frondeaufstand gegen die Krone erhoben, andere Teile der gleichen sozialen Gruppe hätten sich dagegen von aller Politik abgewandt und auf religiösem Gebiet, in den Lehren des Jansenismus, eine Kompensation gefunden. Auf der anderen Seite führte René Taveneaux 1965 aus, von einer durch die neuen königlichen Intendanten und *commissaires* ausgelösten Krise des alten Amtsadels

könne keine Rede sein. Außerdem sei nicht einzusehen, warum sich diese enttäuschten Adligen einer so rigorosen theologischen Richtung wie dem Jansenismus angeschlossen und sich nicht, ähnlich wie später der politisch entmachtete Adel unter Ludwig XIV., in Vergnügungen gestürzt hätten. Weitere Untersuchungen sind notwendig, um diese Streitfrage zu klären. Heute läßt sich jedoch schon erkennen, daß nicht der von den Jesuiten zusammen mit den Jansenisten diffamierte Amtsadel, sondern Doktoren der Sorbonne und der mittlere Klerus (die *curés*) die meisten Führer und Anhänger der Jansenisten vor 1660 stellten. Viele der Doktoren entstammten freilich Familien, die zur bisherigen politischen Elite gehörten; es handelte sich bei ihnen häufig um die jüngeren Söhne großer Familien, für die kein Amt gekauft werden konnte und die deshalb zur Universität gingen, wo sie jene Ausbildung erhielten, die sie befähigte, Führer einer dissentierenden religiösen Bewegung zu werden. Die Abscheu, die sie aufgrund der in ihren Familien üblichen strengen Ethik gegen die unter Mazarin hochgekommenen neureichen Financiers und zwielichtigen Abenteurer empfanden, hat dabei, wie Eberhard Weis bemerkt, möglicherweise die Affinität zwischen Amtsadel beziehungsweise höherem Bürgertum und Jansenismus begründet. Diese Entwicklung war jedoch nur möglich, weil sich in Frankreich in den Jahren nach 1640 die politischen und sozialen Konflikte rasch verschärften. Dabei entstand eine Polarisierung der wichtigsten Gruppen, so daß sich in den 1650er Jahren Projansenisten, Antijesuiten und Antiabsolutisten (Doktoren, mittlerer Klerus, Teile des Hochadels und des Amtsadels) auf der einen und Projesuiten, Antijansenisten und Absolutisten (Krone, Zentralbürokratie, Hofadel, Episkopat, Teile der Professorenschaft) auf der anderen Seite sammelten. Damit war aber der Jansenismus endgültig aus einer nur theologisch-religiösen zu einer wenigstens teilweise auch politisch-sozialen Kraft geworden.

Auch während der Regierungszeit Ludwigs XIV. waren Jansenisten und Hugenotten die wichtigsten Gegner des Absolutismus; gegen beide sollten dem machtbewußten französischen König, der das Gottesgnadentum in Theorie und Praxis durchzusetzen bestrebt war, keine Erfolge ohne schwere Rückschläge möglich sein. Gehen wir zuerst auf die Hugenotten ein, die um 1660 in zwei große Richtungen gespalten waren: Im Norden Frankreichs dominierte das reformierte Wirtschaftsbürgertum, im Süden dominierten reformierte Pastoren und Bauern. Während die Hugenotten des Nordens bestrebt waren, mit dem Hof, vor allem mit der merkantilistischen Wirtschaftspolitik, zusammenzuarbeiten, blieben die Reserven der Hugenotten des Südens gegenüber der Zentralregierung groß. Ludwig XIV. verfolgte seinerseits seit den 1660er Jahren eine Art Doppelstrategie, um die reformierte Minderheit auszulöschen: Auf der einen Seite ließ er die verschiedenen Bestimmungen des Edikts von Nantes sehr restriktiv auslegen und schikanierte die Hugenotten auf jede nur erdenkliche Weise, so durch Einquartierungen, die berüchtigten Dragonnaden, durch Verbot der Unterstützung ärmerer Gemeinden durch reichere, durch Bespitzelung der Gottesdienste, durch Zerstörung von Kirchen, für die keine Rechtstitel nachzuweisen waren oder deren Gemeinden sich angeblich irgendeiner Störung der Ordnung zuschulden hatten kommen lassen, schließlich auch durch Berufsverbote für hugenottische Ärzte, Anwälte und Notare. Besonders in den Jahren von 1679 bis 1685 waren zahlreiche Hugenottengemeinden dem nackten Terror ausgesetzt. Auf der anderen Seite unterstützte er alle Versuche, die Hugenotten zum Katholizismus zu bekehren, ließ beispielsweise dafür sogar besondere Prämien aussetzen und versprach den *nouveaux convertis* Steuerfreiheit. In welchem Maße Ludwig XIV. tatsächlich selbst alle diese Maßnahmen angeordnet hat, welche Motive er für den Kampf gegen die Hugenotten hatte und welche Personen aus seiner Umgebung ihn dabei beeinflußten, wird in der Forschung verschieden gesehen. So ist offen, ob er sich durch die Hugenottenverfolgung als guter Katholik rehabilitieren und so etwas wie Wiedergutmachung für das ausschwei-

fende Leben, das er als Jugendlicher geführt hatte, leisten wollte, oder ob er als Verfechter und Vorkämpfer der gallikanischen Kirche auf diese Weise den Papst zu beeindrucken suchte; offen ist, ob ihn mehr seine Maitressen oder seine jesuitischen Beichtväter gegen die Reformierten aufhetzten, auch, wie gut er über die Auswirkungen der Verfolgungsmaßnahmen informiert war; und offen ist schließlich, ob er mit dem Kampf gegen die Hugenotten eine Wiederholung der Fronde unmöglich machen und auf diese Weise sein vom Gottesgnadentum getragenes System gewissermaßen vollenden wollte, oder ob die Maßnahmen gegen die Hugenotten dem Wunsch entsprangen, von seinem Versagen in den Türkenkriegen abzulenken und sich dem katholischen Europa als der beste christliche Fürst zu präsentieren. Wie immer man die Prioritäten setzt, die Hugenotten machten es jedenfalls Ludwig XIV. nicht schwer, sein Ziel zu erreichen. Ausdrücklich befürworteten sie auch in dieser Phase die absolutistische Regierungsform und anerkannten das Gottesgnadentum ihres Monarchen. Die verschiedenen Verfolgungsmaßnahmen steigerten nicht ihren Willen zum Widerstand, sondern hinterließen Lethargie und stärkten sogar noch die trügerische Hoffnung, durch besonderen Gehorsam doch noch die Gunst des Herrschers zu gewinnen. Erst im Exil sollten die Hugenotten sich wieder auf die Calvinsche Lehre vom Widerstand gegen tyrannische Obrigkeiten besinnen.
Versuche protestantischer Herrscher, Ludwig XIV. von seinem Kurs abzubringen, fruchteten nichts. Von katholischer Seite wurde er ohnehin für sein Vorgehen gelobt und bewundert. Ludwig XIV. sei Dank, schrieb beispielsweise der katholische Kirchenhistoriker Louis Maimbourg in seiner 1682 zuerst publizierten *Histoire du Calvinisme,* daß er Frankreich die Gnade eines Sieges über diesen gefährlichen Feind bescherе. Von Anfang an hätten die Calvinisten gegen das Wohl des Landes konspiriert und nach 1564 »une révolte si criminelle« herbeigeführt (S. 340); deshalb sei das Vorgehen Ludwigs »également juste, douce et charitable«. Ähnliche Stimmen waren auch aus dem katholischen Lager zu hören, als er im Jahre 1685 das Edikt von Nantes aufhob; selbst Jansenisten priesen die Wiederherstellung der religiösen Einheit Frankreichs.
Bei diesem Schritt, verkündet im Edikt von Fontainebleau, wandte Ludwig XIV. zum letzten Male seine Doppelstrategie gegen die Hugenotten an. Auf der einen Seite verbot er nunmehr den reformierten Gottesdienst, auch jenen der Adligen in Privathäusern, ordnete die Zerstörung aller reformierten Kirchen und die Verbannung aller Pastoren an, die sich nicht beugten; reformierter Schulunterricht wurde untersagt. Auf der anderen Seite versprach er konvertierten Pastoren Steuerfreiheit und Freiheit vor Einquartierungen, ihnen selbst, wenn sie Anwälte oder Doktoren des Rechts werden wollten, erhebliche Erleichterungen und ihren Witwen eine Pension. Jegliche Auswanderung wurde ausdrücklich verboten, bereits Ausgewanderten, wenn sie innerhalb von vier Monaten zurückkehrten, dagegen volle Amnestie zugesagt. Mit solchen Bestimmungen konnte Ludwig XIV. aber den Massenexodus, der 1685 einsetzte, nicht mehr verhindern. Innerhalb weniger Jahre verließ etwa eine halbe Million Hugenotten das Land. Frankreichs Armee und Marine verloren über 20000 Soldaten, die häufig in die Dienste fremder Herrscher traten; Frankreichs Wirtschaft wurde auf ähnliche Weise geschwächt: Während im Lande selbst bestimmte Produktionszweige, etwa in der Textil- und Seidenindustrie, zerfielen, gehörten die Hugenotten bald in den Ländern, die sie aufnahmen, zu den aktivsten wirtschaftlichen Kräften. Schließlich sollten die Hugenotten der *réfuge* nach 1685 zu den schärfsten und einflußreichsten Kritikern des absolutistischen Regimes Ludwigs XIV. werden.
Ausgewandert waren vor allem Handwerker, Kaufleute und Unternehmer des Nordens; die einfacheren Hugenotten des Südens fanden sich aber ebensowenig mit ihrem Schicksal ab. Ihre erste Erhebung, 1689 in Vivarais, konnte zwar noch niedergeschlagen werden; bereits hier zeigten sich jedoch schon die Elemente, die für den von den sogenannten Camisarden getragenen hugenottischen Widerstand in Südfrankreich nach 1685 typisch

sind: Konspirative Geheimversammlungen der *Eglise du désert*, wie man in Anlehnung an das Alte Testament sagte, dazu Laienprediger, darunter auch Kinder, die sich als Propheten bezeichneten und endzeitliche Visionen verkündeten, kurzum, es zeigten sich die Organisationsformen und die Theologie von unterdrückten, religiös emotionalisierten und zum Widerstand entschlossenen Gemeinden. Als Ludwig XIV. nach 1700 im Spanischen Erbfolgekrieg alle Kräfte gegen die äußeren Gegner konzentrierte, entbrannte der Camisardenkrieg in voller Schärfe, in dem nunmehr gleichermaßen religiöser Widerstand und politische Opposition, die auch vom Ausland unterstützt wurde, eine Rolle spielten. Alle Gegenmaßnahmen nützten zunächst nichts. Hunderte der sogenannten Propheten wurden verhaftet, viele von ihnen hingerichtet, hunderte von Dörfern zerstört. Unter Führung des Bäckergesellen Jean Cavalier führten die Aufständischen in den für sie geographisch günstigen Verhältnissen der Cevennen eine Art Guerillakrieg und fügten selbst regulären Truppen, die gegen sie eingesetzt wurden, schwere Niederlagen zu. Erst als Ludwig XIV. einen seiner fähigsten Heerführer, Marschall de Villars, gegen die Rebellen einsetzte, gewann die Zentralregierung die Oberhand. Es sollte jedoch bis ins zweite Jahrzehnt des 18. Jahrhunderts dauern, ehe der für diesen Aufstand kennzeichnende Zusammenhang von Verfolgung, die Märtyrer schuf, von Widerstand, der sich auf das Vermächtnis dieser Märtyrer berief, und von neuer Verfolgung gebrochen wurde und die Autorität der Krone wieder anerkannt war. Von einer völligen Rekatholisierung konnte aber auch zu diesem Zeitpunkt keine Rede sein. Bereits 1715 fand die erste geheime Provinzialsynode der reformierten Kirche Frankreichs statt, die sich, wie das Urchristentum, auf eine Existenz im Untergrund einrichtete.
Kaum weniger dramatisch und für die Regierung Ludwigs XIV. möglicherweise noch folgenreicher verlief seine Auseinandersetzung mit den Jansenisten, in die zeitweilig mit dem Papst und dem Quietismus noch zwei andere Kräfte hineingezogen wurden. Ludwig XIV. machte gegenüber den Päpsten den königlichen Gallikanismus, gegenüber den Jansenisten seine absolute Macht und gegenüber den vom Erzbischof von Cambrai, François Fénelon, geführten Quietisten die offizielle Kirchenlehre geltend. Die Päpste lehnten die königliche Suprematie in Kirchendingen, die jansenistische Gnadenlehre und die quietistische Mystik ab. Die Jansenisten vertraten gegenüber dem Papsttum die gallikanischen Freiheiten, verteidigten gegenüber Ludwig XIV. ihre religiöse und theologische Eigenständigkeit und verwarfen schließlich auch die Mystik. Der kleinen Zahl der Quietisten, neben Fénelon vor allem Madame Guyon, verblieb inmitten dieser Welt von Feinden die Konzentration auf ihren inneren Frieden und eine alle Gleichgesinnten verbindende, aber auch weit darüber hinaus wirkende reiche literarische Welt. Während aber Ludwig XIV. seit dem letzten Jahrzehnt des 17. Jahrhunderts eine Aussöhnung mit Rom anstrebte und während sich die Quietisten um 1700 nach außen hin dem König unterwarfen, vertieften sich die Differenzen zwischen dem König und den Jansenisten im Laufe der Jahre immer mehr: In den 1660er Jahren hatte Ludwig XIV. zunächst die antijansenistische Linie Mazarins fortgesetzt; in den Jahren 1668 bis 1679 war er dann aber auf einen von Papst Klemens IX. vermittelten Waffenstillstand mit den Jansenisten eingegangen; seit 1679 verschärfte er jedoch die Maßnahmen gegen die Jansenisten, die inzwischen in weiten Teilen des französischen Bürgertums und im niederen Klerus zu Einfluß und Ansehen gelangt waren. Antoine Arnauld ging noch 1679 ins Exil nach Brüssel; für kurze Zeit folgte ihm dorthin auch ein weiterer bedeutender Jansenist, Pierre Nicole.
Die Wirkung von Arnauld, Nicole und aller anderen jansenistischen Schriftsteller wurde in den 1690er Jahren von dem Oratorianer Pasquier Quesnel und dessen *Réflexions morales sur le Nouveau Testament* übertroffen. Als die Jansenisten nach der Jahrhundertwende erneut angegriffen wurden, war es deshalb nicht verwunderlich, daß Ludwig XIV. 1703 Quesnel verhaften ließ, der allerdings nach Amsterdam fliehen konnte. 1705 ver-

dammte auf Betreiben des französischen Königs Papst Klemens XI. in der Bulle *Vineam Domini* noch einmal die fünf seit langem umstrittenen Aussagen Jansens; und als das Kloster Port-Royal, seit Jahrzehnten das Zentrum aller Jansenisten, diese Bulle nicht anerkannte, ließ Ludwig XIV. dieses Kloster 1709 schließen und wenig später, 1711, als es zu einem Wallfahrtsort für alle Gegner des Königs zu werden drohte, kurzerhand zerstören. Ludwig XIV., der sich in diesen Jahren dem Papst so weit näherte, daß er sogar vom Gallikanismus abrückte, erwirkte schließlich 1713 eine weitere päpstliche Bulle, die Bulle *Unigenitus,* die 101 Sätze aus dem Werk Quesnels verurteilte. Damit hatte er jedoch den Bogen überspannt. Gegen Papst und König vereinigten sich in den folgenden Jahren weite Kreise des Klerus, zahlreiche Angehörige verschiedener Orden, der Sorbonne, der Parlamente und sogar des Episkopats, so der Erzbischof von Paris, Kardinal de Noailles. Obwohl diese Gruppen nicht alle die 101 inkriminierten Sätze des Quesnel billigten, wurde damit der Jansenismus, wie Eberhard Weis schreibt, »zum Sammelbecken aller Katholiken, die in Opposition zu Rom, zum König und zu der von Ludwig XIV. 1695 auf Kosten des niederen Klerus und der Klöster so gestärkten Macht der Bischöfe standen« (*Handbuch der Europäischen Geschichte,* Bd. IV, S. 211).
Die weitere Entwicklung kann in wenigen Sätzen zusammengefaßt werden. Im 18. Jahrhundert wirkte der Jansenismus weit über den französischen Katholizismus hinaus: In den spanischen und seit 1714 österreichischen Niederlanden, in Italien, selbst in Rom, vor allem auch in Österreich. Überall suchten die Jansenisten dem Einfluß der Jesuiten entgegenzuarbeiten und eine strenge ethische Bindung katholischer Frömmigkeit und Theologie zu fördern. In Frankreich selbst, wo der Kampf um die Bulle von 1713 im Kampf der Akzeptanten gegen die Appellanten weiterging und wo sich in den 1720er Jahren im *jansénisme convulsionaire* neue religiöse Kräfte durchsetzten, bestärkte der Jansenismus vor allem den Widerstand der Parlamente gegen den Absolutismus, wie andererseits die Parlamente den Jansenismus gegen königliche Angriffe schützten. Das war in sozialer und politischer Hinsicht eine durchaus konservative Allianz. Diese späte Entwicklungsphase, in der allein die vom Jansenismus weiterhin vertretenen richeristischen Lehren auf eine Reform der Kirchenverfassung hinwirkten, sollte jedoch nicht das Urteil über den gesamten Jansenismus bestimmen. Denn im 17. Jahrhundert waren die Jansenisten angetreten, um die individuelle religiöse Selbstverwirklichung gegen absolutistische Machtansprüche zu schützen: Gegen den römischen Zentralismus und das französische Staatskirchentum hatten sie die theologische und kirchenpolitische Selbstverantwortung der Geistlichen gesetzt, gegen das Gottesgnadentum der Herrscher eine rigorose Lehre vom Gebrauch der Sakramente und von der göttlichen Gnade. Innerhalb des Katholizismus trugen sie damit mehr als jede andere Bewegung zwischen Reformation und Aufklärung dazu bei, die theoretischen Voraussetzungen absolutistischer Kirchen- und Religionspolitik zu widerlegen und die tatsächliche Bedeutung absolutistischer Kirchen- und Religionspolitik zu beschränken.

Bibliographische Hinweise zu II. 5.

Adam, Antoine, Du mysticisme à la révolte. Les jansénistes du XVIIe siècle (1968).
Albertini, Rudolf von, Das politische Denken in Frankreich zur Zeit Richelieus (1951).
Broutin, Paul, La Réforme Pastorale en France au XVIIe Siècle, 2 Bde (1956).
Ceyssens, Lucien, Sources relatives au début du jansénisme et de l'antijansénisme, 1640–1643 (1957, 1968).
Cognet, Louis, Les Origines de la spiritualité française au XVIIe siècle (1949).
ders., Le jansénisme (1961, [3]1968).
Deinhardt, Wilhelm, Der Jansenismus in deutschen Landen (1929).
Ducasse, André, La Guerre des camisards. La Résistance huguenot sous Louis XIV (1962).

Gagg, Robert P., Kirche im Feuer. Das Leben der südfranzösischen Hugenottenkirche nach dem Todesurteil durch Ludwig XIV. (1961).
Gazier, Augustin, Histoire Générale du mouvement janséniste, 2 Bde (1922, [5]1923/24).
Hinrichs, Ernst, Fürstenlehre und politisches Handeln im Frankreich Heinrich IV. (1969).
Honigsheim, Paul, Die Staats- und Soziallehren der französischen Jansenisten im 17. Jahrhundert (1914).
Jansen, Paule, Le Cardinal Mazarin et le mouvement janséniste français, 1653–1659 (1967).
ders., Arnauld d'Andilly. Défenseur de Port-Royal (1654–1659). Sa Correspondence inédite avec la Cour (1973).
Kretzer, Hartmut, Calvinismus und französische Monarchie im 17. Jahrhundert (1975).
Léonard, Emile G., Histoire Générale du protestantisme. Bd. 2: L'établissement 1564–1700 (1961).
Martimort, Aimé Georges, Le Gallicanisme de Bossuet (1953).
Mommsen, Wilhelm (Hg.), Richelieus Politisches Testament (1926).
Orcibal, Jean, Les Origines du jansénisme, Bd. 1–5 (1947–1962).
ders., Louis XIV et les protestants (1951).
ders., Saint-Cyran et le jansénisme (1961).
Perry, Elisabeth Israels, From Theology to History. French Religious Controversy and the Revocation of the Edict of Nantes (1973).
Scoville, Warren Candler, The Persecution of the Huguenots and French Economic Development 1680–1720 (1960).
Stankiewicz, W. J., Politics and Religion in Seventeenth Century France (1960).
Taveneaux, René, Jansénisme et Politique (1965).
Weis, Eberhard, »Jansenismus und Gesellschaft in Frankreich«, Historische Zeitschrift 214 (1972) 42–57.

6. *Anglikanismus und Puritanismus*

Dreierlei kennzeichnete die kirchenpolitische und religiöse Entwicklung Englands in der zweiten Hälfte des 16. Jahrhunderts: Eine starke Königsmacht, so daß in der Literatur teilweise von *Tudor absolutism* gesprochen wird, eine die Kirche dominierende Position der Krone also, an der allerdings auch das Parlament partizipierte; ferner die formelle und entschiedene Loslösung der englischen Kirche von Rom, ohne daß allerdings diese Loslösung auch durch eine alle äußeren Formen erfassende und entschiedene theologisch-dogmatische Reformierung der Kirche ergänzt worden wäre; schließlich starke antipäpstliche Ressentiments, die Verehrung der unter der kurzen Regierung Marias hingerichteten protestantischen Märtyrer und eine sich im Puritanismus konsolidierende Bewegung zur Weiterführung und Vollendung der, wie es diesen Kreisen schien, in ihren Anfängen steckengebliebenen englischen Reformation.
Die Stärkung der Königsmacht war von Heinrich VII. nach den Rosenkriegen eingeleitet und von Heinrich VIII. konsequent vorangetrieben worden. Mit dem *Privy Council* und der damit verbundenen *Star Chamber* hatten sich diese frühen Tudorherrscher effektive Organe zur Regierung und Rechtssprechung geschaffen, die unter Elisabeth I. im Jahre 1580 durch den *Court of the High Commission for Ecclesiastical Causes* ergänzt wurden. Für Macht und Selbstverständnis der Krone und des Parlaments spielten dabei die Jahre 1529 bis 1534, in denen Heinrich VIII. sein Königreich von Rom trennte, eine wichtige Rolle. Denn bei allen Entscheidungen jener Jahre wurde die königliche Politik durch das Parlament wirkungsvoll unterstützt, das sich auf diese Weise ein Mitspracherecht in den Angelegenheiten der englischen Kirche sicherte. 1532 bewilligte das Parlament die ihm vom *Privy Council* vorgelegten *Act of Annates,* durch die dem Papst die Annaten entzogen wurden, 1533 votierte es für die *Act of Appeals,* die jede Appellation von geistlichen Gerichten nach Rom untersagte, und 1534 anerkannte das Parlament schließlich im *Act of Supremacy* Heinrich VIII. als »supreme head of the Church of England«. Das Parlament unterstrich damit nicht nur ausdrücklich die von Heinrich VIII. verfolgte Politik einer

alle Bereiche und damit auch die Kirche umfassenden nationalen Souveränität; indem das Parlament Heinrich VIII. als Oberhaupt der englischen Kirche bestätigte, billigte es auch eine auf den Cäsaropapismus gestützte Staats- und Nationalkirche. Heinrich VIII. fielen die *potestas iurisdictionis* und die letzte Entscheidung in Fragen des Dogmas und der Liturgie zu, nicht dagegen die vom Papst bislang geübten priesterlichen Funktionen, speziell die Weihegewalt, die *potestas ordinis.* Der englische Monarch war somit nicht einfach, wie häufig zu lesen ist, an die Stelle des Papstes getreten.

Für die englischen Anhänger der Reformation auf dem Kontinent waren die institutionellen, dogmatischen und liturgischen Veränderungen, die Heinrich VIII. in den letzten zehn Jahren seiner Regierung in der neuen staatlichen Einheitskirche zuließ oder anordnete, viel zu gering. Beibehalten wurde nämlich die Bischofsverfassung, beibehalten wurde zunächst auch die katholische Liturgie. 1536 wurde lediglich die Zahl der Sakramente von sieben auf drei reduziert und allen Kirchen befohlen, eine englischsprachige Bibel auszulegen. Die ebenfalls vom Parlament gebilligte *Act Abolishing Diversity in Opinions* gab überdies Heinrich VIII. 1539 die Mittel in die Hand, romtreue Katholiken als Hochverräter und neugläubige Lutheranhänger als Häretiker zu verfolgen und hinzurichten. Die weitaus einschneidendsten Veränderungen betrafen den kirchlichen Besitz. Ab 1536 wurden zunächst die kleineren, ab 1540 dann auch die größeren Klöster aufgelöst und ihr Land an Angehörige des Hochadels und der Gentry verkauft. Dabei verschaffte sich die Krone nicht nur erhebliche Einnahmen; auf diese Weise wurde auch das ökonomische Interesse der im Parlament repräsentierten Kreise unwiderruflich mit der neuen kirchlichen Ordnung verbunden.

Hatte unter Heinrich VIII. das Parlament lediglich Gesetze bestätigen dürfen, die vorher schon vom König und dem *Privy Council* beschlossen worden waren, so ergriffen die Abgeordneten während der vom Herzog von Somerset, Eduard Seymour, für den minderjährigen Eduard VI. geführten Regentschaft mehrfach die Initiative auf kirchlich-religiösem Gebiet. 1547 setzten sie alle Ketzergesetze seit Richard II. außer Kraft; 1549 autorisierten sie im ersten *Act of Uniformity* das von Thomas Cranmer ausgearbeitete *Common Prayer Book,* das unter anderem die englischsprachige Liturgie einführte; 1552 votierten sie schließlich auch im zweiten *Act of Uniformity* für die aufgrund der Kritik Martin Bucers revidierte Version des *Common Prayer Book,* die enger mit der zwinglianisch-calvinistischen Lehrtradition verbunden war.

Nachdem die anglikanische Kirche kurze Zeit vor dem Tod Eduards VI. in den 42 Artikeln auch eine neue Dogmatik erhalten hatte, die in wichtigen Punkten teilweise der in Genf, teilweise auch der in Wittenberg gelehrten Theologie entsprach, wurden mit dem Regierungsantritt von Mary Tudor alle reformatorischen Impulse unterdrückt und alle seit der Trennung von Rom vorgenommenen Veränderungen rückgängig gemacht. Dabei fügte sich das Parlament zunächst durchaus dem Willen der katholischen Königin. 1553 widerrief es die *Acts of Uniformity,* 1554 setzte ein neu gewähltes Parlament alle gegen den Papst und die katholische Kirche gerichteten Gesetze wieder außer Kraft, erneuerte die Ketzergesetze und erklärte sich bereit, auch den Papst wieder anzuerkennen. Mary Tudor konnte es sich freilich nicht leisten, die säkularisierten Kirchengüter anzutasten. Das war der Preis, den sie und die katholische Kirche für die Unterstützung der Rekatholisierung des Landes durch das Parlament zahlen mußte. Ebensowenig stand das Parlament hinter den Protestantenverfolgungen, die Mary Tudor in ihren letzten Regierungsjahren forcierte. Das Parlament machte deshalb auch die erneute Wende der königlichen Kirchenpolitik mit, die Elisabeth nach dem Tod ihrer Halbschwester einleitete. In einem neuen *Act of Supremacy* erklärte es Elisabeth zum »supreme governor as well as in all spiritual or ecclesiastical things or causes as temporal«, in einem weiteren Beschluß setzte das Unterhaus gegen den anfänglichen Widerstand der Königin und des Oberhauses die Erneuerung der *Act of Uniformity* von 1552 durch. Mit den 39 Artikeln aus dem Jahr 1563, die sich auf die 42 Artikel aus dem Jahre 1552 stützten, erhielt die anglikanische Kirche dann die für sie typische und für die nächsten Jahrzehnte gültige Grundlage.

Einige weitere Aspekte der im Anglikanismus vorgenommenen Verbindung einer hierarchischen Kirchenverfassung, des traditionellen Episkopats, mit der reformatorischen Hochschätzung der Bibel und den besonderen evangelischen Lehren von der Taufe und vom Abendmahl verdienen Erwähnung. John Jewel, von 1555 bis 1558 wie viele englische Protestanten auf dem Kontinent im Exil und seit 1560 Bischof von Salisbury, machte 1562 in seiner *Apologia Ecclesiae Anglicanae* den Anspruch der englischen Kirche deutlich, die ökumenische Tradition der apostolischen Kirche fortzuführen; dabei verband er jedoch die altchristliche Komponente mit der Vorstellung von einer besonderen nationalen Sendung der Kirche Jesu Christi in England. War Jewel somit auf doppelte Weise bestrebt, die anglikanische Kirche kirchenhistorisch und kirchenpolitisch gegenüber Rom und der römisch-katholischen Tradition abzugrenzen, so zog eine Generation später einer seiner Schüler, Richard Hooker, in seinem zuerst 1594 und dann in mehreren Auflagen erschienenen Werk *The Laws of Ecclesiastical Polity* einen ebenso deutlichen Trennungsstrich gegenüber dem calvinistischen Presbyterianismus. Gestützt auf das »law of reason«, dozierte Hooker, sei der Mensch befugt, der Kirche eine Ordnung zu geben, die somit nicht einfach, wie das die Presbyterianer beanspruchten, aus irgendwelchen Bibelstellen abgelesen werden könne; allein in Fragen der Lehre gelte es dem »divine law« zu folgen. Wenn Elisabeth, ähnlich wie ihr Vater, Heinrich VIII., in der Kirchenpolitik wieder die Vorherrschaft der Krone und der durch sie ernannten Bischöfe gegenüber dem Parlament zur Geltung brachte, so entsprach das durchaus Hookers Theorie, wobei freilich ihre gegenüber Dissidenten relativ tolerante, im übrigen aber streng obrigkeitliche Regelung der Kirchenfragen bis zum Ende ihrer Regierungszeit, 1603, stets auch im Parlament von einer großen Mehrheit getragen wurde.

Um das missionarische Bewußtsein der Anglikaner zu verstehen, muß schließlich auf John Foxe's *Actes and Monumentes of These Latter and Perillous Dayes* hingewiesen werden, auf jenes meist als *The Book of Martyrs* bezeichnete Werk, das zunächst in lateinischer Kurzfassung 1554 und 1559 auf dem Kontinent und 1563 zum ersten Male in englischer Sprache in England erschien, das 1570 in stark erweiterter Form neu aufgelegt, von Foxe bei den Neuauflagen von 1576 und 1583 weiterer Revision unterzogen und dann in der Fassung von 1583 in den Jahren 1596, 1620, 1631/32, 1641 und 1684 in vollständiger Form, im übrigen aber im späten 16. und 17. Jahrhundert in vielen unvollständigen, popularisierten oder mit weiteren Zusätzen versehenen Editionen publiziert wurde. Nur die Bibel wurde im damaligen England häufiger gedruckt und weiter verbreitet als Foxe's Werk; nach den biblischen Geschichten gehörten Foxe's Berichte von der Geschichte der wahren Kirche von ihren Anfängen an und speziell dann von ihrer Unterdrückung unter Mary Tudor zu den protestantischen Engländern geläufigsten Erzählungen. Die Hinrichtung von annähernd dreihundert englischen Protestanten bildete somit nicht nur ein zwar besonders grausames, mit dem Tod Mary Tudors 1558 aber abgeschlossenes Kapitel englischer Reformationsgeschichte; John Foxe's Schilderungen vom Leben und Sterben dieser Märtyrer beeinflußten vielmehr, wie William Haller im einzelnen dargelegt hat, auch die kommenden Generationen englischer Protestanten außerordentlich stark: Sie vertieften ihren Haß auf alles Katholische, prägten ihr Verständnis von wahrem Glauben und förderten ihre Bereitschaft, für diesen Glauben selbst Opfer zu bringen. Die Erfindung der Druckkunst erschien Foxe als göttliches Wunder, das die Verbreitung der reformatorischen Wahrheiten ermöglichte; Königin Elisabeth, die der Zeit der Leiden und des Hasses ein Ende gesetzt hatte, betrachtete er als *Godly Queen,* als neuen Konstantin, sich selbst als neuen Eusebius; der weisen, von Gott gesegneten Herrschaft Elisabeths galt es nach Foxe uneingeschränkt zu vertrauen; England war schließlich in seinen Augen jene auserwählte Nation, durch welche und in der Gott sein Werk mit der Menschheit vollenden wollte. Erst die Historiker des 20. Jahrhunderts haben gefragt, was an Foxe's Berichten historische Wahrheit, was Legende sei. Auf eine solche Frage wären die englischen Protestanten des späten 16. Jahrhunderts nie gekommen: Ihnen deutete Foxe ihre religiöse und nationale Vergangenheit, ihnen erklärte er die für sie entscheidenden religiösen und nationalen Aufgaben der Gegenwart und der Zukunft.

Der Anglikanismus verstand sich im ausgehenden 16. Jahrhundert als die reinste Form des Protestantismus. Dafür gab es auch außenpolitische Gründe. Seit der Herrschaft von Mary Tudor, die 1554 Philipp II. geheiratet hatte, befand sich England in ständiger Konfrontation mit Spanien. Das katholische Spanien war in englisch-protestantischen Augen mitschuldig an der gewaltsamen Rekatholisierung unter Mary Tudor; Spanien als Vormacht der Gegenreformation erschien protestantischen Engländern auch in den folgenden Jahrzehnten als der für ihr Land gefährlichste Gegner. In dem Maße, in dem sich während der Regierung Elisabeths die Kräfte Englands steigerten, wurde der konfessionelle Gegensatz zwischen diesen beiden Staaten außerdem noch durch eine direkte machtpolitische und wirtschaftliche Konkurrenz vertieft und schon in den 1560er und 1570er Jahren durch zahlreiche kleinere Zusammenstöße dramatisiert. Während sich England für eine eigene Einflußzone in Übersee einsetzte und zu diesem Zweck sowohl Handelskompanien gründete als auch Piratenunternehmungen gegen spanische Schiffe und Häfen anregte, verteidigte Spanien den ihm durch päpstlichen Schiedsspruch von 1494 zugefallenen, im frühen 16. Jahrhundert eroberten und zunächst konkurrenzlos beherrschten mittel- und südamerikanischen Raum und den Atlantik. Während der Papst 1570 Elisabeth exkommunizierte, Philipp II. zu einem direkten Angriff gegen England anstachelte und seit 1580 Jesuiten als Missionare nach England schickte, unterstützte England von Protestanten initiierte Erhebungen in verschiedenen Ländern, so 1550/60 in Schottland und seit den 1560er Jahren in Frankreich und den Niederlanden. Ein vom Parlament beschlossenes Gesetz schuf zudem die Möglichkeit, alle, die Elisabeths Herrschaft anzweifelten, als Hochverräter abzuurteilen. Mitte der 1580er Jahre, als englische Angriffe den spanischen Handel empfindlich störten, entschloß sich Philipp zur Entscheidungsschlacht. Als die große spanische Armada 1588 unterging, glaubten die Engländer an ein Zeichen Gottes: Ihre Sache, der in England durch die gottesfürchtige Elisabeth geschützte neue Glauben, hatte über die spanische Tyrannei gesiegt, das nationalenglische Christentum hatte sich, so schien es ihnen, dem römischen Papismus als überlegen erwiesen. Auf England und der englischen Kirche ruhte offensichtlich Gottes besonderer Segen. Der Weg zu einem eigenen englischen und protestantischen Imperium in Nordamerika war frei.

Weder die von Foxe bestärkten antirömischen Ressentiments noch die außenpolitischen Konflikte mit Spanien konnten jedoch verhindern, daß die Herrschaft Elisabeths einer zunehmenden Zahl englischer Protestanten nicht protestantisch genug war. Verschiedenes kam dabei zusammen. Unter der Regentschaft für Eduard VI. hatten sich zahlreiche protestantische Reformer, die anderwärts in Europa verfolgt wurden, in England versammelt; unter der Herrschaft von Mary Tudor waren dann viele englische Protestanten auf den Kontinent geflohen: Der auf diese Weise hergestellte persönliche Kontakt weckte und begründete bei englischen Protestanten den Wunsch, nach dem Vorbild protestantischer Kirchen auf dem Kontinent den in den Jahren 1559 bis 1563 geschaffenen Anglikanismus weiter zu reformieren. Der seit 1569 in Cambridge wirkende Theologe Thomas Cartwright forderte zum Beispiel dazu auf, die anglikanischen Bischöfe abzuschaffen und eine direkte Verbindung zwischen Pfarramt und Gemeinde herzustellen, also eine kongregationalistisch-presbyterianische Kirchenverfassung einzuführen. Noch weiter ging der Geistliche Robert Browne, der 1580 in Norwich eine von der Staatskirche separierte freie Gemeinde gründete und damit das Programm eines independenten Kongregationalismus in die Praxis umsetzte. Überzeugt davon, daß der im Anglikanismus dominierende Staatseinfluß die Kirche korrumpiere, befürwortete Browne zur Rettung frommer Christen unabhängige, nach dem Vorbild des Urchristentums lebende und in einem direkten Bund (*covenant*) mit Gott stehende Gemeinden, wobei er einen Zusammenschluß solcher Gemeinden in Synoden für möglich aber nicht für notwendig hielt.

Noch wichtiger als die Vorstöße von Cartwright und Browne, die beide zeitweilig England verlassen mußten, war gegen Ende der Herrschaft Elisabeths das Vorbild des schottischen Presbyterianismus. Ende der 1550er Jahre hatten sich schottische Adlige gegen die 1554 für die minderjährige Königin Mary Stuart eingesetzte französische Regentschaft der Maria Guise erhoben. Angeführt von John Knox, dem bedeutendsten Schüler Calvins, der mit dem Sendungsbewußtsein eines alttestamentlichen Propheten auftrat, und gestützt auf die aus dem Alten Testament stammende Vorstellung eines besonderen Bundes (*covenant*) mit Gott, führte das schottische Adelsregiment binnen weniger Jahre ein weitgehend calvinistisches Kirchensystem ein. Alle Bilder wurden vernichtet, alle Klöster zerstört, die Trennung von Rom vollzogen, mit der *Confessio Scotica* von 1560 die reformierte Liturgie eingeführt, reformierten Predigern sowie den Ältesten der Gemeinden, den Presbytern, entscheidender Einfluß eingeräumt. Nachdem in den 1560er Jahren der Versuch von Mary Stuart gescheitert war, Schottland wieder dem alten Glauben zuzuführen, wurde in den letzten Jahrzehnten des 16. Jahrhunderts durch Andrew Melville, dem führenden schottischen Calvinisten nach dem Tod von Knox 1572, der bis dahin nur in einigen Gemeinden praktizierte Presbyterianismus zum anerkannten und alleingültigen System ausgebaut. Von den Gemeinden selbst bestimmte Presbyter besaßen fortan den entscheidenden Einfluß auf lokaler Ebene, Versammlungen dieser Presbyter bestimmten den Kurs der Gesamtkirche. Im Gegensatz zum monarchisch-aristokratischen Charakter der anglikanischen Kirche, in der König und Bischöfe zusammen regierten, folgte der schottische Presbyterianismus damit einem republikanisch-ständischen Prinzip. Als der schottische König Jakob VI. im Jahre 1603 als Jakob I. den englischen Thron bestieg, erwarteten deshalb die bis dahin weitgehend erfolglosen englischen Anhänger des Presbyterianismus von ihm eine entscheidende Stärkung ihrer Sache.

Bevor die kirchenpolitischen Auseinandersetzungen zwischen Jakob I. und seinen neuen englischen Untertanen geschildert werden können, ist es sinnvoll, die auf eine Fortführung der englischen Reformation drängenden und seit 1564 als Puritaner bezeichneten Zirkel noch genauer zu charakterisieren. Zwar ist in der englischen und amerikanischen Historiographie der letzten Jahrzehnte außerordentlich umstritten, was denn einen Puritaner ausmache und wer denn eigentlich Puritaner gewesen sei; ohne die in dieser Debatte vorgetragenen Argumente einfach beiseite zu schieben, können jedoch, so meine ich, einige konstitutive Merkmale des Puritanismus genannt werden: In ihren Gemeinden setzten sich die Puritaner für strenge und zugleich erbauliche Predigten ein, die sich zuallererst an der Bibel orientieren sollten, auch für wirksame Prediger, nicht dagegen für eine großartige Liturgie und für Geistliche, die diese virtuos zu zelebrieren verstanden. Die biblischen Gebote sollten das ganze Leben bestimmen, das hieß nicht nur Sonntagsheiligung und eine genaue Befolgung aller sittlichen Regeln, das hieß auch eine Durchdringung des Alltagslebens und der Laienwelt mit christlichem Geist. Ferner bekämpften Puritaner alle jene Dinge, die von Gottes Wort ablenkten: Die Gasthäuser, das Theater, Spiele und Vergnügungen jeder Art, auch unnötigen Prunk in den Kirchen. In der Bibel beeindruckte sie am meisten das Volk Israel des Alten Testaments, das von Gott belohnt wurde, wenn es sittsam und fromm lebte, und das er strafte, wenn es vom wahren Glau-

ben abfiel. So glaubten sie auch an besondere Zeichen, an Strafgerichte und Belohnungen Gottes in ihrer eigenen Zeit, auch waren sie stets auf der Hut vor Gottes großem Widersacher, dem Teufel. Daneben versuchten sie, sich am Urchristentum zu orientieren, an jenen verfolgten und glaubensstarken und deshalb, wie es ihnen schien, so besonders vorbildlichen Gemeinden. Die Verfassung ihrer eigenen Gemeinden und Kirche sollte so beschaffen sein, daß die in ihren Augen guten Christen, eben sie selbst, die Puritaner, nicht irgendwelchem Zwang oder fremdem Einfluß unterlagen. Deshalb traten sie teilweise für den Kongregationalismus ein, teilweise auch für den Presbyterianismus. Wenn strenge Kirchenzucht herrschte, war es ihrer Ansicht nach unter diesen beiden Kirchenformen besser möglich, Gottes Willen zu befolgen, als unter der mehr juristisch und administrativ als religiös und ethisch denkenden und handelnden Herrschaft einer Bischofshierarchie. In der elisabethanischen Zeit dominierten in der puritanischen Bewegung zunächst die Theologen und die theologischen Überlegungen; schon damals war der Puritanismus jedoch auch schon »a way of life«, schon damals begann er eine besondere soziale, politische, kulturelle und ethische Tradition zu entwickeln.
Auch zur kirchenpolitischen Vorstellungswelt Jakobs I. ist einiges nachzutragen. In Schottland hatte er gegen den Willen der Presbyterianer 1596 wieder Bischöfe ernannt, konnte ihnen freilich zunächst keine Aufgaben in der neuen schottischen Kirche zuweisen. Im Jahr 1598 legte er dann in der anonym publizierten Schrift *True Law of Free Monarchies* seine grundsätzlichen Ansichten über Rechte und Rechtsgrundlagen des Königtums dar. Gegen die in Teilen des Calvinismus verbreiteten Ideen vom Herrschaftsvertrag und vom Widerstandsrecht argumentierte er, die Macht der Könige sei im Prinzip uneingeschränkt. So lehre es das »divine law«, so sei es nach dem »law of nature«, und so entspreche es in seinem Fall auch dem »fundamental and civil law« von Schottland. Da die Könige die Urheber der Gesetze seien und da von ihnen alle Gewalt ausgehe, könnten sie kraft ihrer Autorität auch Gesetze ändern oder suspendieren. Für den schottischen König, der die Lehre vom Gottesgnadentum konsequenter als seine Zeitgenossen darlegte, waren solche Ausführungen keine reine Theorie. Da er 1603 den englischen Thron nur aufgrund dynastischer Verwandtschaft bestieg, ohne Befragung oder gar Zustimmung des Parlaments, stand und fiel seine Herrschaft in England mit der Lehre vom göttlich legitimierten Ursprung des Königtums. Was den Bereich der Kirche betrifft, so lag in dieser Einstellung zudem ein doppelter Vorteil: Auf der einen Seite untermauerte sie die von Heinrich VIII. vollzogene Loslösung von Rom; auf der anderen Seite entzog sie aber auch dem Presbyterianismus jeglichen Anspruch auf ein vom König unabhängiges, autonomes Kirchenwesen. Sowohl das Papsttum als auch der Presbyterianismus machten sich nach der von Jakob vorgetragenen Lehre klerikaler Einmischung in die Politik schuldig. Gegen beide proklamierte er die volle Souveränität des Herrschers, auch und gerade in Kirchenangelegenheiten.
Als Jakob im Jahre 1603 die Regierung in England übernahm, setzte er deshalb die Kirchenpolitik Elisabeths fort und dachte nicht daran, das ihm mit der anglikanischen Bischofskirche zugefallene Herrschaftsinstrument zu verändern und irgendwelchen presbyterianischen Vorstellungen zu folgen. Spätestens im Jahr 1604, nach der von Jakob I. einberufenen Konferenz von Hampton Court, auf der die Puritaner vergeblich versuchten, gewisse Änderungen in der Liturgie und Verwaltung der Kirche zu erreichen, gaben die englischen Frommen die Hoffnung auf, der neue König bringe auch für sie eine neue und bessere Zeit. Als Jakob I. im gleichen Jahr auch noch Frieden mit Spanien schloß, war das eine Demonstration reiner Staatsraison gegen die in langen Jahren angesammelten antispanischen Ressentiments und ein Schock für die Puritaner. Durch die spanienfreundliche Politik des Hofes der nächsten Jahre fühlten gerade sie sich in die Opposition gedrängt. Einige wanderten schon bald aus, darunter auch jene Gruppen, die zunächst in

die Niederlande zogen und von dort aus 1620 mit der Mayflower nach Nordamerika fuhren und die Plymouthkolonie anlegten. Die meisten Puritaner blieben im Lande und bildeten ein jederzeit aktivierbares Potential für eine antihöfische Politik. Da es in den von der Staatskirche geführten Gemeinden nur teilweise möglich war, für eine in ihren Augen echt christliche Ordnung zu sorgen, versuchten sie in ihren Familien alles das zu vermitteln und zu praktizieren, was vom Anglikanismus vernachlässigt wurde; dabei legten sie besonderen Wert auf die Sonntagsheiligung. Nicht mehr die von Cartwright gestellte Frage nach der richtigen Kirchenorganisation bewegte sie, sondern die von William Perkins betonte Rolle des Gewissens und der Wiedergeburt im wahren Glauben. In zahllosen Predigten verbreiteten sie ihre Meinungen; christliche Tugenden versuchten sie auch in der Berufswelt zur Geltung zu bringen; wirtschaftlichen Erfolg empfanden sie als Gottes besonderen Segen. Von kirchlicher Rechtssprechung hielten sie dagegen nichts, ebensowenig von kirchlicher Zensur, vom Eid oder von irgendwelchen Strafen, welche die kirchliche Hierarchie verhängte. All das bestärkte sie nur in dem Glauben, das anglikanische Staatskirchentum sei eine widergöttliche Ordnung, die letzten Zeiten seien angebrochen. Natürlich ist es falsch, die Ursachen des großen englischen Bürgerkriegs allein bei den Puritanern zu suchen. Zu diesen Ursachen gehörte vor allem der Streit um den Umfang der königlichen Prärogative, der zwischen der Krone und dem Parlament ausgefochten wurde, speziell der Streit um die Kompetenzen von Krone und Parlament in Fragen der Finanzen und der Außenpolitik. Außerdem hatten sich viele Puritaner nach 1604 ganz bewußt in eine Art innere Emigration zurückgezogen. Wenn sie sich aber engagierten, dann gehörten ihre Sympathien der Sache des Parlaments. Ungeplant zwar, dafür aber in den Jahren nach 1640 nicht weniger wirksam, war in den Jahrzehnten zwischen 1610 und dem Ausbruch des Bürgerkriegs eine weitgehende Interessenidentität, fast so etwas wie eine Koalition zwischen Parlament und Puritanern entstanden.
Nach dem Regierungsanstritt Karls I. 1625 verschärfte sich zunächst der Streit zwischen Krone und Parlament, dann der Streit zwischen der Staatskirche und den Puritanern. Die Auseinandersetzung mit dem Parlament glaubte Karl I. beenden zu können, indem er dieses 1629 auflöste und nicht wieder einberief. So einfach war der Puritanismus nicht zu bezwingen. Als Karl I. in den 1630er Jahren alle in der anglikanischen Kirche möglichen Mittel gegen sie einsetzte, strenge Visitationen und Bücherzensur, Enteignung, Ausweisung und Gefängnis, zogen Tausende in die kurz zuvor gegründete Kolonie der *Massachusetts Bay Company,* die dadurch binnen weniger Jahre zur größten englischen Ansiedlung in Nordamerika und zu einem eigenen Zentrum des Puritanismus wurde. Noch mehr Puritaner stellten sich aber der Auseinandersetzung im eigenen Lande. Besonders fühlten sie sich durch William Laud herausgefordert, der schon unter Jakob I. wichtige kirchliche Ämter versehen hatte, und dann von Karl I. 1626 zum Bischof von London, 1629 zum Kanzler von Oxford und 1633 zum Erzbischof von Canterbury und damit zum ranghöchsten und einflußreichsten anglikanischen Kirchenfürsten ernannt wurde. Denn gegen die auch von den Puritanern favorisierte strenge Richtung des Calvinismus, die sich auf der Synode von Dordrecht 1618/19 in der Niederlanden durchgesetzt hatte, vertrat Laud den Standpunkt der niederländischen Remonstranten, den Arminianismus. Das war in puritanischen Augen reiner Libertinismus. Außerdem war sich Laud mit Karl I. darin einig, die Kirche in absolutistischer Manier von oben, das heißt durch den König und die Bischöfe zu regieren. So schieden sich an der von Laud vertretenen Theologie und Kirchenpolitik die Geister. Auf beiden Seiten, bei Laudanhängern und Laudgegnern, wuchsen in den 1630er Jahren die Vorurteile, vertiefte sich auch der Haß, stieg schließlich die Bereitschaft, die andere Seite notfalls mit dem Schwert zu überwinden. Die Puritaner verleumdeten die Anglikaner als heimliche Papisten und benützten mit Vorliebe Bilder aus der Offenbarung Johannis, um König Karl und Erzbischof Laud zu charakterisieren;

so sprachen sie vom Tier aus dem Abgrund, das hier sein Haupt erhoben habe. Die königliche Seite war um Worte ebenfalls nicht verlegen und nannte die Puritaner fanatische Sektierer, Wiedertäufer und Atheisten, die Kirche und Staat zerstörten. Die Puritaner schalten die Royalisten eitel, prunksüchtig und grausam, diese entgegneten mit dem Vorwurf, die Puritaner seien ein gefährliches, vielköpfiges Monster, das sich selbst als Götzen verehre. Wer war hier im Recht? Wer brach zuerst den Frieden und die Gesetze des Landes? Wurde hier wirklich ein weltoffener, welterfahrener und kultivierter Monarch, wie das seine loyalen Anhänger behaupteten, von provinziellen, egozentrischen und beschränkten religiösen Fanatikern angegriffen, oder versuchten hier unerschrockene, bibelfeste Männer die Freiheit der Religion und die alten politischen Freiheiten der Engländer gegen die finsteren, absolutistischen Absichten eines zum Tyrannen entarteten Königs zu retten? Binnen weniger Jahre entartete der Krieg der Worte zum blutigen Kampf.

Den Anfang bildete 1638 der gescheiterte Versuch Karls I., die Liturgie der schottischen Kirche dem Anglikanismus anzupassen. Im Gegenzug schlossen sich die schottischen Presbyterianer wie das Volk Israel im Alten Testament in einem neuen *covenant* zusammen und schafften die 1596 wieder eingeführten Bischöfe, die »falschen Priester«, ab. Um Geld für einen militärischen Gegenschlag zu bekommen, ließ sich dann Karl auf den gefährlichen Versuch ein, nach elfjähriger Pause das englische Parlament wieder zu versammeln. Ein erstes Parlament, das *short parliament,* das kein Geld bewilligte, löste er nach kurzer Zeit auf; ein neu einberufenes Parlament, das *long parliament,* nützte dagegen sofort die militärische und finanzielle Schwäche des Königs und ließ sich nicht mehr entmachten. Noch 1640 klagte es den ersten Minister des Königs, Thomas Graf Strafford, des Hochverrats an. Er habe versucht, ein tyrannisches Regiment einzuführen und das Parlament zu beseitigen; er habe sich selbst bereichert und seine Regierungsgewalt, wie es in der Anklageschrift heißt, »verräterisch zur Stärkung, Erhaltung und Ermutigung der Papisten mißbraucht, um eine Interessengemeinschaft und ein wechselseitiges Vertrauen mit dieser Partei herzustellen und mit ihrer Hilfe seine bösartigen und tyrannischen Pläne zu verwirklichen«. Hier wird deutlich, wie sich parlamentarische und puritanische Ziele gegenseitig ergänzten. Als Strafford zum Tode verurteilt wurde, war König Karl sogar bereit, dieses Urteil auch noch zu bestätigen. Auch Laud wurde als Hochverräter angeklagt und 1645 hingerichtet. Schon seit 1641 überstürzten sich jedoch die Ereignisse: Die von John Pym geführte und puritanisch gesinnte Mehrheit des Parlaments beseitigte die aus der Tudorzeit stammenden zentralen Rechts- und Verwaltungsbehörden der Krone, darunter den für Religionsfragen zuständigen *Court of the High Commission;* in der *Grand Remonstrance* setzte sich das Parlament im November 1641 für eine Kirchenreform im Sinne des Presbyterianismus ein und wandte sich gleichermaßen gegen Anglikanismus und Papismus; im Dezember 1641 wurden die anglikanischen Bischöfe verhaftet. Damit war der Riß nicht mehr zu kitten. Im Januar 1642 erhob der König seinerseits Anklage wegen Hochverrats gegen Pym und vier andere führende Mitglieder des Unterhauses, verließ London und versuchte, ein starkes Heer zu sammeln, um das unbotmäßige Parlament von Westminster zu zerschlagen. Der Bürgerkrieg hatte begonnen, in dem für beide Seiten kirchenpolitische und religiöse Fragen eine ausschlaggebende Rolle spielten.

Für König Karl war der Fall einfach. Ihm ging es um sein von Gott legitimiertes Königtum und um die in der Tradition der apostolischen Väter stehende und von Gott gesegnete anglikanische Kirche. Die parlamentarisch-puritanische Front änderte dagegen im Laufe der Jahre ihre Haltung. Im Sommer 1642 forderte das Unterhaus, das zu diesem Zeitpunkt die Monarchie als Staatsreform noch anerkannte, der König solle sich verpflichten, alle Gesetze gegen Jesuiten und Papisten strikt zu befolgen und einer vom Parlament beschlossenen Reform der Kirchenverfassung und der Liturgie zuzustimmen. Das hieß, daß das Parlament ähnlich wie eine Kirchensynode der Presbyterianer die künftige Kirchenpolitik bestimmen wollte. Diese neue Form politischer Bevormundung lehnten jedoch viele independistisch gesinnte Puritaner ab, darunter Oliver Cromwell, der das den Royalisten zunächst unterlegene Parlamentsheer reorganisiert hatte und mit seiner *New Model Army* in den Jahren 1645 und 1646 entscheidende Siege gegen das königliche Heer errang. Cromwell sah sich selbst, wie wir aus seinen Briefen wissen, als neugeborener Christ, der sein ganzes Leben der Sache Christi widmen wollte; in der *New Model Army* hatte er zahlreiche Offiziersstellen mit Independenten besetzt; seine Soldaten zogen ihre Kraft aus der ihnen in vielen Predigten eingehämmerten Überzeugung, sie seien Gottes auserwähltes Werkzeug, Gottes Volk. Dem Parlament gegenüber machte Cromwell deutlich, daß er eine auf presbyterianische Uniformität abzielende Kirchenpolitik ablehnte und die Glaubensfreiheit der Independenten in keiner Weise beschränkt sehen wollte. Als das Parlament 1646 trotzdem, um sich weiterhin die Unterstützung der presbyterianischen Schotten zu sichern, den Presbyterianismus offiziell einführte, ergriff die Armee Cromwells die Macht, nach schweren Kämpfen gegen Royalisten, gegen die gemäßigten Teile des Parlaments und gegen die Schotten. Aus dem Parlament wurden jetzt die presbyterianisch gesinnten Mitglieder vertrieben und durch Independenten ersetzt; letzte Verhandlungen mit dem König scheiterten; ein aus dem Rumpfparlament neu gebildeter Staatsgerichtshof, an dem sich das Oberhaus nicht beteiligte, klagte Karl I. an, das alte Recht und die Gesetze des Landes gebrochen und eine tyrannische Willkürherrschaft errichtet zu haben. Nach kurzem Prozeß wurde er am 29. Januar 1649 hingerichtet. Im Februar 1649 wurde die Monarchie abgeschafft, im Mai 1649 die Republik ausgerufen.

Innerhalb von acht Jahren hatten sich damit revolutionäre Umwälzungen vollzogen. Im Jahre 1641 wollte das Parlament zunächst nur alle katholischen Überreste beseitigen, es wollte, wie es beispielsweise in der *Root and Branch Petition* formuliert wurde, den Episkopat abschaffen und die Diskriminierung der Puritaner beenden. Das war für das England des Jahres 1641 durchaus radikal, für die calvinistisch regierten Länder Europas aber nichts Neues. Anders 1649: Die Enthauptung des Königs und die Abschaffung der Monarchie bedeuteten im ganzen frühneuzeitlichen Europa einmalige Schritte. Wie wir aus neueren Forschungen wissen, trugen die Puritaner durch zwei eng miteinander verbundene theologische Lehren ein gutes Stück zu dieser Entwicklung bei. Vor allem William Lamont und Bryan W. Ball haben gezeigt, wie sehr sich im England der 1640er Jahre die apokalyptisch-chiliastischen Erwartungen steigerten. Predigten im Parlament, die John F. Wilson analysiert hat, überzeugten viele der Abgeordneten, sie lebten in einer Zeit der letzten Entscheidungen, in einer Zeit der vollkommenen Erneuerung der Dinge. Alle Hinweise auf die Tradition und auf das alte Recht waren gegenüber der Faszination, die von diesen eschatologischen Visionen ausging, machtlos. Die Entwicklung der Welt näherte sich, so schien es, ihrem eigentlichen Ziel; alle politischen und militärischen Aktionen erhielten dadurch eine unwiderrufliche Determination. Buße war das Gebot der Stunde, höchste Anstrengung aller Kräfte Pflicht jedes Christen, jeder Kompromiß ein Verrat der Seele an den Teufel. Damit verbunden, und das ist das zweite, gewann die in der anglikanischen Tradition enthaltene Vorstellung von einem besonderen Bund Gottes mit der englischen Nation einen neuen, kaum zu überschätzenden Einfluß. Nicht mehr der einzelne Christ war aufgefordert, nach Gottes Geboten zu leben, nicht mehr die einzelnen Gemeinden, sondern das ganze Volk als das Volk des neuen Bundes. Mit dem gleichen Einsatz, mit dem sich das Volk Israel des Alten Testaments für seinen Gott in harten Kämpfen geschlagen hatte, setzten sich die vor allem in der *New Model Army* versammelten Anhänger dieser aktualisierten Bundestheologie dafür ein, nicht etwa in ferner Zukunft, sondern hier und jetzt, im England ihrer eigenen Zeit, ein Reich der Heiligen zu errichten. Michael Walzer hat ihre Haltung treffend als *The Revolution of the Saints* bezeichnet. Vorschläge, den Kampf gegen Papst und Antichrist auf ganz Europa auszudehnen, wie sie beispielsweise Samuel Hartlib in seiner 1644 veröffentlichten Schrift *The Necessity of some Nearer Conjunction and Correspondency amongst Evangelical Protestants* vortrug, fanden demgegenüber keinen Widerhall. Die *saints* waren entschlossen, ihren Weg zum neuen Gottesreich in England allein zu gehen.

Vergeblich versuchte Cromwell, in den frühen 1650er Jahren dem in puritanischen Augen neuen und besseren England auch eine neue politische Verfassung zu geben. Als sich auch sein letztes Aufgebot, ein aus den Reihen der Independenten nominiertes Parlament als unfähig erwies, eine handlungsfähige Regierung zu bilden, übernahm er als Lord Protektor auf Lebenszeit selbst die höchste Stelle im Staat. Noch einmal begann er, die Ideale der *saints* in praktische Politik umzusetzen: Die öffentliche Sittlichkeit wurde streng überwacht; alle Richtungen der Independenten konnten sich frei entfalten, nicht dagegen Katholiken und Anglikaner. Als er 1655 den Juden die bis dahin verbotene Einwanderung nach England gestattete, löste er noch einmal eine Fülle von eschatologischen Spekulationen aus, da führende puritanische Theologen in diesem Schritt ein entscheidendes heilsgeschichtliches Zeichen sahen. Die Mehrheit aller Engländer, die politisch einflußreichen wie der Gemeine Mann, war inzwischen aber von der theokratischen Herrschaft der *saints* gründlich enttäuscht. Nach Cromwells Tod, 1658, war die Restauration der Monarchie nur eine Frage der Zeit.

Die schweren religions- und kirchenpolitischen Auseinandersetzungen, die die vorangehenden Jahrzehnte beherrscht hatten, waren damit aber freilich noch nicht zu Ende. Zwar hatte Karl II. 1660 in der Deklaration von Breda, die ihm den Weg zurück auf den englischen Thron geebnet hatte, versprochen, die blutenden Wunden zu schließen: Eine allgemeine Amnestie zu erlassen, vollkommene Gewissensfreiheit zu gewähren und niemand wegen Glaubensdifferenzen vor ein Gericht zu ziehen. Die Wirklichkeit der 1660er Jahre sah dann aber anders aus. Der durch die Ereignisse verbitterte anglikanische Klerus kehrte zurück; der konservative Landadel, der in dem 1661 neu gewählten Parlament dominierte, war entschlossen, weitere Umtriebe puritanischer Dissenters zu unterbinden. Gewiß, nicht mehr die Krone, sondern das Parlament trug seit der Restauration die oberste Verantwortung für die anglikanische Staatskirche. So waren es aber jetzt eben nicht mehr königliche Behörden, sondern Parlamentsgesetze, die den verbliebenen Nonkonformisten das Leben schwer machten. Die *Corporation Act* von 1661 bestimmte, daß nur Anglikaner lokale Ämter übernehmen durften; die *Act of Uniformity* von 1662 legte alle Geistlichen durch Eid auf das *Common Prayer Book* fest; die *Licensing Act* vom gleichen Jahr erneuerte die kirchliche Zensur für religiöses Schrifttum; die *Conventicle Act* von 1664 untersagte nonkonformistische Gottesdienste und religiöse Versammlungen von mehr als fünf Personen; die *Five-Miles-Act* von 1665 verbot schließlich Lehrern und Geistlichen, das Gebiet einer Stadt im Umkreis von 5 Meilen zu betreten, wenn sie nicht vorher durch Eid beschworen, keine Veränderungen in Staat und Kirche anzustreben. So erlebte die Politik Lauds einen späten Triumph. Das Parlament spielte sich als *defensor fidei* auf; *landlord* und *parson* etablierten den Anglikanismus wieder fest auf lokaler Ebene. Als Reaktion zogen sich die dem alten Puritanismus immer noch treuen Zirkel in dieser Phase ganz aus aller Politik zurück; nach der übergroßen und letzten Endes doch so erfolglosen und enttäuschenden Aktivität der verflossenen Jahre huldigten sie nunmehr einem erbaulichen Quietismus. Zur gleichen Zeit konzentrierten sie sich auf die im täglichen Beruf nützlichen christlichen Tugenden, so daß Max Weber gerade in dieser Phase die einschlägigen Belege für seine These von der Affinität zwischen puritanischer Ethik und dem Geist des Kapitalismus finden konnte. Selbst die Quäker und die Baptisten, die in den 1650er Jahren zu den virulentesten sozioreligiösen Elementen gehört hatten und nach dem Aufstand einer militanten religiösen Splittergruppe, der *Fifth-Monarchy-Men*, 1661 besonders scharf verfolgt wurden, paßten sich den neuen Verhältnissen an. Ihre militante Energie war ebenso wie die anderer religiös-politischer Gruppen, der *Seekers*, der *Ranters* oder der *Diggers*, verbraucht; selbst wenn viele Puritaner noch auf das nahe Weltenende hofften, so war nach 1660 die endzeitliche Aufbruchstimmung der Cromwellzeit doch vorüber.

In den 1670er Jahren wurden in England dagegen noch einmal alle antikatholischen Ressentiments wach. Als sich Karl II. außenpolitisch Frankreich näherte und offene Sympathien für den Katholizismus zeigte, wucherten die Gerüchte von angeblichen Verschwörungen zur Rekatholisierung Englands. Das Parlament reagierte mit den *Test Acts* von 1673 und 1678, die den Zugang zu allen höheren Ämtern und zum Parlament für Mitglieder der anglikanischen Staatskirche reservierte. Zwar scheiterten alle Versuche, den zum Katholizismus konvertierten Bruder des Königs, Jakob von York, von der Thronfolge auszuschließen; in den Jahren 1678 bis 1681 wurde die kleine katholische Minderheit in England aber rücksichtslos verfolgt. Anglikaner und puritanische Nonkonformisten waren sich in diesem neuen Antipapismus einig. Als Jakob II., der 1685 den englischen Thron bestieg, dann tatsächlich die Rekatholisierung vorantrieb, indem er katholische Offiziere ernannte und gegen die Testakte Katholiken in hohe Staatsämter berief, wuchs der Widerstand gegen seine Herrschaft rasch. Außerdem alarmierten gleichzeitige gegenreformatorische Aktionen in anderen europäischen Ländern, vor allem die Aufhebung des Edikts von Nantes, alle englischen Protestanten. Vergeblich versuchte Jakob II. den Anglikanismus zu schwächen, indem er ausgerechnet die gegen die Dissenters gerichteten Gesetze der 1660er Jahre aufhob. Selbst die Tories, die sich bislang stets für das *divine right* eingesetzt hatten, stimmten am Ende dem Umsturz zu, der *Glorious Revolution* 1688/89, die eine protestantische Dynastie auf den Thron brachte.

In der *Bill of Rights* wurden die alten Rechte und Freiheiten der Engländer garantiert, die alte Machtposition des Parlaments wurde wiederhergestellt und sogar noch erweitert. Am wenigsten hatten am Ende die Nonkonformisten gewonnen, die durch die *Tolerance Act* von 1689 zwar wieder einen gewissen Lebensraum erhielten, die aber weder das Ziel erreichten, offiziell als Religionsgemeinschaften anerkannt zu werden, noch die 1662 schon einmal diskutierte Vorstellung verwirklichen konnten, alle protestantischen Richtungen in einer großen neuen Kirche, einer *broad church*, zu vereinigen. Da die alten Strafbestimmungen gegen die Dissenters aber aufgehoben und deren Gemeinden immerhin als private Vereinigungen respektiert wurden, entwickelten sich in der folgenden Epoche die neben der Staatskirche lebenden protestantischen Gruppen, die das Erbe des Puritanismus weiterpflegten, auf der Grundlage des 1688/89 zwischen König und Parlament vereinbarten politischen und verfassungsrechtlichen Systems weiter. Vor allem kamen ihnen jetzt jene persönlichen Grundrechte zugute, die in den 1640er Jahren von den *Levellers*, vor allem von John Lilburne, und in der *New Model Army* konzipiert worden waren: Die Gewissensfreiheit und, damit zusammenhängend, die Religionsfreiheit, ferner die Rechtssicherheit und die Freiheit des Eigentums. Auch die nunmehr verwirklichte Freiheit der Presse, für die sich John Milton 1644 in seiner *Areopagitica* eingesetzt hatte, war für die von der Staatskirche freien religiösen Gemeinschaften ein großer Gewinn. Während der offizielle Anglikanismus im 18. Jahrhundert als Herrschaftsinstrument der Tories erstarrte, gelang es den späten Nachfahren der Puritaner, mit ihrer Lehre und ihren Lebensformen weite Teile der englischen Gesellschaft zu beeinflussen, ehe sie ihrerseits seit den 1730er Jahren von der großen Erweckungsbewegung des Methodismus erfaßt wurden.

Die mit der *Glorious Revolution* angebrochene neue Ära sollte aber nicht allein dem Methodismus und dem späten Puritanismus sondern auch der Aufklärung und der mit ihr verbundenen neuen Philosophie und Wissenschaft gehören. John Locke, der 1689 in *A Letter Concerning Toleration* jeden Zwang in Glaubensdingen abgelehnt und das Recht auf freie Religionsausübung begründet hatte, versuchte in seinem 1695 veröffentlichten Werk *The Reasonableness of Christianity,* die biblische Lehre und die Gedanken der frühen Aufklärung miteinander zu versöhnen. Schon ein Jahr später, 1696, ging John Toland in seinem Buch *Christianity not Mysterious* mit der christlichen Tradition viel schärfer ins Gericht; nach einer Serie weiterer provozierender Werke publizierte er 1720 das Buch *Pantheisticon,* in dem er eine freie philosophische Gemeinschaft zur Pflege des Pantheismus vorschlug. Die Anstöße, die Richard Simon, Baruch Spinoza und Pierre Bayle im ausgehenden 17. Jahrhundert mit ihren bibelkritischen Studien gaben, sollten im 18. Jahrhundert nirgendwo die Geister mehr bewegen als in England.

Bibliographische Hinweise zu II. 6.

Ashley, Maurice Percey, Oliver Cromwell and the Puritan Revolution (1958).
Bohatec, Josef, England und die Geschichte der Menschen- und Bürgerrechte, hg. O. Weber (1956).
Collinson, Patrick, The Elizabethan Puritan Movement (1967).
Figgis, John Neville, The Divine Right of Kings (1896, ²1914).
George, Charles H. u. Katherine, The Protestant Mind of the English Reformation (1961).
Haller, William, The Rise of Puritanism (1938, ³1957).
ders., Liberty and Reformation in the Puritan Revolution (1955).
ders., Foxe's Book of Martyrs and the Elect Nation (1963).
Hill, Christopher, Society and Puritanism in Pre-Revolutionary England (1964).
ders., Intellectual Origins of the English Revolution (1965).
ders., Antichrist in Seventeenth Century England (1971).
ders., The World Turned Upside Down. Radical Ideas during the English Revolution (1972).
Lamont, William M., Godly Rule. Politics and Religion 1603–1660 (1969).
ders., u. Sybil Oldfield (Hg.), Politics, Religion and Literature in the Seventeenth Century (1975).
Manning, Brian (Hg.), Politics, Religion and the English Civil War (1973).
Miller, John, Popery and Politics in England 1660–1688 (1973).
Miller, Perry, The New England Mind, Bd. 1 (1939, ²1954), Bd. 2 (1953).
Morgan, Edmund S., Visible Saints. The History of a Puritan Idea (1963, ³1968).
Nutall, Geoffrey F., Visible Saints. The Congregational Way 1640–1660 (1957).
Paul, Robert S., The Lord Protector. Religion and Politics in the Life of Oliver Cromwell (1955).
Ritter, Gerhard A., »Divine Right und Prärogative der englischen Könige 1603–1640«, Historische Zeitschrift 196 (1963) 584–625.
Roots, Ivan A., The Great Rebellion 1642–1660 (1966).
Schöffler, Herbert, Abendland und Altes Testament. Untersuchungen zur Kulturmorphologie Europas, insbesondere Englands (1937, ²1941).
Solt, Leo F., Saints in Arms. Puritanism and Democracy in Cromwell's Army (1959).
Toon, Peter, »Der englische Puritanismus«, Historische Zeitschrift 214 (1972) 30–41.
Walzer, Michael, The Revolution of the Saints (1965, ²1968).
Wilson, John F., Pulpit in Parliament. Puritanism during the English Civil War 1640–1648 (1969).
Wittwer, Wolfgang W., Grundrechte bei den Levellern und der New Model Army (1972).
Woodhouse, A. S. P., Puritanism and Liberty (1938, ²1950).

7. Territorialismus und Pietismus

Im Konzert der europäischen Mächte des 18. Jahrhunderts spielte eine neue Macht eine Rolle, deren Aufstieg seit dem 17. Jahrhundert nicht zuletzt ihrer singulären Kirchen- und Religionspolitik zu verdanken war: Brandenburg-Preußen. Gewiß, auch andere Faktoren trugen dazu bei, aus diesem mittelgroßen Kurfürstentum, das entsprechende Länder im Alten Reich im 16. Jahrhundert in nichts überragte, im Verlauf von weniger als zwei Jahrhunderten eine europäische Macht von Gewicht zu machen. Während es aber den meisten anderen europäischen Staaten in der Epoche zwischen Reformation und Aufklärung nur nach schweren inneren Kämpfen – und oft über längere Perioden hinweg überhaupt nicht – gelang, die in der Kirche liegende Macht und die in der Religion ruhenden Energien für ihre politischen Ziele zu mobilisieren, regelten die brandenburgisch-preußischen Herrscher des 17. und 18. Jahrhunderts die gewiß nicht einfachen kirchlichen und religiösen Verhältnisse ihrer Länder auf eine für ihre machtpolitischen Ambitionen höchst vorteilhafte Weise.

Die Anfänge dieser ungewöhnlichen Entwicklung liegen in den Jahren 1613 bis 1615. 1613 konvertierte der brandenburgische Kurfürst Johann Sigismund vom lutherischen zum reformierten Glauben und verzichtete nach einigen Versuchen, das seit den 1580er Jahren streng lutherische Land auch zu seinem neuen Glauben zu bekehren, in einem 1615 den Ständen gegebenen Rezeß darauf, den seit dem Augsburger Religionsfrieden geltenden Grundsatz *eius regio cuius religio* anzuwenden. Damit entstand nicht nur die ungewöhnliche Konstellation, daß ein reformierter Fürst über lutherische Untertanen herrschte; obwohl die Zahl der Reformierten zunächst noch relativ klein war, war Brandenburg damit im Prinzip auch zu einem konfessionell paritätischen Staat geworden. Im Jahre 1614 hatte Johann Sigismund außerdem im Frieden von Xanten sein bisheriges Territorium um die Länder Kleve, Mark, Ravensberg und Ravenstein erweitert, in denen es zahlreiche reformierte Gemeinden und auch eine katholische Minderheit gab. Schließlich sollten auch in einer Reihe weiterer Gebiete, die die Hohenzollern im 17. Jahrhundert erwarben, nichtlutherische Minderheiten leben.

Erst der Große Kurfürst, Friedrich Wilhelm, entwickelte aber eine Kirchen- und Religionspolitik, die dieser besonderen Lage Rechnung trug. Die von ihm dabei verfolgten Grundsätze faßte er 1667 in seinem *Politischen Testament* zusammen. Was die Religion und den Kirchenbau betreffe, riet er seinem Nachfolger, so solle er vor allem danach sehen, daß »die Reformierte Religion, welche auff das wahre wortt Gottes, undt auff die Simbola der Apostellen allein gegrundet, undt ohne Menschen zusatz ist, in allen Eweren Landen moge vortgepflantzet werden«, fortgepflanzt jedoch auf eine Weise, daß »es nicht mitt zwangsmitteln, oder entziehung der Lutterischen Kirchen, undt abgang deren Rentten oder inkunften gesche, sonderen auß Eweren eigenen mittellen«. Die meisten seiner Länder seien der lutherischen Religion, die wenigsten der reformierten zugetan, fuhr er fort, Kurbrandenburg und Pommern seien »von Pabstlichen groben greulen undt Abgötterey gentzlich befreihet, ausser was die Lutterischen in Ihren Kirchen auß dem Pabstumb ahn Ceremonien behalten haben, welches da es mitt gutter manir abgeschaft werden könte, Ihr Euch billig bemuhen sollet«. Ferner sollte sein Nachfolger darauf achten, daß »sich die Romische Cattollische nicht wider heimblich einschleichen«. Den Katholiken in Preußen sei aber »das offendtliche exercitium, wie auch kirchen undt Capellen« zu belassen, ebenso dürften die den Katholiken in Kleve und den dazugehörigen Ländern in Reversalien gemachten Zugeständnisse in keiner Weise geschmälert werden, hätten die dortigen Stände ihn wie seine Vorgänger, die Kurfürsten Johann Sigismund und Georg Wilhelm, doch nur aufgrund dieser Reversalien »fur Ihren erbherrn erkandt und angenommen«. Insgesamt empfehle er, »Ewere von Gott untergebene unterthanen«, also alle Bewohner aller seiner Länder, »ohne ansehung der Religion als ein rechter Landes vatter lieben, Ihren nutzen undt bestes, in billigen dingen alzeitt gerne zu beforderen suchen, die commercia uberall in aufnehmen bringen, undt auff mehr peuplirung insonderheit der Chur Brandenburg gedencken«.

Was der Große Kurfürst hier in knappen Sätzen formulierte, hat einen kirchenrechtlichen und kirchenpolitischen, einen theologischen, einen geistesgeschichtlichen, einen staats- und machtpolitischen sowie einen ökonomischen Hintergrund. Am einfachsten sind die staats- und machtpolitischen Aspekte zu erfassen. Wie schon Otto Hintze 1916 in *Die*

Hohenzollern und ihr Werk (S. 165) feststellte, konnte »in dem konfessionell so stark gespaltenen Deutschland« des 17. Jahrhunderts »nur ein Fürstenhaus, das religiöse Duldung übte, eine Herrschaft gewinnen, die vom Rhein bis an die Memel reichte«. Jede konfessionelle Engstirnigkeit hätte alle Pläne, den Hohenzollernstaat zu vergrößern, vorschnell vereitelt. Auch die mit den Stichworten »commercia« und »peuplirung« angedeuteten Zusammenhänge sind nicht schwierig zu beschreiben. Die vom Großen Kurfürsten ebenso wie von vielen seiner Zeitgenossen geschätzte Lehre des Merkantilismus verlangte, die wirtschaftlich produktive Bevölkerung des eigenen Territoriums zu vermehren, auch und gerade durch Einwanderer, die neue Produktionsweisen beherrschten; auf diese Weise sollte das eigene Land wirtschaftlich weitgehend autark gemacht und die Handelsbilanz aktiv gestaltet werden. Schon in den 1660er Jahren ließ der Große Kurfürst deshalb die Einwanderung von Sozinianern zu, jenen späten Anhängern des italienischen Theologen Fausto Sozzini, die die Lehre von der Trinität ablehnten und die im ausgehenden 16. Jahrhundert in Polen eine Zuflucht gefunden hatten, aber auch von dort seit 1658 vertrieben wurden. 1670 nahm er viele der Juden auf, die Wien verlassen mußten. Vor allem aber antwortete er 1685 auf die Aufhebung des Edikts von Nantes mit dem Edikt von Potsdam, in dem er die Hugenotten in sein Land einlud und ihnen neben religiösen Freiheiten auch wirtschaftliche und finanzielle Vergünstigungen zusagte. Drei Jahre später, 1688, kurz vor seinem Tode, forderte er auch die in Savoyen verfolgten Waldenser auf, sich in seinem Herrschaftsgebiet niederzulassen. Während die Sozinianer und die Waldenser ökonomisch gesehen unbedeutende Gruppen waren, sollten die Hugenotten einen außerordentlich wichtigen Beitrag zur weiteren Entwicklung des Handels und Gewerbes in Brandenburg-Preußen leisten. Die Altersstruktur der etwa 20 000 Hugenotten, die in den Jahren nach 1685 der Einladung des Großen Kurfürsten folgten, war außerordentlich günstig: Etwa drei Viertel aller männlichen Einwanderer war zwischen 20 und 50 Jahren alt; noch wichtiger waren aber ihre beruflichen Kenntnisse. Unter den Réfugiés, die nach Brandenburg-Preußen zogen, waren Juristen, Ärzte und Lehrer, Kaufleute und Unternehmer, Goldschmiede, Juweliere, Uhrmacher, Apotheker und Bildhauer; sie gründeten Webereien, Färbereien und Gerbereien; sie verstanden es, Hüte und Handschuhe anzufertigen; selbst die wenigen Bauern, die unter den geflüchteten Hugenotten waren, führten in dem agrarisch rückständigen Brandenburg-Preußen neue Produktionsweisen ein, bauten Artischocken, Spargel, Blumenkohl und Kartoffeln an und pflanzten Tabak und, um eigene Seidenraupen zu züchten, sogar Maulbeerbäume. Es machten sich jedoch nicht nur die den Hugenotten gewährten steuerlichen Vorteile bezahlt. Auch die ihnen zugestandene kirchlich-religiöse Sonderstellung sollte sich nicht als Nachteil erweisen, da die Hugenottengemeinden ein reges kulturelles Leben entfalteten. Die ins Land gekommene geistige Elite förderte schließlich auch die Wissenschaften in ihrer Wahlheimat. Erinnert sei hier nur an ihre Rolle in der Berliner Akademie. Den Hugenotten war es zu verdanken, wenn aus dem provinziellen Berlin binnen weniger Jahrzehnte eine Großstadt wurde, die Anschluß an das Geistesleben der westeuropäischen Metropolen gewann.

Ebenso wie die Toleranzpolitik des Großen Kurfüsten seinen Ländern neben dem ökonomischen auch kulturellen und politischen Gewinn brachte, läßt sich sein Entgegenkommen verfolgten konfessionellen Minderheiten gegenüber nicht allein auf ökonomische Motive zurückführen. Der den Einwanderern gegenüber geübten Toleranz entsprach nämlich eine konsequente, auch kirchenrechtlich und rechtsphilosophisch fundierte Politik gegenüber den verschiedenen Religionsgemeinschaften seines Herrschaftsgebietes. Gerhard Oestreich hat in seinen Arbeiten über Justus Lipsius und den Neustoizismus wichtige, lange Zeit verkannte Wurzeln dieser Haltung freigelegt. Vor dem Hintergrund des konfessionellen Zeitalters durchdachte Lipsius, wie Oestreich an einer Stelle schreibt, »die Theorie einer starken, militärisch gestützten und autoritären Staatsmacht« (*Geist und Gestalt des frühmodernen Staates*, S. 103). Erfolgreiche Herrschaft müsse zwar durchaus christlich sein, dozierte der Späthumanist Lipsius, dessen Bücher auch in Brandenburg-Preußen weite Verbreitung fanden, sie dürfe sich aber dogmatisch nicht einseitig festlegen oder an eine einzige Konfession binden. Hugo Grotius, nach Oestreich »Erbe und Vollender der neustoischen Strömung« (S. 131), faßte in kirchenrechtliche Kategorien, was der Theoretiker des neuzeitlichen Machtstaates Lipsius gelehrt hatte. In seinem 1614 entstandenen, aber erst 1641 gedruckten Werk *De Imperio Summarum Potestatum circa sacra* trat Grotius ausdrücklich für weitgehende Rechte der Obrigkeiten in Glaubensfragen ein; für ihn, den Anhänger des Naturrechts, war die Kirche keine unabhängige Gewalt, sondern dem Staat und damit der fürstlichen Souveränität unterworfen.

Im Alten Reich verbreiteten vor allem Theodor Reinkingk, Hermann Conring und Samuel Pufendorf die Lehre vom Staat als der auch das Kirchenwesen umfassenden höchsten weltlichen Autorität, ehe Christian Thomasius und Samuel Stryck den Territorialismus, wie der Summepiskopat des Landesherren über alle Konfessionen seines Herrschaftsgebiets genannt wurde, auch philosophisch erklärten und untermauerten. Im Gegensatz zum protestantischen Episkopalismus (oder: Episkopalsystem), in welchem der Landesfürst in einer Art Doppelstellung die *iurisdictio saecularis* und die *iurisdictio ecclesiastica* in seiner Person vereinigte, bestand nach dem Territorialismus (oder: Territorialsystem) nur eine höchste, auch die Hoheit über die Kirche umfassende Regierungsgewalt. Während im Episkopalismus der Landesherr Mitglied der Kirche war, als deren Bischof er das Kirchenregiment der im Prinzip unabhängigen Kirche lenkte, war seine Verfügungsgewalt über die Kirche im Territorialismus nicht von seiner Zugehörigkeit zu einer bestimmten Kirche abhängig. Während die Kirchenherrschaft im Episkopalismus schließlich als ein Amt der Kirche dazu diente, der von den Theologen dieser Kirche proklamierten reinen Lehre Geltung zu verschaffen, standen dem Fürsten im Territorialismus nur die *iura circa sacra*, also die Gewalt über das äußere Kirchenwesen zu, und nicht die *iura in sacra*, also nicht die Gewalt über das innere geistliche Leben der Kirche (Lehre, Predigt, Sakramente). An die Stelle des – Kirchenordnung und Theologie verpflichteten – Kirchenregiments im Episkopalismus war somit im Territorialismus die von der Staatsräson abhängige Kirchenhoheit getreten, ein im Prinzip von einer bestimmten Konfession oder Theologie freies Staatshoheitsrecht. Da diese Kirchenhoheit jedoch auch zur Sicherung der öffentlichen Ordnung und zur Bewahrung des konfessionellen Friedens eingesetzt werden konnte, benützten sie die Fürsten jedoch häufig, um über die *iura circa sacra* hinaus auch auf die ihnen eigentlich nicht zustehende geistliche Sphäre Einfluß zu nehmen.

Zu den Wurzeln und Vorbildern des Territorialismus, der im 17. Jahrhundert erst allmählich vom Episkopalsystem abgehoben und zu einer besonderen Kirchenrechtslehre konsolidiert wurde, gehören, wie Martin Heckel dargelegt hat, neben dem Humanismus auch die byzantinische Theokratie, antipäpstliche Theoretiker des Mittelalters wie Marsilius von Padua, das Staatskirchentum der spanischen und französischen Könige, die moderne Souveränitätslehre Bodins und das *ius territorii.* Der Große Kurfürst lernte den Territorialismus in den Niederlanden kennen, wo er sich von 1634 bis 1637 aufhielt und mit zahlreichen Staatsmännern und Gelehrten Kontakt hatte, die ihren Lipsius und ihren Grotius genau gelesen hatten und wie diese für eine Entkonfessionalisierung des Staatsbegriffs eintraten. Die vielfältigen politischen und geistigen Beziehungen, die zwischen Brandenburg-Preußen und den Niederlanden während der gesamten Regierungszeit des Großen Kurfürsten bestanden, können hier nicht im Detail geschildert werden. Keine Frage jedoch, daß dem Großen Kurfürsten die Niederlande, wie auf vielen anderen Gebieten, auch in der Kirchen- und Religionspolitik als Vorbild dienten. Ihn umgab, wie Gerhard Oestreich bemerkt, »das geistige Klima neustoisch-arminianischen Strebens und grotianisch-naturrechtlichen Denkens« (*Geist und Gestalt,* S. 146). So war es auch kein Zufall, daß er Samuel Pufendorf, einen führenden Kopf der »Niederländischen Bewegung« (Oestreich, *ebenda*) aus schwedischen Diensten holte und zu einem Hofhistoriographen und Geheimen Rat machte.

Selbst durchaus Praktiker und nicht Theoretiker der Politik, verschaffte der Große Kurfürst dem Territorialismus in seinem Herrschaftsbereich in einer Serie von Maßnahmen Geltung. Am wichtigsten sind die Toleranzedikte der Jahre 1662 und 1664, in denen er den Lutheranern untersagte, auf der Kanzel gegen die Reformierten zu polemisieren; außerdem scheute er sich nicht, seine Kirchen- und Religionspolitik auch mit Hilfe von Disziplinarverfahren und Amtsenthebungen durchzusetzen. Auch an seine weitgehende Toleranz gegenüber religiösen Nonkonformisten und Außenseitern, gegenüber Spiritualisten, Mennoniten, Sozinianern und Juden, ist in diesem Zusammenhang zu erinnern. Martin Lackner hat diese Zusammenhänge ausführlich beschrieben. Gewiß, bei einigen kirchenpolitischen Schritten ist seine Präferenz für die Reformierten deutlich erkennbar, wie er das auch in seinem *Politischen Testament* zum Ausdruck brachte. Noch wichtiger war ihm aber stets der Frieden zwischen den Konfessionen.

Mit dem Versuch, über den Territorialismus hinaus auch eine Annäherung der christlichen Kirchen zu erreichen, scheiterte der Große Kurfürst allerdings. Die Religionsgespräche von Thorn (1645), Kassel (1661) und Berlin (1662 und 1663), auf denen brandenburgisch-preußische Vertreter die auf eine Wiedervereinigung der getrennten christlichen Konfessionen gerichteten Bemühungen des Helmstedter Theologen Georg Calixt unterstützten, endeten mit Mißerfolgen. Schon in Thorn wurde Calixts Position von dem orthodoxen Lutheraner Abraham Calov als Religionsmengerei, als Synkretismus, gebrandmarkt; der zwischen den Helmstedter und den kursächsischen Theologen mit Gelehrsamkeit und noch mehr Eigensinn jahrzehntelang durchgefochtene »synkretistische Streit« brachte auch in der Folgezeit alle Unionsprojekte sehr rasch zu Fall. Während die Calixtianer den Orthodoxen vorwarfen, eine Papocäsarie anzustreben, entgegneten diese, die Helmstedter hätten sich einer Cäsaropapie gebeugt. Die Gegensätze, so scheint es, waren unüberbrückbar. Die in der Gegenreformation besonders angefochtene und nur mühsam wieder gefestigte Position der Lutheraner ließ, so scheint es, keine dogmatischen Kompromisse zu. Da nützte es auch nichts, daß der Große Kurfürst den Lutheranern verbot, den Eid auf die Konkordienformel abzulegen; da löste es nur weitere Bitterkeit aus, daß er Helmstedter Theologen nachdrücklich förderte und in wichtige Kirchenämter brachte; auch die von ihm 1667 geplante Universaluniversität in Tangermünde, auf der Vertreter aller christlichen Religionen frei lehren und in die sogar Juden und Mohammedaner aufgenommen werden sollten, wurde rasch wieder aufgegeben. Zu erreichen war allein ein Kirchenfrieden, gegenseitige Toleranz und Achtung der Konfessionen, wie das auch auf dem Kasseler Religionsgespräch 1661 vereinbart wurde; zu erreichen war also genau jene Linie, die dem Territorialismus entsprach. Solcher Kirchenfrieden war freilich im 17. Jahrhundert ein kaum zu überschätzender politischer Wert. Wenn Martin Lackner schreibt, »die Religions- und Gewissensfreiheit des brandenburgischen Staates hob diesen in seiner humanitären Gesinnung hoch über die evangelischen Niederlande oder über England hinaus« dann sieht er freilich nur die eine Seite. Die Religions- und Gewissensfreiheit wurde im Staate des Großen Kurfürsten nicht als politisches Grundrecht anerkannt; ferner hatte dessen humanitäre Gesinnung, wie seine Politik gegenüber der orthodox-lutherischen Geistlichkeit beweist, auch stets dort ihre Grenze, wo seine in schweren innen- und außenpolitischen Kämpfen errungene Souveränität tangiert wurde. Genauso gilt es deshalb zu beachten, daß die Kirchen- und Religionspolitik des Großen Kurfürsten

die Kirche in das Herrschaftssystem des sich etablierenden brandenburgisch-preußischen Absolutismus einordnete.
Friedrich III., seit 1701 als Friedrich I. König von Preußen, setzte die Toleranz- und Unionspolitik seines Vaters konsequent und, wie sich zeigen sollte, auch mit großem Erfolg fort. Wie sein Vater war er bestrebt, die Unabhängigkeit des Staates von der Kirche zu bewahren. »Die Cleresie hat er i(h)m zaum zu halten«, empfahl er seinerseits 1698 in einem Testament seinem Nachfolger; er solle nicht gestatten, daß sich die Pfarrer in die Politik einmischten. Dem Beispiel seines Vaters folgend, griff Friedrich auch in das geistliche Leben der lutherischen Kirche ein und untersagte im Berliner Beichtstuhlstreit 1698 die obligatorische Ohrenbeichte vor dem Empfang des Abendmahls. Zu seinem Hofprediger ernannte er einen Exponenten christlicher Unionspolitik, den von den böhmischen Brüdern herkommenden Ernst Jablonski. Unter seiner Regierung blieb Brandenburg-Preußen das Asyl von zahlreichen religiösen Nonkonformisten. Durch nichts wurde die Kirchen- und Religionspolitik Friedrichs III. (I.) aber so sehr bestimmt wie durch die seit den 1690er Jahren einsetzende Förderung des Pietismus. War der Territorialismus unter dem Großen Kurfürsten immer wieder auf den Widerstand der mit den Landständen verbündeten lutherischen Orthodoxie gestoßen, so fand sein Nachfolger im Pietismus eine gegen die Orthodoxie gerichtete kirchenpolitische Kraft, die seine Kirchen- und Religionspolitik entscheidend unterstützte. Hatte der Große Kurfürst nur einzelne dem Pietismus nahestehende Personen geschützt, so machte sein Sohn Berlin und Halle zu den wichtigsten Zentren der pietistischen Bewegung. Sowohl für den brandenburgisch-preußischen Staat als auch für den Pietismus sollte dieses außergewöhnliche Bündnis außergewöhnliche Folgen haben.
Die pietistische Bewegung wurde in vielen Territorien des Reiches verfolgt, als sich der Berliner Hof entschloß, die Pietisten zu schützen. Wer waren diese Frommen, deren Einstellung, ähnlich wie bei den Puritanern, zunächst zum Spottnamen gemacht und dann als Bezeichnung für die neue kirchenpolitische und religiöse Richtung allgemein verwendet wurde? Den entscheidenden Anstoß hatte der aus dem Elsaß stammende und 1666 zum Pfarrer und Senior in Frankfurt am Main ernannte Philipp Jakob Spener in seinen 1675 publizierten *Pia Desideria* gegeben. In dieser als Vorrede zu seiner Neuauflage von Johann Arndts Postille konzipierten Schrift hatte er mehr Lektüre der Bibel gefordert, mehr *praxis pietatis,* eine bessere Ausbildung der Geistlichen und schließlich auch die Einrichtung von *collegia pietatis,* von besonderen Zusammenkünften der frommen Christen, so wie sie bereits seit 1670 in Frankfurt stattfanden. Das waren praktische Vorschläge, die das kirchliche Leben ein Stück weit zu reformieren und die Frömmigkeit zu vertiefen versprachen. Schwieriger ist es, die theologische Tradition, in der Spener und seine Anhänger standen, und ihren sozialen und politischen Hintergrund zu beschreiben. Was die Theologie angeht, so gingen in den Pietismus verschiedene ältere Vorstellungen ein. Ausdrücklich sahen sich die Pietisten in der Nachfolge Johann Arndts, dessen Ausführungen über echte christliche Frömmigkeit im 17. Jahrhundert eine weite Verbreitung gefunden hatten; andere Teile des pietistischen Programms entsprachen Vorschlägen, die schon von den Vertretern der Reformorthodoxie und von englischen Erbauungsschriftstellern wie Lewis Bayly, John Bunyan und Richard Baxter geäußert worden waren; bei einigen Pietisten spielten auch die mittelalterliche Mystik und der französische und spanische Quietismus eine Rolle. Schließlich ist auf das von den Pietisten immer wieder betonte Vorbild des Urchristentums hinzuweisen sowie auf den jungen Luther, dessen im 16. Jahrhundert nur teilweise verwirklichte Pläne die Pietisten zu vollenden beabsichtigten. Gegen die Betonung der Lehre durch die Orthodoxie setzten die Pietisten ihre Vorstellung vom christlichen Leben, also tätige Nächstenliebe, strenge Sittlichkeit und tägliche Bibellektüre; gegen das orthodoxe Verständnis des kirchlichen Amts betonten sie die per-

sönliche Buße, Bekehrung und Heiligung. Sie wollten die wahren Kinder Gottes in ihrer Zeit sein. Was die sozialen Aspekte betrifft, so waren es in der ersten Pietistengeneration vor allem Angehörige der oberen bürgerlichen Schicht und Theologen, die Speners Ideen aufnahmen und weitertrugen; bald fand das in den *Pia Desideria* vorgelegte Programm aber auch in Handwerkerkreisen und in einigen Adelshäusern Anhänger; daneben wurden auch Leute aus niederen sozialen Schichten in die pietistischen Konventikel aufgenommen, wenngleich es keine Beweise gibt, daß sie dort irgendeine bemerkenswerte Rolle spielten.

Weder die kirchenpolitischen Kontroversen, die der Pietismus im ausgehenden 17. Jahrhundert auslöste, noch dessen Erfolge, weder die Attraktivität der Spenerbewegung noch die Aversionen, die sie hervorbrachte, können aber allein durch theologische oder allein durch soziale Erwägungen erklärt werden. Zur besonderen Faszination und Dynamik des Pietismus trugen vielmehr drei andere, eng miteinander verbundene Faktoren bei: Zunächst die Bildung von besonderen Zirkeln der Frommen und Erweckten; das war, positiv gesehen, die Sammlung der besten Kräfte des Christentums, und, negativ gesehen, die Spaltung der Kirchengemeinden; ferner der von Spener erneuerte Glaube an das nahe Ende der Welt und die Wiederkunft Christi, und schließlich die Überzeugung, die politischen, sozialen und kulturellen Veränderungen ihrer Zeit verlangten von jedem wahren Christen eine eindeutige Stellungnahme und Entscheidung. Glanz, Luxus und Verschwendung der von den absoluten Herrschern mit großem Aufwand geförderten höfischen Barockkultur waren in pietistischen Augen ebenso ›Zeichen der Zeit‹ wie die Bereitschaft der kirchlichen Hierarchie, sich den absoluten Machtansprüchen zu fügen; im Schicksal der Waldenser und der Hugenotten sahen sie bedeutende ›Fingerzeige Gottes‹; die großen Kriege, die auch in den Jahrzehnten nach 1648 weite Teile Europas erschütterten, insbesondere die Eroberungspolitik Ludwigs XIV. und den Vorstoß der Türken nach Wien, deuteten sie als Gottes Strafgericht.

In ihren Konventikeln sprachen die Pietisten über den gefährlichen Lauf der Welt, über die Versuchungen, denen wahre Christen ausgesetzt waren und über die Konsequenzen, die es für sie zu ziehen galt. Die ›Zeichen der Zeit‹ bestätigten ihre endzeitlichen Erwartungen, durch die wiederum ihre Angst um ihr Seelenheil in neue Hoffnung verwandelt wurde. In ihren Überlegungen trat die Kirche als Institution ganz zurück. Spener selbst plädierte zwar immer wieder dafür, die Erweckten sollten innerhalb der Kirche bleiben und dort als Sauerteig wirken; viele seiner Anhänger entschieden sich aber für die Separation, nicht zuletzt das führende Mitglied der ersten Frankfurter Erbauungsstunde, der Jurist Johann Jakob Schütz. Nach Ansicht der Separatisten bot die Kirche den Gotteskindern in den Stürmen der letzten Zeit keine Hilfe mehr. Im Gegenteil, für die Separatisten war die Kirche selbst schon Babel und somit Teil des Reichs des Antichrist geworden.

Für die brandenburgisch-preußischen Herrscher besaßen diese von heilsgeschichtlichen Hoffnungen inspirierten Pietisten einen unschätzbaren Vorteil: Als Gegner der lutherischen Orthodoxie und der mit der Orthodoxie eng verbundenen Landstände konnten sie der Krone helfen, den nach wie vor lebhaften orthodox-lutherischen Widerstand gegen den Territorialismus zu brechen und die von den Landständen immer noch angefochtene fürstliche Souveränität vollends durchzusetzen. Deshalb unterstützte die Berliner Regierung die Anstalten, die August Hermann Francke seit 1691 in Halle aufbaute; deshalb holte sie ebenfalls 1691 Spener aus Dresden, wo er als Oberhofprediger am kursächsischen Hof seit 1686 in die Isolierung geraten war, nach Berlin. Beide, Spener und Francke, wußten diese Hilfe zu honorieren. Spener kam in seiner Berliner Zeit nicht mehr auf die Klagen gegen die Cäsaropapie zurück, die er in den *Pia Desideria* geäußert hatte; Francke zeichnete sich als Fürsprecher des Territorialismus aus; beide lobten die Hohenzollern als gute christliche Obrigkeit. Im Gegensatz zu Francke, der sich gegen die von Berlin gewünschte Annäherung von Reformierten und Lutheranern wehrte, befürwortete Spener schließlich auch die von Friedrich III. (I.) verfolgte Politik konfessioneller Toleranz.

Schon nach wenigen Jahren sollte es sich zeigen, daß die brandenburgisch-preußischen Herrscher mit Spener und Francke viel mehr als nur zwei einflußreiche Streiter für ihre Kirchen- und Religionspolitik gewonnen hatten. Während Spener das Berliner Armenwesen reorganisierte, machte Francke aus Halle ein pädagogisches Großunternehmen, dessen Einfluß sich bald auch in wirtschaftliche und politische Bereiche hinein erstreckte. Es sei hier nur kurz an das große Waisenhaus und an die verschiedenen Schulen in Halle erinnert, an die von Christian Friedrich Richter geleitete Apotheke und den Handel mit Arzneien, an die große Druckerei, an die von Heinrich Julius Elers organisierte Buchhandlung und an die von Carl Hildebrand von Canstein gegründete Bibelanstalt. Als sich Friedrich Wilhelm I. sofort nach seinem Regierungsantritt 1713 entschloß, die Halle von seinem Vater gewährten Privilegien zu erneuern und Francke weiterhin intensiv zu fördern, standen den halleschen Pietisten einige Jahrzehnte lang in Brandenburg-Preußen fast alle Türen offen: Halle brachte zahlreiche Pietisten in einflußreiche Ämter in Kirche und Staat und versorgte das preußische Militär mit Feldpredigern; Halle besaß entscheidenden Einfluß in der Berliner Kadettenanstalt, im Berliner Waisenhaus und in der größten Textilmanufaktur des Landes, dem Berliner Lagerhaus; Halle erzog dem preußischen Staat, wie Klaus Deppermann bemerkt (S. 173), »gehorsame, berufstüchtige und sozial verantwortungsbewußte Untertanen«.

Auch für Friedrich Wilhelm I., der selbst keine pietistischen Konventikel besuchte, gab es im Laufe der Jahre keinen Gegensatz mehr zwischen den pietistischen Lehren und dem Territorialismus. In der 1721/2 geschriebenen Instruktion für seinen Nachfolger, seinem politischen Testament, versicherte er, »mit Gott dem allerhöchsten« stehe er »wohl«; er habe seit seinem zwanzigsten Lebensjahre sein ganzes Vertrauen »auf Gott feste gesetzet«, »alle grohbe und innerliche sünden«, die er begangen habe, seien ihm »von hertzen leidt«; stets habe er sich bemüht, sich »zu beßern und ein Gottsehl: leben und wandell zu führen«. Sein »lieber Suxessor« möge sich »keine Metressen« zulegen, »ein Gottsehliches Reines lehben und wandellen« führen und seinem »Lande und Armée mit guhtem excempell vorgehen«, »nicht Sauffen und freßen«, »auch nicht zugehben das in seine Lender und Prowincen keine Komedien Operas Ballettes Masckerahden Redutten gehalten werden«. All das zu unterdrücken sei ein gottseliges Werk. Was die Religion anbelange, so werde er selbst zwar wohl als Reformierter sterben, sei jedoch sicher, daß »ein Lutterischer der dar Gottsehlich wandelt eben so guht sehlich werde als die Reformirte und der unter[sch]eidt nur herrühre von die Prediger Zenckereien«. Deshalb solle sein Nachfolger Reformierte und Lutheraner gleich behandeln, vor allem aber allen Konsistorien in allen Provinzen »scharf anbefehlen das die Reformirte und Lutterahner auf den Kancellen keine Contrawersen tracktieren und absonderlich von der genadenwahl nichts davon tuchiren«; die Prediger beider Religionen, die sich gerne »in weldtliche afferen« mischten, müßten »kurtz gehalten« werden. Schließlich komme es darauf an, das unverfälschte Wort Gottes noch weiter zu verbreiten, Kirchen und Schulen zu bauen und allen Armen zu helfen. *Preußentum und Pietismus*, so der Titel von Carl Hinrichs' Werk, waren, so schien es, ein unauflösliches Bündnis eingegangen.

Daß dieses Bündnis beiden Partnern nicht gleich große Vorteile brachte, wurde in der Forschung bisher nicht genügend betont. Für den brandenburgisch-preußischen Staat war die Bilanz weitgehend positiv. Nachteile der den Pietisten gewährten nachhaltigen Förderung lagen höchstens darin, daß diese den von Christian Thomasius und Christian Wolff ausgehenden aufklärerischen Impulsen entgegenwirkten und eine von der Krone

nur zum Teil kontrollierbare Personalpolitik betrieben. So konnten sie es sogar durchsetzen, daß Friedrich Wilhelm I. im Jahre 1725 den bedeutendsten Vertreter der Frühaufklärung, Christian Wolff, des Landes verwies. Der Preis, den die Pietisten für den ihnen gewährten Schutz und die ihnen verliehenen Privilegien zahlen mußten, war jedoch ungleich höher. Dabei geht es nicht nur darum, daß Francke und der hallesche Pietismus, wie Carl Hinrichs bemerkt hat, im ersten Jahrzehnt des 18. Jahrhunderts alle Pläne für eine Universalreform des Christentums begraben und sich ganz auf die Arbeit innerhalb Brandenburg-Preußens beschränken mußten. In dem Maße, in dem der Pietismus zu einer Art preußischen Staatsreligion wurde, verlor er vielmehr auch einen Teil seiner ethischen und theologischen Kraft. Nicht mehr die Pietisten selbst bestimmten, wo und wie sehr sie sich engagieren wollten, um Gottes Reich in dieser Welt zu bauen; Richtung und Grenzen ihrer verschiedenen Aktivitäten wurden letztlich vielmehr von der Krone bestimmt, dem stets überlegenen Partner des Bündnisses zwischen Preußentum und Pietismus. Während die halleschen Pietisten die absolute Macht ihres Herrschers verteidigten und seine Politik der Sozialdisziplinierung unterstützten, nahm dieser auf besondere pietistische Wünsche, etwa in der Frage der von jungen halleschen Geistlichen abgelehnten Zwangsrekrutierungen, keine Rücksicht. Auch Halle wurde, ohne daß sich das Francke eingestand, den Zielen des preußischen Absolutismus untergeordnet.
Die von Francke lange Zeit mit großem Erfolg betriebene Taktik, möglichst viele Berater des Königs für sich zu gewinnen und alle Hilfe möglichst direkt vom König zu erlangen, sollte sich schließlich im Jahre 1740 gegen Halle wenden. Als Friedrich II. seine Regierung antrat, fielen die pietistischen Positionen in Brandenburg-Preußen zwar nicht wie ein Kartenhaus zusammen; dafür hatte sich Halle auch über den Tod Franckes 1727 hinaus zu großen Einfluß gesichert. Während aber am Berliner Hof seit 1740 auf Jahrzehnte hinaus die von französischen Philosophen bestimmte Form der Aufklärung dominierte, geriet Halle immer mehr in die Defensive und verlor schließlich viele Pfründen und jede Protektion von allerhöchster Seite. Es entsprach dem Geist der neuen Zeit, wenn Friedrich der Große 1752 in seinem *Politischen Testament* konstatierte, in Preußen wohnten »Katholiken, Lutheraner, Reformierte, Juden und zahlreiche andere christliche Sekten« friedlich beieinander. »Wenn der Herrscher aus falschem Eifer auf den Einfall käme, eine dieser Religionen zu bevorzugen, so würden sich sofort Parteien bilden und heftige Streitereien ausbrechen«; und weiter: Für die Politik sei es »völlig belanglos, ob ein Herrscher religiös ist oder nicht«. Gehe man »allen Religionen auf den Grund«, so beruhten sie »auf einem mehr oder minder widersinnigen System von Fabeln. Ein Mensch von gesundem Verstande, der diese Dinge kritisch« untersuche, müsse »unfehlbar ihre Verkehrtheit erkennen«. Und dann: Er sei »gewissermaßen der Papst der Lutheraner und das kirchliche Haupt der Reformierten«. Er »ernenne die Prediger und fordere von ihnen nichts als Sittenreinheit und Versöhnlichkeit«. Die Prinzipien des Territorialismus konnten, wie diese Passagen beweisen, auch mit denen der Aufklärung verbunden werden.
Zu ergänzen bleibt, daß sich der Pietismus in anderen deutschen Territorien politisch anders als in Brandenburg-Preußen engagierte: Während sich am Niederrhein unter dem Einfluß von Gerhard Tersteegen eine gegenüber der Kirche separatistische, theologisch schwärmerische und politisch quietistische Richtung durchsetzte, unterstützten die württembergischen Pietisten in den Jahrzehnten vor und nach 1700 den Kampf der Landstände gegen die Herzöge Eberhard Ludwig, Karl Alexander und Karl Eugen. Der von Herzog Eberhard Ludwig im Sinne des Territorialismus geförderten Einwanderung von verfolgten Waldensern standen sie ebenso skeptisch gegenüber wie dem vom gleichen Herzog vorangetriebenen Aufbau des Stuttgarter Waisenhauses, für das sie sich erst, nachdem die Gründung vollzogen war, einzusetzen begannen. Bis etwa zum Jahre 1720 waren verschiedene pietistische Hofprediger bestrebt, diesen württembergischen Herzog

von seinem in pietistischen Augen sündhaften Lebenswandel abzubringen. Etwa bis zum gleichen Jahr dauerten auch die Versuche der Pietisten, ihre Landeskirche im Sinne der Spenerschen Vorschläge zu reformieren. Danach zogen sie sich aber immer mehr in ihre Konventikel zurück und konzentrierten sich auf die persönliche Erbauung und Heiligung. Nichts faszinierte sie dann so sehr wie die heilsgeschichtliche Deutung ihrer eigenen Zeit durch Johann Albrecht Bengel, der die Wiederkunft Christi für das Jahr 1836 vorhersagte.

Noch einen anderen Weg gingen Ludwig Nikolaus Reichsgraf von Zinzendorf und die von ihm gegründete Herrnhuter Brüdergemeine. Während die halleschen Pietisten sich dem preußischen Staatsethos fügten und die württembergischen Pietisten ihr Heil in der Eschatologie suchten, machten sich die Herrnhuter von politischer Servilität ebenso frei wie von einer antihöfischen Attitüde. Während die Hallenser in der Hektik ihrer sozialen und pädagogischen Unternehmen aufgingen und die Württemberger allein die persönliche Caritas gelten ließen, engagierten sich die Herrnhuter in der Weltmission und setzten damit trotz aller theologischen Extravaganzen Zinzendorfs für viele Christen ein neues Ziel. Auch Zinzendorfs Bemühungen waren jedoch vergleichsweise enge Grenzen gesteckt: Zur gleichen Zeit, als sich die Herrnhuter entfalteten, im zweiten Drittel des 18. Jahrhunderts, hatten die protestantischen Fürsten des Alten Reichs die pietistische Bewegung entweder weitgehend unterdrückt oder ihrer Herrschaft dienstbar gemacht. Als das Zeitalter der Aufklärung begann, hatte somit der Territorialismus über die von Spener gewünschte Fortführung und Vollendung der Reformation gesiegt.

Bibliographische Hinweise zu II. 7.

Aland, Kurt, Spener-Studien (1943).

ders. (Hg.), Pietismus und moderne Welt (1974).

Beyreuther, Erich, Geschichte des Pietismus (1978).

Deppermann, Klaus, Der hallesche Pietismus und der preußische Staat unter Friedrich III. (I.) (1961).

Greschat, Martin (Hg.), Zur neueren Pietismusforschung = Wege der Forschung Bd. 440 (1977).

Heckel, Martin, »Staat und Kirche nach den Lehren der evangelischen Juristen Deutschlands in der ersten Hälfte des 17. Jahrhunderts«, Zeitschrift der Savigny-Stiftung für Rechtsgeschichte, Kan. Abt. 42 (1956) 117–247, 43 (1957) 202–308 (als Buch 1968).

Hinrichs, Carl, Friedrich Wilhelm I. König in Preußen (1941).

ders., Preußen als historisches Problem. Gesammelte Abhandlungen (1964).

ders., Preußentum und Pietismus. Der Pietismus in Brandenburg-Preußen als religiös-soziale Reformbewegung (1971).

Hintze, Otto, Kalvinismus und Staatsräson in Brandenburg zu Anfang des 17. Jahrhunderts (1930); auch in: Gesammelte Abhandlungen, Bd. 3 (1943, ²1967) 255–312.

Jersch-Wenzel, Stefi, Juden und »Franzosen« in der Wirtschaft des Raumes Berlin/Brandenburg zur Zeit des Merkantilismus (1978).

Küntzel, Georg und Hass, Martin (Hg.), Die politischen Testamente der Hohenzollern (1911).

Lackner, Martin, Die Kirchenpolitik des Großen Kurfürsten (1973).

Lehmann, Hartmut, Pietismus und weltliche Ordnung in Württemberg vom 17. bis zum 20. Jahrhundert (1969).

ders., »Der Pietismus im Alten Reich«, Historische Zeitschrift 214 (1972) 58–95.

ders., »›Absonderung‹ und ›Gemeinschaft‹ im frühen Pietismus«, Pietismus und Neuzeit 4 (1979) 54–82.

Masur, Gerhard, »Naturrecht und Kirche. Studien zum Problem der evangelischen Kirchenverfassung im 18. Jahrhundert“, Historische Zeitschrift 148 (1933) 29–70.

Oestreich, Gerhard, »Calvinismus, Neustoizismus und Preußentum«, Jahrbuch für die Geschichte Mittel- und Ostdeutschlands 2 (1956) 157–181.

ders., »Politischer Neustoizismus und Niederländische Bewegung in Europa und besonders in Brandenburg-Preußen«, in: Geist und Gestalt des frühmodernen Staates (1969) 101–156.

Opgenoorth, Ernst, Friedrich Wilhelm. Der Große Kurfürst von Brandenburg, 2 Bde (1971/78).

Ritschl, Albrecht, Geschichte des Pietismus, 3 Bde (1880/86, repr. 1966).

Schmidt, Martin, Wiedergeburt und neuer Mensch (1969).
ders., u. Jannasch, Wilhelm (Hg.), Das Zeitalter des Pietismus (1965).
Thadden, Rudolf von, Die brandenburgisch-preußischen Hofprediger im 17. und 18. Jahrhundert (1959).
Wallmann, Johannes, Philipp Jakob Spener und die Anfänge des Pietismus (1970).

8. Absolutistische Herrschaft und religiöses Engagement

Aus verschiedenen Gründen ist es schwierig, die wechselseitigen Beziehungen zwischen den in der christlichen Kirche, der christlichen Theologie und der christlichen Frömmigkeit liegenden Kräften und den verschiedenen Stufen und Formen des europäischen Absolutismus auf einen Nenner zu bringen: Das liegt zunächst daran, daß diese Kräfte die absolutistische Herrschaft zum Teil unterstützten, zum Teil sich mit der Opposition gegen diese verbanden, zum Teil vom Absolutismus aber auch gar nicht berührt wurden. Darauf wird weiter unten ausführlicher zurückzukommen sein. Dazu kommt, daß sich die Konfrontation ebenso wie die Kooperation zwischen Christentum und Absolutismus in den verschiedenen Epochen und in den verschiedenen Ländern zwischen Reformation und Aufklärung durchaus verschieden abspielten. So unterscheidet beispielsweise Jean Baptiste Neveux in seinem 1967 erschienenen Werk *Vie spirituelle et vie sociale entre Rhin et Baltique au XVIIe siècle de J. Arndt à P. J. Spener* allein für das Alte Reich sechs verschiedene Generationen, sechs verschiedene Phasen, 1618, 1635, 1645, 1660, 1683 und 1697, in denen sich das Verhältnis zwischen Religiösem und Sozialem entwickelte. In den anderen europäischen Ländern bildeten sich noch einmal andere Formen des Verhältnisses zwischen Kirche und Staat und andere Formen des Einflusses christlicher Ethik und Frömmigkeit auf die sozialen und wirtschaftlichen Verhältnisse heraus. Zusätzlich zu den in den vorangehenden Kapiteln geschilderten Fällen sei hier nur Polen erwähnt. Dort etablierten sich in der Mitte des 16. Jahrhunderts mit Hilfe des deutschen Stadtbürgertums und einiger Adelsfamilien neben dem Katholizismus mehrere protestantische Richtungen. Sehr früh wurde Glaubensfreiheit gewährt und die geistliche Gerichtsbarkeit des Königs ausgesetzt. Im ausgehenden 16. Jahrhundert unterstützte dann aber der 1587 gewählte, streng katholisch erzogene König Sigismund Vasa die Jesuiten und die Gegenreformation, ohne freilich sein eigentliches Ziel, das *dominium absolutum* der Krone, zu erreichen. Im Gegenteil: 1609 zwangen konfessionell nicht gebundene Adlige diesen Fürsten, auf alle absolutistischen Absichten zu verzichten. Damit ergab sich eine für das damalige Europa singuläre Konstellation: Die politische Macht lag in Polen nunmehr bei den Ständen; die in dem nach wie vor überwiegend katholischen Land von katholischen Kreisen betriebene Rekatholisierung kam zunächst aber nur so langsam voran, daß noch in den 1620er Jahren verfolgte Protestanten in Polen Zuflucht suchten, allen voran Johan Amos Comenius und die böhmischen Brüder. Als katholischer Adel und katholische Geistlichkeit um die Mitte des 17. Jahrhunderts die protestantischen Adligen entmachteten, änderte sich die konfessionspolitische Lage noch einmal: Gegenreformatorischer Katholizismus, polnischer Patriotismus und Ständeherrschaft gingen jetzt eine enge Verbindung ein. Während anderswo Katholizismus und Absolutismus gemeinsam triumphierten, war Polen zur katholischen Adelsnation geworden.
Für die Zeitgenossen waren außergewöhnliche Konstellationen im Verhältnis von Christlichem und Politischem allerdings nichts Neues. Schon im ausgehenden 16. Jahrhundert hatte Michel de Montaigne in seinen 1676 auf den Index gesetzten *Essais* geschrieben, jeder eigne sich die Religion des Landes an, in dem er zufällig geboren sei. Dabei gehe es »sehr menschlich« zu: »Andere Umstände könnten uns auf eben dieselbe Weise einen ganz entgegengesetzten Glauben aufdrängen«. Und weiter: »Wir sind Chri-

sten gar nicht anders als wir Franzosen oder Deutsche oder Leute aus Périgord sind« (dt. Ausgabe, 1948, S. 242 f.). Um die Rolle der Religion in den verschiedenen europäischen Ländern zu studieren, muß man sich deshalb nach Montaigne zuerst mit der allgemeinen politischen und kulturellen Tradition dieser Länder beschäftigen.

Wenn die Interdependenzen zwischen Christentum und Absolutismus so außerordentlich nuancenreich, als bis ins Detail hinein zu differenzierende Zusammenhänge erscheinen, dann liegt das schließlich aber auch an der Forschung, oder, genauer gesagt, an ganz bestimmten Forschungstraditionen und Forschungsdefiziten. Französische Historiker und Kirchenhistoriker sahen und sehen zum Beispiel die Geschichte der Hugenotten oder den Jansenismus fast ausschließlich im Kontext der französischen Nationalgeschichte des 17. Jahrhunderts, als Richelieu und Ludwig XIV. den Absolutismus durchsetzten und damit ihrer Ansicht nach den entscheidenden Durchbruch zum modernen Staat erzielten. Englische Forscher interpretieren demgegenüber den Puritanismus fast ausschließlich vor dem Hintergrund der großen politischen Umwälzungen im England der gleichen Zeit, die den Sieg des Parlaments über die Krone brachten. Französische und englische Historiker vernachlässigen aber jeweils andere Zusammenhänge und Bezüge. So fehlen bezeichnenderweise nicht nur Untersuchungen, die die Lage der Hugenotten vor 1685 mit der Lage der englischen Katholiken zwischen 1660 und 1685 vergleichen, es fehlen auch Studien, die Puritaner und Jansenisten gegenüberstellen. Die Beispiele ließen sich mehren. Sie würden alle nur bestätigen, daß sich die Geschichtsschreibung seit dem 19. Jahrhundert in einem solchen Maße an der besonderen nationalen Geschichte der einzelnen europäischen Länder orientiert, daß allein die jeweiligen nationalen Besonderheiten in deren Entwicklung, auch die nationalen Besonderheiten ihrer kirchlichen und religiösen Geschichte, von Belang erscheinen. Von solchen Besonderheiten soll im folgenden aber nicht die Rede sein. Auch auf die Gefahr einer gewissen Vereinfachung hin soll vielmehr versucht werden, allgemeine Tendenzen und typische Konstellationen in der politischen und sozialen Geschichte des Christentums unter dem Einfluß des Absolutismus zu beschreiben.

Beginnen wir mit dem Versuch, einzelne Phasen absolutistischer Kirchen- und Religionspolitik zu unterscheiden. In einer ersten Phase, die man als konfessionelle Phase bezeichnen könnte, vertrat der sich etablierende Absolutismus gegenüber den Ständen in der Regel das Prinzip der konfessionellen Uniformität. Wenn eine konfessionelle Differenz zwischen Fürst und Ständen bestand, dann versuchte der Fürst, zusammen mit dem politischen Widerstand der Stände auch deren religiöse Opposition zu brechen. Außenpolitische Bündnisse mit konfessionsgleichen Mächten dienten diesem Zweck ebenso wie der Aufbau von Staats- und Nationalkirchen, an deren Administration die Stände nicht direkt beteiligt wurden. Nur selten, beispielsweise in den Niederlanden, waren Stände der Faszination und Dynamik des Absolutismus gewachsen und bahnten den Weg zu einer Kirchen- und Religionspolitik, die auch religiöse Minderheiten tolerierte. Anderswo, wo Stände politische Mitverantwortung trugen, beispielsweise in Württemberg, setzten sie sich nicht weniger als ihr Landesfürst für konfessionelle Uniformität ein.

In einer zweiten Phase, die man die staatskirchliche Phase absolutistischer Herrschaft nennen könnte, kümmerten sich die Fürsten nicht mehr um die besonderen Interessen der Kirche oder die dem religiösen Leben entspringenden besonderen Bedürfnisse ihrer Untertanen. Allein der Staatsraison – dem, was sie als Staatsraison verstanden – verpflichtet, nützten sie vielmehr den Einfluß der kirchlichen Hierarchie ebenso wie die kirchlichen Finanzmittel zur Steigerung ihrer politischen Macht. In der Außenpolitik ignorierten sie die im Reformationszeitalter entstandenen und bisher weithin anerkannten konfessionellen Einflußzonen und schlossen Bündnisse mit Mächten anderer Konfession. Es sei nur an die Zusammenarbeit zwischen Frankreich und Schweden im Dreißigjährigen

Krieg erinnert. Für die europäischen Christen wurde der Absolutismus in dieser Phase zur Lebensform und zum Schicksal. Ob sie mit dem Gottesgnadentum der Herrscher einverstanden waren oder nicht, die Suprematie des absoluten Staates in Kirchen- und Religionsdingen war für sie nunmehr eine Tatsache, die von den Fürsten notfalls auch mit militärischen Mitteln verteidigt wurde. Solche Konflikte waren zahlreich und bitter. Nachdem in der konfessionellen Phase konfessionelle Minderheiten den Kern des Widerstandes gegen obrigkeitlichen Zwang in Glaubensfragen gebildet hatten, sammelten sich nun in den vom Staat disziplinierten, in den gewissermaßen für die Ziele staatlicher Politik zwangsverpflichteten Kirchen selbst jene Kräfte, die die Opposition gegen die Staatskirchen betrieben. Das waren die Jansenisten in Frankreich, die Puritaner der Jahre vor 1640 in England, auch eine Reihe der frühen Pietisten im Alten Reich.
In einer dritten Phase schließlich, der zum aufgeklärten Absolutismus hinführenden Phase, setzten die absolutistischen Herrscher noch einmal neue kirchen- und religionspolitische Akzente: Fast alle folgten sie der ökonomischen Lehre des Merkantilismus, die eine Priorität der Peuplierungs- und der Gewerbepolitik vor der Konfessionspolitik postulierte; teilweise betrieben sie, allen voran Brandenburg-Preußen mit dem Territorialismus, eine über allen konfessionellen Lagern stehende und damit alle christlichen Gruppen unterordnende Kirchen- und Religionspolitik. Manche Fürsten waren im frühen 18. Jahrhundert aber auch schon von den Gedanken der Frühaufklärer fasziniert, die den dogmatischen Konfessionalismus und das kirchliche Traditionsbewußtsein attackierten und dadurch den christlichen Anspruch auf Macht im Staat relativierten. Diese Frühaufklärer beriefen sich auf Philosophen und Religionskritiker wie Pierre Bayle und Leibniz, die damals Positionen jenseits des konfessionellen und staatskirchlichen Absolutismus entwickelten. Noch einflußreicher war nach 1700 John Locke, dessen Vorstellungen von der Glaubensfreiheit des Einzelnen und vom Gesellschaftsvertrag nicht nur in die *Bill of Rights* von 1689, sondern auch in die politische Gedankenwelt von zahlreichen aufgeklärten Despoten im Europa des 18. Jahrhunderts eingingen und gelegentlich sogar deren praktische Kirchen- und Religionspolitik bestimmten. Doch davon kann hier nicht mehr die Rede sein.
Hier soll in einem weiteren Schritt versucht werden, neben einzelnen Perioden oder Phasen auch verschiedene Formen oder Typen absolutistischer Kirchen- und Religionspolitik sowie verschiedene Formen oder Typen des Widerstandes gegen diese zu unterscheiden. Welche Schwierigkeiten dieses Vorgehen beinhaltet, sei noch einmal betont. Deshalb kann es nicht darum gehen, ein umfassendes System zu entwerfen, sondern allein darum, Strukturähnlichkeiten zu konstatieren und verschiedene Varianten absolutistischer Kirchen- und Religionspolitik miteinander zu vergleichen. Gehen wir aus vom Anglikanismus in England, vom Gallikanismus in Frankreich, vom Regalismus in Spanien und von jener staatlichen Kirchen- und Religionspolitik, die sich in den protestantischen Territorien des Alten Reichs als Orthodoxie und in dessen katholischen Territorien als eine von der Gegenreformation, von den Jesuiten und vom Barock gleichermaßen bestimmte Form des Katholizismus manifestierte. Gegen den Anglikanismus wirkten die Puritaner und seit der Mitte des 17. Jahrhunderts verschiedene kleinere religiöse Gruppen wie die Quäker und die Baptisten, gegen den Gallikanismus die Jansenisten und die Quietisten, deren politischer und religiöser Anspruch keinesfalls als quietistisch im Sinne von passiv bezeichnet werden darf, gegen die protestantische Orthodoxie schließlich die Pietisten. Der Klarheit halber sei hinzugesetzt, daß es der verschiedene politisch-soziale Kontext in England und Frankreich aber verbietet, zu enge Parallelen zwischen Anglikanismus und Gallikanismus, zwischen Puritanismus und Jansenismus zu ziehen, ebenso wie auch die anderen Organisationsformen christlicher Theologie, Kirche und Frömmigkeit, die hier miteinander in Beziehung gesetzt werden, in mancherlei Hinsicht, wie

in den vorangehenden Kapiteln gezeigt wurde, durchaus eigene Züge tragen. Einschränkend sei ferner erwähnt, daß es in Spanien, trotz des Quietismus, und auch in den katholischen Territorien des Alten Reichs im 17. Jahrhundert keine religiösen Erneuerungsbewegungen gab, die Kraft und Einfluß des Puritanismus, des Jansenismus oder des Pietismus erreichten.

Worin glichen sich nun aber Lehren und Selbstverständnis der Staatskirchen auf der einen, Lehren und Selbstverständnis ihrer religiösen Gegner auf der anderen Seite? Was die Ethik betrifft, setzten sich die religiösen Erneuerer für Selbstzucht und Strenge, also für ethischen Rigorismus ein, während die Staatskirchen eine flexible und moralisch eher weitherzige Haltung vertraten, die man bei den Anglikanern als Latitudinarismus und bei den Jesuiten als Probabilismus oder gar als Laxismus bezeichnete. Nach Ansicht der Erneuerer war Nächstenliebe ein Bestandteil des frommen, Gott wohlgefälligen Lebens und somit Sache jedes einzelnen Christen, in den Staatskirchen kümmerte sich dagegen vor allem die Geistlichkeit um die Caritas, wurde die *praxis pietatis* zur Angelegenheit der kirchlichen Bürokratie. In den Staatskirchen spendete die Kirche selbst durch ihre als Mittler zwischen Gott und den Menschen eingesetzten Pfarrer und Priester allen Gläubigen Heil und Gnade; Puritaner, Jansenisten und Pietisten waren dagegen von tiefem individuellen Sündenbewußtsein erfüllt, glaubten an die persönliche Wiedergeburt jedes einzelnen Gläubigen, der um Gottes Gnade zu ringen hatte. An die Stelle der Kirche als Gnadenanstalt trat bei ihnen der Glaube an eine alle kirchlichen Zwischeninstanzen dominierende göttliche Gnade. Auf theologischem Gebiet, um einen weiteren Punkt zu nennen, sahen sich die Staatskirchen als Erben der scholastischen Tradition, die Frommen dagegen als Nachfolger der Urkirche und als Schüler Augustins. Der katholischen und der protestantischen Hierarchie galt die Geschichte ihrer Kirchen als Verpflichtung, Puritaner, Jansenisten und Pietisten bewunderten dagegen die von den offiziellen Kirchen Verfolgten und Ausgestoßenen als ihre wahren Vorläufer. Auch die biblischen Vorbilder, an denen sich beide Seiten orientierten, waren verschieden: Die Erneuerer glaubten an die Worte der Propheten, nahmen sich das Volk Israel des Alten Testaments zum Vorbild und konzentrierten sich auf die von Jesus selbst im Neuen Testament gelehrten Gebote; die Geistlichen der Staatskirchen verwiesen dagegen auf das Zusammenwirken von Königen und Priestern im Alten Testament sowie auf das Wirken der Apostel, speziell auf Paulus und seine Worte im 13. Kapitel des Römerbriefs. Schließlich sei erwähnt, daß die Staatskirchen uneingeschränkte Obrigkeitstreue lehrten, ihre religiösen Kontrahenten dagegen zwar für den politischen Bereich meistens Gehorsam predigten, für den Bereich des Glaubens aber Skepsis gegenüber weltlichen Machtansprüchen.

Die verschiedenen religiösen, dogmatischen, sozialen und ethischen Aspekte staatskirchlicher Doktrin und Praxis unter dem Absolutismus können auf ein Modell politischer Theologie zurückgeführt werden: Auf die enge Kooperation zwischen geistlicher und weltlicher Obrigkeit, so wie sie in Teilen des Alten Testaments, etwa unter den Königen David und Salomo, und so wie sie vor allem im konstantinischen Zeitalter zu finden war. Die volle Integration der Kirche in die politischen und gesellschaftlichen Verhältnisse gehörte zu dieser Kooperation ebenso wie die Betonung des Kirchenrechts, die Beschäftigung mit der Dogmatik ebenso wie die Förderung der Theologischen Fakultäten, von denen die reine Lehre vertreten werden sollte. Kurzum, ebenso vorbehaltlos wie die Könige die Kirchen schützten, sollten sich diese in den Dienst der weltlichen Herrschaft stellen. Beide Seiten erhofften sich dabei eine Steigerung ihrer jeweiligen Macht. Während die Fürsten durch kirchliche Unterstützung ihre auf das Gottesgnadentum gestützte Herrschaft mit zusätzlicher theologischer Legitimation versehen und ihre Untertanen mit kirchlicher Hilfe besser disziplinieren wollten, sahen die kirchlichen Oberen in dieser Kooperation die Chance, direkt auf die staatliche Politik Einfluß zu nehmen und die unter dem Absolutismus gesteigerte staatliche Macht dazu zu verwenden, den, wie sie glaubten, schwindenden kirchlichen Einfluß zu stärken. Auf der anderen Seite lag in der Kooperation zwischen geistlicher und weltlicher Gewalt aber auch erheblicher Konfliktstoff. Der kontroverstheologische Eifer orthodoxer Theologen konnte die von den absolutistischen Obrigkeiten geschützte Gesellschaftsordnung empfindlich stören; gegen die konfessionellen Regeln verstoßende außen- und innenpolitische Aktionen der Herrscher waren geeignet, das Selbstverständnis der Kirchen zu erschüttern und, wenn sich die Kirchen von staatlicher Dominanz nicht lösten, deren Einfluß bei den Gläubigen zu mindern.

Bei den religiösen Erneuerungsbewegungen zwischen Reformation und Aufklärung können dagegen drei verschiedene Modelle einer auf die Politik bezogenen Theologie nachgewiesen werden: Die Föderal- oder Bundestheologie, die Erweckungstheologie und die Lehre von den letzten Dingen. Die Föderaltheologie spielte vor allem bei den Protestanten eine Rolle, die in der Tradition Zwinglis und Calvins standen. In theologischen und politischen Dingen war diesen Christen das Volk Israel des Alten Testaments Vorbild, das seit Moses' Zeiten einen besonderen Bund mit Gott eingegangen war. Ähnlich wie dieser Bund das gesamte religiöse Leben bestimmt hatte, maßen sie alle Entscheidungen an dem Neuen Bund, dem *covenant*, den Gott mit ihnen abgeschlossen hatte; ähnlich wie Propheten das Volk Israel gemahnt hatten, wenn es vom rechten Wege abzukommen drohte oder abgekommen war, anerkannten sie in ihren Gemeinden und Zirkeln das Wort von Führern. Aus dem besonderen Schicksal des Volkes Israel zogen sie den Glauben an ihre eigene Erwählung. Zusätzlich verstärkte die calvinistische Prädestinationslehre nicht nur bei den Puritanern, sondern auch bei einigen Pietisten die Überzeugung, Gott gewähre ihnen einen besonderen heilsgeschichtlichen Status. Zutiefst waren sie überzeugt, Gott würde sie wie das Volk Israel des Alten Testaments mit Strafgerichten heimsuchen, wenn sie in Sünde lebten, und mit Segen übergießen, wenn sie seinen Geboten treu folgten; jede ihrer Gemeinden konnte ihrer Ansicht nach durch besondere Fingerzeige Gottes gemahnt, jede jederzeit zur Rechenschaft gezogen werden. Da diese Frommen des Neuen Bundes glaubten, Gott habe sie auserwählt, dünkten sie sich den anderen Kirchenchristen überlegen und separierten sich von ihnen. Zur gleichen Zeit organisierten sie ihre eigenen Gruppen straff und unterwarfen sie strenger Zucht. Wie es scheint, hingen ihre religiöse Exklusivität und diese Gruppendisziplin eng zusammen. Die Animositäten, denen einzelne Fromme von Seiten der Mehrheit des Kirchenvolks ausgesetzt sein konnten, wurden auf diese Weise abgefangen, mögliche gesellschaftliche Nachteile kompensiert; ihre besondere religiöse Orientierung wurde durch die Gruppenbindung vermittelt, eingeübt und tradiert.

Nicht alle mit der absolutistischen Staatskirche unzufriedenen Frommen unterwarfen sich jedoch dem aus der Theologie eines Neuen Bundes folgenden Gemeindeleben. Viele Puritaner und die meisten Pietisten, aber auch zahlreiche Jansenisten und später die Methodisten glaubten an die persönliche Wiedergeburt, an die Möglichkeit jedes einzelnen Christen also, sich von den dogmatischen Lehrsätzen der orthodoxen Theologen und der streng geregelten kirchlichen Ordnung lösen und auf direktem Wege, durch Buße, frommes Leben und die dann von Gott geschenkte Wiedergeburt das ewige Heil erlangen zu können. Intensive Bibellektüre, Betonung des religiösen Gefühls, auch Schilderung religiöser Emotionen in Briefen und Tagebüchern, Reduzierung der theologischen Lehrgebäude auf wenige, einfache Sätze, gewissenhafte Sittlichkeit und tätige Nächstenliebe, schließlich die Furcht vor dem Teufel und ein tiefes Mißtrauen gegenüber der von den Mächten dieser Welt korrumpierten Kirche, dies alles, religiöse Emotionalität und theologischer Fundamentalismus, ethische Durchdringung der Glaubenswahrheiten und Angst vor Sünde, charakterisiert diese erweckten Christen, die sich zunächst gegen die alten Kirchen wandten und die seit dem Ende des 17. Jahrhunderts und dann im 18. Jahrhundert zu den konsequentesten Gegnern der Aufklärung wurden. Besonderen Einfluß erlangten sie in England und in Nordamerika: Dort verfestigte sich die Erweckungstheologie zu einer Tradition des *revival,* dort wurde sie zum Mittel des *awakening,* das seit der Mitte des 18. Jahrhunderts ganz bewußt zur geistlichen Erneuerung religiös stumpf gewordener Gemeinden und zur Rechristianisierung dem Christentum entfremdeter Bevölkerungsteile eingesetzt wurde – eine Form der Binnenmission, die auf dem Kontinent erst im späten 19. Jahrhundert Schule machen sollte.

Die dritte Richtung politisch relevanter Theologie, die zahlreiche aktive und potentielle Gegner absolutistischer Staatskirchen faszinierte, konzentrierte sich auf die Lehre von den letzten Dingen. Im Zwangscharakter der Staatskirchen sahen diese frommen Christen jene für das nahe Ende der Welt typischen Verfolgungen, denen sie zwar eine zeitlang ausgesetzt sein, von denen sie aber durch den wiederkehrenden Christus erlöst werden würden. Die verschiedenen Formen des Glaubens an Christi Wiederkunft und an das Tausendjährige Reich können nicht von den ›Zeichen der Zeit‹, von dem Glauben, Gott sende seinen Kindern in Form von Katastrophen und politischen Veränderungen direkte Botschaften, getrennt betrachtet werden. Sie werden deshalb im zweiten Teil der vorliegenden Abhandlung erörtert, in dem es um die Krise der allgemeinen Lebensverhältnisse im 17. Jahrhundert geht.

Daß Föderaltheologie, Erweckungsglauben und Eschatologie auf vielfältige Weise miteinander verbunden werden konnten und verbunden wurden, sei nicht übersehen. Einzelne Wiedergeborene konnten sich zu Gruppen zusammenschließen, die dann zu der Überzeugung kamen, Gott habe sie in einen Neuen Bund aufgenommen; wenn solche nach dem Vorbild des Volkes Israel im Alten Testament lebenden Gruppen verfolgt wurden, konnten ihre Führer lehren, nun treffe das in der Johannesoffenbarung prophezeite Geschehen auf sie und ihre Zeit zu. Wie zahlreiche Beispiele lehren, waren Chiliasmus und Wiedergeburtsglauben ebenso vereinbar wie der Glauben an den Neuen Bund, die Föderaltheologie, und die Lehre vom nahenden Weltende, die Eschatologie.

Inwieweit diese verschiedenen Modelle politikbezogener Theologie mit ganz bestimmten geistigen Traditionen, mit ganz bestimmten sozialen Verhältnissen und mit ganz bestimmten politischen Konstellationen zusammenhingen, ist, da entsprechende Forschungen fehlen, derzeit nicht zu bestimmen. Selbst auf die einfachere Frage, welche christlichen Gruppen sich dem vom Absolutismus bestimmten staatskirchlichen Anspruch unterordneten, und auf die damit zusammenhängende Frage nach den sozialen und politischen Trägern der religiösen Erneuerungsbewegungen im absolutistischen Zeitalter läßt sich derzeit keine endgültige Antwort geben. Soviel scheint aber immerhin klar: Am Anfang des Puritanismus, des Jansenismus und des Pietismus standen ethisch sensible, für das Zeitgeschehen wache und in der Kirchengeschichte bewanderte Theologen, die nicht bei der Kritik an Theologie und Lebenspraxis der Staatskirchen stehenblieben. In Publikationen legten sie nicht nur Fehlentwicklungen bloß, sondern wiesen neue Ziele; in ihrem engsten Wirkungskreis versuchten sie, die ihrer Ansicht nach richtige Form christlichen Lebens zu verwirklichen. Ganz unterschiedliche Kreise reagierten auf diese Signale: Adlige, besonders adlige Frauen, Geistliche, auch Kaufleute und Handwerker. Vieles deutet darauf hin, daß gerade solche Adlige, Geistliche und Bürgerliche reagierten, die vom absolutistischen System benachteiligt wurden oder enttäuscht waren: Adelsfamilien, besonders aus dem niederen Adel, die nicht zur höfischen Gesellschaft gehörten, niedere Geistliche, die unter dem hierarchischen Aufbau der Staatskirche litten, Gelehrte und Stadtbürger, die den überspannten Ambitionen absolutistischer Politik mißtrauten und sich um ihr Land sorgten. Sie alle warfen der Kirche vor, statt für den Frieden zu sorgen und das Christentum zu fördern, sich in höfische Intrigen zu verstrikken. Zum ethischen Rigorismus der Frommen gehörte deshalb häufig noch die Ablehnung der höfischen Barockkultur, zu ihrem religiösen Anspruch gegen die neuen Staatskirchen auch die Propagierung des Alten Rechts und der ständischen Freiheiten. Zu betonen ist dabei, daß die Frommen zwar eine Erneuerung der Religiosität, in der Regel primär aber nicht wirtschaftliche, soziale oder politische Reformen anstrebten. In Staat, Wirtschaft und Gesellschaft idealisierten sie vielmehr häufig die Zustände früherer Zeiten und propagierten, von Ausnahmen wie den Puritanern der 1640er Jahre abgesehen, im Vergleich zum Absolutismus durchaus konservative Ziele. Ihr Mißtrauen gegen Malerei und Architektur, gegen Theater, Tanz und Oper war tief verwurzelt. Diese zentralen Künste des Barocks waren für sie nichts als Ausdruck von Luxus und Verschwendung, eine unzulässige Überhöhung menschlicher Schwäche, kurzum Sünde. Nur wenn erbauliche Inhalte in künstlerisch ansprechender Form, etwa in Gedichten oder Liedern, vorgetragen wurden, fielen ihre Skrupel weg. Hätten Puritaner, Jansenisten und Pietisten aber allein das europäische Kulturleben zwischen Reformation und Aufklärung bestimmt, dann wäre keines der großen Kunstwerke des Barocks entstanden. Zu sehen ist schließlich, daß sich der ganze Konflikt zwischen Befürwortern und Gegnern der absolutistischen Kirchen- und Religionspolitik in den oberen zehn Prozent der Bevölkerung abspielte. Beide Seiten gehörten zur mittleren und oberen sozialen Schicht. Das den Absolutismus favorisierende Kirchenestablishment und die von ihrer Erwählung überzeugten Frommen beanspruchten zwar beide, auch die religiösen Interessen der gemeinen Christen zu vertreten, beide kümmerten sich im Grunde aber wenig darum, was diese gemeinen Christen wirklich glaubten, und beiden gelang es nie, diese für ihre jeweiligen Ziele zu mobilisieren.

Auf die Frage, welche langfristigen politischen, sozialen und kulturellen Wirkungen von den gegen die absolutistischen Staatskirchen gerichteten Erneuerungsbewegungen ausgingen, ist ebenfalls keine einfache Antwort möglich. Neben dem Hinweis auf die Leistungen von Puritanern, Jansenisten und Pietisten im Bereich des Erziehungswesens sind die von ihnen ausgehenden berufsethischen, für die wirtschaftliche Entwicklung signifikanten Impulse zu berücksichtigen; neben ihren literarischen Werken, insbesondere ihren Werken zur Theologie und Philosophie, ist ihre Affinität mit der politischen Opposition gegen den Absolutismus zu erwähnen; indem sie für die ständischen Privilegien und das Alte Recht eintreten, verteidigten sie auch die Prinzipien der politischen Partizipation und der Rechtsstaatlichkeit. Will man diese Leistungen aber genauer bestimmen und in den Gesamtablauf der europäischen Geschichte zwischen Reformation und Aufklärung einordnen, dann stellen sich weitere, schwierige Fragen. Zu fragen ist dann, ob der religiös begründete Widerstand gegen die absolutistische Kirchen- und Religionspolitik tatsächlich als Kompensationserscheinung eingestuft werden darf, wie das oben geschehen ist, ob Puritanismus, Jansenismus und Pietismus also sozial- und religionspsychologisch zu deutende Bewegungen waren, in denen sich alle jene sammelten, denen unter dem Absolutismus Erfolg und Einfluß versagt waren oder doch versagt schienen und die deshalb eine besondere Lehre von ihrer ethischen Überlegenheit entwickelten, ein besonderes System von theologischen Prämien für jene, die ihnen folgten, und ein besonderes Verständnis ihrer eigenen heilsgeschichtlichen Rolle. Man muß dann ferner fragen, in welchem Umfang sich im Puritanismus, im Jansenismus und im Pietismus nicht ebenso eine frühe Reaktion auf den sich seit dem 16. Jahrhundert beschleunigenden politischen, sozialen und kulturellen Wandel zeigte, eine Antwort auf die Probleme der sich rascher verändernden und von allem Hergebrachten lösenden Welt, eine Antwort somit, die um ihr Seelenheil besorgten Christen in dieser Phase neue Sicherheit versprach, neue Orientierung, neuen Sinn und neue Maßstäbe, um allem Neuen zum Trotz das ewige Heil zu erlangen. Zu fragen wäre schließlich, inwieweit die gegen den Absolutismus gerichteten religiösen Erneuerungsbewegungen nicht auch Teilaspekt eines sozialen und kulturellen Differenzierungsprozesses sind, an dessen Ende die Koexistenz verschiedener Formen von Gläubigkeit, verschiedener Kirchen und verschiedener Theologien steht. Indem die Puritaner, die Jansenisten und die Pietisten erfolgreich eine gegen die Staatskirche gerichtete Lehre und eine eigene Lebenswelt begründeten und indem sie eine eigene Kultur tradierten, bewirkten sie, daß diejenige Macht, die bis dahin am meisten zur sozialen Homogenität und zur kulturellen Konformität beigetragen hatte, eben die Kirche, an Einfluß und Überzeugungskraft verlor. Als die aufgeklärten Fürsten des 18. Jahrhunderts die verschiedenen religiösen Richtungen, aus welchen Motiven auch immer, zu schützen begannen, befestigten sie den geistigen, den kulturellen und in der Folge auch den politischen Pluralismus und beschleunigten, sieht man über das 18. Jahrhundert hinaus, die Säkularisierung der Welt. Wenn es künftigen Forschungen gelingt, genauer zu bestimmen, ob und in welchem Maß sich bei den Frommen der nachreformatorischen Zeit das Element der Kompensation für tatsächlich oder vermeintlich verlorenen Einfluß, das Element der Reaktion auf gesellschaftlichen Wandel und der Aspekt übergreifender politischer und kultureller Differenzierung zeigen, dann sind wir auch bei dem Versuch, die Rolle des Christentums im neuzeitlichen Europa zu bestimmen, ein Stück weiter.

Um das Bild abzurunden, sind noch zwei eng miteinander zusammenhängende Aspekte absolutistischer Kirchen- und Religionspolitik zu erörtern: Das Schicksal der konfessionellen Minderheiten und die Bedeutung der religiösen Toleranz. Protestanten in katholischen Ländern, Katholiken in protestantischen Ländern, diese aus der Reformation stammenden konfessionellen Minderheiten waren im Zeitalter des Absolutismus besonderem Druck ausgesetzt und reagierten auf diesen Druck verschieden. Wenn, wie bei den Hugenotten in der zweiten Hälfte des 16. Jahrhunderts, Mitglieder der oberen Stände zu ihnen zählten, strebten sie danach, ihren Einfluß so weit zu steigern, daß ihre Position unanfechtbar wurde. Diesem Zweck dienten besondere ökonomische Aktivitäten und die straffe Organisation ihrer Gemeinden; diesem Ziel entsprachen ihr theologisches Selbstbewußtsein und ihre ethische Selbstzucht. Aus ihrer politischen Aktivität entstand in der Regel eine von Adligen geführte Partei, die, wie andere ständische Parteien, um politische Mitsprache, um Teilhabe an der Macht im Staate rang. Keine der konfessionellen Minderheiten hat dieses Ziel erreicht, auch nicht die militärisch anfänglich so erfolgreichen, 1598 von Heinrich IV. aber domestizierten, 1628 durch Richelieu degradierten und 1685 durch Ludwig XIV. schließlich vernichteten Hugenotten.

Die Hugenotten der Zeit zwischen 1628 und 1685 gehören schon zu einem zweiten Typus, den man den quietistischen Typus konfessioneller Minderheit nennen könnte. Durch unbedingte Obrigkeitstreue versuchten Minderheiten dieses Typs, die Gunst ihrer Herrscher zu erlangen oder zu bewahren; durch besondere ökonomische Aktivität waren auch sie bestrebt, ihre Gruppen zu stärken, wobei die absoluten Fürsten, wie das Beispiel Brandenburg-Preußens zeigt, ihre wirtschaftliche Tüchtigkeit ebenso wie ihre politische Loyalität schätzten. Nicht auf ihrer eigenen Macht beruhte jedoch das Maß der ihnen gewährten Glaubensfreiheit, nicht ihrem eigenen Willen entsprang das Maß der ihren Gemeinden eigenen Autonomie. Die von Sittenstrenge und sozialer Verantwortung geprägten Gemeinden der Mennoniten in Brandenburg-Preußen oder auch der Hugenotten in Brandenburg-Preußen nach 1685 waren, um zwei weitere Beispiele zu nennen, abhängig vom kirchenpolitischen Kurs ihrer Herrscher; sie prosperierten zwar gewiß aufgrund ihrer eigenen Tüchtigkeit, nicht zuletzt aber auch aufgrund der ihnen gewährten Toleranz.

Die nach 1685 in Frankreich verbliebenen Hugenotten, die sich im Camisardenaufstand erhoben, sind dagegen einem dritten Typus zuzuordnen, jenen nach dem Vorbild des Volkes Israel im Alten Testament um ihren Glauben kämpfenden, durch Propheten aufgeputschten, von chiliastischen Hoffnungen erfüllten konfessionellen Minderheiten, die ihre Märtyrer verehrten, die in ihren eigenen Reihen nur strengste Zucht und Unterordnung duldeten und den Einsatz ihres eigenen Lebens nicht scheuten. Nirgendwo in Europa gelang es einer Minderheit dieses Typs, einen Freiraum zu erringen, in dem sie sich entfalten konnte. Kämpfende konfessionelle Minderheiten gingen unter oder wanderten aus, wobei sie sich dann häufig in der Fremde in der quietistischen Form neu konstituierten.

Bei allen drei Typen sind enge Zusammenhänge zwischen religiösem Selbstverständnis und innerer Organisation auf der einen sowie dem für sie gegebenen politischen Kontext auf der anderen Seite zu konstatieren. Je stärker der auf konfessionellen Minderheiten lastende Druck war, desto stärker wurde ihr Glaube, sie seien auserwählt und ihre Verfolger mit dem Teufel verbündet, desto autoritärer wurde auch der Führungsstil ihrer Propheten. Auch wenn es falsch ist, aus diesen Beobachtungen allgemeine Regeln, allgemeingültige religionspsychologische Gesetzmäßigkeiten abzuleiten, so fällt doch auf, daß es weitgehend vom Grad der Unterdrückung abhing, wie sehr in solchen Gruppen ein Lehre und Leben umfassender Konsensus erzwungen wurde und wie sehr sie ihre Gegner diffamierten. Als Beleg sei noch einmal an die Geschichte der Hugenotten erinnert, deren Weg von einer konfessionell-politischen Partei zunächst zu einer politisch-quietistischen und dann zu einer kämpfenden Minderheit nicht in erster Linie aufgrund ihrer calvinistischen Theologie oder der Sozialstruktur ihrer Bewegung, sondern allein unter Hinweis auf die Formen und Stufen des gegen sie ausgeübten politischen Drucks erklärt werden kann. Zu erwähnen ist ferner, daß von wenigen Beispielen, etwa den Wiedertäufern im Alten Reich, abgesehen, alle religiösen Minderheiten bis in das Zeitalter der Aufklärung hinein überlebten und überdauerten. Das gilt für Quäker und Baptisten, für Mennoniten und Waldenser, auch für die Antitrinitarier und die böhmischen Brüder. Wenn diese Gruppen den absolutistischen Druck überstanden, dann lag das jedoch nicht allein daran, daß sie in irgendeinem europäischen Land einen Zufluchtsort gefunden hatten, so wichtig äußerer Schutz auch in einzelnen Fällen war. Zu berücksichtigen ist dabei auch, daß allen diesen Gruppen ein hohes Selbstgefühl eignete, das die gesellschaftliche Integration erschwerte, wenn nicht gar unmöglich machte. Selbst wenn im Laufe von Jahren der religiöse Eifer solcher Gruppen abflaute, dann war für ihre Mitglieder nicht einfach eine Eingliederung in die übrige Gesellschaft möglich. Selbst wenn sie ihre besondere Tradition aufgegeben, wenn sie sich kulturell angepaßt und geistig assimiliert hatten, dann mußten sie sich zur offiziellen Kirche bekennen, ehe sie an den Rechten der Mehrheit teilhaben und die auch in der ständischen Gesellschaft vorhandenen Chancen sozialer Mobilität nutzen konnten. Das war bis ins 18. Jahrhundert hinein jedoch nur selten der Fall.

Es bleibt, auf Toleranz einzugehen, die von absolutistischen Herrschern und von den wenigen von Ständen regierten oder zumindest mitregierten Staaten den konfessionellen Minderheiten und den oben geschilderten religiösen Erneuerungsbewegungen gegenüber geübt wurde. Auch bei diesem Punkt ist verschiedenes zu erwähnen. Erich Hassinger hat vor einigen Jahren die wirtschaftlichen Motive und Argumente für religiöse Duldsamkeit im 16. und 17. Jahrhundert untersucht und resümiert, wirtschaftliche Gründe hätten zur Ansiedlung von niederländischen Mennoniten durch den Rat der Stadt Danzig im Weichseldelta im Jahre 1547 geführt, ebenso wie dann im frühen 17. Jahrhundert zur Förderung Altonas durch den Schauenburger Grafen Ernst II., zur Gründung von Glückstadt an der Unterelbe durch den dänischen König Christian IV. und zur Gründung von Friedrichstadt an der Eider durch den Gottorfer Herzog Friedrich III., vor allem aber hätte man in den Niederlanden seit den 1560er Jahren erkannt, in welchem Maße religiöse Intoleranz die Wirtschaft schädigen konnte. Immer wieder seien deshalb Niederländer, nicht zuletzt

Wilhelm von Oranien, mit wirtschaftlichen Argumenten für größere Religionsfreiheit eingetreten, während ähnliche Überlegungen in England, wenigstens bis 1660, und auch in Frankreich nur am Rande aufgetaucht seien. Schon einige Jahrzehnte, ehe John Locke seinen 1685/86 im Amsterdamer Exil geschriebenen *Letter concerning Toleration* publizierte, hatten dagegen in England theologische und rechtliche Argumente, warum verschiedene religiöse Richtungen zu dulden seien, eine größere Rolle gespielt. Die Leveller sahen in der Religionsfreiheit ein mit der Gewissensfreiheit verwandtes Grundrecht; der bibelfeste Oliver Cromwell verfolgte zwar Katholiken, duldete in den 1650er Jahren aber wenigstens mehrere protestantische Richtungen nebeneinander. Das war die Linie, die in der von John Lockes Ideen beeinflußten *Toleration Act* von 1689 weiter verfolgt wurde. Lockes Hauptverdienst lag dabei darin, daß er genauer als seine geistigen Vorläufer, genauer auch als Spinoza und Pierre Bayle, die Aufgaben von Staat und Kirche definierte, um zu vermeiden, daß das Gemeinwohl als Vorwand für religiöse Tyrannei und die Toleranz als Vorwand für Libertinismus diente. Beide, Kirchen und Staaten, waren nach Lokkes Meinung zur Toleranz verpflichtet: Die Staaten, weil das Seelenheil der Untertanen nicht in ihre Befugnisse falle, weil die Obrigkeiten keine besondere Kenntnis des Wegs zur Seligkeit haben und jenen, die sie falsch führen würden, den ewigen Schaden nicht wiedergutmachen könnten, die Kirchen, weil ihre Ordnungen von der Bibel nicht ausdrücklich befohlen werden und erzwungener Gottesdienst ohne Überzeugung zwecklos sei. Diese Argumentation sollte dann im weiteren Verlauf der Aufklärung Schule machen.

Überblickt man die europäische Geschichte von der Reformation zur Aufklärung, dann überwiegt aber bei weitem die Intoleranz in Glaubensfragen. Die Fürsten waren intolerant, weil sie religiösen Dissens mit tatsächlichem, oder doch potentiellem politischem Ungehorsam gleichsetzten; die Staatskirchen waren intolerant, weil sie ihre seit der Reformation grundsätzlich in Frage gestellte theologische und kirchliche Ordnung nicht weiter gefährden wollten. Weder aus dem politischen Kalkül noch aus den ökonomischen Interessen absolutistischer Herrscher ergab sich zwangsläufig eine Politik der Toleranz. Um so bemerkenswerter sind einzelne Zentren und einzelne Varianten religiöser Duldsamkeit im damaligen Europa. Als Vorkämpfer größerer Glaubensfreiheit haben zunächst einige Adelsfamilien und einige Städte in Ostmitteleuropa zu gelten, Mitglieder der Stände in Polen, im habsburgischen Teil Ungarns und in Siebenbürgen, auch die 1620 vernichteten böhmischen Stände. Zwischen dem von konfessioneller Konkurrenz geplagten Alten Reich im Westen und der russisch-orthodoxen Kirche im Osten schufen sie in der zweiten Hälfte des 16. Jahrhunderts einen Freiraum, in dem teilweise erstaunlich große Toleranz geübt wurde, so daß dort beispielsweise die überall sonst in Europa verfolgten Antitrinitarier ein Refugium fanden. Während dieser Freiraum im Laufe des 17. Jahrhunderts von konfessionellen Kräften, nicht zuletzt von den österreichischen Habsburgern, Stück für Stück zurückerobert, gewissermaßen rekonfessionalisiert wurde, setzte sich in den Niederlanden die gegenläufige Tendenz durch. Dort hatte zwar nach außen hin 1618/19 der orthodoxe Calvinismus gesiegt, nach innen aber, im täglichen Leben der niederländischen Städte und Gemeinden, wurden das ganze 17. Jahrhundert hindurch verschiedene christliche Glaubensgemeinschaften toleriert. Den Zeitgenossen galt die in den Niederlanden praktizierte Toleranz als unübertroffen. Im Rückblick erscheint dagegen der von Brandenburg-Preußen geleistete Beitrag zur Befriedung des konfessionellen Streits genauso wichtig. Denn während beispielsweise in Frankreich noch im ausgehenden 17. Jahrhundert die ganze Macht des Absolutismus eingesetzt wurde, um konfessionelle Uniformität zu erzwingen, diente die von den gewiß nicht weniger als die französischen Herrscher absolutistisch gesinnten Hohenzollern favorisierte Lehre des Territorialismus dazu, Staatsinteresse und religiöses Leben klar zu scheiden. Wie die Ge-

genüberstellung von Frankreich und Brandenburg-Preußen zeigt, hing Toleranz in Glaubensdingen nicht von dem Grad der Konsolidierung ab, den ein absolutistisches Regime erreicht hatte.
Der wichtigste Beitrag zu größerer religiöser Toleranz wurde im 17. Jahrhundert aber nicht in Europa, sondern in den englischen Kolonien in Nordamerika geleistet. Während in spanischen und portugiesischen Kolonien Nichtkatholiken verfolgt wurden und während selbst die Holländer in ihrem Kolonialreich neben dem Calvinismus keine anderen religiösen Richtungen duldeten, lebten Christen verschiedener Konfession in einigen englischen Kolonien in Nordamerika nebeneinander. An erster Stelle ist die von Roger Williams 1636 gegründete Kolonie Rhode Island zu nennen. Aus dem von einem strengen puritanischen Regiment in Art einer Theokratie regierten Massachusetts als Nonkonformist ausgewiesen, trat Roger Williams unter Rückgriff auf Martin Luthers Zwei-Reiche-Lehre, wie Karl Dietrich Erdmann gezeigt hat, für eine konsequente Trennung von Kirche und Staat ein; innerhalb des religiösen Bereichs billigte er außerdem keiner einzelnen Richtung ein Monopol zu, da dies die Gewissensfreiheit bedrohe. An zweiter Stelle ist das von dem katholischen Lord Baltimore kurz vor Rhode Island gegründete Maryland zu erwähnen. Hier dominierten eindeutig Wirtschaftsinteressen. In dem Maße, in dem neben Katholiken aber auch Protestanten verschiedenster Provenienz in diese Kolonie einwanderten, entstand jedoch auch in Maryland ein pluralistisches religiöses System, das, ebenso wie die neue Ordnung in Rhode Island, innerhalb von drei Jahrzehnten eine auch von London sanktionierte feste Rechtsgrundlage erhielt. An dritter Stelle steht schließlich das 1682 gegründete Pennsylvania, dessen Attraktivität als Zufluchtsort für religiöse Dissidenten und Nonkonformisten bald alle anderen Kolonien übertraf. Die Quäker Pennsylvanias praktizierten, was Jahrzehnte später die Aufklärer forderten.
Nicht alle von den Staatskirchen in Europa verfolgten religiösen Minderheiten traten aber für mehr religiöse Toleranz ein, wenn sie selbst in Nordamerika die Herrschaft in einem bestimmten Territorium führen konnten. Während die Quäker in Pennsylvania andere religiöse Gemeinschaften gewähren ließen, duldeten die Puritaner in Massachusetts keinen Nonkonformismus. Äußere Umstände, soziale oder politische Faktoren, können diese Differenz nicht erklären: Sie beruht vielmehr auf einem unterschiedlichen Verständnis der christlichen Tradition und auf unterschiedlichen theologischen Maximen. Während die Puritaner ihr Gemeinwesen in Massachusetts nach der Föderaltheologie einrichteten und dazu eifrig das Alte Testament studierten, beriefen sich die Quäker in Pennsylvania und auch Roger Williams vor allem auf das Neue Testament. Diese Gegensätze prägten jedoch nicht die geistige und politische Welt des kolonialen Amerika auf Dauer. Schon gegen Ende des 17. Jahrhunderts begann den orthodoxen Puritanern in Massachusetts die Macht zu entgleiten. Erst im Zeitalter der Amerikanischen Revolution sollten jedoch die Europäer davon Kenntnis nehmen, daß sich das Zusammenleben verschiedener Religionsgemeinschaften in der Neuen Welt so ganz anders als in der Alten Welt entwickelt hatte.

Bibliographische Hinweise zu II. 8.

Außer den unter I. und II. 1. genannten Titeln siehe:

Erdmann, Karl Dietrich, »Roger Williams – das Abenteuer der Freiheit«, in: Geschichte, Politik und Pädagogik (1970) 355–371.
Groethuysen, Bernhard, Die Entstehung der bürgerlichen Welt- und Lebensanschauung in Frankreich, 2 Bde (1927/30, repr. 1973).
Hassinger, Erich, »Wirtschaftliche Motive und Argumente für religiöse Duldsamkeit im 16. und 17. Jahrhundert«, in: Archiv für Reformationsgeschichte 49 (1958) 226–245.

Kamen, Henry, The Rise of Toleration (1967).
Leclerc, Joseph, Geschichte der Religionsfreiheit, 2 Bde [frz. 1955, engl. 1960] (1965).
Schramm, Gottfried, Der polnische Adel und die Reformation 1548–1607 (1965).
Stasiewski, Bernhard, Reformation und Gegenreformation in Polen (1960).
Wrzecionko, Paul (Hg.), Reformation und Frühaufklärung in Polen (1977).

III. Not, Angst, Hoffnung

Die Krise des Glaubens im 17. Jahrhundert

1. Ursachen, Erscheinungsformen und Folgen der großen Krise des 17. Jahrhunderts

Während die Historiker seit über hundert Jahren versuchen, Wesen und Wirkung des Absolutismus in Europa zu ergründen, diskutieren sie erst seit etwa zwanzig Jahren über Umfang und Bedeutung der ›Krise des 17. Jahrhunderts‹. Den Anstoß gab der englische Historiker E. J. Hobsbawm, der 1954 in einer längeren Abhandlung darlegte, im 17. Jahrhundert habe sich der entscheidende Übergang von der noch im Rahmen der Feudalgesellschaft gebundenen frühkapitalistischen Wirtschaftsweise zur eigentlichen kapitalistischen Wirtschaft vollzogen. Krise hieß dabei für Hobsbawm im Sinne von Marx die Zuspitzung und dann die Aufhebung des Gegensatzes zwischen Produktionskräften und Produktionsverhältnissen, was bei seinem Thema die Auflösung der feudalen Agrarstruktur und die Grundlegung kapitalistischer Wirtschaftsformen bedeutete. Um seine These zu belegen, benützte Hobsbawm verschiedene Argumente: Das 17. Jahrhundert habe mit dem Niedergang des Mittelmeerhandels und mit dem wirtschaftlichen Ruin Deutschlands, auch dem der Hanse, eine Handelskrise gebracht, deren Folgen durch Fortschritte im Atlantikhandel nicht kompensiert worden seien; an vielen Orten sei es außerdem zu einem Rückgang der Bevölkerung gekommen, auch zu einem Rückgang der gewerblichen Produktion, der zur Entindustrialisierung bereits industrialisierter Gegenden geführt habe, ferner zu einer Krise bei der überseeischen Expansion der Europäer, schließlich in verschiedenen europäischen Ländern zu sozialen Revolten. Alle diese Vorgänge bedeuteten nach Hobsbawm nichts anderes, als daß die wirtschaftliche Aufwärtsentwicklung in Europa gegen Ende des 16. Jahrhunderts einen kritischen Punkt erreicht hatte, daß eine grundlegende Veränderung der Gesamtstruktur notwendig war, ehe es zu weiterem Aufschwung kommen konnte. Diese grundlegenden Veränderungen bestanden nach Hobsbawm dann in ökonomischer Konzentration, da im 17. Jahrhundert die großen Städte auf Kosten der kleinen, die starken Handelsmächte auf Kosten der schwachen gewachsen seien, sie bestand ferner im Aufbau leistungsfähiger Manufakturen in jenen Ländern, in denen genügend Kapital vorhanden war, in der Festigung des auf Investitionen und damit auf weitere Produktion gerichteten Denkens gegenüber dem Konsumdenken, und sie bestand schließlich in der Durchsetzung eines neuen Kolonialsystems, das weiteren europäischen Export ermöglichte. Politische Aspekte, etwa die machtpolitischen Ambitionen der absolutistischen Herrscher, die sich nicht zuletzt in einem erhöhten staatlichen Geldbedarf niederschlugen, wurden von Hobsbawm dagegen ebensowenig angesprochen wie die kulturellen Folgen der von ihm aufgezeigten Krise, deren sozialpsychologische Implikationen wurden von ihm ebensowenig diskutiert wie ihre Bedeutung für die Bereiche Kirche, Frömmigkeit und Theologie.

Im Jahre 1959 replizierte ein anderer englischer Historiker, Hugh R. Trevor-Roper, ihn überzeugten Hobsbawms Thesen keinesfalls. Da die Marxisten von der Hypothese ausgingen, irgendwann zwischen Spätmittelalter und 19. Jahrhundert sei der Übergang vom Feudalismus zum Kapitalismus erfolgt, und da sie ferner glaubten, dieser Übergang sei auf revolutionäre und nicht auf evolutionäre Weise geschehen, identifiziere Hobsbawm das Zeitalter der Englischen Revolution mit diesem Sprung nach vorn, ohne jedoch schlüssige Beweise vorzulegen. Richtig sei allerdings, so weiter Trevor-Roper, daß im 17. Jahrhundert eine Krise stattgefunden habe, freilich keine Krise der Ökonomie, sondern eine Krise des Staates. Der Hinweis auf die Zerstörungen des Dreißigjährigen Krieges und den Niedergang des Handels genüge nicht, diese auch von den Zeitgenossen wahrgenommene Krise zu erklären: Es handle sich dabei, so Trevor-Roper, um eine Krise im Verhältnis der im Zeitalter der Renaissance entstandenen spezifischen Form des Staates und dem Leistungsvermögen der Gesellschaft, um die Unfähigkeit der Gesellschaft in den einzelnen europäischen Ländern, die gewaltigen Staatsapparate mit ihrer zentralen Bürokratie, ihrem enormen Repräsentationsbedürfnis, ihren bereicherungssüchtigen Ministern, mit ihrem riesigen Finanzbedarf also, weiterhin zu tragen. Nur die große Wirtschaftsexpansion des 16. Jahrhunderts habe es ermöglichst, daß sich das, was Trevor-Roper den Staat der Renaissance nennt, soweit entwickeln konnte. Im 17. Jahrhundert, als die Leistungsfähigkeit der Wirtschaft nachließ, sei dagegen die Grenze der Belastbarkeit überschritten worden, sei das System zusammengebrochen. Seit den 1620er Jahren seien allenthalben in Europa die Klagen über die Höfe gewachsen, hätten sich die Kräfte gegen den Renaissancestaat gesammelt. Höchst unterschiedlich sei aber das Ergebnis der großen revolutionären Erhebungen in den zwei Jahrzehnten zwischen 1640 und 1660 gewesen: Spanien sei zu Reformen unfähig gewesen; in Frankreich hätte sich der Monarch mit einem wirtschaftlichen Reformprogramm durchgesetzt; in England hätten dagegen die gegen Korruption und Verschwendung eingestellten Puritaner gesiegt, die den englischen Herrschaftsapparat von allem unnötigen Ballast der Renaissancezeit befreiten. Neben den Niederlanden, die die Lasten des spanischen Hofes abwarfen, erscheint Trevor-Roper deshalb England als diejenige Macht in Europa, die gestärkt aus der großen Krise des 17. Jahrhunderts hervorging.

Ergänzend ist zu bemerken, daß auch Trevor-Roper die Bedeutung des Christentums im Kontext seiner Krisentheorie nicht ausführlich erörtert und nur auf ein Beispiel, die Puritaner, etwas genauer eingeht. Ebensowenig bemühte er sich darum, den möglichen Folgen der von ihm beschriebenen Krise des Renaissancestaats für die Kirchen, für Theologie und Frömmigkeit weiter nachzugehen. Auch ein 1960 veranstaltetes Symposion, auf dem Roland Mousnier und John H. Elliott Trevor-Ropers Thesen kritisierten, brachte in diesen Punkten keine weiteren Aufschlüsse. Trevor-Roper bemerkte lediglich, zur Summe aller Ämter im Renaissancestaat rechne er auch die kirchlichen Ämter, ferner, zur »crisis of ideas« im 17. Jahrhundert zähle er auch den Aufbau und Niedergang der Staatskirchensysteme, und schließlich, der Unterschied zwischen den katholischen und protestantischen Ländern Europas liege darin, daß in katholischen Ländern die wachsende Zahl der Geistlichen, speziell die Ordensgeistlichen, zwar auch die auf den Ländern liegenden Lasten vergrößert, zugleich aber deren Bevölkerung mit den Herrschern versöhnt habe, während die englischen Prediger den Hof kritisiert und die Loyalität der Untertanen untergraben hätten.

Als Christopher Hill 1965 ein vorläufiges Résumé der Diskussion über die Krise des 17. Jahrhunderts zog, meinte er, es bestehe Übereinstimmung, daß es im damaligen Europa eine ökonomische und eine politische Krise gegeben habe, daß die Reaktion auf diese Krisen in verschiedenen Ländern unterschiedlich gewesen sei und daß die nationalen Besonderheiten »in relation to social and political structures and to religious institutions and beliefs« analysiert werden müßten (Aston, Hg., *Crisis,* S. 3). Hills letzte Forderung ist bis heute noch nicht eingelöst, obwohl in den letzten zehn Jahren vor allem in England, in Frankreich und in den USA zahlreiche Arbeiten erschienen sind, in denen die so gegensätzlichen Krisentheorien von Hobsbawm und Trevor-Roper weiter diskutiert und einzelne Beispiele, um diese zu bestätigen oder zu widerlegen, vorgetragen wurden. Unter

den Kritikern ragen John H. Elliott und Henry Kamen heraus. Elliott argumentierte 1969, die Religionskriege in Frankreich und der Aufstand der Niederlande hätten den Verlauf der europäischen Geschichte weit mehr als die gelungenen und gescheiterten Revolutionen der Jahrzehnte zwischen 1640 und 1660 berührt; neben aller Diskontinuität, so wie sie die Krisentheorien zu fassen suchten, gelte es auch auf die Kontinuität im 17. Jahrhundert zu achten. Kamen ergänzte 1971, er könne sich zwar mehrere kleine Krisen und selbst eine ausgedehnte Krise vorstellen, eine über ein Jahrhundert andauernde Krise sei jedoch ein terminologischer Mißbrauch und nichts anderes als das Produkt der Einbildungskraft übereifriger Historiker (*Iron Age,* S. 308). Für ihn sei der Begriff Krise deshalb allein auf jene Serie von Aufständen in der Jahrhundertmitte anwendbar, die R. B. Merriman schon 1938 beschrieben habe.
Unter den Historikern, die sich um eine Klärung und weitere Präzisierung der Krisentheorie bemühten, ist vor allem Theodore K. Rabb zu nennen. Nach Rabb ging es bei der Krise des 17. Jahrhunderts primär um die Frage der Autorität im politischen und geistigen Leben. Die ersten Anzeichen der Krankheit, das steigende Fieber, wie er in Anlehnung an den medizinischen Begriff von Krise schreibt, seien seit dem ausgehenden 15. und im 16. Jahrhundert zu erkennen: Zweifel und Unsicherheit bei der Beurteilung der Werte und Normen; in der Kunst, die Rabb mit Vorliebe als Beweis heranzieht, ein Hang zum Manierismus und zur Auflösung der Formen. Die ersten Reaktionen bestanden nach Rabb dann nicht nur in Weltflucht und Mystizismus sowie in einer intensiveren Beschäftigung mit Astrologie und Eschatologie, sondern auch im Ruf nach Klärung und Klarheit, nach Ordnung und Stabilität. Die eigentliche Krise habe sich dann, so Rabb, im mittleren Drittel des 17. Jahrhunderts abgespielt: In dieser relativ kurzen Phase seien die Entscheidungen gefallen, die zur Etablierung neuer Autorität, zu einem neuen Gefühl für Sicherheit und zu neuer Stabilität sowohl in den geistigen als auch in den politischen Verhältnissen führten. Seit dem Jahre 1660 sei es deshalb überall in Europa zu einer Entspannung gekommen, zu einem neuen Sinn für Maß und Ordnung, kurzum zu einer Gesundung des erkrankten politischen und kulturellen Organismus. Nicht zu vergessen ist, daß nach Rabb der schwindende Einfluß der Religion auf die Politik Teilaspekt dieser Stabilisierung war. In der Außenpolitik schon in den Jahrzehnten vor 1648, mit einer gewissen Phasenverschiebung dann aber auch in der inneren Politik der europäischen Staaten, sei alles Religiöse in den Hintergrund getreten.
Eine erste Zwischenbilanz ist angebracht: Die Ergebnisse der bisherigen Diskussion über die Krise des 17. Jahrhunderts sind, so scheint es, für die am Schicksal des Christentums zwischen Reformation und Aufklärung interessierten Historiker aus verschiedenen Gründen unbefriedigend. Dabei geht es nicht nur um einzelne Aussagen, wie beispielsweise die Ansicht Rabbs, seit der Mitte des 17. Jahrhunderts könne von einem politischen Einfluß des Christentums keine Rede mehr sein. Schon ein Beispiel wie der heftige Streit um eine mögliche Rekatholisierung Europas in den 1680er Jahren beweist, daß dieses Urteil nicht haltbar ist. Gravierender ist jedoch, daß in der bisherigen Krisendiskussion nicht nur die Wirtschafts- und Sozialhistoriker und die an der allgemeinen Geschichte interessierten Historiker in keinen Dialog miteinander kamen, in dem sie ihre gegenseitigen Forschungsergebnisse ausschöpften, sondern daß vor allem auch die Interdependenzen zwischen diesen Bereichen und der geistigen, der religiösen und der theologischen Entwicklung in jener Epoche nicht erkannt und näher erforscht wurden. Wichtige Hinweise von Literaturhistorikern zum Todesgedanken, zu «vanitas und memento mori« im Zeitalter des Barock, wurden nicht aufgenommen. Was heißt es, wenn damals nach Walter Rehm die Überzeugung von der raschen Vergänglichkeit alles Irdischen dominierte, wenn große Dichter »vorab die dunklen und nächtlichen Bezirke des Daseins« sahen? Was bedeutete es für Politik und Religion, wenn Rehm ferner bemerkt, ihm schei-

ne, die damaligen Menschen hätten »die bindende Lebensmitte verloren«, »in der Todesliebe und in der Todessehnsucht« hätte »das Barockjahrhundert sein Eigenstes« ausgesprochen (*Der Todesgedanke,* S. 191, 232, 237). Wie ist es zu erklären, daß in der »barokken Bußdichtung« nach Ferdinand van Ingen, und zwar in der protestantisch-orthodoxen ebenso wie in der katholisch-jesuitischen, »das Bild des grimmigen Gottes« erscheint, »dessen Stimme aus Sturm und Gewitter, im rollenden Donner ertönt, dessen Zorn im zuckenden Blitz sich kundtut«, eine »dämonische Gottesvorstellung, die Naturkatastrophen aller Art, Kriegsnöte, Krankheit, Angst und Tod als ebenso viele Beweise des zürnenden Herrschers über ein grundverdorbenes Menschengeschlecht begreift«, wobei »der Sündenknecht auf dem Bauch im Staube« vor diesem Gott des Grimms kriecht, »sich in nichtendenwollender Zerknirschung und Selbstanklage ständig erniedrigend«, während »die pathetische Vergegenwärtigung von Tod, Gericht und Hölle« in der Dichtung nichts anderes bezweckt, als »die ›doctrina de poenitentia‹ ernst zu nehmen« (*Vanitas und memento mori,* S. 350 f.). Auf diese Fragen blieben die Krisentheoretiker bisher die Antwort schuldig. Dazu kommt, daß selbst da, wo sie auf die Geschichte des Christentums eingehen, ihre Beiträge fragmentarisch sind. Folgte aus der Krise des Renaissancestaates, um ein Beispiel aus Trevor-Ropers Krisenanalyse aufzugreifen, eine Stärkung oder eine Schwächung der Kirche? Führte die allgemeine Verunsicherung im 16. Jahrhundert, um auf Rabbs Theorie einzugehen, auch zu einer Verunsicherung oder im Gegenteil zu einer Vertiefung der Frömmigkeit?

Eine letzte kritische Bemerkung sei hinzugefügt. Sowohl Hobsbawm als auch Trevor-Roper und Rabb verstehen den Begriff Krise im Sinne von Entscheidung, Wendepunkt, historischer Zäsur. Krise ist für sie eine einmalige irreversible Zuspitzung von relativ kurzer Dauer, ein Höhepunkt der historischen Entwicklung, zu dem eine mehr oder minder lange Vorgeschichte und eine mehr oder minder lange Nachgeschichte gehört. Krise ist für sie somit, ähnlich wie für Jakob Burkhardt, ein beschleunigter historischer Prozeß, beinahe synonym mit dem Begriff Revolution. Aus diesem Verständnis von Krise folgt, daß die genannten Historiker ihr gesamtes Material im Hinblick auf diese eine große Entscheidung ordnen. Mit allem, was sich diesem Schema nicht fügt, können sie dagegen wenig anfangen, so zum Beispiel, wie mir scheint, mit der historischen Bedeutung des Christentums zwischen Reformation und Aufklärung.

Wenn im folgenden eine weitere Hypothese vorgetragen wird, die Dimensionen und Charakter einer Krise im 17. Jahrhundert zu fassen sucht, dann ist über die Kritik an den bisher diskutierten Krisentheorien hinaus vor allem dreierlei zu klären:

1. der Umfang und Inhalt des hier vorgeschlagenen Begriffs von Krise;
2. der historische Hintergrund, die historischen Abläufe also, auf die sich dieser Krisenbegriff bezieht, und
3. die Zusammenhänge und Probleme, die sich aus einer Anwendung dieses Krisenbegriffs auf die Geschichte des Christentums ergeben.

Gehen wir zunächst ein auf den ersten Punkt. Im Gegensatz zum Begriff von Krise als Entscheidungsphase scheint für den Zeitraum von etwa 1600/20 bis etwa 1720/40 ein Begriff von Krise das historische Verständnis zu fördern, der sich an der Vorstellung von einer Krisenzeit orientiert und der somit eine langanhaltende Schwächung der Kräfte beinhaltet, eine generelle Reduktion des Lebensstandards, eine Bedrohung der Lebenssicherheit und ein Nachlassen des Lebensmuts. Dieser Krisenbegriff soll nicht einzelne politische, soziale, wirtschaftliche und kulturelle Veränderungen beschreiben, so wie beispielsweise Roland Mousnier die Periode zwischen 1598 und 1715 im vierten Band der *Histoire Générale des Civilisations* als ein Bündel von Krisen in den verschiedensten Gebieten charakterisiert. Gemeint ist vielmehr eine Strukturkrise von Gesellschaft und Kultur, die fast alle europäischen Länder erfaßte und etwa vier Generationen dauerte, eine

von den Jahrzehnten vor 1600/20 ebenso wie von den Jahrzehnten nach 1720/40 zu unterscheidende lange Periode mit ganz besonderen geistigen und religiösen Einstellungen und mit ganz besonderen sozialpsychologischen Problemen, gemeint ist eine im frühen 17. Jahrhundert einsetzende neue Entwicklung mit neuer Geschwindigkeit, neuer Richtung und neuen Inhalten, deren Wirkung bis ins erste Drittel des 18. Jahrhunderts anhielt.
Wir kommen damit zum zweiten Punkt. Bei dem historischen Hintergrund, auf den sich dieser Krisenbegriff bezieht, ist es sinnvoll, das, was man »quantitative« Kriterien und das, was man als »qualitative« Kriterien bezeichnen könnte, zu unterscheiden. Während die quantitativen Kriterien geeignet sind, die seit dem frühen 17. Jahrhundert in ganz Europa wirkenden neuen Tendenzen zu beschreiben, helfen uns die qualitativen Kriterien, die Reaktionen auf die Tendenzwende zu erfassen, die Art und Weise also, wie die Zeitgenossen die neue Entwicklung verstanden. Gehen wir zunächst ein auf die quantitativen Aspekte europäischer Geschichte in jener Epoche und dabei wiederum zunächst auf die Bevölkerungsentwicklung. Denn im Gegensatz zum 16. Jahrhundert, als die Bevölkerung in allen europäischen Ländern kontinuierlich und kräftig anstieg, ging sie im 17. Jahrhundert in zahlreichen europäischen Ländern zurück, vor allem im Alten Reich und in Spanien. In einigen Ländern, so in Frankreich und in den italienischen Staaten, stagnierten die Bevölkerungszahlen, und selbst in England und in den Niederlanden, deren Bevölkerung auch in jener Epoche wuchs, war die Zunahme weit geringer als in der vorangehenden Periode. Dieser neue demographische Trend, der kurz nach 1730 aufhörte und hinter dem großen Rückgang der europäischen Bevölkerung im 14. Jahrhundert nicht zurücksteht, ist auf verschiedene, untereinander deutlich zusammenhängende Faktoren zurückzuführen: Auf eine Serie von menschenvernichtenden Kriegen in allen Teilen Europas – auf Kriege zwischen den europäischen Mächten und auf Bürgerkriege in zahlreichen europäischen Ländern, die schon vor dem Dreißigjährigen Krieg einsetzten und erst nach dem Spanischen Erbfolgekrieg und dem Nordischen Krieg aufhörten, dann auf eine Serie von schweren Seuchen, die durch die Kriege in alle Teile Europas verschleppt wurden, und auch auf eine ungewöhnliche Serie schlechter Ernten, die auf starke Klimaschwankungen und auf Kriegszerstörungen zurückgingen und die zu einer chronischen Ernährungskrise und zu allgemein erhöhter Mortalität führten. Die zahlreichen Informationen, die wir über diese außergewöhnliche demographische Entwicklung besitzen, können hier nicht im einzelnen dargelegt werden. Soviel steht jedoch fest: Erst um die Mitte des 18. Jahrhunderts zählte Europa wieder jene Bevölkerung, die es um 1600 schon eimal erreicht hatte.
Die Kriege und die Seuchen beeinträchtigten neben dem Bevölkerungswachstum vor allem auch die wirtschaftliche Entwicklung im 17. Jahrhundert, wenngleich das Bild, das sich uns hier aufgrund der neueren Forschung bietet, nicht einheitlich ist. Denn auf der einen Seite sank im 17. Jahrhundert dort, wo die Bevölkerung zurückging, auch die Nachfrage; im Zuge von Kriegshandlungen wurden Güter und Geräte zerstört; auf der anderen Seite bot die Ausrüstung der großen Heere neue Absatzchancen. Auf der einen Seite ging der Mittelmeerhandel stark zurück, auch wurde in Mitteleuropa das Risiko im Fernhandel so groß, daß viele der etablierten Fernhandelslinien jahrzehntelang nicht mehr befahren wurden; auf der anderen Seite wuchs der Handel im Nordatlantik und wurden in den Niederlanden und in England die Außenhandelskompanien in der Form von Aktiengesellschaften neu organisiert und damit auf eine bessere finanzielle Basis gestellt. Keine Frage kann es jedoch trotz all dieser Widersprüche sein, daß zu Beginn des 17. Jahrhunderts die für das ganze 16. Jahrhundert bestimmende ökonomische Expansion aufhörte und auf die lange Phase einer Landwirtschaft, Handel und Gewerbe bestimmenden Konjunktur eine lange Phase der wirtschaftlichen Schwankungen und der

Depression folgte. Schon vor 1600 stoßen wir auf die ersten Zeichen dieser Krise, so in der Hungerkrisis zu Beginn der 1570er Jahre und in den Auswirkungen der großen Teuerung in den letzten zwei Jahrzehnten des 16. Jahrhunderts; wenn Romano Ruggieros Ergebnisse allgemeinere Bedeutung besitzen (»Italy in the Crisis«, S. 196), dann setzte die ökonomische Tendenzwende jedoch erst um 1600 mit einer schweren Agrarkrise ein, auf die 1619 bis 1622 eine kurzfristige, schwere Störung von Handel und Gewerbe folgte, die dann ihrerseits in eine langanhaltende Krise des handwerklichen und des kaufmännischen Sektors mündete. Erst in der zweiten Hälfte des 17. Jahrhundert war dann eine gewisse wirtschaftliche Erholung zu spüren. Die absolutistisch regierten Höfe entwickelten nun eine regere Bautätigkeit und kauften mehr Luxusgüter; außerdem bewirkte die merkantilistische Wirtschaftspolitik, daß mehr Manufakturen gegründet wurden, von denen allerdings viele die in sie investierten Gelder nie erwirtschafteten und schon nach kurzer Zeit scheiterten. Die Fortschritte, die in einzelnen Ländern damals im Handel und in der gewerblichen Produktion erzielt wurden, konnten deshalb in dem damals noch weitgehend agrarischen Europa zunächst weder die Auswirkungen der Agrarkrise wettmachen noch die Kriegsfolgen beseitigen. Erst in den 1730er und 1740er Jahren sollte es in Europa wieder zu einer kräftigen neuen wirtschaftlichen Expansion kommen. Erst jetzt wurde der *circulus vitiosus* zwischen Ernährungskrise und Unterkonsumtion, zwischen stagnierenden Bevölkerungszahlen und stagnierender Produktion gebrochen, erst jetzt zeigte sich eine ökonomische Aufwärtsentwicklung, die auch durch keine neuen Mißernten, wie jenen der 1770er Jahre, aufgehalten werden konnte und die in die große Industrielle Revolution mündete.

Auch im engeren politischen Bereich spielten die großen Kriege des 17. Jahrhunderts eine wichtige Rolle. Was die Außenpolitik betrifft, so kam es in den Jahrzehnten zwischen 1610 und 1640 zu einer sukzessiven Destabilisierung der in der zweiten Hälfte des 16. Jahrhunderts zwar häufig bedrohten, doch immer wieder auch verteidigten Ordnung in Mitteleuropa. Zunächst setzten die Habsburger ihre Suprematie gegen die böhmischen Stände durch; dann stellten sie die Vorherrschaft des Protestantismus in Norddeutschland in Frage; seit dem Jahre 1629 gefährdete der Kaiser außerdem die politische Position der Reichsstände, und nach dem Eintritt Schwedens und Frankreichs in den Krieg konnte man erst nach einem neuen Macht- und Interessenausgleich zum Frieden gelangen, dem Westfälischen Frieden von 1648, der allerdings die großen Hoffnungen, die die Zeitgenossen in ihn setzten, bald enttäuschte. Denn sowohl im Westen als auch im Norden, im Nordosten und im Südosten Europas kam es in der zweiten Hälfte des 17. Jahrhunderts zu einer fast ununterbrochenen Folge schwerer kriegerischer Auseinandersetzungen, die, da sie nicht mit einem so einprägsamen Terminus wie die Kriege der ersten Jahrhunderthälfte versehen wurden, häufig vergessen werden, die aber eine stete Folge von Zerstörungen und Not, von Mord und Raub bedeuteten, die erst durch die Friedensschlüsse von 1713 bis 1721 beendet wurde.

Kaum weniger dramatisch verlief die Innenpolitik in den einzelnen europäischen Staaten im 17. Jahrhundert. Denn hier kam es nicht nur zu ganz großen Konflikten wie dem englischen Bürgerkrieg, dem Aufstand der Katalanen 1640 oder dem Frondeaufstand, auch in den Zeiten, die im Rückblick als einigermaßen ruhig erscheinen, wurde vielmehr das politische und soziale Leben das ganze 17. Jahrhundert hindurch durch eine Serie bitterer Auseinandersetzungen bestimmt: Bauern erhoben sich gegen ihre Grundherren, Fürsten bekämpften die Landstände, die politische Atmosphäre war, so scheint es, gespannt, das soziale Klima vergiftet. Von diesen Kämpfen wurde auch das kulturelle Leben schwer belastet: Im Zuge der wirtschaftlichen Rezession und der demographischen Stagnation, der Destabilisierung der internationalen und der Verschärfung der inneren Politik kam es nämlich in einigen Ländern Europas sowohl zu einer Abnahme der Buchproduktion als auch zu einem Rückgang der Lesefähigkeit, also einer Zunahme des Analphabetentums. Auch zu diesem Punkt kann hier die entsprechende Spezialliteratur nicht im einzelnen dargelegt werden. Genau erforscht ist jedoch, daß in der ersten Hälfte des 17. Jahrhunderts im Alten Reich nicht nur die äußere Form der Bücher schlechter wurde (schlechteres Papier, weniger Bilder und Verzierungen, nachlässigere Typographie), sondern daß vorübergehend auch weniger Bücher in den Buchhandel kamen. Gewiß, in der zweiten Jahrhunderthälfte, als sich der Schwerpunkt des Buchhandels vom Südwesten des Alten Reichs in den Nordosten verlagerte, wurde die Lage besser, und besser war sie auch in den Niederlanden, in England und in Frankreich. Nachdem sich in Europa im 16. Jahrhundert das Lesepublikum verdoppelt und die Bücherproduktion verzehnfacht hatte, brachte jedoch das 17. Jahrhundert auch auf diesen Gebieten einen tiefen Einschnitt. Die Zahl von etwa 50000 Gebildeten, also Bücher kaufenden und lesenden Personen, die Deutschland um 1600 besaß, wurde erst um 1770 wieder erreicht.

Ohne Zweifel ist es notwendig, die einzelnen Aspekte dieser großen Krise der Lebensverhältnisse im 17. Jahrhundert noch gründlicher als bisher zu erforschen. Auch die Gründe, die zu dieser Strukturkrise der europäischen Gesellschaft und Kultur führten, sind, ebenso wie die Gründe, die ihr Ende bewirkten, derzeit nur unvollkommen erforscht. Soviel scheint jedoch sicher: Ebenso wie sich konfessionell-machtpolitische Differenzen sowie soziale, ökonomische und demographische Probleme zu Beginn der großen Krise in fataler Weise ergänzten und verdichteten, brachte erst eine grundlegende Neuorientierung auf allen diesen Gebieten eine erneute Tendenzwende: Dazu gehörte eine Sicherung der äußeren Sicherheit durch ein System von Friedensschlüssen, das die großen Kriegsmaschinen, die sich teilweise verselbständigt hatten, wiederum dem Diktat der Staatsraison unterwarf, dazu gehörte ferner eine Sicherung der politischen Ordnung durch den Absolutismus und eine Festigung der ökonomischen Verhältnisse durch den Merkantilismus, und dazu gehörte schließlich, vermittelt durch die Aufklärung und die neue Wissenschaft, auch eine neue Weltdeutung und Weltorientierung.

Wenn die Reaktionen auf die das Leben im 17. Jahrhundert zutiefst prägende Krise außerordentlich schwer zu erfassen und zu beschreiben sind, dann liegt das vor allem an der in der Psychologie und auch in der Sozialpsychologie seit Jahrzehnten dominierenden Forschungsrichtung. Aus Gründen, die aus ihrer Sicht durchaus verständlich sind, widmen sich die Forscher in diesen Fächern fast ausschließlich Experimenten am lebenden Objekt und kümmern sich wenig um historische Themen; Messungen, Tests und Umfragen sind ihnen wichtiger als die Auswertung von historischem Material. Der Versuch, neben den quantitativen Kriterien auch die qualitativen Kriterien zu bestimmen, die es erlauben, von einer Krise im 17. Jahrhundert zu sprechen, ist somit nur mit Hilfe von verschiedenen Hypothesen möglich und fast zwangsläufig nicht frei von Spekulationen. Wenn dieser Versuch im folgenden trotzdem unternommen wird, dann aus zwei Gründen: Zum einen sind die Indizien so reich, daß eine gewisse Sicherheit der Aussage gewährleistet erscheint; zum anderen können nur durch dieses Vorgehen die Fragen formuliert und provoziert werden, die zu einer exakteren Erforschung führen.

Wie ist der Befund? Daß die großen Kriege des 17. Jahrhunderts zu allgemeiner Not, zu Unsicherheit und Angst führten, ist leicht einzusehen und auch leicht zu belegen. Auch die Reaktionen, die die schweren Seuchen und die Ernährungssorgen hervorriefen, dürften kaum anders gewesen sein, kaum anders die Haltung, die die großen wirtschaftlichen Schwankungen und die anhaltende Depression bewirkten. Der im 16. Jahrhundert dominierende Glaube an den Fortschritt war im 17. Jahrhundert offensichtlich gebrochen, die Selbstsicherheit der Europäer dahin; jetzt, im neuen Säkulum, dominierten nicht mehr Zuversicht und Hoffnung, sondern Sorge und Angst, jetzt dominierte nicht mehr das Leben, sondern der Tod.

Wie groß die Angst aber war, die die Menschen des 17. Jahrhunderts erfüllte, ist jedoch kaum zu klären, auch nicht, ob es sich dabei primär um Angst aus eigener erlittener Erfahrung handelte oder um Angst, die durch Informationen über das Leiden anderer ausgelöst wurde. Darf man annehmen, beide Arten von Angst hätten zusammengewirkt und sich gegenseitig bestärkt? Darf man ferner annehmen, Sorgen, Angst und Unsicherheit seien nur Indizien für ein Krisenbewußtsein, gewissermaßen subjektive Widerspiegelungen der Krise gewesen, oder muß man, wie ich meine, außerdem davon ausgehen, daß diese Ängste selbst weitere Reaktionen und Veränderungen auslösten: Die Umwertung von Normen, neue Einstellungen, neue Einsichten, gar eine neue Weltorientierung. Zu überlegen ist ferner, ob die leidgeprüften Menschen des 17. Jahrhunderts im Laufe der Jahre abstumpften, wenn sie neue Not erlebten, oder ob sich eine Art Akkumulation der Angst ergab, die sich somit noch von Generation zu Generation steigern konnte. Hätte man, obwohl die größte Not in der ersten Jahrhunderthälfte war, deshalb mit den stärksten Reaktionen erst in der zweiten Jahrhunderthälfte zu rechnen? Wieviel Lebensmut, wieviel Zukunftshoffnung war dann noch geblieben? Verarbeiteten die Angehörigen der gleichen sozialen Schicht die bösen Erfahrungen auf die gleiche Weise, reagierten Mitglieder verschiedener sozialer Schichten ähnlich oder verschieden? Wie groß war in dieser Situation das Mißtrauen gegen die Tradition, die in solche Schrecken hineingeführt hatte, wie groß das Mißtrauen gegen Neues, gegen Lösungen, die ein Ende der Sorgen versprachen? Auf welche Weise suchten die Menschen die große Not zu kompensieren? Welche Bedeutung besaßen für eine Kompensation und für eine Überwindung von Not und Angst die Philosophie und die Literatur, welche der alte Aberglauben und welche die neuen Wissenschaften, welche, wie noch zu zeigen sein wird, die christliche Frömmigkeit und Theologie? Und wo ist schließlich, um eine schon in der Einleitung angeschnittene Überlegung wieder aufzunehmen, in diesen Zusammenhängen der Platz des Absolutismus? Was trug er dazu bei, die Strukturkrise von Gesellschaft und Kultur im 17. Jahrhundert zu vertiefen, was, diese zu bewältigen? Sprengte er alte Ordnungen und schuf dadurch Unsicherheit, oder stiftete er neue Ordnung und damit neue Sicherheit? War der von den absolutistischen Herrschern geförderte Merkantilismus eine Wirtschaftspolitik des Krisenmanagement, bedeutete die von ihnen protegierte höfische Barockkunst den symbolhaften Versuch, über Elend und Not zu triumphieren? Bei allen Erwägungen, die mit diesen Fragen und Überlegungen zusammenhängen, gilt es Teileinsichten zu Gesamteinsichten zu ergänzen, ohne einzelne Aspekte zu verabsolutieren, gilt es Fragen zu beantworten und gleichzeitig neue Fragen zu stellen.

Wir kommen damit zum letzten Punkt: Den Zusammenhängen und Problemen, die sich aus einer Anwendung des hier vorgeschlagenen Krisenbegriffs auf die politische und soziale Geschichte des Christentums im 17. Jahrhundert ergeben. Zum richtigen Verständnis dieses Punktes gilt es daran zu erinnern, daß im nachreformatorischen Europa der Anspruch des Christentums, letzte Antworten auf die Frage nach dem Sinn des Lebens zu geben, zwar durch verschiedene Kirchen verwirklicht wurde, insgesamt aber noch ungebrochen war. In der damaligen Gesellschaft war es die christliche Theologie, die eine Überwindung von Angst durch neue Hoffnung lehrte, es war die christliche Tradition, die religiöse Praktiken vermittelte, um Angst zu verarbeiten, es waren die Kirchen und ihre Repräsentanten, an die sich die Menschen in Not und Angst um Rat und Hilfe wandten. Als die Krise des 17. Jahrhunderts Europa erfaßte, war deshalb keine gesellschaftliche Institution so sehr gefordert wie die Kirche, wurde kein Element der europäischen Tradition so sehr geprüft wie das Christentum. Die Krise des 17. Jahrhunderts war deshalb von entscheidender Bedeutung für das Christentum zwischen Reformation und Aufklärung, ebenso wie die Einstellungen und Verhaltensweisen der verschiedenen christlichen Kirchen und Gruppen das Wesen der großen Krise nachhaltig beeinflußten.

Ferner ist zu betonen, daß die durch die Krise des 17. Jahrhunderts im damaligen Christentum ausgelösten Reaktionen durchaus verschiedenartig waren. In der Lyrik des Andreas Gryphius dominierte beispielsweise die Lebensangst: Die »Zerstörbarkeit und Nichtigkeit alles Irdischen« (so Isabella Rüttenauer, in: *Aus der Welt des Barock,* S. 39); gegen Bilder der Nacht, gegen Vergänglichkeit, Dahinsiechen und die Verlorenheit des sündigen Menschen setzte er Visionen von Tag, Licht und Erlösung. Andere Christen und christliche Gruppen versuchten wiederum auf andere Weise eine für sie sinnvolle Erklärung während der großen Not und einen für sie sinnvollen Weg aus der großen Not zu finden. Manche, darunter Männer vom Rang eines Justus Lipsius, erklärten die Veränderungen in ihrer Zeit als Werk der Glücksgöttin Fortuna und vertrauten einem erneuerten Stoizismus. Außerdem sind, wie zu zeigen sein wird, bei den einzelnen Lösungen und Antworten, für die sich verschiedene Christen entschieden, auch noch weitere Kräfte zu berücksichtigen. Nicht alle Lösungen oder Antworten können im folgenden untersucht werden, wohl aber historisch besonders wirksame und für das damalige Christentum besonders kennzeichnende Reaktionen: Zunächst die Hinwendung zu erbaulicher Literatur, die in der Not Trost versprach, dann die Erneuerung der Eschatologie, ferner die Unterdrückung jener Kräfte, bei denen man die Schuld für das ganze Übel suchte, dann die Absicht, durch besondere Leistungen das Elend zu bannen und schließlich der Versuch, durch neue philosophische und wissenschaftliche Einsichten die grundlegenden Elemente der Weltordnung zu erkennen und dadurch das Chaos zu überwinden.

Schließlich gilt es, noch einmal auf die klar begrenzte Zielsetzung der folgenden Ausführungen hinzuweisen. Sie stellen einen Versuch dar, Formen des christlichen Lebens und Spielarten des christlichen Denkens unter dem Einfluß der Krise des 17. Jahrhunderts zu schildern. Deshalb kam es zwar darauf an, genügend Belege und Hinweise zu sammeln, um die grundsätzlichen Probleme und Aspekte zu verdeutlichen. Diese verschiedenen christlichen Einstellungen und Verhaltensweisen umfassend zu dokumentieren und bis in alle Nuancen zu beschreiben, hätte jedoch den gegebenen Rahmen gesprengt. Erst wenn zahlreiche Einzelstudien vorliegen, wird man ermessen können, auf welche Weise die Krise des 17. Jahrhunderts das Christentum zwischen Reformation und Aufklärung veränderte. Diese Diskussion soll angeregt, Ergebnisse können hier nur als Thesen vorgetragen werden.

Bibliographische Hinweise zu III. 1.

Abel, Wilhelm, Massenarmut und Hungerkrisen im vorindustriellen Europa (1974).

Aston, Trevor (Hg.), Crisis in Europe 1560–1660 (1965).

Deyon, Pierre, u. Jacquart, Jean, Les Hésitations de la Croissance 1580–1730 = Léon, Pierre (Hg.), Histoire Economique et Sociale du Monde, Bd. 2 (1978).

Friedman, Samuel R., »War and Religious Beliefs«, Internationales Jahrbuch für Religionssoziologie 9 (1975) 201–205.

Hobsbawm, E. J., »The Crisis of the Seventeenth Century«, in: Aston, Crisis.

Ingen, Ferdinand van, Vanitas und memento mori in der deutschen Barocklyrik (1966).

Kamen, Henry, The Iron Age. Social Change in Europe 1550–1660 (1971).

Merriman, R. B., Six Contemporaneous Revolutions (1938, repr. 1963).

Mousnier, Roland, Les XVIe et XVIIe Siècles. La Grande Mutation Intellectuelle de l'Humanité. L'Avènement de la Science Moderne et l'Expansion de l'Europe = Histoire Générale des Civilisations, Bd. 4 (1953, [4]1965).

Parker, Geoffrey, u. Smith, Lesley M. (Hg.), The General Crisis of the Seventeenth Century (1978).

Rabb, Theodore K., The Struggle for Stability in Early Modern Europe (1975).

Rehm, Walter, Der Todesgedanke in der deutschen Dichtung vom Mittelalter bis zur Romantik (1928, repr. 1967).

Reinhard, Marcel, Armengaud, André, u. Dupaquier, Jacques, Histoire Générale de la Population Mondiale (1968).

Rich, E. E., u. Wilson, C. H. (Hg.), The Economy of Expanding Europe in the 16th and 17th Centuries = The Cambridge Economic History of Europe, Bd. 4 (1967).
Romano, Ruggiero, »Italy in the Crisis of the Seventeenth Century«, in: Earle, Peter (Hg.), Essays in European Economic History 1500–1800 (1974) 185–198.
Rüttenauer, Isabella, »Die Angst des Menschen in der Lyrik des Andreas Gryphius«, in: Aus der Welt des Barock (1957) 36–55.
Trevor-Roper, H. R., »The General Crisis of the Seventeenth Century«, in: Aston, Crisis; auch deutsch in: Trevor-Roper, Religon, Reformation und sozialer Umbruch (1970) 53–93.
Vries, Jan de, The Economy of Europe in an Age of Crisis, 1600–1750 (1976).

2. Trost und Erbauung

Als Winfried Zeller im Jahre 1962 in der Serie *Klassiker des Protestantismus* den Band über den *Protestantismus des 17. Jahrhunderts* publizierte, bemerkte er einleitend, mit dem Beginn des neuen Jahrhunderts beginne auch eine neue Form der Frömmigkeit, die die »Frömmigkeitskrise« des ausgehenden 16. Jahrhunderts überwunden und die sich »selbst im Kirchenbau und in der Kirchenmusik bemerkbar« gemacht habe. »Bahnbrecher der neuen Frömmigkeit« war nach Zeller der lutherische Theologe Philipp Nicolai mit seinem 1599 erschienenen *Freudenspiegel des ewigen Lebens,* einem stark von der Mystik beeinflußten Werk, der »zweite große Entwurf der neuen Frömmigkeit« stammte dann von Johann Arndt, der, so Zeller, den Zusammenhang von christlichem Glauben und christlichem Leben lehrte, und zu den »Begründern der neuen Frömmigkeit« zählte nach Zeller schließlich auch Valerius Herberger mit seinen *Herz-Postillen.* Johann Gerhard, Johann Matthäus Meyfart und andere trugen nach Zeller wesentlich dazu bei, daß die neue Frömmigkeit auch von den folgenden Generationen aufgenommen wurde und ihre Wirkung bis ins letzte Drittel des 17. Jahrhunderts hinein nicht verlor.
Zellers Überlegungen sollen im folgenden in dreierlei Hinsicht erweitert und vertieft werden:
1. Die Nachfrage nach erbaulicher Literatur, in der die Vorstellungen von einer Glauben und Leben verbindenden Frömmigkeit dargelegt werden, war im 17. Jahrhundert so groß, daß von einer neuen Epoche christlichen Selbstverständnisses gesprochen werden kann, die, wenn man von den Auflagen der Bücher ausgeht, aber nicht, wie Zeller annimmt, im letzten Drittel des 17. Jahrhunderts aufhörte, sondern bis weit ins 18. Jahrhundert hineinreicht.
2. Diese neue Frömmigkeit war nicht Sache der Protestanten allein. Auch in katholischen Ländern ist in jener Periode eine Hinwendung zu neuer Frömmigkeit zu beobachten. Außerdem wurden die herausragenden erbaulichen Werke, wie zahlreiche Übersetzungen beweisen, über konfessionelle Grenzen hinweg verbreitet und gelesen.
3. Die eigentliche Attraktivität der neuen Frömmigkeitsliteratur lag darin, daß sie in der Krise des 17. Jahrhunderts notleidenden Christen Trost spendete und um ihr Seelenheil besorgten Christen erbauliche Ratschläge gab.
Da die Verbreitung erbaulicher Literatur in der Epoche zwischen Reformation und Aufklärung und speziell die Verbreitung erbaulicher Werke über konfessionelle Grenzen hinweg von der kirchen-, literatur- und frömmigkeitsgeschichtlichen Forschung bisher nur teilweise erfaßt wurde, ist es derzeit noch schwierig, zusammenfassend zu beurteilen, wieviele erbauliche Werke damals geschrieben, gedruckt und verbreitet wurden. Zwei Überlegungen können jedoch helfen, diese Fragen wenigstens teilweise zu beantworten: Zum einen die Zahl der Auflagen, die einzelne berühmte Erbauungsschriften in jener Epoche erzielten, und zum anderen der Beitrag, den neben den Erbauungsschriften im engeren Sinne auch andere literarische Zeugnisse zur religiösen Erbauung leisteten.

Wenden wir uns zunächst dem ersten Punkt zu. Unter allen Werken, die der Erbauung empfindsamer und besorgter Seelen dienten, nahm auch im 17. Jahrhundert Thomas a Kempis' *De Imitatione Christi* eine Sonderstellung ein. Schon in den 100 Jahren zwischen 1500 und 1600 brachte es dieses Werk auf 65 lateinische Auflagen, auf 48 italienische, 18 französische, 16 deutsche, 14 niederländische, 13 englische und 9 spanische sowie auf 5 Auflagen in verschiedenen anderen Sprachen und auf 3 Ausgaben, in denen der Stoff des Buches in freier Bearbeitung vorgelegt wurde. In den 100 Jahren zwischen 1600 und 1700 wurde *De Imitatione Christi*, soweit sich das feststellen läßt, dann aber allein 124mal in der lateinischen Version neu aufgelegt, dazu in 119 französischen Ausgaben, in 43 italienischen, 28 niederländischen, 27 deutschen, 21 spanischen, 14 englischen sowie in 28 Auflagen in weiteren Sprachen und in insgesamt 61 Ausgaben mit freier Bearbeitung des Inhalts, von denen diejenige durch Pierre Corneille die berühmteste ist. Das heißt, daß es die von Thomas a Kempis unter dem Einfluß der *devotio moderna* im 15. Jahrhundert vorgelegte Sammlung von Überlegungen zur praktischen Frömmigkeit und von Erwägungen aus dem Bereich der mystischen Erfahrung im 16. Jahrhundert auf insgesamt 191 Auflagen brachte, was 1,91 Auflagen pro Jahr entspricht, im 17. Jahrhundert dagegen auf insgesamt 465 Auflagen oder 4,65 Auflagen pro Jahr. Zählt man die Auflagen dieses Werks von 1600 bis zum Jahre 1740, dann sind es sogar insgesamt 744 Auflagen oder im Durchschnitt 5,31 Auflagen für die einzelnen Jahre jener Phase, die hier als besondere Krise gekennzeichnet wurde. Kein anderes Werk wurde damals so oft aufgelegt, kein anderes, wie wir annehmen dürfen, so oft gekauft und gelesen, kein anderes im Laufe des 17. Jahrhunderts in so viele Sprachen übersetzt (ins Arabische, Armenische, Baskische, Bretonische, Chinesische, Dänische, Gälische, Griechische, Illyrische, Japanische, Polnische, Portugiesische, Russische, Schwedische, Syrische, Tschechische und Ungarische); kein von einem katholischen Autor stammendes Werk fand im Zeitalter der Gegenreformation auch so viele protestantische Leser.

Aus dem katholischen Europa sind zwei weitere Autoren zu nennen, Franz von Sales und Miguel de Molinos. Die drei Hauptwerke des 1567 geborenen, 1602 zum Bischof von Genf ernannten und 1622 gestorbenen Franz von Sales, *L'Introduction à la Vie Dévote* (zuerst Lyon 1608), *La Traitté de l'Amour de Dieu* (zuerst Lyon 1616) und *Les Vrays Entretiens Spirituels* (zuerst Lyon 1629) wurden, soweit sich das nachprüfen läßt, im französischen Original und in Übersetzung bis zum Jahre 1740 insgesamt 100mal neu aufgelegt, das heißt etwa zweimal in drei Jahren, wobei neben Übersetzungen ins Italienische und Spanische vor allem Übersetzungen ins Englische und ins Deutsche zu erwähnen sind. Miguel de Molinos' 1675 zuerst publizierter *Guida Spirituale* ist dagegen nicht nur wichtig, weil er 1687 auf den Index gesetzt wurde, sondern auch, weil dieses Werk ebenfalls 1687 von August Hermann Francke ins Lateinische und dann 1699 von Gottfried Arnold ins Deutsche übertragen wurde. Hier wird deutlich, daß die gegen die offiziellen Staatskirchen gerichteten religiösen Erneuerungsbewegungen des späten 17. Jahrhunderts sich so nahe waren, oder doch so nahe wähnten, daß sie Ratschläge zur Vertiefung der Frömmigkeit über Konfessionsgrenzen hinweg rezipierten. Zwar sollte dieser Fall nicht ohne weiteres verallgemeinert werden. Wie eine Reihe von Beispielen zeigt, schätzten Puritaner, Jansenisten, Pietisten und Quietisten ihre Frömmigkeit jedoch gegenseitig so hoch ein, daß sie sogar für den für sie selbst entscheidenden Bereich, für die Führung irrender christlicher Seelen, Werke aus diesen anderen Bewegungen übersetzten und ihren Anhängern empfahlen.

Im protestantischen Europa besaßen, so scheint es, die englischen Erbauungsschriftsteller einen besonderen Rang. Das zu Beginn des 17. Jahrhunderts verfaßte Werk *Practice of Piety* (*Praxis Pietatis*) von Lewis Bayly wurde bis zum Jahre 1740 insgesamt 59mal auf englisch und in verschiedenen Übersetzungen (18 Auflagen in deutscher Sprache, dazu 12

französische, je 4 niederländische und walisische, je 2 ungarische, rumänische und indianische und eine italienische) insgesamt 45mal verbreitet, was etwa 3 Auflagen in 4 Jahren entspricht. Kaum weniger einflußreich waren die zahlreichen, meist auch ins Deutsche übersetzten Traktate von Joseph Hall. Die zwei Teile von John Bunyans *Pilgrim's Progress* wurden einzeln, zusammen und in Übersetzung (ins Deutsche, Französische, Niederländische und Dänische) von 1678 bis 1740 insgesamt 61mal aufgelegt, also im Durchschnitt einmal jedes Jahr. Ebenso populär waren die verschiedenen Erbauungsschriften von Richard Baxter, darunter die umfassende Anleitung zu einem wahrhaft christlichen Leben, das *Christian Directory* von 1673. In Deutschland übertrafen jedoch Johann Arndts *Bücher vom wahren Christentum* die Wirkung aller anderen erbaulichen Literatur: Von der ersten Auflage im Jahre 1605 bis zum Jahre 1740 erschienen sie 95mal auf deutsch, dazu noch 28mal in Übersetzung (6 lateinische, 5 englische, 4 niederländische, je 3 dänische, schwedische und französische sowie 2 tschechische Auflagen und je eine russische und eine isländische Ausgabe), das sind zusammen 123 Auflagen in 135 Jahren oder im Durchschnitt knapp eine Auflage pro Jahr. Nach Arndt ist allen voran Christian Scriver zu nennen, der dem frühen Pietismus nahestand, zuletzt als Oberhofprediger in Quedlinburg wirkte und dessen in den Jahren von 1675 bis 1692 in 5 Bänden publizierter *Seelenschatz* bis zum Jahre 1740 in 18 weiteren Auflagen erschien, ferner eine große Zahl von mehr oder minder erfolgreichen Erbauungsschriftstellern, alle jene bei Hermann Beck und bei Constantin Große aufgezählten *Alten Tröster* mit ihren Herz-Postillen und Seelenführern, nicht zuletzt auch Philipp Jakob Speners *Pia Desideria* von 1675.
Die Bedeutung dieser verschiedenen Zahlen darf weder überschätzt noch unterschätzt werden. Geht man, um auf das deutsche Beispiel einzugehen, von einer durchschnittlichen Auflage von 1000 Exemplaren aus, so heißt das, daß von Arndts *Büchern vom wahren Christentum* in den Jahren zwischen 1605 und 1740 bei 95 deutschsprachigen Auflagen etwa 100 000 Exemplare verbreitet wurden. Rechnet man die teilweise ebenfalls hohen Auflagen der anderen Erbauungsbücher hinzu, auch die Übersetzungen ins Deutsche, vor allem aus dem Englischen, dann wird die Breite und Tiefe des Einflusses erkennbar, den erbauliche Literatur damals ausübte. Erbauungsbücher machten, das ist zwar eine grobe, in der Tendenz aber wohl richtige Schätzung, im 17. Jahrhundert über die Hälfte der gesamten theologischen Bücher und etwa ein Viertel der gesamten Buchproduktion aus (inklusive Jurisprudenz, Medizin, Historie, Altertumskunde, Politik, Geographie, Musik, Philosophie, Pädagogik, Philologie, Naturwissenschaften, Ökonomie, Technologie, Mathematik, Kriegswissenschaften und Poesie, um die alten Bezeichnungen anzuführen). Da aus erbaulichen Werken, anders als aus vielen anderen Publikationen, wie wir annehmen können, häufig vorgelesen wurde, wirkten sie außerdem über den Kreis der Lesekundigen hinaus und war ihr Einfluß nicht von der in Deutschland damals eher rückläufigen Lesefähigkeit abhängig. Jeder, der im Zeitalter zwischen Reformation und Aufklärung Trost und Rat in erbaulicher Literatur suchte, konnte deshalb genügend einschlägige Werke finden, wobei offensichtlich keine signifikante Differenz in der Nachfrage nach Literatur dieser Art zwischen protestantischen und katholischen Ländern bestand.
Neben Büchern und Traktaten gab es noch weitere Literatur, die ebenfalls vor allem religiös-erbaulichen Zwecken diente. Zahlreiche Kirchenlieder des 17. Jahrhunderts verfolgten nämlich auch kein anderes Ziel, als Unversorgten und Kranken, hochbetrübten Seelen, Schwermütigen und Irrenden in ihrem »Kreuz und Leiden« zu helfen, um einige Stichworte aus einem Lied von Paul Gerhardt (den Strophen 8, 12 und 13 von *Nun laßt uns gehn und treten*) aufzunehmen. In keiner Periode entstanden in der protestantischen Kirche mehr Lieder, in denen die Erlösung vom irdischen Leben durch den Tod und die Freuden des ewigen Lebens besungen wurden als im 17. Jahrhundert. Außerdem wurden

in Tausenden von seelsorgerlichen Briefen die gleichen Fragen behandelt. Sowohl die etwa 20 000 bekannten Briefe des »Seelenführers« Franz von Sales als auch die in fünf dikken Bänden gedruckten *Theologischen Bedencken* Philipp Jakob Speners zeigen, wie auch in dieser ganz persönlichen Form religiöse Anleitung und geistliche Beratung gegeben wurde, die mit konfessioneller Rechtgläubigkeit fast gar nichts, sehr viel dagegen mit der Absicht zu tun hatte, die Frömmigkeit der Adressaten zu vertiefen.
Wie erst neuere Forschungen nachgewiesen haben, stellen ferner vor allem auch die im 17. Jahrhundert weit verbreiteten Leichenpredigten nichts anderes als eine besondere Form von Erbauungsliteratur dar. Zwischen den Leichenpredigten und der übrigen Erbauungsliteratur bestanden, wie Zeller vor kurzem bemerkte, »mannigfache frömmigkeitsgeschichtliche Parallelen und wechselseitige Verbindungen theologischer und literarischer Art« (in: Lenz, Hg., *Leichenpredigten,* S. 66); die Wirkung der Leichenpredigten wurde ergänzt durch Trauergedichte, durch sogenannte Ewigkeitslieder, in denen nach Zeller die Gemeinden in die »barocke Spannung zwischen Todesrealismus und Ewigkeitsmystik einbezogen« wurden (S. 68), durch große Gebetssammlungen, die Gebete für alle Tages- und Jahreszeiten, für alle Lebenslagen und für alle Berufsstände enthielten und die teilweise in zahlreichen Auflagen erschienen, und sie wurde insbesondere ergänzt durch die »Letzte-Worte-Literatur«, in der in der Art eines geistlichen Testaments das letzte Vermächtnis Sterbender mitgeteilt wurde. Jesuiten verbreiteten Leichenpredigten ebenso wie ihre kirchenpolitischen Widersacher, die Jansenisten; Leichenpredigten wurden im katholischen Europa, in Österreich, Spanien, Frankreich, Italien und Polen ebenso geschätzt wie in protestantischen Ländern; nachdem es im 16. Jahrhundert üblich war, bei Beerdigungen etwa 15 bis 30 Minuten zu reden und nur gelegentlich besonders wichtige Leichenpredigten zu drucken, kam es im 17. Jahrhundert nicht nur zu Leichenpredigten, die zwei Stunden dauerten, nunmehr wuchs auch die Zahl der gedruckten Leichenpredigten »ins Unübersehbare« (so Eberhard Winkler, S. 11). Wie erste statistische Untersuchungen zeigen, stimmt der Schwerpunkt dieser Veröffentlichungen weitgehend überein mit der Dauer der hier dargelegten Krise des 17. Jahrhunderts (so wurden beispielsweise, wie Franz Lerner in: Lenz, Hg., *Leichenpredigten,* S. 238 f., dargelegt hat, in Frankfurt a. M. von 1600 bis 1619 insgesamt 15 Leichenpredigten publiziert, von 1620 bis 1639 dann 59, von 1640 bis 1659 58, von 1660 bis 1679 66, von 1680 bis 1699 71, von 1700 bis 1719 65, von 1720 bis 1739 immer noch 40, von 1740 bis 1759 dann 38, von 1760 bis 1779 noch 16 und von 1780 bis 1789 nur noch eine). Ein weiteres kommt hinzu: Nachdem die protestantischen Leichenpredigten im Zeitalter der Reformation vor allem zur Darlegung biblischer Texte gedient und nur ganz wenige biographische Hinweise enthalten hatten, wurde der Lebenslauf der Toten im 17. Jahrhundert zum wesentlichen Bestandteil der Ausführungen. Durch den Vergleich mit biblischen Gestalten wurden die Toten dabei in eine von der Zeit des Alten Testaments bis in die Gegenwart reichende Reihe von Zeugen des christlichen Glaubens gestellt und als vorbildliche Christen charakterisiert, deren Leben und Sterben »der Gemeinde einen Anreiz zur Christlichkeit« geben (so Rudolf Mohr, S. 112) und jedem einzelnen Christen zeigen sollte, daß für wahre Nachfolger Christi das Leben die Bereitschaft zum Martyrium bedeute, daß Leben für fromme Christen vor allem Leiden sei.
Ein weiterer Punkt ist in diesem Zusammenhang von Interesse. Ebenso wie im 18. Jahrhundert die Zahl der gedruckten Leichenpredigten wieder zurückging, nahm etwa seit 1740 auch die Zahl der verlegten erbaulichen Bücher insgesamt wieder ab. Während in Deutschland um 1740 Werke mit erbaulichem Inhalt immer noch etwa 20 Prozent der gesamten Buchproduktion ausmachten, die sogenannte »Schöne Literatur« dagegen nur etwa 5 Prozent, kam es in den folgenden Jahrzehnten zu einer so tiefgreifenden Umschichtung des Leserinteresses, daß um 1770 nur noch etwa 10 Prozent erbauliche Werke,

dagegen schon etwa 15 Prozent aus dem Bereich der »Schönen Literatur«, um 1800 gar nur noch etwa 5 Prozent Erbauungsliteratur und über 20 Prozent »Schöne Literatur« publiziert wurden. Da im gleichen Zeitraum das Leserinteresse und die Zahl der gedruckten Bücher insgesamt rasch zunahmen, heißt das, daß um 1800 aber nicht etwa ein Viertel, sondern etwa noch die Hälfte der 1740 veröffentlichten erbaulichen Titel gedruckt wurde. Außerdem gab es auch in jener Phase noch sehr erfolgreiche Erbauungsschriftsteller wie etwa den aus ungarischem Adel stammenden und in Halle ausgebildeten Karl-Heinrich von Bogatzky mit seinem 1718, im Alter von 28 Jahren geschriebenen und dann in vielen Auflagen und Übersetzungen verbreiteten *Güldenen Schatzkästlein der Kinder Gottes.* Diese Einzelfälle dürfen jedoch nicht verallgemeinert werden. Während erbauliche Literatur um 1740 noch einen wichtigen Platz in der gesamten literarischen Produktion einnahm, war sie sechs Jahrzehnte später zu einer Randerscheinung geworden, von der keine Impulse mehr auf das literarische Leben ausgingen und die nur noch für ganz bestimmte Zirkel von frommen Christen von Bedeutung war.
Versuchen wir, den Zusammenhang zwischen der Krise der allgemeinen Lebensverhältnisse im 17. Jahrhundert und der erhöhten Nachfrage nach Literatur, die Trost spendete und religiöse Ratschläge gab, noch einen Schritt weiter zu erhellen. Statistische Angaben sind zwar wichtig, um gewisse Größenordnungen zu erkennen, erst durch eine genauere Analyse des theologischen und ethischen Inhalts der erbaulichen Werke läßt sich jedoch klären, auf welche Weise diese Werke notleidenden Christen zu helfen suchten und wie sich deren Frömmigkeit in der Folge möglicherweise änderte. Auch zu diesem Punkt müssen knappe Hinweise genügen, da eine umfassende Interpretation der erbaulichen Literatur des 17. Jahrhundert den hier gesetzten Rahmen bei weitem sprengen würde.
Gehen wir aus von Johann Arndt. Als im Jahre 1605 der erste Teil seines großen Werks *Von wahrem Christentumb / heilsamer Busse / wahrem Glauben / heyligem Leben und Wandel der rechten wahren Christen* erschien, war er fünfzig Jahre alt und wirkte seit 1599 in Braunschweig, einer Stadt, deren religiöse und sittliche Zustände ihn zutiefst bestürzten. Um diesem Zerfall des Christentums entgegenzuwirken, gab er einige ältere mystische Schriften neu heraus. Seine eigenen, ebenfalls von der Mystik eines Johannes Tauler, eines Thomas a Kempis und der *Theologia Deutsch* sowie vor allem von Valentin Weigel und von Paracelsus stark beeinflußten Ansichten legte er dann ausführlich in den *Büchern vom wahren Christentum* dar, wobei er einleitend seine Grundsätze und Ziele zusammenfaßte: Angesichts des großen und schändlichen Mißbrauchs, der mit dem Evangelium in seiner Zeit getrieben werde, wolle er zeigen, worin wahres Christentum bestehe, was wahrer, lebendiger und tätiger Glauben sei. Nichts lehre dies besser als Christi Leben, dem es nachzueifern gelte, wobei man sich des demütigen, armen, sanftmütigen, verachteten und niedrigen Christus nicht schämen und stattdessen einen stattlichen, prächtigen, reichen und weltförmigen Christus suchen dürfe. Da Gott wegen des gottlosen Lebens schon Hunger, Krieg und Pestilenz geschickt habe, sei es höchste Zeit, Buße zu tun und ein neues Leben anzufangen. Wahres Christentum bestehe aber nicht aus Worten, sondern aus lebendigem Glauben, der erst die Früchte des Glaubens und die christlichen Tugenden hervorbringe: Hoffnung, Liebe, Geduld, Gebet, Demut und Gottesfurcht. Glauben und Werke müßten allein aus Christus entspringen, obgleich es die Gerechtigkeit des Glaubens und die Gerechtigkeit der christlichen Werke wohl zu unterscheiden gelte. Ohne Buße und Reue sei nichts zu erreichen; Buße heiße sich selbst hassen und verleugnen und allem, was man habe, absagen. Nichts anderes als diese ernste, wahrhaftige und innerliche Herzensbuße und die von dieser bewirkte Glaubenspraxis beschreibe sein Buch, damit die Leser die Sünde überwinden und sich ganz Christus hingeben lernten. Er stehe dabei in der Tradition der evangelischen Bekenntnisschriften und bitte, daß Gott ihn und alle mit dem Heiligen Geist erleuchte.

In seinen im Laufe der nächsten 15 Jahre auf insgesamt sechs Bände angewachsenen Erörterungen über das wahre Christentum blieb Arndt keine Antwort auf die Frage, wie man auch in seiner Zeit christlich leben könne, schuldig. Ausführlich beschrieb er im ersten Buch den Sündenfall und die Sünden; ausführlich legte er dar, daß Christen zweimal geboren würden, zunächst fleischlich in der Linie Adams und dann geistlich, Christus folgend; ausführlich ging er auch auf die christlichen Tugenden ein. Immer wieder kam er darauf zurück, was wahre Buße sei, was wahrer Glauben und wahre Nachfolge Christi. Keinen Zweifel ließ er daran, daß nur jene, die den von ihm aufgezeigten Weg der Buße und des Glaubens einschlugen, am Jüngsten Tag vor Gottes Gericht Gnade finden würden. Der Christen Erbe und Güter lägen nicht in dieser Welt: Um in Christus zu leben, müsse man sich von der Welt lösen; um in Gottes Reich zu gelangen, müsse man sich von weltlicher Gesellschaft trennen. Hier auf Erden werde das ewige Leben entweder gewonnen oder verloren. Ohne ein heiliges, christliches Leben sei deshalb alle Weisheit, alle Kunst und selbst die Wissenschaft von der Heiligen Schrift verloren; die wahre Lehre werde aber nicht allein durch das Disputieren erhalten, sondern auch mit wahrer Buße und heiligem Leben. Im zweiten Buch pries Arndt insbesondere Christi Liebe, Demut, Sanftmut, Geduld, Leiden, Sterben, Kreuz, Schmach und Tod als Arznei und Heilbrunnen, als Spiegel, Regel und Buch des Lebens, das einem wahren Christen helfe, Sünde, Tod und Teufel, Hölle, Welt, Kreuz und alle Trübsal überwinden; im dritten Buch erläuterte Arndt ganz im Sinne der Mystik, daß wahre Frömmigkeit innerlich sei, wie die Seele zu Gott streben und wie ein Christ sich im Glauben vervollkommnen könne; im vierten Buch beschrieb er die Schöpfung und folgerte, der Mensch sei geschaffen, Gott zu dienen; im fünften Buch unterstrich Arndt noch einmal, wie wichtig es sei, daß dem wahren Glauben ein heiliges Leben entspreche und daß sich die Gläubigen mit Christus als ihrem Haupt vereinigten; im sechsten Buch faßte er seine Ansichten zusammen und verteidigte sie gegen Kritiker. Eine Sammlung von andächtigen, lehrhaften und trostreichen Gebeten, wie es im Titel heißt, Arndts *Paradies-Gärtlein*, zuerst erschienen 1612, ergänzte die *Bücher vom wahren Christentum* ebenso wie zwei Sammlungen seiner Predigten.
Zu fragen ist, was diese mit vielen Beispielen aus der Bibel untermauerten Ansichten Arndts, die er zu Regeln eines wahrhaft christlichen Lebens zusammenfaßte, für seine Zeitgenossen und für die folgenden Generationen bedeuteten. Daß Arndt seinen ursprünglichen Plan für das Gesamtwerk im Laufe der Arbeit modifiziert hatte, können wir dabei ebenso beiseite lassen wie die Angriffe, die orthodoxe Lutheraner gegen ihn richteten. Für Christen des 17. Jahrhunderts, die unter der Not ihrer Zeit litten, kam es darauf nicht an. Für sie war die von Arndt aufgestellte einfache und klare Alternative zwischen dem alten, äußerlichen, natürlichen Menschen und dem neuen, innerlichen, geistlichen Menschen ausschlaggebend, zwischen Fleisch, Natur, Vernunft auf der einen und Geist, Gnade, Glauben auf der anderen Seite, zwischen Finsternis und Licht, Sünde und Gerechtigkeit, Verdammnis und Seligkeit, Tod und Leben, zwischen dem Reich des Teufels und Gottes Reich. Wie schlecht die äußeren Verhältnisse in ihrer Zeit und in ihrem Leben auch werden mochten, wenn Christen dem von Arndt beschriebenen Weg zum wahren Christentum folgten, dann gewannen sie das ewige Leben. Gegen den Sieg des Todes setzten sie den Glauben an das ewige Leben; gegen das in der zeitgenössischen Dichtkunst und Malerei weit verbreitete Bild des Todes als Triumphator, des *mors triumphans,* stellten sie die Vorstellung vom endgültig besiegten Tod, vom *mors devicta.* In zahlreichen literarischen Werken des 17. Jahrhunderts war es üblich, diesen Sieg des Glaubens über den Tod auch durch Emblemata zu zeigen. *Mors ultima linea rerum – mors ultima spes:* Dieser Zusammenhang wurde, wie wir durch Friedrich Wilhelm Wentzlaff-Eggebert wissen, beispielsweise von Andreas Gryphius mehrfach durch eine Verbindung von Emblemata mit Gedichten ausgedrückt. Was Arndt angeht, so liegt es nahe, auf einen Zu-

sammenhang zwischen der äußeren Not im Deutschland des 17. Jahrhunderts und der Überzeugungskraft seiner religiösen Vorstellungen zu schließen. Dieser Zusammenhang kommt auch darin zum Ausdruck, daß der Dreißigjährige Krieg, der »jeden auf sich und in die Vereinzelung« stellte, wie Arndts Biograph Wilhelm Koepp schreibt, »der beste Helfer« Arndts gegen seine Kritiker wurde (*Johann Arndt,* S. 131). Während die Opposition gegen ihn nach 1620 allmählich verstummte, wurden seine Bücher immer wieder aufgelegt.

Die gleichen Argumente und Motive, die die protestantischen Erbauungsschriften für besorgte Christen so wertvoll machten, sind auch in den im 17. Jahrhundert publizierten katholischen Erbauungsschriften zu finden, so beispielsweise bei dem Zeitgenossen Johann Arndts, Franz von Sales. Ausführlich beschrieb Franz von Sales in der *Introduction à la Vie Dévote,* wie sich die Seele zu Gott hinwenden soll, wie alle wahrer Frömmigkeit entgegenstehenden Gedanken und Handlungen abzulegen seien und wie die Resultate dieses geistlichen Kampfes, wie wahre Frömmigkeit und der mit dieser verbundene wahre Glauben und die christlichen Tugenden auch weiterhin gefestigt werden können. Die Trennung von den Weltkindern (»enfants du monde«) und die Notwendigkeit, bei der Reinigung des Herzens und der Seele festen Regeln zu folgen, betonte Franz von Sales ebensosehr wie Arndt, noch mehr als dieser wies er auf die Bedeutung von Meditation und Gebet hin. Im *Traitté de l'Amour de Dieu,* seinem zweiten Hauptwerk, erörterte Franz von Sales dann die Zusammenhänge zwischen dem menschlichen Willen, dem Guten und der Liebe zu Gott sowie das Verhältnis der Liebe zur Hoffnung, zum Glauben, zur Reue, zum Schmerz und zur Caritas. Außerdem ging er auf das Wachstum dieser Liebe ein, auf Stadien der Liebe zu Gott, und beschrieb Übungen, um diese zu vertiefen; das Aufgehen des menschlichen Willens in Gott pries er als die Vollendung der Liebe und als allerhöchste Tugend. In seinem dritten großen Werk, den nach seinem Tod publizierten *Vrays Entretiens Spirituels* erläuterte Franz von Sales schließlich die Tugenden, die einen wahren Christen auszeichnen, speziell die diesem im Leben und im Glauben auferlegte Disziplin. Das sind Themen, die auch in seinen zahlreichen Briefen immer wiederkehren: Die Notwendigkeit für fromme Christen, alle menschlichen Schwächen abzulegen, Haß, Neid, Stolz, Nachlässigkeit, Trägheit, Sinnlichkeit, Zügellosigkeit, Ehrgeiz, Eifersucht, Ichsucht und Eitelkeit zu überwinden und sich durch Gebet und geistliche Besinnung in den christlichen Tugenden zu üben, in Beständigkeit, Demut, Bescheidenheit, Hingabe, Einfalt, Gehorsam, Geduld, Selbstverleugnung und Wachsamkeit. Es ist sicherlich nicht zu übersehen, daß Franz von Sales die Absicht verfolgte, den katholischen Glauben im Sinne der Lehren des Tridentinum zu stärken und eine in Orden organisierte geistliche Elite zu schaffen. Darin besteht jedoch nur ein Teil seiner Wirkung, denn zugleich dienten seine Werke auch dazu, die Frömmigkeit einfacher Christen in seiner Zeit zu vertiefen. Obwohl seine Erbauungsschriften somit deutlich auf eine Erneuerung des Katholizismus hinwirkten, förderten sie damit auch eine vom Konfessionellen losgelöste Form christlichen Lebens.

Aus dem protestantischen und dem katholischen Europa des 17. Jahrhunderts können zahlreiche weitere Autoren von erbaulichen Werken genannt werden, deren Ausführungen sich mit denjenigen von Johann Arndt und von Franz von Sales überschneiden oder die deren Überlegungen aufnehmen, weiterführen und gelegentlich auch ein Stück weit modifizieren. Franz von Sales' großer Zeitgenosse, Pierre de Bérulle, konzentrierte sich in seinen Erbauungsschriften, vor allem in dem großen *Discours de l'Etat et des Grandeurs de Jésus par l'Union ineffable de la Divinité avec l'Humanité* (1623) ganz auf die Bedeutung der Menschwerdung Christi für die christliche Frömmigkeit; der große Dichter von Kirchenliedern in der Generation nach Johann Arndt, Paul Gerhardt, ging, beeinflußt durch Arndt, immer wieder auf die Grundelemente christlichen Glaubens und die den Christen verheißene Hoffnung ein. In dem Lied *Ist Gott für mich, so trete gleich alles wider mich* dichtete er 1653:

»Die Welt, die mag zerbrechen,
Du stehst mir ewiglich,
Kein Brennen, Hauen, Stechen
Soll trennen mich und dich.
Kein Hunger und kein Dürsten,
Kein Armut, keine Pein,
Kein Zorn der großen Fürsten
Soll mir ein Hindrung sein.

Kein Engel, keine Freuden,
Kein Thron, kein Herrlichkeit,
Kein Lieben und kein Leiden,
Kein Angst und Fährlichkeit,
Was man nur kann erdenken,
Es sei klein oder groß,
Der keines soll mich lenken
Aus deinem Arm und Schoß«.

In dem Lied *Ich bin ein Gast auf Erden* ergänzte er 1666:

»Mein Heimat ist dort droben,
Da aller Engel Schar
Den großen Herrscher loben,
Der alles ganz und gar
In seinen Händen träget
Und für und für erhält,
Auch alles hebt und leget,
Nach dems ihm wohl gefällt.

Zu dem steht mein Verlangen,
Da wollt ich gerne hin,
Die Welt bin ich durchgangen,
Daß ichs fast müde bin.
Je länger ich hier walle,
Je wenger find ich Lust,
Die meinem Geist gefalle,
Das meist ist Stank und Wust.«

Auch die englischen Erbauungsschriftsteller des 17. Jahrhunderts von Lewis Bayly bis Richard Baxter und John Bunyan bestärkten ihre Leser darin, daß die Welt, in der sie jetzt lebten, für Christen eine vorübergehende Periode der Bewährung sei, auf die dann, wenn sie den Versuchungen des Teufels standhielten, als Lohn das ewige Leben folge.
Wie diese Zitate beweisen, lag die eigentliche Bedeutung der Erbauungsliteratur des 17. Jahrhunderts nicht in neuen dogmatischen Aussagen oder in neuen theologischen Einsichten. Was wir in diesen Schriften finden, war irgendwann von irgendeinem christlichen Autor in früheren Jahrhunderten schon ausgeführt worden und somit Teil der gesamtchristlichen Tradition. Was diesen Werken ihren besonderen Rang gibt, ist dagegen die Tatsache, daß sie vor dem Hintergrund der politischen, sozialen und geistigen Verhältnisse des 17. Jahrhunderts ganz bestimmte theologische und ethische Maximen ak-

zentuierten, andere dagegen vernachlässigten oder ignorierten. Da das ihnen bekannte Leben so vergänglich und der Tod für jedermann jederzeit nahe schien, forderten die Erbauungsschriftsteller vor allem Buße; zahlreiche Gedichte dienten der Warnung und Mahnung; viele Predigten waren nichts anderes als Aufrufe zur Buße. Nichts war dabei so brisant wie die Neuformulierung des Verhältnisses von Frömmigkeit und Kirchlichkeit. Denn während im 16. Jahrhundert von Altgläubigen und Neugläubigen die Bedeutung der Kirche für den einzelnen Gläubigen betont und immer wieder versucht worden war, alle Gläubigen in der in den jeweiligen Territorien herrschenden Kirche zu erfassen und im Glauben dieser Kirche zu festigen, erklärten die Autoren der erbaulichen Literatur des 17. Jahrhunderts übereinstimmend, der einzelne Gläubige könne sich direkt das ewige Heil erkämpfen, ohne Mitwirkung oder Vermittlung der kirchlichen Hierarchie. Wie es scheint, hatten die Kirchen des 16. Jahrhunderts trotz aller Anstrengungen auf dem Gebiet der Seelsorge ein Defizit hinterlassen; als sich in den Jahrzehnten nach 1600 die Lebensverhältnisse allenthalben in Europa verschlechterten, stieg deshalb die Nachfrage nach Büchern, in denen Fragen des persönlichen Glaubens besprochen und seelsorgerliche Ratschläge gegeben wurden.

Zu den weiteren Folgen dieses Vorgangs gehört es dann, daß in dem Maße, in dem einzelne um ihr Seelenheil besorgte Christen die für sie wichtigen Antworten in Büchern suchten, sie sich von den Gemeinden, zu denen sie gehörten, lösten und sich dem Einfluß der für sie zuständigen Geistlichkeit entzogen. In Schlagworte gefaßt, könnte man sagen: Es war die im Europa des 17. Jahrhunderts weit verbreitete Erbauungsliteratur, die auf besondere Weise beitrug zu einer Individualisierung christlicher Frömmigkeit, zu einer Trennung von Frömmigkeit und Kirche und, da die meisten Kirchen Staatskirchen waren, auch zu einer Trennung von Frömmigkeit und Staatseinfluß. Zu beachten ist dabei freilich, daß das Verhältnis von Kirchlichkeit und Frömmigkeit mit dem Terminus Individualisierung jedoch nur unzureichend erfaßt wird. Gewiß, wenn religiöser Trost nicht mehr nur von Geistlichen gegeben, sondern vor allem in erbaulichen Büchern gesucht wird, dann sind die von einzelnen Gläubigen in ihrer jeweils verschiedenen Notsituation gezogenen Schlußfolgerungen individuell verschieden. Sieht man von seelsorgerlichen Gesprächen und Briefen ab, dann waren diese Schlußfolgerungen aber auch nicht auf die besondere Notlage abgestimmt. Das Verhältnis des erbaulichen Autors zum ratsuchenden Gläubigen war und blieb anonym; die in der Lektüre erbaulicher Literatur angelegte Individualisierung der Frömmigkeit wurde dadurch gewissermaßen wieder aufgehoben und eingeebnet. Christen, die sich nach Erbauungsbüchern richteten, wurden Glieder einer überregionalen Gemeinde, deren einzelne Teile sich nicht kannten und die doch hofften, alle am Jüngsten Tag das ewige Leben zu erlangen.

Ein gewisser Zusammenhalt der Leser erbaulicher Werke war dabei auch dadurch gegeben, daß die gegen die Staatskirchen des 17. Jahrhunderts gerichteten religiösen Erneuerungsbewegungen sich in der Regel ganz besonders um die Verbreitung der erbaulichen Literatur kümmerten. Das gilt für die Puritaner, das gilt ebenso für die Jansenisten, besonders für die mit diesen verbundenen und im Frankreich des 17. Jahrhunderts sehr aktiven katholischen Orden wie die Oratorianer, und das gilt in besonderem Maße auch für die Pietisten, die sich ganz bewußt in die Nachfolge Johann Arndts stellten und in ihren Zirkeln, den *collegia pietatis,* die von diesem propagierte Frömmigkeit zu verwirklichen suchten. Ethisches und Theologisches war dabei eng miteinander verbunden. So wurden von den Erneuerungsbewegungen nicht nur die besonderen ethischen Anstrengungen, die erbauliche Autoren von frommen Christen verlangten, unterstützt; in dem Maße, in dem sich einzelne Christen dann von den in den Kirchen üblichen Formen christlichen Lebens zu lösen begannen, schwand auch der theologische Einfluß der Kirchen gegenüber diesen Gläubigen. Erbauungsliteratur und Erneuerungsbewegungen trugen somit

gemeinsam dazu bei, die von den Kirchen vertretenen theologischen Lehren zu relativieren, christliche Frömmigkeit und Konfessionsbewußtsein zu scheiden.
Um die von der erbaulichen Literatur ausgehende Wirkung auf die christliche Frömmigkeit zu erkennen, sollten deshalb, so scheint mir, dogmatische Differenzen zwischen einzelnen erbaulichen Werken nicht zu sehr betont werden. Es ist fraglich, ob die frommen Christen, die solche Werke lasen, davon überhaupt Notiz nahmen. Dogmatisches war es nicht, was sie in erbaulicher Literatur suchten, Konfessionelles gehörte nicht zu dem, was sie aus erbaulicher Literatur für ihr Leben verwerteten. Wer im 17. Jahrhundert dogmatische Belehrung suchte, dem bot die von der erbaulichen Literatur keinesfalls völlig verdrängte katholisch-gegenreformatorische und protestantisch-orthodoxe Kontroverstheologie reichen Stoff. Die so erstaunliche Nachfrage nach erbaulicher Literatur in jener Periode beweist dagegen, welch große Sorgen sich fromme Christen damals um ihr Seelenheil machten. Auflagenziffern und Inhalt der erbaulichen Werke sind somit ein wichtiges Indiz dafür, wie sehr die Krise des 17. Jahrhunderts von den Zeitgenossen empfunden wurde. Als Gradmesser für die subjektive Wirkung und Interpretation der Krise des 17. Jahrhunderts sollte deshalb diese erbauliche Literatur in Zukunft noch gründlicher als bisher erforscht werden.

Bibliographische Hinweise zu III. 2.

Althaus, Paul, Forschungen zur evangelischen Gebetsliteratur (1927, repr. 1966).
ders., Der Friedhof unserer Väter. Ein Gang durch die Sterbe- und Ewigkeitslieder der evangelischen Kirche (1915, [4]1948).
Bakker, Augustin de, Essai bibliographique sur le livre De Imitatione Christi (1864, repr. 1966).
Beck, Hermann, Die Erbauungsliteratur der evangelischen Kirche Deutschlands. Teil 1 (1883).
ders., Die religiöse Volksliteratur der evangelischen Kirche Deutschlands (1891).
Calvet, J., La Littérature religieuse de François de Sales à Fénelon (1938).
Engelsing, Rolf, Analphabetentum und Lektüre. Zur Sozialgeschichte des Lesens in Deutschland zwischen feudaler und industrieller Gesellschaft (1973).
Große, Constantin, Die alten Tröster. Ein Wegweiser in die Erbauungsliteratur der evangelisch-lutherischen Kirche des 16. – 18. Jahrhunderts (1900).
Koepp, Wilhelm, Johann Arndt (1912).
Lenz, Rudolf (Hg.), Leichenpredigten als Quelle historischer Wissenschaften, Bd. 1 (1975), Bd. 2 (1979).
Mohr, Rudolf, Protestantische Theologie und Frömmigkeit im Angesicht des Todes während des Barockzeitalters hauptsächlich aufgrund hessischer Leichenpredigten (Theol. Diss. 1962).
Sann, Auguste, Bunyan in Deutschland. Studien zur literarischen Wechselbeziehung zwischen England und dem deutschen Pietismus (1951).
Schenda, Rudolf, Volk ohne Buch. Studien zur Sozialgeschichte populärer Lesestoffe 1770–1910 (1970).
Thompson, W. Meredith, Der Tod in der englischen Lyrik des 17. Jahrhunderts (1935).
Weber, Edmund, Johann Arndts vier Bücher vom wahren Christentum (1969).
Wentzlaff-Eggebert, Friedrich Wilhelm, Der triumphierende und der besiegte Tod in der Wort- und Bildkunst des Barock (1975).
Winkler, Eberhard, Die Leichenpredigt im deutschen Luthertum bis Spener (1967).
Zeller, Winfried (Hg.), Der Protestantismus des 17. Jahrhunderts (1962).

3. Aus der Angst zur Hoffnung

Zahlreiche Prediger und Schriftsteller des 17. Jahrhunderts begnügten sich nicht damit, ihren Zeitgenossen erbauliche Ratschläge zu geben. Viele von ihnen gaben ihren Ausführungen vielmehr dadurch besonderen Nachdruck, daß sie Reue und Buße forderten: Reue der Sünden, Buße als Voraussetzung für neuen Segen Gottes. In *Predigten uber die Klag Lieder des Propheten Jeremiae, darin uns der gegenwertige Zustandt / des / durch das betrübte Kriegswesen auffs hefftigste geplagten / und darunter seufftzenden Teutschen Reichs / für die Augen gestellet wird* führte der Rostocker Lutheraner Johann Quistorp 1633 aus, »gleich wie Gott das Jüdische Volck / auff so viele / der Propheten vorhergegangene / und in den Wind geschlagene Vermahnungen / durch die Babylonier hat heimgesuchet und auffs härteste gestraffet«, also habe »Er auch uns Teutschen / die wir seine vielfeltige Vermahnungen verachtet / durch unterschiedene Nationen züchtigen und pressen lassen / und solches hat noch kein Ende«. Erst wenn man die Sünden bereue und wieder ein Gott wohlgefälliges Leben führe, werde »Gott des Jammers ein Ende machen«. Geschehe das nicht, werde Gott die Sündigen weiter strafen, denn »eben die Sünde / die in Juda und Jerusalem geregieret / und ihnen ihr Elend verursachet haben: Eben die Sünde / gehen auch unter uns im schwange / können drumb keine andere denn gleiche Wirckungen gebieren«. Und zu bekennen gebe es vielerlei. Die Regenten hätten sich »nicht um das gemeine Beste« gekümmert und »die Justitiam nicht« befördert, die Untertanen hätten ihre Pflicht nicht erfüllt. Alle seien somit an der großen Not schuld. »Wir haben GOtt nicht gedienet / wie wir schuldig sein«, klagte Quistorp, »wir thuns noch nicht / wir sind Sündenknechte / wir leben wider unseres HErren und Gotteswillen / in allerley sündlichem Wesen / wir setzen unser Vertrauen nicht auff ihn / wir mißbrauchen in fluchen und schweren seinen heyligen Nahmen / wir verachten sein heyliges Wort / sind Obrigkeit und Eltern ungehorsam / leben in Haß und feindsehligen Hertzen wider unseren Nechsten / sind unzüchtig in Geberden / Worten und Wercken / trachten nach unseres Nechsten Gut / verleumbden und schlagen unsern Neben Christen auff den Bakken / und begehen dergleichen und andere mehr Sünde« (Zitate: Vorwort, S. 16, 31, 468 f.).

Während Quistorp und mit ihm viele Prediger und Autoren des 17. Jahrhunderts ihre Zeitgenossen mit dem Hinweis auf das Schicksal des Volkes Israel im Alten Testament mahnten, fromm und Gott wohlgefällig zu leben, führten andere Theologen zum gleichen Zweck ein weiteres Argument an: Es gelte Buße zu tun, so verkündeten sie, weil das Ende der Welt nahe sei. Manche von ihnen berechneten sogar, wann das Ende der bestehenden Weltordnung eintreten werde und nannten die Zeichen, die das nahe Ende angeblich bewiesen. Ehe diese Stufen der Eskalation von einer erbaulichen Vertiefung der Frömmigkeit zum Glauben an die Totalerneuerung der Welt beschrieben werden können, gilt es jedoch, einige Voraussetzungen und Zusammenhänge zu klären. Alle Theologen und auch die christlichen Laien, die im 17. Jahrhundert über das nahe Ende der Zeiten nachdachten, redeten und schrieben, beschäftigten sich mit heilsgeschichtlicher Chronologie und mit den Zeichen der Zeit. Wie immer sie sich das Ende der Welt vorstellten, ob sie in der Tradition Augustins standen und überzeugt waren, nach dem Ende der vierten Weltmonarchie komme das Jüngste Gericht, oder ob sie in der chiliastischen Tradition auf Christi Wiederkunft zur Aufrichtung des Tausendjährigen Reiches warteten, zweierlei bewegte stets ihre Geister: Heilsgeschichtlich-chronologische Daten gaben ihnen die Gewißheit, das Weltenende beziehungsweise Christi Wiederkunft seien nicht mehr fern, und in den turbulenten Verhältnissen ihrer Epoche glaubten sie jene untrüglichen Zeichen, jene entscheidenden, direkt von Gott gesandten Beweise zu erkennen, die aus ihren auf die Prophezeiungen Daniels und die Offenbarung Johannis gestützten endzeitlichen Erwägungen eine feste Gewißheit machten.

Verschiedene dieser Zeitzeichen stießen im 17. Jahrhundert auf besonderes Interesse. Was die Protestanten angeht, von denen der überwiegende Teil des eschatologischen Schrifttums jener Epoche stammt, so erregte sie der erneute machtpolitische Aufstieg des durch die Reformation, wie sie glaubten, gedemütigten und schon fast geschlagenen Papsttums außerordentlich. Daß ihre Furcht vor der Gegenreformation nicht unbegründet war, zeigen auch im Rückblick einige Zahlen. Denn während der Protestantismus um

1570 in Europa schon etwa 40 Prozent der gesamten Bevölkerung erfaßt hatte, so bekannten sich, wie Pierre Chaunu schätzt, um 1650 nur noch etwa 22 Prozent der Europäer zum neuen Glauben. In Frankreich, wo sich zu Beginn der Hugenottenkriege etwa die Hälfte des Adels und ein Drittel des Bürgertums dem reformierten Glauben angeschlossen hatten, waren die Protestanten seit 1628 in eine militärisch aussichtslose Minderheitsposition zurückgedrängt; der böhmische Protestantismus war inzwischen vernichtet; im Alten Reich gehörten die protestantischen Territorien zu den vom Krieg am schwersten betroffenen. Zahlreiche Protestanten glaubten in diesen Entwicklungen den letzten großen Vorstoß des Antichristen zu erkennen. Erst im Rückblick ist zu sehen, daß mit Holland und England die wirtschaftlich stärksten Länder Europas der Sache des neuen Glaubens treu geblieben waren; außerdem hatten die zahlreichen protestantischen Emigranten sowohl die Bevölkerungszahl als auch die politische, die geistige und die wirtschaftliche Kraft der verbliebenen protestantischen Länder, die sie aufnahmen, gewaltig gestärkt.

Protestanten und Katholiken des 17. Jahrhunderts waren außerdem von den verschiedenen Vorstößen der Türken tief beeindruckt. Schon im ausgehenden 16. Jahrhundert wurden zahlreiche Türkenpredigten gehalten und verschiedene Bücher mit Gebeten wider die Türken publiziert. Erst im ausgehenden 17. Jahrhundert, nachdem die Türkenfurcht während der Belagerung Wiens 1683 einen Höhepunkt erreicht hatte, begannen sich die europäischen Christen weniger darum zu kümmern, welche Rolle Gott in seinen Plänen den Türken zugemessen haben mochte.

Ferner muß auf die Faszination hingewiesen werden, die von den großen Kometen des 17. Jahrhunderts ausging. Nachdem schon im 16. Jahrhundert jedes Mal, wenn größere Kometen erschienen waren, eine Reihe von Flugschriften publiziert worden war, nahm diese Art von Literatur im 17. Jahrhundert gewaltig zu. Über die drei Kometen des Jahres 1618 erschienen nicht weniger als 120 Flugschriften, die von düstersten Prophezeiungen erfüllt waren, die dann auch noch durch die politisch-militärischen Ereignisse der folgenden Zeit postwendend in Erfüllung zu gehen schienen; über die Kometen der Jahre 1664/65 wurden etwa 130 Flugschriften publiziert, über den des Jahres 1680 waren es nicht weniger; in beiden Fällen versuchten die wenigsten Autoren, die Kometen wissenschaftlich zu erklären, so etwa Pierre Bayle 1681, während deren überwiegende Zahl die Kometen als unheilbringende »Zornruten« Gottes deutete. »Schau, ein neuer Schreck-Comet«, hieß es auf einem Einblattdruck des Jahres 1680, »Uns am Himmel vorgestellt; Als ein Gottes Straff Prophet, wo man nicht zu füssen fällt. Mit gesamter Herzens Buß, Gott, der da erzürnet ist, Anderst er sonst straffen Muß, Merck, erkenns mein guter Christ« (bei Gulyas, S. 329). Eine anonyme Kometenflugschrift des gleichen Jahres postulierte *Kometen sind Propheten*, so der Titel, *welches zur Schande denen Bauch-Pfaffen und zum Zeugnüss über die politisch-atheistischen Spötter und Kometen-Putzer, erweiset ein Liebhaber Gottes und seiner Wunderwerke.* Die Beispiele ließen sich mehren. Erst im 18. Jahrhundert sollte sich allmählich die wissenschaftliche Deutung der Kometen durchsetzen, die auf dem Höhepunkt des Glaubens an deren unheilbringende Rolle 1687 Isaac Newton in seinem Werk *Philosophiae naturalis principia mathematica* gegeben hatte.

Schließlich erhoben manche besorgte Christen des 17. Jahrhunderts auch die sittlichen und religiösen Zustände ihrer Zeit in den Rang von göttlichen Zeichen, die sie dann zusammen mit den anderen Zeitzeichen anführten. Der Lutheraner Johann Matthäus Meyfart gab beispielsweise in seinem umfangreichen Werk *Das Jüngste Gericht* 1632 eine lange Liste jener »Vorboten«, die vom nahen Ende zeugten. Die Ketzereien vermehrten sich, so schrieb er, Krieg und Aufruhr nähmen zu. »Darnach ist am hellen Tag / daß nunmehr der gantze Erdkreiß durch Krieg und Empörung verunruhiget werde. Das ganze Europa führet die mörderische Waffen wider seine Grentze / wider seine Glieder /

wider seine Freunde / wider seine Nachbarn / auch wider seine Blutsverwandte und Nechstangehörige«. Mehr noch: »Der tyrannische Krieg hat aus der alten nach der neuen Welt übergeschiffet / und daselbst auch schon einen steiffen Fuß gesetzet«. So würden in seiner Zeit alte Weissagungen erfüllt, »weil fast kein Wasser ist / das seine Fluthen nicht mit Menschen=Blut färbet / und kein Land / das seine Felder nicht mit Menschen=Blut befeuchtet. Und diese Feindseligkeit währet das volle Jahr durch; und mag durch Bündnisse nicht hingeleget / vielweniger durch Verträge abgewendet werden«. Dazu kämen Mißernten, Seuchen, Erdbeben: »Der HErr hat unter uns gesendet Unfall / Ungnad und Unglück in allem / was wir für die Hand genommen und gethan haben«, klagte Meyfart, »der HErr hat den Menschenkindern Sterbdrüsen angehenget / dieselbe geschlagen mit Geschwulst / Fieber / Hitz / Brunst / Dürre / gifftiger Lufft und Geelsucht«. Allenthalben würden auch die rechtgläubigen Christen verfolgt: »Dieselbe werden geängstigt / verbannet und durchächtet mit Schreckbrieffen / mit Gefängnuß / mit Einziehung der Güter / mit Einlägerung der Kriegs=Gurgeln / mit Verbietung des Landes / mit Schwert und Stricken / mit Wasser und Feuer«. Vor allem aber seien schreckliche Laster sowohl im weltlichen als auch im geistlichen Stand zu beobachten, schließlich, so weiter Meyfart, auch ungeheuerliche Zeichen am Himmel, nicht zuletzt das Kreuzeszeichen. Dies alles sei für die Gläubigen ein Grund zu großer Freude, für die Sünder dagegen Anlaß zu großer Angst, da es nichts anderes als die letzte Zuspitzung von lange vorher angelegten Entwicklungen bedeute. So neige sich endlich auch die lange Geschichte der Verfolgungen der wahren Kirche dem Ende zu. Diese wahre Kirche war »in zarter Kindheit«, schrieb Meyfart, »und hatte sich kaum aus den Wiegen erhoben / so kamen die Ostwinde der Juden / und stürmeten hefftigste Tyranneyen: Inmassen die Geschichte der Apostel ausweisen. Sie war in der blühenden Jugend / und hatte kaum die Kindheit verlassen / so kamen die Sudwinde der Africanischen Ketzer / und stürmeten mit noch hefftigern Tyranneyen. Sie war in den männlichen Jahren / und hatte kaum die Jugend vergessen / so kamen die Nordwinde der mitternächtischen Völker / und brachten mit sich den Blut=Regen der Märtyrer und Bekenner / und stürmeten mit den allerhefftigsten Tyranneyen drein. Nun ist übrig das schwache Alter / und bald werden auffsteigen die Westwinde der Antichristen / und was jene nicht haben enden können / werden sie mit geschwinder List und erschröcklichen Macht erneuern / und versuchen. Gott helfe den Seinen / daß sie überwintern«. Dieses Überwintern hieß nach Meyfart freilich keinerlei Passivität, im Gegenteil: Es gelte vielmehr, Gottes Gesetze ganz genau zu befolgen und alle Sünden abzulegen. »O Christen=Mensch«, mahnte Meyfart, »thue der Sicherheit ab: Denn in dem du mit sanffter Ruhe in der Boßheit schläffest / wachet GOtt mit seiner Gerechtigkeit über dir: In dem du des Urtheils dich niemals erinnerst / wird es in dem Recht der Heiligen Drey=Einigkeit über dich abgefasset / und dir darinn der höllische Abgrund / und neben den Funcken die teuffelische Peiniger zuerkennet« (Zitate nach der Ausgabe Nürnberg 1710, S. 92, 207, 213–216).

Den Freuden, die die wahren Christen nach dem Jüngsten Gericht erwarteten, widmete Meyfart eine besondere große Schrift: *Das himmlische Jerusalem oder das ewige Leben der Kinder Gottes;* drastisch und ebenso ausführlich ging er in einem weiteren großen Buch, *Das höllische Sodoma,* auf die Schmerzen und Qualen der Hölle ein. Alle drei Bücher brachte er innerhalb weniger Jahre zum Druck: Zuerst, 1629, die Abhandlung über die Hölle, das war Mahnung und Abschreckung zugleich, dann, 1630, das Werk über das himmlische Jerusalem, das brachte Verheißung, auch Verlockung, und schließlich, 1632, die Überlegungen zum Jüngsten Gericht, die seine eigene Zeit in die Heilsgeschichte einordneten. Alle drei Werke wurden im Laufe des 17. Jahrhunderts mehrfach aufgelegt, am häufigsten die Abhandlung vom Jüngsten Gericht, von der schon bis zum Jahre 1672, also innerhalb von 40 Jahren, nicht weniger als 8 Auflagen gedruckt wurden.

Doch zurück zu den Zeitzeichen. Zu ergänzen bleibt, daß eine umfassende und gründliche Untersuchung über die verschiedenen Zeichen, in denen die Menschen des 17. Jahrhunderts Gottes Absichten zu erkennen glaubten, noch aussteht. Soviel scheint sich jetzt jedoch schon sagen zu lassen: Wenn viele Christen in jener Epoche auf die konfessionellen und die politischen Kämpfe, auf Papst und Türken, auf Kometen und das, was sie als große Sünde betrachteten, starrten, um mehr über Gottes Absichten zu erfahren, dann wurden sie von tieferliegenden Sorgen bewegt. Anders formuliert: Nur vor dem Hintergrund der schwierigen Lebensverhältnisse des 17. Jahrhunderts, die einleitend mit dem Begriff Krise charakterisiert wurden, können die prophetisch-endzeitlichen Aussagen jener Zeit angemessen interpretiert werden. Weil die Sorgen in der Gegenwart so groß, weil die Angst vor der Zukunft so übermächtig war, richtete sich die Hoffnung auf eine direkte göttliche Intervention, die, sei es durch das Jüngste Gericht, sei es durch Christi Wiederkunft und das Tausendjährige Reich, allem irdischen Jammer ein Ende setzen und die Frommen für ihre Glaubenstreue belohnen und für alle Anfechtungen und Nöte, die sie überstanden hatten, entschädigen würde. Dazu eine zeitgenössische Stimme: Der Dortmunder Superintendent Christoph Scheibler gab in seinem 1630 erschienenen *Manuale ad Theologiam Practicam, Vom Ewigen Leben / Hellischen Verdambnuß / Todt / und Aufferstehung / und jüngsten Gericht* nicht nur eine ins Detail gehende Beschreibung des ewigen Lebens (von Speise und Trank, Kleidung und Schmuck, Musik, Gesang und Saitenspiel) und von der Hölle (von Hunger und Durst, Heulen und Zähneklappern, Gewissensangst, Feuerpein und anderen Qualen), der für seine philosophischen Werke berühmte Lutheraner Scheibler brachte auch eine genaue Liste der Zeitzeichen, die die Nähe des Jüngsten Gerichts bewiesen: Zeichen am Himmel, im Meer und an der Erde, Kriege, Pest und Teuerung, falsche Propheten, Bangigkeit und große Sünden. Zum Punkt Bangigkeit schrieb er, es sei »auch wahr / daß den Leuten bang ist / die auff Erden wohnen. Sie werden geplagt bey gegenwärtigem geistlichen und leiblichen Betrübnuß". Sie würden »perplex« und wüßten weder Rat noch Hilfe. »Noch mehr ist ihnen bang / vor furcht der Dinge / die da kommen werden / da man sich immer besorget / das große Elendt möchte immer größer werden. Darüber lauffen viel Leut von Hauß und Hof / viel verzweifeln gar / und wer mag alle Bangigkeit / und deren Ursach erzehlen?« Zugegeben, »Bangigkeit« war für Scheibler zunächst ein Zeitzeichen neben anderen. Daß wahre Christen eigentlich keinen Grund zu solcher Bangigkeit haben sollten, machte Scheibler klar, wenn er hinzusetzte, die Erlösung sei nahe, auch wenn er keinen genauen Zeitpunkt nennen könne: »Ihr Auserwehlten / und Heyligen eweres Gottes / so erhebet ewer Augen empor / frewet euch / unnd gedencket / daß sich ewer Erlösung nahet« (Zitate S. 639 f.). So lösten bei Scheibler die innerweltlichen Zustände zwar die großen Sorgen der Menschen aus, als Zeitzeichen lenkten diese Sorgen dann aber auch den Blick der Menschen auf die mit dem Jüngsten Gericht nahende Erlösung. Aus der Krise der Zeit entsprang somit die Beschäftigung mit den letzten Dingen.

Wenn viele Christen des 17. Jahrhunderts ihre Gegenwart als eine Epoche aufsehenerregender, noch nie dagewesener Ereignisse und als eine Zeit der großen, definitiven Entscheidungen ansahen, dann ist aber auch noch ein weiterer Punkt von Bedeutung: Die Entstehung von periodisch publizierten Organen, in denen über diese Ereignisse und Entscheidungen berichtet wurde – der Beginn des neuzeitlichen Zeitungswesens. Alle »Relationen«, die seit 1609 im Alten Reich, seit 1618 in den Niederlanden, seit 1621 in England, seit 1622 in der Schweiz und wenig später auch in Frankreich, Italien, Schweden, Spanien, Polen und den übrigen europäischen Ländern herausgebracht und verkauft wurden, setzten sich, wie es schon der Titel der ersten, 1609 in Straßburg gedruckten Zeitung prägnant faßte, das Ziel, von allen *Fürnemmen und gedenckwürdigen Historien* zu berichten *so sich hin unnd wider in Hoch unnd Nieder Teutschland / auch in Franck-*

reich / Italien / Schott und Engelland / Hisspanien / Hungern / Polen / Siebenbürgen / Wallachey / Moldau / Türckey / etc. zugetragen haben, wobei einige Zeitungen, so die Wolfenbütteler von 1609, sogar Nachrichten aus Übersee, aus *Ost: unnd West Indien* versprachen. Nicht nur durch die ebenfalls im 17. Jahrhundert außerordentlich große Zahl von Flugschriften, die auch über die großen Ereignisse in Politik und Natur berichteten, sondern vor allem durch die Relationen oder Zeitungen waren die Menschen des 17. Jahrhunderts weit besser als ihre Vorfahren in den vorangehenden Jahrhunderten über alles das informiert, was sich in ihrer eigenen Epoche zutrug. Die bei frommen Christen weit verbreitete Vorstellung, ihre Zeit sei eine Epoche noch nie dagewesener Ereignisse und definitiver Entscheidungen, mag deshalb zum guten Teil daher rühren, daß sie wußten, oder doch zu wissen glaubten, was früheren Generationen verborgen war, daß sie schon nach relativ kurzer Zeit von Ereignissen hörten, die sich an ganz verschiedenen Orten zugetragen hatten, und daß sie alle diese Informationen nicht Jahre später aus irgendwelchen Büchern entnahmen, sondern aus Zeitungen, die hochaktuelle Berichte versprachen. Setzt man voraus, daß die Christen des 17. Jahrhunderts noch ganz im Bann der heilsgeschichtlichen Weltdeutung lebten, dann wird verständlich, daß die durch Zeitungen und Flugschriften ausgelöste neuartige Flut von Informationen über ihre eigene Zeit dazu führte, daß sie in diesen Nachrichten entscheidende göttliche Zeichen sahen, und daß dadurch latente heilsgeschichtliche Erwartungen intensiviert und aktualisiert wurden.

Die meisten eschatologischen Zeugnisse des 17. Jahrhunderts stammen aus England, und dort besonders von den Puritanern, dann aus dem Alten Reich, und dort neben den Lutheranern vor allem von den Calvinisten, ferner aus den Niederlanden sowie den protestantischen Gemeinden in Frankreich, in Polen, in Ungarn und in Siebenbürgen. Allein für England liegen derzeit aber brauchbare, das heißt hinreichend klare und ins Detail gehende Forschungen vor. Wir gehen zunächst ein auf das Alte Reich, wo im ausgehenden 16. Jahrhundert die für die Lutherzeit typischen endzeitlichen Erwägungen, die für zwei, drei Generationen in den Hintergrund der theologischen Auseinandersetzungen getreten waren, nicht nur wieder aufgenommen, sondern so energisch vorangetrieben wurden, daß sie eine eigene, eine neue Qualität erhielten. Dazu einige Beispiele. Der Güstrower Superintendent Andreas Celichius setzte sich 1594 in der Schrift *Notwendige Erinnerung. Vonn des Sathans letzten Zornsturm / Und was es auff sich habe und bedeute / das nu zu dieser Zeit so viel Menschen an Leib und Seel vom Teuffel besessen werden* mit der Frage auseinander, warum es in seiner Zeit keine Wunder mehr gebe. Die in Wittenberg gedruckte Antwort dieses treuen Lutheraners lautete: Wahre Christen bedürften keinerlei äußerlichen Wunderwerke, »inwendige Mirakel« seien »viel höher und herrlicher / denn die leiblichen und auswendigen«; vor allem aber sei die »außtreibung der bösen Geister in dieser letzten Vesperzeit nicht mehr so ublich und gemein / wie vormals«; der Jüngste Tag stehe kurz bevor, und auf diesen Zeitpunkt konzentriere Christus alle Wunder. Ein gutes Jahrzehnt später meinte Johann Arndt im Vorwort zum ersten seiner *Bücher vom wahren Christentum,* »in dieser letzten Welt« würde mit dem Evangelium großer Mißbrauch getrieben, der »Tag unseres Herrn Jesu Christi« sei aber »nahe vor der Thür«. Wenig später, 1607, publizierte Philipp Nicolai sein Werk *Commentarium de Regno Christi, Vaticiniis Propheticis et Apostolicis Accomodatorum,* in dem er das Weltenende und das Jüngste Gericht auf das Jahr 1670 vorherberechnete. »Wann wir die Propheceyung mit fleiß ansehen«, ergänzte Georg Dedeken, der nach 1617 Nicolais *Teutsche Schriften* edierte, »unnd sie woll / nach ihren Eigenschafften und umbstenden erwegen / so zeuget die Sache / in einem klaren Augenschein / an ihr selber / daß sie auff unsere itzige Zeit gedeutet / und wir erlebet haben / was sie fürher verkündiget«. Mit der Reformation habe Gott den Himmel weit aufgetan und die wahre Lehre wieder ans Licht

gebracht; danach hätten sich aber diejenigen, die sich vom Papsttum lossagten, ihrerseits getrennt. Nicolais Streitschriften gegen die Calvinisten seien deshalb »hoch von Nöten«, da sie ein Mittel seien, durch welches »Gott der HErr den hellischen Drachen« niederhalte und »sein häufflein unverführet durch seine Gnade« bewahre (Zitat aus Dedekens Vorwort).
Bestärkten sich bei Nicolai und Dedeken orthodoxes Konfessionsbewußtsein und Endzeitglauben gegenseitig, so versuchte Aegidius Hunn in der Pose eines alttestamentarischen Propheten die Rolle des gegenreformatorischen Papsttums zu deuten. In der 1611 publizierten Schrift *Sechs Propheten H. Schrifft / Nemlich: Daniel / Obadias / Jonas / Micha / Hagai und Malachias / sampt den Klagliedern Jeremiae*, die er *Göttlicher Majestätt zu Ehren / und der betrübten Christlichen Kirchen in diesen letzten gefährlichen Zeiten zu Trost unnd Unterricht* widmete, verwandte der seit 1592 in Wittenberg lehrende Hunn große Mühe auf den Nachweis, daß »der leydige, verdambte Bapst« der Antichrist sei. Gott habe man »in Ewigkeit zu dancken / daß nun diß unselige Kind des Verderbens und der Verdammniß«, eben der Papst, »durch den Auffgang deß wehrten und in Ewigkeit bleibenden Evangelii / am Ende der Welt der gantzen Christenheit also entdekket ist«. Für die Christen bleibe aber der Trost, daß das Ende nahe sei. Da das Römische Kaiserreich das letzte sei und bleibe und es kein fünftes Kaisertum geben werde, argumentierte Hunn an anderer Stelle, »haben wir uns nunmehr alle Stundt und Augenblick der herrlichen Zukunfft Jesu Christi gewißlich zuversehen / der bald im Himmel auffmahnen / und mit seinen vielen tausendten Heiligen kommen wird zuhalten / und das ewige Reich der Glory und Herrlichkeit seinen Außerwehlten immer und ewiglich zubesitzen eingeben wirdt« (Zitate S. 75 f., 232).
Zahlreiche weitere Belege ließen sich anführen. *Das Thema des Jüngsten Tages* wurde, wie Dietrich Korn gezeigt hat, im evangelischen Kirchenlied des 17. Jahrhunderts häufig behandelt, es sei nur an Johann Matthäus Meyfarts »Jerusalem, du hochgebaute Stadt« (von 1626) sowie an verschiedene Lieder von Johann Heermann, Paul Gerhardt und Johann Rist erinnert. Naherwartung und Erlösungssehnsucht gingen auch in die zeitgenössische Lyrik ein. In dem posthum veröffentlichen Gedicht *Gedanken über die Zeit* klagte der 1640 im Alter von 31 Jahren gestorbene Paul Flemming: »Ach daß doch jene Zeit, die ohne Zeit ist, käme und uns aus dieser Zeit in ihre Zeiten nähme«. Noch intensivere eschatologische Aussagen sind in dem großen poetischen Werk von Andreas Gryphius zu finden. Auch für ihn war der Tag des Jüngsten Gerichts, den er als Tag des Triumphes Jesu Christi über alle seine Feinde feierte, nicht mehr fern. Entsprechende Aussagen machten auch Friedrich von Logau, Daniel von Czepko und Simon Dach, wobei sich, wie wir durch Herbert Schöffler wissen, durchaus ein Zusammenhang zwischen den poetischen Werken der drei Schlesier Gryphius, Czepko und Logau und dem besonders schweren Schicksal ihrer Heimat herstellen läßt. Gewiß, Martin Opitz konnte eschatologischen Fragen kein besonderes Interesse abgewinnen, und im Schauspiel jener Epoche sowie im Roman des deutschen Barocks wurde das Thema der Endzeit nicht ausdrücklich gestaltet. Immerhin schrieb aber auch Martin Opitz einige Gedichte, die von den letzten Dingen handeln; auch gibt es Nachrichten, daß zumindest in Puppenspielen und im Volksschauspiel das Jüngste Gericht dargestellt wurde, und schließlich griff auch Grimmelshausen, allerdings ironisch und als Parodie auf die übersteigerte Naherwartung seiner Zeit, im *Simplicissimus* das Thema des Jüngsten Tages auf (dazu Korn, S. 63, 66, 71 f.). Schon nach der Jahrhundertmitte entstanden dann große eschatologische Predigtgedichte, die ausführlich den Jüngsten Tag als den Tag der Strafe und der Belohnung beschrieben, und im ausgehenden 17. und im frühen 18. Jahrhundert versuchten schließlich die pietistischen Liederdichter, das gleiche Thema immer wieder zu gestalten.
Von der lutherischen Sicht der letzten Dinge, die sich im 17. Jahrhundert zur konkreten

Hoffnung auf das Nahen des Jüngsten Gerichts steigerte, ist die chiliastische Vision vom wiederkehrenden Christus, der das Tausendjährige Reich erst aufrichtet, zu unterscheiden. Nach dem Scheitern des Täuferreichs in Münster 1534/35 war der Chiliasmus zunächst für mehrere Generationen diskreditiert, im ausgehenden 16. und zu Beginn des 17. Jahrhundert gewann er jedoch neue Attraktivität. Für das 17. Jahrhundert unterscheidet dann Roland Haase, der entscheidende Forschungen auf diesem Gebiet leistete, einen vulgären und den spiritualistischen Chiliasmus. Zum vulgären Chiliasmus rechnet er alle jene Flugschriften, die im Laufe des Dreißigjährigen Krieges entstanden und die dem Gemeinen Mann das Nahen eines Erlösers kündeten, der ein Reich des Friedens und der Gerechtigkeit bringe. Solche Hoffnungen richteten sich zuerst auf Friedrich V. von der Pfalz, den jugendlichen Helden des Protestantismus, den die böhmischen Stände zu ihrem König wählten und der, wie manche verzweifelten Anhänger des neuen Glaubens hofften, die vom Antichrist besessenen Habsburger schlagen und das neue Reich bringen würde. Johannes Plaustrarius aus Kaiserslautern deutete die ersten Schlachten des Dreißigjährigen Krieges in diesem Sinne und scheute sich nicht, um seine Ansicht zu untermauern, die skurrilsten Beweise anzuführen; der Schlesier Stephan Kotter besuchte 1620 Friedrich V. kurz nach der Schlacht am Weißen Berg, um ihn von einer göttlichen Botschaft zu unterrichten, nach der der geschlagene Winterkönig schon nach kurzer Zeit wieder in sein Reich eingesetzt werden und über alle Feinde triumphieren würde. Die für ihre Visionen im schlesisch-böhmisch-polnischen Raum bekannte junge Polin Christina Poniatovska prophezeite noch im Jahre 1628 die Rückkehr des Pfälzers nach Prag. Wenig später, 1629, sah der sächsische Bauer Johann Warner dann aber schon in dem Schwedenkönig Gustav Adolf den Retter und Erlöser. Tief enttäuscht von der politischen Haltung seines eigenen Landesherren, des sächsischen Kurfürsten, begab sich Warner in den 1630er Jahren in schwedische Dienste und prophezeite den schwedischen Heerführern noch 1642, sie stünden kurz vor dem entscheidenden Sieg über Kaiser und Papst.
Die Vertreter des spiritualistischen Chiliasmus waren an den Zeitereignissen nicht weniger interessiert, stützten sich daneben aber auch auf eine reiche geistige Tradition: Paracelsus gehörte dazu, ferner dessen Schüler Valentin Weigel, auch Jakob Böhme. Teilweise neigten sie mehr zur Pansophie, teilweise mehr zur Theosophie, alle erwarteten sie aber eine vollkommene Neuordnung der Dinge, an deren Ende kosmische Harmonie bestehen würde, eine Welt der Wahrheit, des Lichts und der Herrlichkeit, eine neue Erde und ein neuer Himmel. Außerdem waren sich die Anhänger des spiritualistischen Chiliasmus darin einig, daß Papst und Jesuiten als die eigentlichen Widersacher im Kampf um diese Neuordnung zu gelten hatten. Schließlich erhofften sie sich den entscheidenden Durchbruch in dieser Auseinandersetzung von einem Zusammenschluß der von Gott Erleuchteten, die jenseits aller konfessionellen Bindungen zusammenarbeiten und die Welt mit dem Licht der Wahrheit durchdringen würden. Schon in den Jahren 1603/04 erwarteten einige dieser Erben des Paracelsus aufgrund von astrologischen Überlegungen vergeblich die Wende. Dieser Zeitpunkt muß auch als Beginn der sogenannten Rosenkreuzerbewegung gelten, deren Ideen zunächst von Johann Valentin Andreae entwickelt und dann von Wilhelm Eo Neuhäuser, Paul Nagel, Nikolaus Hartprecht und anderen in verschiedenen Schriften von 1614 bis 1620 vorgetragen wurden. Ihr Tausendjähriges Reich war ein goldenes Zeitalter, in dem die Widersprüche zwischen Philosophie und Theologie aufgehoben und alle Geheimnisse der Natur geoffenbart sein würden.
Neben der Gruppe um Andreae besaßen Paul Felgenhauer sowie die calvinistischen Theologen Johannes Piscator und Johann Heinrich Alsted eine besondere Bedeutung. Der wegen seiner besonderen religiösen Ansichten jahrzehntelang verfolgte Felgenhauer publizierte seit 1620 eine große Zahl von chiliastischen Schriften; der für seine Bibelkommentare berühmte Piscator, der von 1584 bis 1625 in Herborn lehrte, legte die Of-

fenbarung Johannis ganz im Sinne des Chiliasmus aus. Beider Wirkung wurde aber von Piscators Schüler Alsted weit übertroffen, dessen 1627 zunächst lateinisch und dann in verschiedenen anderen Sprachen immer wieder veröffentlichtes Werk *Diatribe de Mille Annis Apocalypticis* zum Lehrbuch des Chiliasmus im 17. Jahrhundert wurde. In diesem *Christlichen und wolgegründeten Bericht von der künfftigen Tausendjährigen Glückseligkeit der Kirchen Gottes auff dieser Erden,* so der Untertitel der deutschen Ausgabe von 1630, sagte Alsted einleitend, dreierlei sei wichtig, um die Weissagungen zu verstehen: Erstens »das Liecht und die Gnade des Heiligen Geistes«, zweitens »eine gottselige und fleißige Leßung und gegen einander Haltung der Propheceyungen« und drittens »die erfüllung der Weissagung / und also die erfahrung«, die »gleichsam der Schlüßel« sei, »damit die Propheceyung eröffnet wird«. Durch ausführliche Bemerkungen zur heilsgeschichtlichen Chronologie sowie mit dem Hinweis auf »mancherley wunderzeichen / als Newe Stern und Cometen: Item Erdbeben« begründete Alsted dann seine Aussage, spätestens im Jahre 1694 werde Christus wiederkommen. Von seiner eigenen Zeit erwartete er, daß »die Kirche durch die Verfolgung / so sie jetzo erduldet / gleichsam ausgebrand / gereiniget und erleutert werden solle«, ferner die Bekehrung der Juden und schließlich die Zerstörung des Antichristen. Nicht weniger als 66 Bibelstellen aus dem Alten und Neuen Testament kommentierte Alsted ausführlich, um seine Berechnungen und Vorhersagen zu stützen; nicht weniger als 36 Argumente seiner Gegner führte er an, um sie dann zu widerlegen (Zitate S. 16, 132).
Sowohl von Alsted, der zunächst in Herborn und dann von 1629 bis zu seinem Tode 1638 als Professor an der calvinistischen Theologischen Hochschule in Stuhlweissenburg in Siebenbürgen wirkte, als auch von Andreae, der sich nach 1620 ganz der Arbeit in der württembergischen Kirche widmete, führen Verbindungen zu Johan Amos Comenius, in dem Haase »den Angelpunkt des gesamten Chiliasmus im 17. Jahrhundert« sieht (S. 106). Comenius studierte 1611 bis 1613 in Herborn bei Piscator und Alsted, er korrespondierte mit Andreae; außerdem kannte er auch die Visionen von Kotter und der Poniatovska, die er, Jahrzehnte später, 1657, zusammen mit den Revelationen des langjährigen Vorstehers der mährischen Gemeinden der Brüderunität, Nikolaus Drabik, unter dem Titel *Lux in Tenebris* und 1664 in erweiterter Ausgabe mit dem Titel *Lux e Tenebris* zum Druck brachte. Nicht zu übersehen ist schließlich, daß Comenius auch noch von dem besonderen Klima der Spätrenaissance in Böhmen geprägt wurde, wo sich am Hofe Rudolfs II. die Hoffnungen auf eine Universalreform mit Vorstellungen aus der Pansophie und der Astrologie verbunden hatten und auch dann noch eine Zeitlang hielten, als sich sonstwo im habsburgischen Herrschaftsraum der schneidende neue Wind der Gegenreformation durchgesetzt hatte. Von dem Wunsch getragen, der Welt das neue Licht der Wahrheit zu bringen, entwarf Comenius seine großen pädagogischen Werke; die Hoffnung, Unterstützung für seine Pläne zu gewinnen, führte ihn 1641 von Polen nach England, von dort nach Schweden und dann zurück nach Polen, wo er seit 1648 als Bischof der Böhmischen Brüder wirkte. Unter dem Einfluß von Nikolaus Drabik richteten sich Comenius' ganze chiliastische Hoffnungen nach seiner Rückkehr auf die Fürsten von Siebenbürgen, auf Georg I. Rákóczy und Georg II. Rákóczy, von denen er den entscheidenden Schlag gegen die Habsburger und die Jesuiten erwartete, ehe er Mitte der 1650er Jahre den Sieg der Sache der Wahrheit von einem Bündnis zwischen den Siebenbürgern, dem Schweden Karl Gustavs und dem England Cromwells erhoffte. Ehe Comenius 1670 im Amsterdamer Exil starb, erwartete er erstaunlicherweise sogar noch von Ludwig XIV. von Frankreich, daß er das neue Reich des Friedens herbeiführe.
In unserem Zusammenhang gilt es als ergänzend zu erwähnen, daß der Chiliasmus durch Philipp Jakob Spener in die Theologie des deutschen Luthertums eingeführt wurde. Die entscheidende Anregung ging dabei von dem vom Katholizismus zum reformierten

Glauben übergetretenen Franzosen Jean de Labadie aus, der im holländischen Exil eine eigene Gemeinde um sich gesammelt und in Amsterdam auch noch den alten Comenius kennengelernt hatte. Darüber, ob die besondere politische Lage der 1670er und der 1680er Jahre auch dazu beitrug, Speners Gedanken von den letzten Dingen zu formen, mag man streiten. Sicher ist auf alle Fälle, daß der Chiliasmus zum konstitutiven geistigen Element der von Spener ausgelösten pietistischen Bewegung wurde. Kirchentreue und separatistische Pietisten, Gottfried Arnold und August Hermann Francke, Johann Wilhelm Petersen und Gerhard Tersteegen, sie alle glaubten an die »Hoffnung besserer Zeiten«. Im württembergischen Pietismus sollte schließlich seit den 1720er Jahren für drei Jahrzehnte Johann Albrecht Bengel die dominierende Rolle spielen, der den Beginn des Tausendjährigen Reiches auf das Jahr 1836 vorhersagte.

Zur Entwicklung des eschatologischen Denkens im England des 17. Jahrhunderts müssen in diesem Rahmen einige knappe Bemerkungen genügen. Seit den vorzüglichen Büchern von William Lamont, *Godly Rule* (1969), Christopher Hill, *Antichrist in Seventeenth Century England* (1971) und Bryan W. Ball, *A Great Expectation* (1975) wissen wir, daß die Hoffnung auf eine Totalerneuerung der Welt in England in jener Epoche nicht etwa nur das Hirngespinst einer kleinen Gruppe von Sektierern war, wie man lange Zeit geglaubt hatte, sondern daß breite Kreise, auch englische Protestanten verschiedenster Richtung, überzeugt waren, in der Endzeit zu leben. Gestützt auf John Foxes *Acts and Monuments* und Martin Bucers *De Regno Christi* (1557) bekämpften viele dieser englischen Protestanten zunächst den Papst als den Antichristen, wobei sie, je nach politischer und kirchlicher Einstellung, die entscheidenden Taten vom *Godly Prince,* dem englischen König als einem neuen Konstantin, von den *Godly Bishops,* einer von Gott geführten Priesterherrschaft, vom *Godly People,* den Engländern als dem Volk des Neuen Bundes, oder vom *Godly Parliament,* dem Parlament als einer Körperschaft von Heiligen, erwarteten. Seit den 1630er Jahren glaubte eine zunehmende Anzahl von Puritanern aber auch in den Bischöfen der anglikanischen Kirche Werkzeuge des Antichristen zu erkennen. In der Phase des Bürgerkrieges beherrschte die Naherwartung dann die politische Szene vollends. Viele fromme Engländer sahen es nun als ihre wichtigste Aufgabe an, den Antichristen im eigenen Lande zu bekämpfen. Die radikalsten unter ihnen sahen nach der Hinrichtung König Karls in Cromwell den Antichristen. Andere hielten eine große Koalition aller europäischen Protestanten für das Gebot der Stunde, um das Papsttum und den Katholizismus ein und für alle Male zu besiegen. Zahlreiche Geistliche und Laien beschäftigten sich mit der heilsgeschichtlichen Chronologie und den Zeichen der Zeit; Predigten über die nahe Wiederkunft Christi wurden im Parlament gehalten; als Zeitpunkt für diese Wiederkunft wurden von verschiedenen »Propheten« verschiedene Daten von 1641 bis 1666, gelegentlich aber auch spätere Jahre, so 1670 oder 1686, genannt. Kurzum, in den späten 1640er und den frühen 1650er Jahren war das apokalyptische Denken in England intensiver, einflußreicher und weiter verbreitet als jemals zuvor und jemals später. Der feste Glaube, direkt zum Sieg Christi über den Antichristen beizutragen, inspirierte nicht zuletzt auch Cromwells *New Model Army.* Aus der Endzeiterwartung wurde damals große Politik. Erst nach Cromwells Tod und nach der Restauration 1660 verloren die eschatologischen Spekulationen einen Teil ihrer Faszination. Zu viele der exakt für die Wiederkunft Christi vorhergesagten Daten waren inzwischen verstrichen; zu kläglich hatten die *saints* in der Politik Schiffbruch erlitten. Erst eine Generation später jedoch, erst im ausgehenden 17. Jahrhundert, trennten sich die meisten englischen Protestanten endgültig vom Glauben, sie lebten in der Endzeit.

Theologisch gesehen, dominierten in England andere eschatologische Lehren als auf dem Kontinent. Gewiß, auch im englischen Protestantismus des 17. Jahrhunderts war die von Luther und Calvin vertretene Lehre zu finden, das Millenium sei bereits vergangen und

Christus komme nur noch einmal am Ende der Welt wieder, um Gericht zu halten. William Perkins verbreitete diese *Post-Millenial-Doctrine* in seinen Schriften in der Version Theodor Bezas, der für die Epoche kurz vor dem Jüngsten Gericht die Bekehrung der Juden und eine Zeit der Herrlichkeit der letzten Tage (*Latter-Day Glory of the Church*) vorhergesagt hatte. Wichtiger als die traditionelle oder diese revidierte Form der augustinischen Eschatologie waren jedoch zwei andere endzeitliche Versionen: Zum einen eine im Puritanismus des frühen 17. Jahrhunderts von Thomas Brightman, John Cotton und John Owen vorgenommene Weiterentwicklung der calvinistischen Eschatologie, die zwar auch davon ausging, daß das erste Millenium um das Jahr 1300 geendet hatte, die aber postulierte, damals habe sogleich ein zweites Millenium begonnen, das bis zum Jahre 2300 dauern werde, wobei der Kirche im Laufe dieses zweiten Milleniums nach Siegen über den Papst und die Türken und nach Bekehrung der Juden eine herrliche Endzeit bevorstehe. Zum anderen hatte auch der eigentliche Chiliasmus im damaligen England viele Anhänger, allen voran Joseph Mede, der zwar die erste lateinische Version seines *Clavis Apocalyptica* von 1627 noch ohne Kenntnis der Werke Johann Heinrich Alsteds herausbrachte, der sich aber bei den folgenden lateinischen und englischen Ausgaben dieses Werkes ebenso wie Thomas Goodwin und andere stets auf Alsteds Ausführungen berief. Wie Peter Toon gezeigt hat, gaben verschiedene Faktoren dem englischen Chiliasmus seine Kraft: Die Überzeugung, alle Teile der Bibel seien Wort für Wort von Gott diktiert, was den Prophezeiungen im Buche Daniel und in der Offenbarung Johannis ein enormes Gewicht verlieh, dann die Schrecken der großen Kriege, in denen man die geweissagten Zeichen der letzten Zeit sah, ferner aber auch eine Blüte der Hebraistik an den englischen Universitäten.

Neben der Lehre vom zweiten Millenium, das den Sieg über das Böse bringe, und neben der Lehre vom künftigen Millenium (*Pre-Millenial-Doctrine*), das kurz bevorstehe und die große Wende herbeiführe, wurden im England des 17. Jahrhunderts schließlich noch zwei weitere Varianten der Lehre von den letzten Dingen vertreten: Die Anhänger einer auf dem Höhepunkt des Bürgerkrieges in den städtischen Mittelschichten entstandenen radikal-chiliastischen Bewegung, die Quintomonarchisten (*Fifth-Monarchy-Men*), glaubten nicht nur an die baldige Wiederkunft Christi und an seine künftige Herrschaft, sie waren auch überzeugt, sie dürften die bestehende, ihrer Ansicht nach Gottes Willen widerstrebende weltliche Ordnung mit Waffengewalt beseitigen, um Christi Königreich vorzubereiten. Beinahe entgegengesetzt war die Vorstellung der Quäkerbewegung von den letzten Dingen. Nach einer kurzen Periode virulenter apokalyptischer Aktionen, etwa durch John Naylor, der 1655 auf einem Esel als künftiger König des Reiches Christi in Bristol einzog, setzte sich bei den Quäkern die Entscheidung durch, Gottes Reich komme als ein inneres, als ein geistliches Reich, ohne jeden Umsturz der äußeren Ordnung.

Dreierlei sei abschließend betont: 1. Es erscheint mehr als eine bloße Koinzidenz, wenn die Phasen und die Regionen besonderer politischer und sozialer Auseinandersetzung im Europa des 17. Jahrhunderts zugleich auch die zeitlichen und geographischen Schwerpunkte eschatologischer Spekulation (und der Produktion endzeitlich gestimmter Literatur) darstellen. Das gilt vom zweiten und dritten Jahrzehnt des 17. Jahrhunderts für Böhmen mit seinen Nachbarländern, wo sich der habsburgisch-gegenreformatorische Druck besonders auswirkte, das gilt ferner für das England der drei Jahrzehnte zwischen 1630 und 1660, wo der absolutistisch-staatskirchliche Druck zur gewaltsamen Erhebung und vorübergehend sogar zur Herrschaft der Frommen führte, das gilt weiter für das Alte Reich in den 1670er und 1680er Jahren, wo die aggressive Außenpolitik Ludwigs XIV. und der fast gleichzeitige Vorstoß der Türken nach Wien die schlimmsten Befürchtungen auslöste, die sich im ersten Jahrzehnt des 18. Jahrhunderts noch einmal wiederholten, als sich der Spanische Erbfolgekrieg und der Nordische Krieg zu einem ganz Europa erfassenden Brand zu verbinden drohten, und das gilt schließlich auch für den französischen Protestantismus, dessen Verfolgung in den Jahrzehnten vor 1685 hier nicht noch einmal dargestellt wurde, dessen endzeitliche Orientierung sich aber sowohl bei den Hugenotten hielt, die emigrierten, etwa bei Paul Jurieu, als auch bei jenen, die im Lande blieben und sich in den Camisardenkriegen erhoben. Überall dort, so könnte man verallgemeinernd sagen, wo im Europa des 17. Jahrhunderts die Not besonders groß war, oder doch besonders groß zu werden drohte, genügten erbauliche Ratschläge und seelsorgerlicher Trost nicht mehr; überall, wo die sozialpsychologische Spannung und der äußere Druck mit den bisherigen Antworten nicht erklärt werden konnten, setzte sich bei Gläubigen wie bei ihren Hirten das Bedürfnis nach genauerer heilsgeschichtlicher Orientierung und nach baldiger Erlösung durch. Kein Gegenargument, so scheint es, hielt den verführerischen Überlegungen von der baldigen Errettung aus dem Übel dieser Welt stand; kaum jemand konnte sich noch vorstellen, Predigt und Seelsorge könnten Gottes Reich herbeiführen; fast alle frommen Christen erwarteten eine Besserung der Verhältnisse allein durch Gottes direkte Intervention. Als sich im zweiten und dritten Jahrzehnt des 18. Jahrhunderts die politische Lage in Europa beruhigte und sich gleichzeitig die wirtschaftlichen Verhältnisse zu bessern begannen, wurde die Lehre von den letzten Dingen das, was sie dann bis ins 20. Jahrhundert bleiben sollte: Eine Sonderlehre kleiner Zirkel.

2. Obwohl genauere Forschungen fehlen, scheint auch der Katholizismus des 17. Jahrhunderts nicht immun gegen das eschatologische Fieber gewesen zu sein. Für den deutschen Raum hat Dietrich Korn einige Belege zusammengetragen, die beweisen, daß auch in katholischen Kreisen im Alten Reich wenigstens zu Beginn des 17. Jahrhunderts das Bewußtsein vorhanden war, in der Endzeit zu stehen. Zahlreiche Übersetzungen und Neubearbeitungen des *dies irae,* die teilweise sehr plastische Schilderungen von Gottes Richtertätigkeit enthielten, wurden im Laufe des 17. Jahrhunderts verbreitet, dazu weitere Lieder, die vom letzten Gericht handelten, nicht zuletzt von Friedrich von Spee. Anders als bei den Protestanten, die ganz auf das Jüngste Gericht oder das Tausendjährige Reich hin lebten, scheinen sich die Katholiken des 17. Jahrhunderts, wie Dietrich Korn schreibt, zwar auch um die ewige Seligkeit und die ewige Verdammnis gekümmert, dabei aber mehr »um das Einzelgericht über die Seele nach dem Tode« als um »das große Weltgericht« gesorgt zu haben (S. 37). Allein der zum Katholizismus konvertierte Prokop von Templin sah im Jüngsten Gericht einen Tag der Hoffnung.

3. Nicht die besonders traditionell eingestellten, die besonders altmodischen und bigotten Christen des 17. Jahrhunderts waren es, die von der Hoffnung auf Christi Wiederkunft bewegt wurden und die selbst über die Endzeit schrieben. Die Lehre von den letzten Dingen gehörte vielmehr, so scheint es, zu den seriösen wissenschaftlichen Themen der Zeit. Auch wenn in jener Epoche entscheidende Schritte auf dem Wege zu der modernen, vollkommen säkularisierten und experimentellen Naturwissenschaft vollbracht wurden, waren damals Philosophie, Mathematik und Theologie, Physik, Astrologie und Heilsgeschichte noch nicht als unabhängige oder gar gegensätzliche Wissensgebiete etabliert. Alle diese Wissenschaften wurden als Teile einer Universalwissenschaft betrieben, die von verschiedenen Blickwinkeln her Einsicht in Gottes Schöpfung und Heilsplan gewinnen wollte. Astronomische Beobachtungen hatten im 17. Jahrhundert deshalb keinen höheren wissenschaftlichen Rang als Ausführungen zu den Zeichen der Zeit. Auf welche Weise die Krise des 17. Jahrhunderts, die Erneuerung der Eschatologie und die Entstehung der modernen Wissenschaft zusammenhingen, wird weiter unten noch genauer zu prüfen sein.

Bibliographische Hinweise zu III. 3.

Althaus, Paul, Die letzten Dinge (1922, [8]1961).
Ball, Bryan W., A Great Expectation. Eschatological Thought in English Protestantism to 1660 (1975).
Bietenhard, Hans, Das Tausendjährige Reich. Eine biblisch-theologische Studie (1944, [2]1955).
Capp, B. S., The Fifth Monarchy Men. A Study in Seventeenth-Century English Millenarianism (1972).
Chaunu, Pierre, Europäische Kultur im Zeitalter des Barock (1968).
Corrodi, Heinrich, Kritische Geschichte des Chiliasmus, Teil 1–3 (1781–1783).
Evans, R. J. W., Rudolf II. and His World. A Study in Intellectual History 1576–1612 (1973).
Gulyas, Paul, »Vier Einblattdrucke über den Kometen vom Jahre 1680«, in: Zeitschrift für Bücherfreunde N. F. 3 (1911/12) II, 328–330.
Haase, Roland, Das Problem des Chiliasmus und der Dreißigjährige Krieg (Phil. Diss. 1933).
Heß, Wilhelm, Himmels- und Naturerscheinungen in Einblattdrucken des 15. bis 18. Jahrhunderts (1911).
Hill, Christopher, Antichrist in Seventeenth-Century England (1971).
Ingen, Ferdinand van, Vanitas und memento mori in der deutschen Barocklyrik (1966).
Korn, Dietrich, Das Thema des Jüngsten Tages in der deutschen Literatur des 17. Jahrhunderts (1956).
Krieg, Gustav A., Die Theologie Pierre Poirets (Theol. Diss. 1975).
Lamont, William M., Godly Rule. Politics and Religion, 1603–1660 (1969).
ders., Richard Baxter and the Millenium (1978).
Leube, Hans, Die Reformideen in der deutschen lutherischen Kirche zur Zeit der Orthodoxie (1924).
Ludendorff, Hans, »Die Kometen-Flugschriften des 16. und 17. Jahrhunderts«, in: Zeitschrift für Bücherfreunde 12 (1908/09) II, 501–506.
Mauser, Wolfram, Dichtung, Religion und Gesellschaft im 17. Jahrhundert. Die »Sonnete« des Andreas Gryphius (1976).
Nigg, Walter, Das ewige Reich. Geschichte einer Hoffnung (1944, [2]1954).
Roche, Daniel, »›La Mémoire de la Mort‹: recherche sur la place des arts de mourir dans la Librairie et la lecture en France aux XVIIe et XVIIIe siècles«, Annales 31 (1976) 76–119.
Röbbelen, Ingeborg, Theologie und Frömmigkeit im deutschen evangelisch-lutherischen Gesangbuch des 17. und frühen 18. Jahrhunderts (1957).
Toon, Peter, »Der englische Puritanismus«, Historische Zeitschrift 214 (1972) 34–41.
ders. (Hg.), Puritans, the Millenium and the Future of Israel. Puritan Eschatology 1600 to 1660 (1970).
Vosskamp, Wilhelm, Untersuchungen zur Zeit- und Geschichtsauffassung im 17. Jahrhundert bei Gryphius und Lohenstein (1967).
Wilson, John F., Pulpit in Parliament. Puritans during the English Civil War 1640–1648 (1969).

4. Aus der Not zur Repression

Die großen Seuchen und Kriege des 14. und des frühen 15. Jahrhunderts, die in der neueren Literatur gelegentlich mit dem Begriff »Krise des 14. Jahrhunderts« zusammenfassend charakterisiert werden, dezimierten die Bevölkerung in weiten Teilen Europas und lösten weitreichende soziale, geistige, wirtschaftliche und politische Veränderungen aus, nicht zuletzt auch die Verfolgung der Juden und ihre Vertreibung aus vielen europäischen Städten und Ländern. Ökonomische und religiöse Motive verbanden sich dabei. Während christliche Prediger den Juden die Schändung von Hostien und die rituelle Tötung von Christenkindern vorwarfen und zum Kampf gegen die Nachfahren jenes Volkes aufriefen, das Christi Botschaft abgelehnt und diesen ans Kreuz geschlagen hatte, entledigten sich christliche Kaufleute und Handwerker kurzerhand der jüdischen Konkurrenz. Vom Jahre 1290, als die Juden aus England vertrieben wurden, bis zu den Jahren 1492 und 1498, als sie Spanien und Portugal verlassen mußten, hatte die jüdische Minorität in vielen europäischen Ländern immer wieder die Rolle des Sündenbocks für all das Un-

glück zu übernehmen, das ihre christlichen Zeitgenossen nicht verstehen konnten und nicht als den Willen ihres Gottes akzeptieren wollten. Im ausgehenden 14. Jahrhundert wurden die meisten jüdischen Gemeinden in Frankreich aufgelöst; noch im ausgehenden 15. Jahrhundert und zu Beginn des 16. Jahrhunderts vertrieben viele Städte und Territorien des Alten Reichs die Juden. Und selbst dort, wo sich im Spätmittelalter in Mittel-, West- und Südeuropa Juden halten konnten, wurden sie in rechtlichen Belangen diskriminiert, in ihrer sozialen Stellung diskreditiert, in religiöser Hinsicht diffamiert und oft genug an Leib und Leben bedroht.
Auch während der Krise des 17. Jahrhunderts, deren Folgen hier beleuchtet werden, kam es in jenen Teilen Europas, in denen damals noch Juden wohnten, erneut zu schweren Pogromen, insgesamt jedoch, von Polen abgesehen, wie zu zeigen sein wird, zu keiner neuerlichen Katastrophe, die mit jener des 14. und 15. Jahrhunderts vergleichbar wäre. Für unsere Überlegungen sind beide Momente von Bedeutung, sowohl die erneute Verfolgung der Juden im 17. Jahrhundert, als auch jene Kräfte, die damals zu ihrem Schutz beitrugen, denn sowohl die antijüdischen Ausschreitungen als auch der Philosemitimus jener Epoche wurden nicht zuletzt auch mit theologischen Argumenten begründet, die typisch für die Entwicklung des Christentums zwischen Reformation und Aufklärung sind.
Beginnen wir mit den Schattenseiten. Im Laufe des 16. Jahrhunderts hatten sich in einigen Teilen Europas die Juden wirtschaftlich und kulturell erneut entfalten können, etwa in Polen, wo viele der im Spätmittelalter aus Mittel- und Westeuropa vertriebenen Juden eine Zuflucht gefunden hatten, oder in Mähren, wo sie, wie Helmut Teufel schreibt, im 16. Jahrhundert geradezu »ideale Partner« der adligen Herren wurden, auf deren Gütern sie lebten und denen sie Waren und Kredit vermittelten (S. 338 f.). Schon im ausgehenden 16. Jahrhundert, als sich aufgrund der allgemeinen Teuerung die Lebensverhältnisse breiterer Schichten zu verschlechtern begannen, vor allem aber seit Beginn des 17. Jahrhunderts, stieg wieder der auf den in Europa verbliebenen Judengemeinden lastende Druck. Von gegenreformatorischem Glaubenseifer beseelte Katholiken und treue Protestanten, die sich an die judenfeindlichen Schriften des alten Luther erinnerten, standen sich dabei in nichts nach. In Italien hatte Papst Paul IV. mit der 1555 erlassenen Bulle *Cum nimis absurdum* den Auftakt zur erneuten Diskriminierung der Juden gegeben, zunächst im Kirchenstaat und dann in ganz Italien. Nachdem die italienischen Juden in der Renaissancezeit eine wichtige Rolle gespielt hatten, wurden sie in der zweiten Hälfte des 16. Jahrhunderts von der immer offensiver vorgehenden Gegenreformation in wenige Gettos in Nord- und Mittelitalien zurückgedrängt. Zu Beginn des 17. Jahrhunderts wurden dann aus Spanien und Portugal Tausende von Marranen, zwangsweise zum Christentum bekehrte Juden, vertrieben. Im Alten Reich wurde 1614 das Judenviertel von Frankfurt und 1615 das Getto in Worms gestürmt, wobei es dem Kaiser in beiden Fällen erst nach einiger Zeit und nur mit erheblicher Mühe gelang, die Juden in ihre Gemeinden zurückzuführen. Doch auch dieser kaiserliche Schutz war nicht überall von Dauer. In Wien, wo es 1611, 1645 und 1660 zu Pogromen kam und wo der Magistrat zunächst immer wieder vergeblich versuchte, die Juden loszuwerden, stimmte Kaiser Leopold schließlich 1668/70 der Vertreibung der in der Stadt lebenden 1600 Juden zu. Viele weitere Fälle wären zu nennen: Detaillierte, meist im Zusammenhang mit Landesordnungen erlassene Judenordnungen, schränkten den jüdischen Gemeinden zugebilligten Lebensraum ein; als Gegenleistung für gewährte Duldung mußten die Juden hohe und immer wieder gesteigerte Abgaben zahlen; die verbreitete Judenfeindlichkeit führte viele Christen zu der Überzeugung, die Juden seien auch an der Not der Zeit schuld und äußerte sich in Gewalttätigkeiten und vielerlei Schikanen. Die nach italienischem und spanischem Vorbild während des Dreißigjährigen Krieges, meist nach lokalen Pestseuchen gegründe-

ten Totenbruderschaften sorgten sich nicht nur darum, daß ihre Mitglieder ein gut christliches Begräbnis erhielten, sondern bekämpften auch eifrig alle Juden. Katholische und evangelische Autoren polemisierten scharf gegen den jüdischen Glauben; sie warnten alle Christen, mit Juden Kontakte zu pflegen: Sie sollten, wollten sie keinen Schaden erleiden, nicht in deren Nähe wohnen, keine jüdischen Ärzte aufsuchen, keine Geschäfte mit ihnen eingehen oder sonst mit ihnen zu tun haben. Während der Wirtschaftskrise in den Anfangsjahren des Dreißigjährigen Krieges, der sogenannten Kipper- und Wipperzeit, hatten Juden besonders zu leiden, da viele Leute glaubten, sie seien an der rapiden Geldverschlechterung schuld. In den Städten im Osten des Reiches, etwa in Breslau, wurden Juden häufig als Spione oder Agenten der Türken verdächtigt und verfolgt. Die Beispiele ließen sich mehren. Die Lübecker überfielen 1665 die Juden, die sich 1648 im nahegelegenen Moisling niedergelassen hatten, und taten auch in den folgenden Jahrzehnten alles, um deren Leben zu erschweren; und selbst in Hamburg, wo der Senat die zwischen 1601 und 1612 in die Stadt gezogenen Marranen schützte, kam es insbesondere in den 1630er und 1640er Jahren zu erheblichen Spannungen zwischen den Einheimischen und den Juden, die nicht zuletzt von der evangelischen Geistlichkeit geschürt wurden.

Zur schwersten und folgenreichsten Judenverfolgung im damaligen Europa sollte es kurz nach der Jahrhundertmitte in Polen kommen. Als sich 1648 unter der Führung des Bogdan Chmelnizkij die Kosaken erhoben, gerieten die vielen Judengemeinden in Podolien, Wolhynien, der Ukraine und Weißrußland in eine fatale Situation. In den Augen der Aufständischen galten die Juden, von denen viele als Pächter auf den Gütern von polnischen Adligen lebten, als Exponenten der polnischen Herrschaft. Außerdem glaubten die Kosaken, die katholischen Polen hätten sich mit den Juden verbündet, um den griechisch-orthodoxen Glauben auszurotten. Die polnischen Adligen dachten aber nicht daran, sich besonders für die Judengemeinden einzusetzten. Da auch das polnische Heer den Kosaken zunächst unterlegen war, kam es für die Juden Polens zur Katastrophe: Binnen weniger Jahre wurden mehr als 250 000 Juden getötet und mehr als 700 jüdische Gemeinden zerstört. Als wenig später zuerst die Schweden und dann die Russen in Litauen einfielen, blieb von den im 16. Jahrhundert kulturell so wichtigen jüdischen Gemeinden Polens nichts mehr übrig. Viele der polnischen Juden, die sich retten konnten, zogen als Flüchtlinge wiederum nach Westen, wo sich aber nur wenige von ihnen wirtschaftlich etablieren und viele als sogenannte Betteljuden durchschlagen mußten und damit soziale Randexistenzen blieben.

Wie groß der Druck war, unter dem alle jüdischen Gemeinden im damaligen Europa standen, zeigte sich wenige Jahre nach den polnischen Pogromen. Als 1665 aus Ägypten die Nachricht zu ihnen drang, es sei ein neuer Messias erschienen, erfaßte sie eine ungeheure Erregung. In der Stunde der größten Not war, so mußte es scheinen, der Erlöser gekommen: Er hieß Sabbatai Zewi; von seinen Erleuchtungen kündete Nathan von Gaza, sein Prophet. In vielen jüdischen Gemeinden Europas wurden jetzt Huldigungsschreiben an diesen Messias verfaßt, Abgesandte wurden zu ihm geschickt, der Verkauf des Besitzes und die Auswanderung in das Gelobte Land vorbereitet. Selbst die wohlsituierten und großen Judengemeinden von Amsterdam und Hamburg bildeten keine Ausnahme. Nun zeigte sich, wie Hermann Kellenbenz bemerkt, wie wenig auch die aus der iberischen Halbinsel vertriebenen Juden »trotz der verhältnismäßig günstigen materiellen Bedingungen hier im Norden verwurzelt waren« (S. 51). Binnen Jahresfrist kam es jedoch zum Eklat. Als Sabbatai Zewi 1666 von Ägypten nach Konstantinopel zog, wurde er von türkischen Behörden verhaftet und trat wenig später, um Strafen zu entgehen, zum islamischen Glauben über. Dieser Schock vertrieb in vielen jüdischen Gemeinden jedoch keineswegs die endzeitlichen Hoffnungen, die sich vorübergehend zur konkreten Aussicht auf eine Rettung aus der Not verdichtet hatten. Manche Juden glaubten, Sabbatai Zewi sei nur kurze Zeit entrückt und es gelte, sich auf seine Rückkehr vorzubereiten; andere bezeichneten ihn zwar als den falschen Messias, gaben sich aber ganz der jüdischen Mystik, der Kabbala, hin und vernachlässigten die dogmatischen Elemente ihres Glaubens, den Talmud. Noch 1706 kursierte in jüdischen Kreisen das Gerücht, die Wiederkunft des Sabbatai Zewi, der wie einst Moses vierzig Jahre in der Wüste gewesen sei, stünde unmittelbar bevor.

Der jüdische Messianismus des 17. Jahrhunderts darf nicht auf den Fall des Sabbatai Zewi beschränkt werden. In der im 17. Jahrhundert in jüdischen Gemeinden weit verbreiteten und durch das Studium der Kabbala vertieften Hoffnung, Gott werde die Lage seines Volkes bald grundlegend bessern, ist, so scheint es, vielmehr ein zur christlichen Endzeiterwartung jener Epoche paralleles und mit dieser verwandtes Phänomen zu sehen. Ob der christliche Chiliasmus, wie Lucien Wolf 1901 vermutete, direkt den jüdischen Messianismus beeinflußte, oder ob beide Bewegungen sich autonom entwickelten, wie Gershom Scholem 1941 postulierte, ist derzeit offen; beide Möglichkeiten stimmen jedenfalls überein mit der Beobachtung, daß Christen und Juden unter dem Eindruck der schweren Zeit, in der sie lebten, in ähnlicher Weise die alten Prophezeiungen reaktivierten. Als Angst und Not überhand nahmen, begannen sich viele Mitglieder beider Gruppen auf die ihnen verheißene Hoffnung zu konzentrieren.

Überblickt man das Schicksal der europäischen Juden zwischen Reformation und Aufklärung, so ist jedoch, wie einleitend erwähnt, zu betonen, daß sich ihre Lage im Laufe des 17. Jahrhunderts nicht weiter verschlechterte. Trotz der angespannten sozialen, politischen und wirtschaftlichen Verhältnisse brachte das 17. Jahrhundert für sie mit der Ausnahme von Polen keine neuerliche Katastrophe. Wie ist dieser Widerspruch zu erklären? Waren die europäischen Juden ihrer traditionellen Rolle als Sündenbock entronnen? Eine Antwort auf diese Fragen finden wir bei Hans-Joachim Schoeps, der zuerst 1952 und seither in verschiedenen Publikationen darauf aufmerksam gemacht hat, daß es im neuzeitlichen Europa neben dem christlichen Antisemitismus auch einen christlichen Philosemitismus gab. Er unterscheidet dabei fünf Typen: Den christlich-missionarischen, den biblisch-chiliastischen, den utilitaristischen, den liberal-humanitären und den religiösen Philosemitismus und stellt ferner fest, zwischen Reformation und Aufklärung sei am häufigsten eine Kombination des biblisch-chiliastischen und des utilitaristischen Typs anzutreffen gewesen.

Es ist hier nicht der Ort, Schoeps' Terminologie zu kritisieren und darzulegen, warum die von ihm gewählte Bezeichnung Philosemitismus nicht für alle von ihm genannten Typen paßt. Wichtiger ist es, näher auf die für eine positivere Einstellung von Christen gegenüber Juden im 17. Jahrhundert entscheidenden Motive einzugehen, auf das utilitaristische und das biblisch-chiliastische. Für beide Komplexe gibt es fundierte neuere Forschungen, auf die sich aber Schoeps in seiner 1965 erschienenen Studie *Barocke Juden, Christen, Judenchristen* und auch im zweiten Band seiner 1978 publizierten *Deutschen Geistesgeschichte der Neuzeit* über *Das Zeitalter des Barock,* wo er seine Thesen wiederholt, nur teilweise stützt. Was den Chiliasmus betrifft, so wissen wir inzwischen, daß er das geistige Klima im ganzen protestantischen Europa und damit auch das Verhältnis von Christen und Juden nachhaltig beeinflußte. Nicht nur Außenseiter wie Johann Warner, der chiliastisch gesinnte Prophet aus der Zeit des Dreißigjährigen Krieges, nicht nur theologische Einzelgänger wie Paul Felgenhauer und Quirinus Kuhlmann argumentierten, im Zusammenhang mit der Wiederkunft Christi würden auch die Juden bekehrt, um dann, gemeinsam mit den wiedergeborenen Christen im Tausendjährigen Reich eine führende Rolle zu spielen. Von der Bekehrung der Juden kündeten vielmehr auch Johann Heinrich Alsted und zahlreiche englische Theologen. In seiner 1667 in Amsterdam publizierten Schrift *Jugement Charitable et Juste sur l'Etat Présent des Juifs* warb beispielsweise auch

ein so rühriger Mann wie Jean de Labadie um Verständnis für die Juden, »cette pauvre nation«, und drängte gleichzeitig einsichtige Juden, sie sollten Jesus, wie er schrieb, als den wahren Messias, der schon gekommen sei und wiederkommen werde, anerkennen. In den Niederlanden setzten sich, wie J. van den Berg dargelegt hat, auch Petrus Serrarius und Pierre Jurieu für eine christlich-jüdische Zusammenarbeit in der Endzeit ein. Angeregt durch Labadie führte dann schließlich Philipp Jakob Spener nicht nur den Chiliasmus in das deutsche Luthertum ein, Teilaspekt der Spenerschen »Hoffnung besserer Zeiten« war vielmehr auch die Überzeugung, in seiner Zeit könnten und müßten die Juden für Christi Botschaft gewonnen werden. Diese Überzeugung vertrat auch August Hermann Francke in Halle, wo 1728, kurz nach Franckes Tod, mit dem von Heinrich Callenberg eingerichteten *Institutum Judaicum* die pietistische Judenmission ein organisatorisches Zentrum bekam.
In England führte die christliche Endzeiterwartung im 17. Jahrhundert zu einer für die Juden sehr viel spektakuläreren Entwicklung als im Alten Reich: Zu ihrer Wiederzulassung zur Insel, von der sie 1290 verbannt worden waren. Die Vorgeschichte kann hier nur knapp skizziert werden: Noch im 16. Jahrhundert gab es nur einzelne Marranen in England; um 1600 erlebte dann die Hebraistik als Wissenschaft an englischen Universitäten eine Blüte; seit dem zweiten Jahrzehnt des 17. Jahrhunderts forderten schließlich einzelne Puritaner, auch in England sollten wieder Juden leben dürfen. Gewiß, ökonomische Motive verbanden sich dabei von Anfang an mit den religiösen, da von den Juden ein wichtiger Beitrag zum englischen Handel erwartet wurde; zugunsten der Juden wirkte sich auch der wachsende Wunsch breiterer Kreise in England aus, in Religionsdingen Toleranz zu gewähren. Entscheidend für den Vorstoß, Juden die Einwanderung nach England zu gestatten, war jedoch die Überzeugung, das Schicksal von Christen und Juden sei in der Endzeit aufs engste miteinander verbunden. So argumentierte beispielsweise der schottische Puritaner John Durie, der sich daneben auch für eine Union aller Protestanten einsetzte; diese Meinung vertrat der aus Ostpreußen stammende und nach England gezogene Samuel Hartlib, der zu den geistigen Führern der revolutionären Puritaner gehörte, und für solche Überlegungen war nicht zuletzt auch Oliver Cromwell aufgeschlossen. Von Amsterdam aus beobachtete der bedeutendste jüdische Gelehrte jener Zeit, Menasseh Ben Israel, die englische Entwicklung genau. Als die Puritaner die Macht übernahmen, nutzte er die Gunst der Stunde. In der zunächst spanisch (*Esperança de Israel*), dann lateinisch (*Spes Israelis*) und 1650 und 1651 auch englisch gedruckten und dem englischen Parlament gewidmeten Schrift *The Hope of Israel* betonte er, nachdem man, was zahlreiche Zeitgenossen glaubten, auch in Amerika einen der verlorenen jüdischen Stämme wiederentdeckt habe, stehe es fest, daß die Juden über die ganze Erde verstreut seien – überall lebten sie, außer in England; ließe man sie auch dort wieder zu, dann seien die Prophezeiungen erfüllt und die Voraussetzungen für eine erneute Sammlung der Juden und damit für die Erneuerung der Welt gegeben. Solche Erwägungen waren Musik in endzeitlich gestimmten puritanischen Ohren. Nachdem Menasseh Ben Israel 1651 nach London gereist war und Cromwell zunächst vergeblich gebeten hatte, die Wiedereinwanderung der Juden in England zu gestatten, war es vier Jahre später dann so weit. 1655/56, als England mit den wirtschaftlich in Europa dominierenden Holländern Krieg führte, wurde das gegen die Juden verhängte Einwanderungsverbot zwar nicht offiziell aufgehoben, wohl aber ließ Cromwell jetzt stillschweigend den Zuzug von Juden zu, nicht zuletzt in der Hoffnung, sie würden auch Geld ins Land bringen.
Religiöse Argumente allein hätten wohl kaum genügt, den Juden das jahrhundertelang verschlossene England wieder zu öffnen. Selbst bei dem bibelfrommen Cromwell gaben in dieser Sache erst ökonomische Erwägungen den Ausschlag. Im Gegensatz zu England spielten auf dem Kontinent, wenn es um die Tolerierung von Juden ging, finanziell-öko-

nomische Gründe freilich eine noch ungleich wichtigere Rolle: Wenn in der Epoche des kontinentaleuropäischen Absolutismus Juden toleriert wurden, dann geschah dies primär aus finanzpolitischen Gründen, weil die Fürsten in den Abgaben der Judengemeinden eine leicht zu kontrollierende, lukrative Einnahmequelle sahen; dazu kamen wirtschaftspolitische Gründe, weil die Fürsten von den Juden eine Belebung von Handel und Gewerbe erhofften; schließlich spielten auch innenpolitische Gründe eine Rolle, weil die Fürsten in den von ihnen völlig abhängigen Juden ein Gegengewicht gegen die ihrer Herrschaft widerstrebenden Landstände und gegen die im Sinne des Merkantilismus unproduktiv arbeitenden Zünfte sahen. Will man die absolutistische Judenpolitik des 17. Jahrhunderts beurteilen, kann erst an letzter Stelle auf das Moment der religiösen Toleranz verwiesen werden. Für die weniger aus ideellen als aus materiellen Gründen tolerierten Juden war dies freilich kein Nachteil. Indem »die Judenfrage von der kirchlichen in die staatliche Sphäre verlegt, aus einer religiösen zu einer politischen Angelegenheit gemacht und damit gleichsam säkularisiert« wurde, wie Selma Stern bemerkt (*Der preußische Staat und die Juden,* Teil I, 1962, S. X), erhielten die Juden mehr Rechtssicherheit als zuvor. Zwar waren hohe Abgaben der Preis, den sie für diese Rechtssicherheit zu zahlen hatten; da der absolutistische Staat die Juden aber aus ihren Gemeinschaften herausholte, erzog er sie auch zu wirtschaftlichem Engagement und übte sie damit in jenen Fähigkeiten, die am Beginn der industriellen Ära besonders gefragt waren.
Teilweise gelang Juden unter dem Absolutismus ein geradezu phänomenaler sozialer Aufstieg vom Schutzjuden zum privilegierten Hofjuden. Als Hoflieferanten holten sie jene Waren und jene Kredite ins Land, die den Fürsten fehlten; als Heereslieferanten trugen sie wesentlich zur Ausrüstung der stehenden Heere bei; teilweise fungierten sie als Hofbankiers, als Münzunternehmer und als Hofjuweliere. Die Hoffaktoren, deren Bedeutung Heinrich Schnee ausführlich beschrieben hat, gehörten somit zum innersten Kreis der Manager absolutistischer Wirtschafts-, Finanz- und Kulturpolitik. Nicht selten wurde dieser Aufstieg teuer bezahlt, da die Hoffaktoren bei den Landständen und auch beim Gemeinen Mann als der böse Geist des Herrschers galten. Als beispielsweise der württembergische Herzog Karl Alexander 1737 nach heftigen Auseinandersetzungen mit den Landständen überraschend starb, machten diese seinem Hoffaktor, Josef Süß Oppenheimer, den Prozeß. Als Oppenheimer hingerichtet wurde, pries die Geistlichkeit des kleinen Landes Gottes Gerechtigkeit. Auch in anderen Territorien konzentrierte sich das Ressentiment von Ständen und Zünften gegen die absolutistische Wirtschafts- und Finanzpolitik ganz auf die Hofjuden, die somit, selbst vor antisemitischen Aktionen weitgehend geschützt, zu einer Verstärkung der allgemeinen antisemitischen Tendenzen beitrugen. Wie sich die herausgehobene Stellung der Hoffaktoren für die anderen Juden auswirkte, ist jedoch schwierig zu entscheiden. Denn auf der einen Seite gerierten sich die Hofjuden als eine Art jüdische Aristokratie und entfremdeten sich dem jüdischen Gemeindeleben; auf der anderen Seite nützten zahlreiche Hoffaktoren aber auch ihren Einfluß am Hof, um für einen besseren Schutz ihrer Glaubensgenossen zu sorgen. Während einzelne Hofjuden ihren Einfluß in jüdischen Gemeinden zu ihrem persönlichen Vorteil nutzten, traten andere als deren Mäzene auf. Erst im Rückblick wird klar, wie eng im Grunde das Schicksal beider Gruppen zusammenhing. Obwohl sich viele Hofjuden schon der Emanzipation nahe glaubten, war es für beide, für die privilegierten Hofjuden wie für die diskriminierten jüdischen Gemeinden vom Zeitalter des Absolutismus noch ein weiter Weg bis hin zur bürgerlichen Gleichstellung.
Eine Bemerkung über Brandenburg-Preußen, das in der zweiten Hälfte des 16. Jahrhunderts die letzten Juden verjagt hatte und das 1670/71 unter dem Großen Kurfürsten einen Teil der aus Wien und Niederösterreich vertriebenen Juden aufnahm und mit einem großzügigen Privileg ausstattete, sei angefügt. Hier zahlte sich die gegen den auch in die-

sem Lande vorhandenen Judenhaß vom Fürsten durchgesetzte Tolerierung der Juden nicht nur besonders aus, weil diese in der Folgezeit Handel und Gewerbe förderten; hier paßte sich die Judenpolitik nicht nur ein in die aus ganz anderen Gründen entwickelte Politik des Territorialismus; in Brandenburg-Preußen wurde die staatliche Judenpolitik auch durch die Judenmission der vom Staate ebenfalls privilegierten Pietisten wirkungsvoll ergänzt. Juden, Pietisten und Hugenotten, die hier als dritte Gruppe zu nennen sind, prägten die Entwicklung des neueren Preußen kaum weniger als der Landadel, die Beamtenschaft oder das Militär.

Um das zwischen verschärfter Repression und vestärktem Schutz verlaufende besondere Schicksal der europäischen Juden im 17. Jahrhundert historisch richtig einzuordnen, lohnt der Hinweis auf eine aufschlußreiche Parallele: Auf das Schicksal der Hexen. Als sich im ausgehenden 16. Jahrhundert im Zuge der Gegenreformation das konfessionelle Klima in ganz Europa verschärfte, nahm nicht nur der Druck gegen die Juden wieder zu, nunmehr wurde auch die Verfolgung jener Personen forciert, die man verdächtigte, Hexen zu sein; als sich wenige Jahrzehnte später die gesamten sozialen, politischen und ökonomischen Verhältnisse drastisch verschlechterten, als Not und Angst und in der allgemeinen Misere auch Neid und Habgier zunahmen, hatten nicht nur die Juden wieder als Sündenbock herzuhalten, nun erreichte auch die Hexenverfolgung in weiten Teilen Europas einen einmaligen Höhepunkt. Vom ausgehenden 16. bis zum ausgehenden 17. Jahrhundert wurden, Schätzungen zufolge, in Europa etwa eine Million Hexen hingerichtet, davon knapp ein Drittel in den protestantischen Ländern und der Rest in katholischen. Die regionalen Unterschiede können hier nur angedeutet werden. Überall dort, so scheint es, wo sich die Verfolgung primär gegen andere Minderheiten richtete, wie in Spanien gegen Morisken und Marranen, da hielt sich auch die Hexenjagd in Grenzen; auch in Frankreich, wo die Hexenprozesse früh wegen ihrer Willkürlichkeit in Mißkredit gerieten, kam es zu weniger Exekutionen als anderswo. Als Ausnahme haben ferner die Niederlande zu gelten, wo die Hexenjäger nie Fuß fassen konnten. In England jedoch, wo führende Anglikaner und führende Puritaner, König Jakob I. ebenso wie William Perkins, zur Verfolgung der Hexen aufriefen, oder im Alten Reich, wo sich Protestanten und Katholiken geradezu darin zu übertreffen suchten, in den Hexen die Agenten des Teufels in dieser Welt zu vernichten, erreichte der Hexenwahn eine epidemische und für die als Hexen Beschuldigten katastrophale Dimension. Nicht nur Personen, die dem Hexenstereotyp entsprachen, also ältere, auf dem Land lebende heilkundige Frauen, wurden hingerichtet, sondern auch junge Frauen, Männer und Kinder. Da die Folter bedenkenlos eingesetzt wurde, um die der Hexerei Verdächtigten zu Geständnissen zu zwingen, wurden zahllose Unschuldige in die Prozesse hineingezogen, erzeugte ein Hexenprozeß gewissermaßen den nächsten. Da Hexenrichter und Folterknechte an den Prozessen gut verdienten, korrespondierte deren materielles Interesse mit jenem der Behörden, die vielerorts große Teile des Vermögens verurteilter Hexen konfiszierten. Hexenwahn und Habgier, Denunziationen und Brutalität bildeten zusammen mit den von Juristen und Theologen gelieferten Rechtfertigungen etwa ab 1590 jahrzehntelang einen wahren Teufelskreis des Terrors, gegen den die wenigen Gegner schrankenloser Hexenverfolgung vergeblich ihre Stimme erhoben.

Einige weitere Zusammenhänge gilt es zu sehen. Erst im ausgehenden 15. Jahrhundert hatte sich jene Definition der Hexerei durchgesetzt, die in der Folgezeit eine so fatale Rolle spielen sollte. Hexen schlossen einen Pakt mit dem Teufel, so hieß es beispielsweise in dem von zwei in der Inquisition geschulten Dominikanern verfaßten *Hexenhammer* von 1487, sie hatten dem Christentum abgeschworen, durch Zauberei fügten sie Menschen, Tieren und Sachen Schaden zu, auch konnten sie sich selbst in Tiere verwandeln und durch die Luft fliegen. Prominente Gelehrte gaben dem Thema Respektabilität. In dem zuerst 1580 in Paris publizierten und dann von Johann Fischart ins Deutsche übertragenen und 1586 in Straßburg publizierten dicken, handbuchartigen Werk *De Magorum Daemonomia* legte kein geringerer als Jean Bodin ebenso alle mit Hexen und Hexenverfolgung zusammenhängenden Fragen dar wie wenig später Martin Anton Delrio, dessen zuerst 1606 und danach mehrfach aufgelegtes Buch *Disquisitionum Magicarum* zu einer Art Nachschlagewerk für alle katholischen Hexenrichter wurde. Für Bodin wie für Delrio mußten Hexen unnachsichtig verfolgt werden; zugleich war die Hexerei für sie jedoch ein wissenschaftlicher Gegenstand, der erforscht und beschrieben werden konnte und der kaum zu ersetzende Einblicke in das Reich des Teufels bot. Daneben gab es knappe Anleitungen zur Verfolgung der Hexen wie das 1589 lateinisch und dann 1590 in Trier deutsch verlegte und mehrfach nachgedruckte *Traktat von Bekantnuß der Zauberer und Hexen* des Jesuiten Peter Binsfeld, der den Grund für das zunehmende Hexenunwesen in der Unwissenheit der Geistlichkeit, in der Nachlässigkeit der Obrigkeiten, in Aberglauben, Neugierde, Geiz, Unkeuschheit, Verfluchung sowie unmäßiger Traurigkeit und unmäßigem Zorn sah und zu energischer Verfolgung der Hexen aufforderte. Schon im Vorwort mahnte Binsfeld seine Leser, daß »wir allsamen in diesem unserem lieben Vatterland / von wegen menge der Zauberer und Hexen / nicht allein in gefahr deß lebens / der Güter / und aller zu erhaltung Menschlichen Lebens nothwendiger ding / sonder auch der Seligkeit gestellet seyn«. Für Binsfeld waren die Hexen nicht nur die schlimmsten Feinde des Christentums, sondern auch die gefährlichsten Feinde der Staaten. Sie verletzten nicht nur Gottes Majestät, schändeten die Sakramente und waren somit Kirchenräuber und Ketzer, sondern sie waren auch »verächter deß Vatterlands / dann sie machen heimliche Rathschläg / als die erfahrung außweist / wie sie die weingarten zerstören / die frucht verderben / und ein theuerung im Land anrichten mögen« (S. 75). Zerstörung, Verderben, Teuerung, das sind Stichworte, die auch im Rückblick die sozialpsychologischen Hintergründe der Hexenverfolgung erhellen können. Diesen Argumenten eignete aber offensichtlich auch so viel unmittelbare Evidenz, daß die Zeitgenossen Hexenjägern wie Binsfeld nur allzu willig folgten. Wenn diese versprachen, mit der Ausrottung der Hexen auch den für alles Böse verantwortlichen Teufel entscheidend zu treffen, so erschien das für die von so viel Not und Elend geplagten Menschen des 17. Jahrhunderts als eine geradezu faszinierende Möglichkeit, ihre widrigen Lebensumstände ein und für allemal zu überwinden. Im Kontext des 17. Jahrhunderts konnte die Hexenverfolgung somit als eine ernstzunehmende Alternative zur Hoffnung auf Christi Wiederkehr erscheinen.

Dieser Überlegung widerspricht es nicht, wenn in der neueren englischen Literatur, etwa bei William Lamont (*Godly Rule,* 1969, S. 14), der sich auf H. R. Trevor-Roper stützt, betont wird, endzeitliches Denken und Hexenverfolgungen hätten sich durchaus ergänzt. »Burning of witches came easily to men who already believed that they were locked in a struggle with Antichrist«, so Lamont, nicht von ungefähr seien deshalb im Jahre 1645, als die Puritaner zum entscheidenden Kampf um die Macht ansetzten, in England mehr Hexen verbrannt worden als in irgendeinem anderen Jahr. Gegen Lamont ist jedoch zu betonen, daß der von ihm beobachtete Zusammenhang nicht überall hergestellt wurde. Wenn, wie bei vielen Puritanern im frühen Bürgerkrieg, der Kampf für Gottes Reich im Vordergrund stand, dann konnte die Verfolgung von Hexen durchaus als geeignetes Mittel erscheinen, um den Teufel zu bekämpfen. Wenn dagegen die Erneuerung der Welt durch Christi Wiederkunft oder das Jüngste Gericht erwartet wurden, dann konnte sich anderswo auch die Überzeugung bilden, Gott werde selbst mit den Hexen ebenso wie mit allen anderen Sündern abrechnen. Der Dortmunder Superintendent Christoph Scheibler sah beispielsweise in seinem *Manuale ad Theologiam Practicam* von 1630, in dem er *Vom Ewigen Leben / Hellischen Verdambnuß / Todt / und Aufferstehung / und jüngsten Gericht* handelte, für Hexen keine Sonderregelung vor, kein schon im voraus zu vollziehendes Sonderstrafrecht, sondern prophezeite ihnen die Hölle, ebenso wie allen anderen Sündern, den Totschlägern, Lügnern, Hurern und Abgöttischen (Kapitel XIII). Nicht von ungefähr, so scheint es, sehnte sich der bekannteste Gegner der Hexenjagden des 17. Jahrhunderts, der Jesuit Friedrich von Spee, in einem seiner Gedichte nach dem schönen weißen Tag, an dem Krieg und Schmerzen vorbei sein würden und er Jesus umarmen könne; nicht von ungefähr bekannte sich der Lutheraner Johann Matthäus Meyfart, der noch entschiedener als Spee gegen die Hexenprozesse auftrat, in verschiedenen Schriften zur Hoffnung auf das nahe Ende der Welt; nicht von ungefähr setzte sich eine Generation später Philipp Jakob Spener, der an die »Hoffnung besserer Zeiten« glaubte, dafür ein, der Hexerei Beschuldigte zu Reue und Bekehrung zu bewegen und damit zum christlichen Glauben zurückzuführen.

Bei allen diesen Männern stoßen wir auf den gleichen, von der Forschung bisher noch nicht erwähnten Zusammenhang: Aus der Not ihrer Zeit folgerten sie nicht wie die meisten ihrer christlichen Zeitgenossen, Hexen seien an dem allgemeinen Unglück schuld; sie suchten somit nicht nach einem Sündenbock. Die Zeichen der bösen Zeit, in der sie lebten, bestärkten sie vielmehr in dem Glauben an das nahe Ende der Welt, und dieser Glaube war von so viel heilsgeschichtlicher Gewißheit erfüllt, daß für sie möglich erschien, was andere Christen strikt ablehnten: Die Bekehrung von Hexen und auch die Annäherung von Christen und Juden. Beide Anliegen vertrat Philipp Jakob Spener. Gewiß, es gab im 17. Jahrhundert viele Christen, die auf Christi Wiederkunft oder den Tag des Jüngsten Gerichts hofften und die trotzdem Hexenverfolgungen guthießen. Gegen sie ist auch Meyfart zu stellen, der Gottes Gericht über die Hexen nicht vorgreifen, durch Unwissenheit möglicherweise Unschuldige verurteilen und damit selbst Unrecht tun wollte. Gewiß lehnten auch manche Theologen und Juristen die Hexenprozesse ab, ohne an das nahe Ende der Weltordnung zu glauben, und ebenso forderten einzelne Christen, wie zum Beispiel Johann Christoph Wagenseil, ihre Zeitgenossen auf, die alten Vorurteile gegen Juden aufzugeben, ohne sich gleichzeitig zum Chiliasmus zu bekennen. Bezeichnenderweise gab es jedoch auch für die Gegner von Juden und Hexen gewisse Verbindungen zwischen diesen Bereichen. Der Superintendent von Halle beispielsweise, Arnold Menger, ein orthodoxer Lutheraner, der etwa gleichzeitig mit Meyfart lebte, beschrieb in seinem 1644 erschienenen *Informatorium Conscientiae Evangelicum* nicht nur das vom Teufel durch die Hexen bewirkte Verderben, sondern lehnte auch die Aufnahme von Juden in christliche Territorien ab und verurteilte den Chiliasmus (S. 160–230, 1103–1106).

Zu erwähnen ist schließlich, daß ähnliche Faktoren zur Besserstellung der Juden und zum Niedergang der Hexenprozesse beitrugen. Schon ehe Christian Thomasius gegen den Unfug der Hexenprozesse wetterte, hatten zahlreiche Herrscher im Reich begonnen, diese Prozesse genau zu überwachen, einzuschränken und in ihrer Bedeutung zu mindern. In der zweiten Hälfte des 17. Jahrhunderts war es ihnen wichtiger, ihre Länder ökonomisch voranzubringen, zu »peuplieren«, ihre Macht zu steigern und mit ihrem Hof zu glänzen, als gegenüber Hexen ein Exempel nach dem anderen zu statuieren. Dazu paßt, daß sie, noch ehe die Aufklärung die geistigen Fundamente für die Judenemanzipation schuf, aus finanziell-ökonomischen Gründen bereit waren, auch Juden zu tolerieren. Sowohl der von der allgemeinen Krise des 17. Jahrhunderts nicht ablösbare christliche Endzeitglauben als auch die nur vor dem Hintergrund dieser Krise verständliche pragmatisch-utilitaristische Politik der absolutistischen Herrscher trugen somit zur Überwindung besonders negativer Folgen dieser Krise bei: Auf verschiedene Weise zwar, auch aus unterschiedlichen Motiven und mit unterschiedlichem Erfolg, schützten somit so verschiedene Kräfte wie die absolutistischen Fürsten und auf die Endzeit wartende Christen ein Stück weit jene, die als die sozialpsychologischen Opfer der großen Krise des 17. Jahrhunderts gelten müssen.

Bibliographische Hinweise zu III. 4.

Baron, Salo Wittmayer, A Social and Religious History of the Jews, Bd. 9–14 (1965 ff.).

Berg, J. van den, »The eschatological expectation of seventeenth-century Dutch Protestantism with regard to the Jewish people«, in: Peter Toon (Hg.), Puritans, the Millenium and the Future of Israel (1970) 137–153.

Brilling, Bernhard, Geschichte der Juden in Breslau von 1454 bis 1702 (1960).

Dubnow, Simon, Weltgeschichte des jüdischen Volkes, Bd. 2 (1925, ²1971).

Glanz, Rudolf, Geschichte des niederen jüdischen Volkes in Deutschland (1968).

Gold, Hugo, Geschichte der Juden in Wien (1966).

Kellenbenz, Herman, Sephardim an der unteren Elbe (1958).

Lehmann, Hartmut, »Hexenverfolgungen und Hexenprozesse im Alten Reich zwischen Reformation und Aufklärung«, Jahrbuch des Instituts für deutsche Geschichte 7 (1978) 13–70.

Midelfort, H. C. Erik, Witch Hunting in Southwestern Germany 1562–1684. The Social and Intellectual Foundations (1972).

Privat, Edouard (Hg.), Histoire des Juifs en France (1972).

Rengstorf, Karl-Heinrich u. Siegfried v. Kortzfleisch (Hg.), Kirche und Synagoge. Handbuch zur Geschichte von Christen und Juden, 2 Bde (1968/70).

Roth, Cecil, A History of the Jews in England (1941, ³1964).

Schamschon, Jakob, Beiträge zur Geschichte der Judenverfolgungen in Polen während der Jahre 1648–1658 (1912).

Schnee, Heinrich, Die Hoffinanz und der moderne Staat, Bd. 1–4 (1953–1963).

Schoeps, Hans-Joachim, Philosemitismus im Barock (1952).

ders., Barocke Juden, Christen, Judenchristen (1965).

Scholem, Gershom, Die jüdische Mystik in ihren Hauptströmungen [engl. 1941] (1957).

ders., Sabbatai Sevi. The Mystical Messiah (1973).

Shulvass, Moses A., From East to West. The Westward Migration of Jews from Eastern Europe During the Seventeenth and Eighteenth Centuries (1971).

Stern, Selma, Der preußische Staat und die Juden. Teil I und II (1962).

Teufel, Helmut, Zur politischen und sozialen Geschichte der Juden in Mähren vom Antritt der Habsburger bis zur Schlacht am Weißen Berg, 1526–1620 (1971).

Toon, Peter, »The Question of the Jewish Immigration«, in: Toon (Hg.), Puritans, 115–125.

Trevor-Roper, H. R., »Der europäische Hexenwahn des 16. und 17. Jahrhunderts«, in: Religion, Reformation und sozialer Umbruch [engl. 1967] (1970) 95–179.

Winter, David Alexander, Geschichte der jüdischen Gemeinde in Moisling/Lübeck (1961).

Wolf, Lucien, Menasseh Ben Israel's Mission to Oliver Cromwell (1901).

5. *Aus Not und Angst zur Leistung*

Unter dem Einfluß der Aufklärung ging schon im ausgehenden 18. Jahrhundert das Verständnis für wichtige Aspekte in der Geschichte des Christentums im 17. Jahrhundert verloren: In den Hexenprozessen der vorangehenden Epoche sahen die Vertreter der Aufklärung nur noch einen Teil der Geschichte der »Rasereyen, Thorheiten und Irrthümer der Menschen« (Moriz Johann Schwager, *Versuch einer Geschichte der Hexenprozesse,* 1784, S. 14), und auch für den Chiliasmus fanden die Aufklärer nur Spott und Verachtung. Der Schweizer Heinrich Corrodi, Sohn eines Pietisten, aber Schüler von Semler, nannte seine *Kritische Geschichte des Chiliasmus* ein Thema, in welchem »die Verirrungen des menschlichen Verstands und die Unordnungen und Ausschweifungen seiner Einbildungskraft in einem getreuen Gemälde vorgestellt« werden, welches »die menschliche Seele im Zustand der Überspannung einiger ihrer Kräfte und der höchsten Erschlaffung anderer« zeige und nichts anderes als »ein System fanatischer Erwartungen naher Freuden und Wollüste darlege« (Teil I, S. Vf.). Im Laufe des 19. Jahrhunderts konzentrierten sich dann die Historiker fast ausschließlich auf die machtpolitischen Auseinandersetzungen des 17. Jahrhunderts und ignorierten weitgehend die dem Zeitalter zwischen Reformation und Aufklärung eigene religiöse und soziale Geschichte, wobei die deutschen Historiker das 17. Jahrhundert am Ideal eines starken und geeinten Nationalstaats maßen und zu dem für sie deprimierenden Ergebnis kamen, in der Epoche zwischen Luther und Friedrich dem Großen zeige sich ein einmaliger Tiefpunkt deutscher Geschichte.

Zu Beginn des 20. Jahrhunderts, als Max Weber die Interdependenzen zwischen protestantischer Ethik und dem Geist des Kapitalismus untersuchte, bestimmten nur wenige Vorstellungen von machtpolitisch-nationalen und konfessionellen Differenzen das Bild des 17. Jahrhunderts. Es zeugt vom Rang Webers als Historiker, daß er diese Klischees nicht übernahm, sondern neu ansetzte: Daß er Ökonomisches, Ethisches und Religiöses miteinander in Verbindung zu bringen suchte und daß er neben dem Einfluß der etablierten Kirchen auch die Bedeutung der religiösen Strömungen zu erfassen bestrebt war. Im Rückblick sind freilich auch die Grenzen der Weberschen Ausführungen überaus deutlich. Diese Grenzen sind nicht nur im persönlichen Bereich zu suchen, wie Arthur Mitzman in einer psychoanalytischen Studie über Max Weber (*The Iron Cage*, 1970) gezeigt hat; begrenzt blieben Webers Forschungen auch aus anderen Gründen: Gestützt auf die Ergebnisse von Martin Offenbacher (*Konfession und soziale Schichtung*, 1901) ging Weber von einer fundamentalen Differenz zwischen Protestanten und Katholiken aus. Anstatt sich von dem konfessionellen Konkurrenzdenken der Kulturkampfära zu distanzieren, führte er die von zahllosen Prämissen und Definitionen abhängige und schon im 19. Jahrhundert zu fruchtloser Kasuistik erstarrte Diskussion um die Frage weiter, ob Protestanten oder Katholiken mehr zur Entstehung der modernen Welt beigetragen hätten. Dazu kam ein zweites. Da Weber den kurz nach 1600 eingetretenen tiefen Einbruch in der ökonomisch-sozialen Entwicklung Europas ebensowenig wie andere Historiker seiner Zeit würdigte, ging er über die besonderen Bedingungen des 17. Jahrhunderts hinweg, postulierte Kontinuität, wo es keine gab, und sah im 17. Jahrhundert weitgehend nur eine Fortsetzung des 16. Deshalb stützte er dann auch entscheidende Punkte seiner Argumentation über die Affinität des Protestantismus und des Kapitalismus auf die Interpretation von Texten, die aus der Reformationszeit stammten. Gewiß, neben Luther und Calvin zitierte er mit Bayly, Baxter und Bunyan auch ausführlich Autoren des 17. Jahrhunderts. Bezeichnenderweise suchte er in ihren Aussagen aber nur die Einflüsse des älteren Calvinismus und bezog sie nicht auf die besondere religiöse und soziale Situation des 17. Jahrhunderts. Festzuhalten ist somit, daß Webers Deutung des Verhältnisses von protestantischer Ethik und kapitalistischem Geist von mehreren Prämissen ausging, die in seiner Zeit weit verbreitet waren, die heute aber nicht mehr haltbar sind. Anders formuliert: Wenn Weber im Calvinismus und den protestantischen Sekten des 17. Jahrhunderts jene Kräfte zu finden glaubte, die die lutherische Berufsethik von allem Traditionalismus befreiten und dadurch entscheidend dazu beitrugen, daß in Europa das Streben nach Gewinn rational organisiert und kontinuierlich betrieben wurde, so spielten in seinen Überlegungen wohl Einflüsse aus der Geschichte des 16. und Einflüsse aus der Geschichte des späten 19. Jahrhunderts eine signifikante Rolle, weniger dagegen die eigentliche Geschichte des 17. Jahrhunderts.

Um Webers Ergebnisse zu beurteilen, sind diese Bemerkungen jedoch um wichtige Aspekte zu ergänzen. Denn Weber gab nicht nur einen außerordentlich wichtigen Anstoß zur Erforschung der Interdependenzen zwischen Religion, Ethik und Ökonomie, er demonstrierte in seinem Werk *Die protestantische Ethik und der Geist des Kapitalismus* auch, wie diese Interdependenzen erfaßt werden können und provozierte durch seine Thesen eine große Zahl von weiteren Studien zu diesem Themenkomplex. Auch über siebzig Jahre nach der ersten Publikation seines Werks prägt er nachhaltig die Diskussion über das Verhältnis von christlicher Ethik und Leistungsmotivation, über das Verhältnis von Christentum und Kapitalismus. Somit lohnte und lohnt die Auseinandersetzung mit den Weberschen Forschungen über den Einfluß des reformatorischen und des nachreformatorischen Christentums auf die Berufsethik. In unserem Zusammenhang ist zu fragen, welche Beziehungen zwischen dem Bereich Arbeitshaltung – Leistung – Berufsethik und der Krise des 17. Jahrhunderts bestanden. Auszugehen ist dabei davon, daß die Lehre von der Wiederkunft Christi die Blicke besorgter Christen des 17. Jahrhunderts zwar häufig auf eine bessere Zukunft lenkte, daß die Eschatologie diese Christen aber ebensowenig ihrer konkreten Not enthob wie die Verfolgung von bestimmten Gruppen, bei denen sie die Schuld für das Unglück ihrer Zeit suchten. Die Hoffnung auf das Ende der bestehenden Weltordnung war zwar geeignet, die Tagesprobleme zu relativieren, und die Beteiligung an der Verfolgung von Juden oder Hexen mochte bei manchen Christen die Genugtuung hinterlassen, selbst etwas zur Austreibung des Bösen getan zu haben: Beide Reaktionen auf die Krise des 17. Jahrhunderts bannten aber die aus dieser Krise resultierenden Sorgen nicht auf Dauer. In der erbaulichen Literatur des 17. Jahrhunderts konnten fromme Christen jedoch noch einen weiteren Rat finden, den Rat, es gelte, nicht nur besonders sittlich zu leben, sondern auch besonders hart zu arbeiten und besonders viel zu leisten, wenn man den schlimmsten Folgen der Kriege und der schlimmsten Not entrinnen wolle.

Der Appell, die Arbeitsethik zu intensivieren, wurde auf verschiedene Weise begründet. Die Christen sollten mehr leisten, so ist an vielen Stellen in der weitverbreiteten Erbauungsliteratur des 17. Jahrhunderts zu lesen, weil Arbeit ein von Gott gewollter Weg zur Überwindung der Sünde sei, ein Weg zur Selbstdisziplinierung, ein Mittel zur Steigerung der Sittlichkeit ebenso wie ein Ausdruck christlicher Tugend. Jeder, der die ihm aufgetragene Arbeit fleißig, pünktlich und ordentlich versehe, rette, wie christliche Prediger und Autoren damals immer wieder betonten, aber nicht nur seine eigene Seele vor der ewigen Verdammnis; da Kriege und Not nichts anderes als Gottes Strafgerichte seien, trage er auch dazu bei, Gott zu versöhnen, und somit der allgemeinen Unsicherheit und Bedrohung ein Ende zu setzen. Da es im abendländischen Christentum eine lange und starke Tradition gab, die Prämien auf innerweltliche Askese und daraus folgende berufliche Leistung setzte, war freilich diese theologische Begründung beruflicher Arbeit nichts Neues. Neu war jedoch, daß dieses theologische und ethische Potential durch die Krise des 17. Jahrhunderts mobilisiert und im Kanon der Erbauungsliteratur fixiert wurde, neu war, daß die Argumentation, Gott lohne es, wenn Christen mehr leisteten, jetzt viele Christen in einem solchen Maße zu überzeugen vermochte, daß berufsethische Kräfte im Spektrum christlichen Denkens und Handelns im 17. Jahrhundert einen herausragenden Platz einnehmen.

Ein weiterer Punkt ist dabei von Interesse. Sowohl in den erbaulichen Werken, in denen berufsethische Tugenden gepredigt wurden, und mehr noch möglicherweise in den christlichen Familien und Gemeinden, die diese Predigten zu befolgen suchten, scheint sich die Bedeutung der Berufsarbeit für das Seelenheil im Laufe des 17. Jahrhunderts gesteigert zu haben. Das war zum Teil das Ergebnis einer Art Akkumulation berufsethischer Disziplinierung unter dem Eindruck der fortdauernden Krise, zum Teil lag es aber auch daran, daß die verschiedenen christlichen Erneuerungsbewegungen des 17. Jahrhunderts ganz besonderen Wert auf die berufsethischen Tugenden legten. Den besonders Frommen, die sich in diesen Erneuerungbewegungen sammelten, ging es insbesondere darum, die von Gott jedem Christen zur Verfügung gestellte Zeit bis zur letzten Minute zu nützen, sei es zu Andacht und Gebet, sei es zu rastloser Berufsarbeit. Jeder Christ war Gott, so betonten nicht nur die Puritaner, direkt verantwortlich für die ihm anvertraute

Zeit und für den ihm geschenkten Besitz. Gott strafte, so glaubten sie, Müßiggang und Luxus, das heißt Verschleuderung von Zeit und Verschwendung von Besitz, ebenso wie er Fleiß, Ausdauer und Sparsamkeit belohnte. Aus dieser Einstellung resultierte sowohl im Puritanismus als auch im Jansenismus und im Pietismus so etwas wie ein Hochspannungsnetz berufsethischer Energie. Die von Weber für diesen Komplex als konstitutiv herausgestellte Prädestinationslehre sollte in diesem Zusammenhang nicht überschätzt werden, wenngleich sie bezeichnenderweise nicht nur im Puritanismus eine wichtige Rolle spielte, sondern in modifizierter Form durch den Jansenismus auch Eingang in den Katholizismus und durch den Pietismus Anhänger im Luthertum fand. Für die Puritaner kommt ein Aspekt dazu: Nachdem ihre politisch-revolutionären Aktionen mit der Restauration im Jahre 1660 definitiv gescheitert waren, konzentrierten sich viele von ihnen so stark auf das Berufsleben, als ob sie auf diese Weise das Scheitern ihrer politischen Hoffnungen kompensieren könnten. Nicht von ungefähr stammen deshalb die meisten der englischen Erbauungsschriften, die Weber auswertete, aus der Zeit nach 1660.
Auf dem Kontinent wurde in der gleichen Phase das christliche Leistungsstreben durch den fürstlichen Absolutismus entscheidend unterstützt, dessen Politik der Sozialdisziplinierung vor allem auch eine Serie von Maßnahmen zur Steigerung der Arbeitsleistung und zur Intensivierung der Leistungsmotivation beinhaltete. Die Predigt gegen den Müßiggang war im 17. Jahrhundert somit nicht nur wichtiger Bestandteil christlicher Erbauungspredigt, sondern ebenso wichtiges Element merkantilistischer Wirtschaftslehre. Im Punkte Berufsethik unterschied sich Colbert nicht von Baxter. Kein Wunder war es deshalb auch, daß Francke und die halleschen Pietisten mit der Wirtschaftspolitik der brandenburgisch-preußischen Herrscher so ausgezeichnet kooperierten. Außerdem ist zu sehen, daß sich absolutistische Herrscher und christliche Erneuerer, wenn es darum ging, die Berufsethik zu steigern und zu stabilisieren, auch auf dem Gebiet des Schulwesens ergänzten. Berufsethische Tugenden wurden deshalb mit dem Beginn der Aufklärungsszeit keineswegs weniger als bisher gefördert. Im Gegenteil: Bis zum ersten Drittel des 18. Jahrhunderts waren die berufsethischen Tugenden in einem solchen Maße in das Lehrprogramm und in die Lehrmethoden der verschiedenen in jener Epoche gegründeten Schulen aufgenommen worden, daß sich die berufsethische Disziplinierung, von ihrem ursprünglichen Begründungszusammenhang gelöst, dann in der Industriellen Revolution voll auswirken konnte und ihre Bedeutung bis ins 20. Jahrhundert nicht verlieren sollte. Anstatt die übersteigerte Berufsethik ähnlich wie den Chiliasmus oder den Hexenglauben zu kritisieren, trug die Aufklärung somit zu ihrer weiteren Intensivierung und zu ihrer Internalisierung bei.
Zum Verhältnis von endzeitlichen Hoffnungen und Leistungsorientierung im 17. Jahrhundert ist nachzutragen, daß fromme Zeitgenossen, wie verschiedene Zeugnisse beweisen, keinen Widerspruch zwischen beiden Bereichen empfanden. Johann Matthäus Meyfart, jener für Reformen aufgeschlossene Lutheraner, der sich gegen die unkontrollierten Hexenjagden einsetzte und auf das Jüngste Gericht hoffte, mahnte beispielsweise nicht nur seine Leser, sich auf das nahe Weltenende vorzubereiten, er empfahl ihnen in diesem Zusammenhang nicht nur, das Jüngste Gericht zu fürchten, alle Sünden abzulegen und Gottes Gesetze genau zu befolgen; Meyfart meinte auch, es nütze »einem Menschen / wenn er sich alle Tage und Stunden in dem Gebet andächtiglich / in dem Beruff ordentlich / in den guten Werken thätig erzeiget« (*Jüngstes Gericht*, 1632, hier zitiert nach der Auflage von 1710, S. 208). Die ordentliche Erfüllung der Berufspflichten hatte für Meyfart im Hinblick auf das ewige Heil also keinen geringeren Rang als andächtiges Gebet und karitative Werke. Meyfarts Sätze könnten auch von Richard Baxter stammen, einem der Kronzeugen Max Webers. Baxter prägte seinen Lesern nicht nur immer wieder ein, sie sollten alle ihre Berufspflichten genau und treu erfüllen; gerade in den Jahren nach 1660,

in denen seine wichtigsten Erbauungsschriften erschienen, glaubte Baxter, wie William Lamont vor kurzem nachgewiesen hat, fest daran, in seiner Zeit vollziehe sich das in der Apokalypse vorhergesagte Geschehen.

Kommen wir zurück zu Max Weber. Die hier vorgetragene Deutung, nach der die Steigerung der berufsethischen Tugenden im nachreformatorischen Zeitalter vor dem Hintergrund der Krise des 17. Jahrhunderts zu sehen ist, unterscheidet sich von seinen Ausführungen in verschiedener Hinsicht grundlegend. Einzugehen ist dabei zunächst auf das konfessionelle Element. Während Weber den Calvinismus und bestimmte protestantische Bewegungen wie den Pietismus vom übrigen Luthertum und schon gar vom Katholizismus abgehoben und in ihnen jene für die Entstehung einer kapitalistischen Gesinnung theologisch prädisponierten und ethisch hervorragend geeigneten Kräften gesehen hatte, werden hier jene Christen des 17. Jahrhunderts, die die berufsethischen Tugenden höher als bisher werteten, von den anderen, die dies nicht taten, nicht in konfessioneller Hinsicht gesondert. Gewiß ist es richtig, daß das Verhältnis des Protestantismus zur Wirtschaft im 17. Jahrhundert besser als jenes des Katholizismus erforscht ist, so daß, allein von der Quantität der vorliegenden Forschungen her, der Protestantismus als ökonomisch führende, ja als die ökonomisch bahnbrechende Kraft in Erscheinung tritt. Auch ist zu berücksichtigen, daß wir über die Verbreitung der Erbauungsliteratur im protestantischen Bereich besser als über die entsprechende Literatur in katholischen Ländern informiert sind. Kann man daraus jedoch folgern, der Protestantismus – oder wenigstens der im Weberschen Sinne vom Calvinismus geprägte asketische Protestantismus – hätte einen qualitativ und quantitativ größeren Beitrag als alle anderen christlichen Richtungen zur Entstehung der modernen Wirtschaft geleistet? Da ist nicht nur daran zu erinnern, daß es ein Kennzeichen der Erbauungsliteratur des 17. Jahrhunderts war, daß sie über konfessionelle Grenzen hinweg verbreitet und gelesen wurde. Schon dieser Punkt widerspricht einer zu engen Auslegung der Weberthese. Nicht zuletzt wurden einige der von ihm zitierten erbaulichen Schriften auch in romanische Sprachen übersetzt und an Katholiken verkauft. Dazu kommt jedoch, daß auch in den von Katholiken stammenden und primär für Katholiken bestimmten Erbauungsschriften in Fragen der Berufsethik nicht anders als in entsprechenden protestantischen Werken argumentiert wurde. Ob es sich um den noch vom Geist der Gegenreformation inspirierten großen Seelenführer Franz von Sales oder den dogmatischen Kopf der Jansenisten, Antoine Arnauld, handelte, selbst Männer wie der spanische Mystiker Molinos oder der französische Quietist Fénelon, sie alle folgerten aus ihren religiös-theologischen Überzeugungen nicht, Frömmigkeit und berufliche Tüchtigkeit stünden in einem Widerspruch zueinander, sondern empfahlen ihren Anhängern, vorbildliche Religiosität durch vorbildliche Sittlichkeit, zu der dann auch eine vorbildliche Erfüllung der Berufspflichten gehörte, zu ergänzen.

In den einzelnen europäischen Ländern wirkten sich die berufsethischen Impulse, die im 17. Jahrhundert vom Christentum kamen, freilich verschieden aus. Während Niederländer und Engländer die durch die Erweiterung und Verschiebung des Weltmarktes seit der zweiten Hälfte des 16. Jahrhunderts entstandenen neuen Chancen zu nutzen verstanden, hemmten innenpolitische Schwierigkeiten eine vergleichbare ökonomische Entwicklung in Frankreich, in Spanien und im Alten Reich. Zu betonen ist dabei jedoch, daß die exzeptionelle englische und niederländische Entwicklung nicht direkt auf den Einfluß des Calvinismus zurückgeführt werden kann. Gehen wir zunächst auf England ein. Dort hatte die Säkularisierung und der anschließende Verkauf des großen Kirchenbesitzes schon im Laufe des 16. Jahrhunderts zu einer enormen Vermögensumschichtung und in der Folge zu einem großen ökonomischen Aufschwung geführt. Treue Anglikaner wurden von diesem Prozeß nicht weniger erfaßt als nonkonformistisch Gesinnte. In den 1630er Jahren widersetzten sich dann allerdings die großen Kaufleute von London dem absolutisti-

schen Kurs der Krone, da sie jede merkantilistische Beschränkung des Freihandels ablehnten, und gerieten dadurch in engere politische Verbindung zum Parlament, das um seine Rechte fürchtete, und auch zu dem von der Staatskirche bedrohten Dissentertum. Wie der Verlauf des Bürgerkriegs zeigte, handelte es sich dabei durchaus um eine Koalition verschiedener Partner, nicht um eine Identität der Interessen von Fernhandel, Parlament und Puritanismus. Erst nach 1660 sollte es dann zu einer weitergehenden gegenseitigen Durchdringung dieser Kräfte kommen. Erst jetzt sollten sich bei einigen Gruppen wie den Quäkern die geschäftlichen Belange mit der persönlichen Frömmigkeit in der Weise verbinden, daß die Frommen glaubten, Gott zeige ihnen seine Gnade nicht zuletzt auch an ihrem wirtschaftlichen Erfolg und lasse, pointiert und durchaus simplifiziert gesagt, einen Rückschluß vom jeweiligen Kontostand auf den jeweiligen Gnadenstand zu. Anders war die Konstellation in den Niederlanden. Dort ging die größte ökonomische Dynamik von jenen Kreisen aus, die in religiöser Hinsicht zur Toleranz neigten und damit auch die Prädestinationslehre nicht allzu strikt auslegten. Auch hier lösen sich, wenn man näher hinsieht, die von Weber postulierten Affinitäten zwischen calvinistischem Geist und kapitalistischer Gesinnung weitgehend auf.
Will man den Beitrag beurteilen, den Protestanten und Katholiken zur ökonomischen Entwicklung Europas im 17. Jahrhundert leisteten, dann ist ferner zu sehen, daß in katholischen Ländern schon im Zeitalter der Reformation und der Gegenreformation zahlreiche politisch-konfessionelle Maßnahmen zur Schädigung der Wirtschaft geführt hatten. Erinnert sei an Spanien, wo Inquisition und Ketzerverfolgung, wo die Vertreibung von Morisken und Marranen die ohnehin labile Wirtschaftsordnung vollends ruinierten; und erinnert sei auch an Frankreich unter Ludwig XIV., der die Hugenotten verfolgte, ohne an die ökonomischen Schäden zu denken, die er dadurch seinem Lande zufügte. Nach Herbert Lüthy förderte die Gegenreformation im katholischen Europa außerdem jene glanzvolle »Symbiose ineinander verstrebter höfischer und klerikaler Hierarchien im bürokratischen Fürstenstaat«, jenen totalen »Triumph von Fürstenhof und Klerus« (*In Gegenwart der Geschichte*, S. 63), der zu einem Versiegen der geistigen und sozialen Entwicklungskräfte in den betroffenen Ländern führte. Zur gleichen Zeit leisteten die von der Gegenreformation aus den katholischen Ländern Europas vertriebenen Flüchtlinge in den Niederlanden, in England und auch in Ländern wie Brandenburg-Preußen einen außerordentlich wichtigen Beitrag zum wirtschaftlichen Fortschritt. Wollten diese Flüchtlinge überleben, so die sozialpsychologische Erklärung, dann mußten sie sich im ökonomischen Bereich bewähren. Entweder sie gingen unter, auch als Religionsgemeinschaft, oder sie setzten sich durch als eine Elite der besonders Tüchtigen und Erfolgreichen. Nicht in Jahrzehnten meßbar, wohl aber nach Ablauf eines Jahrhunderts unübersehbar, verlagerte sich dadurch der wirtschaftliche Schwerpunkt Europas aus dem katholischen Süden in den protestantischen Norden. Im Hinblick auf die ökonomische Bremswirkung der Gegenreformation wirft Herbert Lüthy deshalb zu Recht die Frage auf, »ob die Reformation wirklich der Katalysator oder vielmehr nur das geringere Hindernis für die Entfaltung unternehmerischen Geistes und für den sozialen Aufstieg durch kaufmännische oder industrielle Leistung statt durch Kriegsdienst, Klerikatur und Hofämter gewesen ist« (S. 69 f.). Nicht von ungefähr hielten auch schon die ersten Kritiker, so zum Beispiel Felix Rachfahl, Weber entgegen, daß die Reformierten im Europa des 16. und des 17. Jahrhunderts häufig als Minderheiten unter katholischer Mehrheit lebten. Nicht aus der besonderen protestantischen Ethik resultierte also der kapitalistische Geist, sondern, wenn man diesen Komplex überhaupt auf einen Nenner bringen will, in katholischen Ländern aus der Relation von protestantischer Minorität und katholischer Majorität und in protestantischen Ländern aus dem besonderen ökonomischen Engagement der protestantischen Emigranten, die dorthin zogen.

Aus dieser Überlegung ergibt sich zweierlei: Auf der einen Seite ist zu konstatieren, daß im Christentum des 17. Jahrhunderts über alle theologisch-konfessionellen Grenzen hinweg berufsethische Kräfte mobilisiert wurden; protestantische wie katholische Autoren sahen in der schweren Epoche, in der sie lebten, in der treuen Erfüllung innerweltlicher Aufgaben einen sinnvollen Weg der Vorbereitung auf das ewige Heil und ein geeignetes Mittel, Gott wieder zu versöhnen. Auf der anderen Seite ist aber nicht zu verkennen, daß sich diese Mobilisierung nur im Rahmen der politischen, sozialen und wirtschaftlichen Verhältnisse der einzelnen Länder vollziehen und auswirken konnte. Wo, wie in England oder den Niederlanden, günstige Rahmenbedingungen bestanden, führte die intensivierte christliche Berufsarbeit auch zu sichtbarem ökonomischen Erfolg, während sie dort, wo sich, wie in Frankreich, in Spanien oder in vielen Territorien des Alten Reichs, die äußeren Verhältnisse negativ auswirkten, auch keine nennenswerten ökonomischen Ergebnisse zeitigte. Vom ökonomischen Status und den ökonomischen Möglichkeiten der Hörer von Predigten und der Leser von Schriften, in denen die berufsethischen Tugenden gelobt wurden, hing es also ab, ob sich aus diesen Tugenden so etwas wie eine kapitalistische Gesinnung und in der Folge so etwas wie ein kapitalistisches System entwickelte. Es war ein grundlegender Irrtum Webers, wenn er vom äußeren Erfolg puritanischer Geschäftsleute auf ihre theologisch-ethische Motivation und dann von dieser Motivation wieder auf den äußeren Erfolg schloß. Niemand wird bestreiten, daß im ausgehenden 17. Jahrhundert viele englische Geschäftsleute fromm und daß damals viele Fromme in England im Geschäftsleben tätig waren. Falsch ist es jedoch, diesen Zusammenhang, wie Weber, zu isolieren, denn dann bestätigt man nur das, was man ohnehin weiß.

Auch in einem weiteren Punkt ist Webers Analyse zu korrigieren. Ausgehend von der Prädestinationslehre hatte Weber immer wieder die Verbindung der persönlichen Verantwortung vor Gott mit der Rationalisierung der Lebensführung betont, so daß, wenn man ihm folgt, der Individualismus zur Triebfeder der kapitalistischen Gesinnung wird. Versucht man zu beschreiben, wie sich die Mobilisierung berufsethischer Tugenden im Christentum des 17. Jahrhunderts vollzog, dann kommt man zu anderen Ergebnissen. Richard Baxter, auf den sich Weber am häufigsten berief, empfahl frommen Christen in dem Buch, in dem er seine politische, soziale und ökonomische Ethik am umfassendsten darstellte, in dem vierbändigen *Christian Directory* (1673), im Geschäftsleben folgende Regeln zu beachten: Wichtig sei es für einen Christen bei dieser Art von Tätigkeit vor allem, sein Seelenleben nicht aufs Spiel zu setzen. Wahre Christen sollten sich, wenn sie kauften oder verkauften, wenn sie verliehen oder entliehen, »der Aufrichtigkeit / Liebe / Billichkeit und Gerechtigkeit« befleißigen. »Bedencket«, mahnte Baxter, »wie viel größer euer Verlust seyn werde / wann ihr euere Seele versaumet und verderbet / als der Gewinn / den ihr durch ungerechte Mittel erwerbet« (zitiert nach der deutschen Übersetzung durch Johann Heinrich Ringier, die 1697 unter dem Titel *Theologische Politik oder Christliche Burger-Lehre* in Basel erschien. Siehe Teil II, S. 33; die folgenden Zitate siehe S. 50–62, 77 f., 85–87, 100–109). Grundregel jeder Berufstätigkeit sei deshalb die gegenseitige Achtung von Geschäftspartnern; jeder Betrug, jede Übervorteilung sei strikt abzulehnen; Gewinne seien zu teilen; Ärmeren gelte es zu helfen; nur von Reicheren dürfe man nehmen, was man bekommen könne. Geschäfte dürften niemals allein um des Gewinns willen, aus Geldgier und Liebe zum Reichtum getätigt werden. Frömmigkeit war für Baxter allerdings auch keine Entschuldigung, Geschäfte zu meiden. Müßiggang und Verschwendung galten ihm als Sünde; Armut betrachtete er nicht als besonderen Stand der Gnade; Reiche hatten sich, wie er ausführte, im Beruf sogar besonders anzustrengen. Obwohl er alle Berufe als gleich gut bezeichnete, so daß jeder in dem Stand, in den Gott ihn gesetzt hatte, auch selig werden konnte, lehnte er überdies einen Wechsel des Berufs, der die Chance bot, reicher zu werden, durchaus nicht ab. Auch in nichtchristlichen Ländern durften seiner Ansicht nach Christen ihre Geschäfte machen. Neben der durch die Nächstenliebe gebotenen und auch durch die Sorge um das persönliche Heil gesetzten Grenze bei allen Geschäften, kannte Baxter aber noch eine weitere Einschränkung: Die soziale Verpflichtung christlicher Berufsarbeit. Geschäfte seien abzulehnen, schrieb er, wenn sie nicht der »gemeinen Wohlfahrt«, dem »gemeinen Wesen«, dem »christburgerlichen Wesen«, der »burgerlichen Gesellschaft« dienten, wie Ringier 1697 übersetzte. »Sehet mehr auf den gemeinen / als auff euern eigenen Nutzen«, postulierte Baxter, »es ist nicht recht / einiges underdruckendes Monopolium / Fürkäufflerey oder Gewerb zu treiben / so dahin zielet / daß ihr euch selber bereicheret / mit Verlusten und Schaden des gemeinen Wesens oder vieler Leuten«. Nicht dem einzelnen Christen sollte der Erfolg seiner beruflichen Tätigkeit zuteil werden, sondern der Gemeinschaft von Christen, in der er lebte.

Damit ist ein weiterer wichtiger Unterschied zu Weber markiert. Wenn Weber aus der Lektüre von Baxter folgerte, der einzelne Christ schließe das Berufsleben in seine Bemühungen um das ewige Heil in der Weise ein, daß er allein auf seine Geschäfte und seine Seligkeit achte, dann sah er nur eine Seite; er verallgemeinerte einen von mehreren Aspekten, wenn er aus der Verbindung von Prädestinationslehre und Berufsethik folgerte, bei einzelnen Christen sei die für die europäische Entwicklung so folgenreiche Rationalisierung der Lebensführung entstanden, jenes auf innerweltliche Askese gegründete System, das eine kapitalistische Gesinnung begünstigte und das auch später noch, nachdem die religiösen Impulse weggefallen waren, den Sieg des Kapitalismus zu erklären hilft. Dieser Deutung gegenüber ist zu betonen, daß Theologen wie Baxter zwar daran glaubten, Gott habe besondere Prämien auf Fleiß, Sparsamkeit und Rechtschaffenheit gesetzt, daß sie aber zugleich betonten, diese Prämien würden nur jenen zuteil, die die Ergebnisse ihrer Anstrengungen nicht egoistisch für sich reklamierten, sondern der Gemeinschaft zur Verfügung stellten. Die geschäftlichen Aktivitäten von Christen waren also in die Gemeinschaft, in der sie lebten, eingebunden; die christliche Gemeinschaft bildete den sozialpsychologischen Kontext, in dem im 17. Jahrhundert berufsethische Energien mobilisiert wurden. Dieser Deutung entspricht auch der theologische Befund. Nicht der einzelne Christ fragte sich damals, warum Gott zürne und wie das Gericht ausfalle, wenn das Ende komme, diese Fragen wurden vielmehr in den Familien gestellt, in den Konventikeln und den Bruderschaften, in den Gemeinden und Kirchen. Das christliche Berufsethos wurde deshalb nicht primär als Einzelaufgabe begriffen, sondern als Gruppenaufgabe; nicht der einzelne Christ hoffte, er könne die Krise der Zeit überwinden, dieses Ziel sollte sich vielmehr, ganz im Sinne des Alten Testaments, das ganze christliche Volk setzen.

Kommen wir abschließend noch einmal auf Webers Deutung zurück. Wenn dieser den Individualismus und den individuell gebundenen asketischen Rationalismus hervorhob, dann deutete er den Beitrag des Christentums zur Berufsethik im Hinblick auf die spätere Entwicklung. Sieht man die Intensivierung der christlichen Berufsethik dagegen als eine mögliche Antwort besorgter Christen auf die Krise ihrer Zeit, dann wird nicht die auf den einzelnen Christen bezogene Prädestinationslehre zum Kern der Interpretation, sondern die durch die Krise des 17. Jahrhunderts provozierte und durch die lange Dauer dieser Krise immer wieder bestärkte Überlegung, Gott wieder gnädig zu stimmen. Begreift man in dieser Weise die im 17. Jahrhundert entstandenen christlichen Zeugnisse zur Berufsethik als eine Art Krisenideologie, dann erscheinen sie nicht, wie bei Weber, als Ergebnis von bestimmten theologischen Lehren, sondern als vitaler Ausdruck einer bedrohten christlichen Gesellschaft. Nicht als unabhängige theologische Größe, sondern nur in diesem Kontext ist dann auch die Wirkung der Prädestinationslehre zu erklären.

Auch wenn im 17. Jahrhundert ein Teil der frommen Christen beruflichen Erfolg niemals als wichtigste Aufgabe angesehen und andere stets genau zwischen der Sorge um ihr Seelenheil und geschäftlichen Belangen unterschieden hatten, war doch, als im 18. Jahrhundert die äußeren Sorgen wichen, die besondere Betonung der berufsethischen Tugenden schon zum Bestandteil der christlichen Tradition geworden, der dann direkt in den ökonomischen Prozeß der sich anbahnenden Industriellen Revolution einfließen konnte. Dazu bedurfte es keiner Säkularisierung, wie Weber annahm; säkularisiert wurde in der Aufklärungszeit nur die globale Orientierung, die Deutung der Welt; die religiöse Bindung der berufsethischen Tugenden blieb dagegen bis weit ins 18. und bei manchen christlichen Gruppen bis ins 19. und 20. Jahrhundert hinein bestehen.

Bibliographische Hinweise zu III. 5.

Abramowski, Günter, Das Geschichtsbild Max Webers. Universalgeschichte am Leitfaden des okzidentalen Rationalisierungsprozesses (1966).
Eisenstadt, Shmuel Noah, Die protestantische Ethik und der Geist des Kapitalismus (1971).
Fanfani, Amintore, Cattolicesimo e Protestantesimo nella Formazione storica del Capitalismo (1934).
Green, Robert W. (Hg.), Protestantism, Capitalism, and Social Science. The Weber Thesis Controversy (1959, ²1973).
Kraus, Johann Baptist, Scholastik, Puritanismus und Kapitalismus. Eine vergleichende dogmengeschichtliche Studie (1930).
Lamont, Willam M., Richard Baxter and the Millenium (1978).
Lehmann, Hartmut, »Pietismus und Wirtschaft in Calw am Anfang des 18. Jahrhunderts«, Zeitschrift für württembergische Landesgeschichte 31 (1972) 249–277.
Lüthy, Herbert, »Variationen über ein Thema von Max Weber: Die protestantische Ethik und der Geist des Kapitalismus«, in: In Gegenwart der Geschichte. Historische Essays (1967) 39–100.
McClelland, David C., The Achieving Society (1961); deutsch: Die Leistungsgesellschaft. Psychologische Analyse der Voraussetzungen wirtschaftlicher Entwicklung (1966).
Robertson, Hector M., Aspects of the Rise of Economic Individualism. A Criticism of Max Weber and his School (1933, ²1935).
Samuelsson, Kurt, Religion and Economic Action (1961).
Tawney, Robert H., Religion and the Rise of Capitalism (1926, ²1947); deutsch: Religion und Frühkapitalismus (1946).
Weber, Max, Die protestantische Ethik, hg. v. Johannes Winckelmann, Bd. 1 (1968, ⁴1975), Bd. 2 (1969, ³1978).

6. Aus der Hoffnung zu neuer Erkenntnis

Seit der Aufklärung entwickelte sich die Erforschung der Geschichte der Naturwissenschaften weitgehend getrennt von der Erforschung der allgemeinen Geschichte und fast völlig losgelöst von der Erforschung der Geschichte des Christentums. Während die an der Entwicklung von Wissenschaft und Technik interessierten Historiker allein auf jene Entdeckungen und Erfindungen achteten, die auf die Zukunft und damit auf die wissenschaftlich-technisch-industrialisierte Welt des 20. Jahrhunderts hinwiesen und zusätzlich nur jene philosophischen Systeme erforschten, die diese Innovationen ermöglichten oder absicherten, überließen die allgemeinen Historiker, denen in der Regel spezielle physikalische, chemische und technische Kenntnisse fehlten, lange Zeit das große Feld der Wissenschafts- und Technikgeschichte nur zu bereitwillig den Spezialisten. Bei der Erforschung des 17. Jahrhunderts spielte dabei noch eine besondere Diskrepanz eine Rolle: Während sich die allgemeinen Historiker mit ganz unterschiedlichen Absichten und Fragestellungen mit dieser Epoche beschäftigten und zu ganz verschiedenen Ergebnissen kamen, glaubten die Wissenschafts- und Technikhistoriker fest daran, in jenem Zeitalter sei der entscheidende Durchbruch zum modernen wissenschaftlichen Denken erfolgt. Das 17. Jahrhundert war für sie die Epoche eines Bacon und eines Galilei, eines Descartes und eines Newton. Erst in den letzten zwei Jahrzehnten machten sich mehrere Forscher daran, die Interdependenzen zwischen der allgemeinen politischen Geschichte, der Geschichte der Naturwissenschaft und auch der Geschichte des Christentums zu erhellen. Auf ihre Ergebnisse stützt sich auch der folgende Versuch, einen Zusammenhang zwischen der Erneuerung der Eschatologie und den neuen wissenschaftlichen Erkenntnissen im 17. Jahrhundert nachzuweisen.

Auf verschiedene grundsätzliche Aspekte dieser Thematik ist dabei einleitend hinzuweisen: Weit verbreitet war im 17. Jahrhundert die Überzeugung, Gott habe die Menschen nach dem Sündenfall und der Vertreibung aus dem Paradies auch dadurch gestraft, daß sie mit ihrer Umwelt, der Natur, nicht mehr, oder doch nur mit großer Mühe, zurechtkämen. Um ihnen über die schlimmsten Folgen ihrer selbstverschuldeten Lage hinwegzuhelfen, habe Gott den Menschen aber die Maschine als Hilfsmittel gegeben: »Der Ursprung solches Unvermögens ist der Fall unserer ersten Eltern«, schrieb beispielsweise der an der Universität Jena wirkende Erhard Weigel im Jahre 1672. »Denn vor demselben haben Sie wohl gar die Göttliche Geheimnisse / geschweige die natürlichen Dinge / vollkömlich verstanden / wie sie denn einem ieden Thier seinen sonderlichen Nahmen nach seiner Eigenschaft gegeben. Nach dem Fall aber ist ihnen der Verstand / zwar nicht gantz genommen / doch also verdunckelt worden / daß sie kaum etliche Füncklein behalten / welche Sie auf ihre Nachkommen fortpflantzen können / durch deren Hülffe sie / was damals auf einmahl gleichsam verschüttet gewesen / in etwas einzehln also nach und nach wieder aufzulesen / Gelegenheit bekommen. Und solches zwar nur so viel die natürlichen Dinge betrifft. Denn in geistlichen Sachen den Menschen wieder zu rechte zu bringen / und was er sonst durch solche Verwegenheit verschuldet zu versöhnen / hat Gott allein durch Christum auszurichten sich vorbehalten« (*Vorstellung der Kunst- und Handwercke nebst einem kurtzen Begriff des Mechanischen Heb- und Rüst-Zeugs*, 1672, S. 2 ff., zit. nach Ansgar Stöcklein, *Leitbilder der Technik*, 1969, S. 38). Die Kunst Mechanica war somit, wie Stöcklein formuliert, eine »äußere Hilfe für den gefallenen Menschen« (S. 36). Alle Erfindungen entsprangen zwar menschlichem Geist, letztlich aber göttlicher Offenbarung; je mehr sich die *ars mechanica* bemühte, Gottes Schöpfung zu verstehen und dem Vorbild von Gottes Wirken nachzueifern, desto erfolgreicher war sie, ebenso wie den Maschinenbauern Gottes Gericht drohte, wenn sie nicht das zuwege brachten, was Gott ihnen möglich machte.

Wie zahlreiche Zeugnisse beweisen, war diese Überlegenheit bei einer ganzen Reihe von technisch interessierten und theologisch versierten Männern des 17. Jahrhunderts mit einer weiteren verbunden: In der Epoche vor dem Jüngsten Gericht oder vor der Wiederkunft Christi und dem Beginn des Tausendjährigen Reichs, so argumentierten sie, schenke Gott bis dahin ungeahnte Einsichten in seinen Weltenplan. Geheimnisse der Geschichte und der Natur, die allen vorhergehenden Generationen verschlossen gewesen seien, könnten jetzt enträtselt werden: Auch und gerade auf wissenschaftlich-technischem Gebiet. Häufig wurde dabei auf die auf die Endzeit gemünzten Worte Daniel Kapitel 12 Vers 4 hingewiesen: *multi pertransibunt et augebitur scientia*, die auch auf dem Titelbild von Francis Bacons *Novum Organum* zu finden sind. Zur gleichen Zeit galten wissenschaftlich-technische Neuerungen aber auch als wichtiges Zeichen der bevorstehenden Totalerneuerung der Welt, so daß eschatologische Erwägungen und wissenschaftlicher Fortschritt auf doppelte Weise miteinander verklammert wurden: Die endzeitlichen Hoffnungen beflügelten die Suche nach neuen Erkenntnissen ebenso wie diese den Glauben an das Zeitenende bestärkten. Endzeitliche Theologie und Naturwissenschaften waren vorübergehend, so scheint es, eine Symbiose eingegangen.

Schließlich gilt es zu sehen, daß die neuen Einsichten in Gottes Schöpfung und Heilsplan und die damit einhergehenden neuen astronomischen, physikalischen, chemischen und mathematischen Kenntnisse nicht, wie man glaubte, einem einzelnen geschenkt würden, sondern einer Gruppe, einer theologisch-wissenschaftlichen Elite, deren Aufgabe und Bürde es sei, ihre Mitmenschen auf das neue Paradies vorzubereiten. Konfessionelle Herkunft spielte dabei keine Rolle. Was allein zählte, das war die Bereitschaft, sich dieser Bruderschaft anzuschließen, in der alle neuen Einsichten Gemeingut sein und gemeinsam auf ihren Wert hin geprüft werden sollten. Nur durch das Zusammenwirken von vielen Gleichgesinnten würde die *ars mechanica*, um noch einmal Stöcklein zu zitieren, ein »Weg in ein neues Paradies« (S. 46).

Soweit wir wissen, wurden diese Gedanken und Zusammenhänge zum ersten Male im ersten Jahrzehnt des 17. Jahrhunderts in Tübingen diskutiert und teilweise wohl auch schon formuliert: Tobias Heß spielte dabei die führende Rolle, ein bibelkundiger Schüler des Paracelsus, der sich für den Chiliasmus und für apokalyptische Berechnungen interessierte und bei dem nach Martin Brecht wissenschaftliche Welterkenntnis und fromme Selbsterkenntnis eine einzigartige Verbindung eingegangen waren. Die über Tübingen hinausführenden Impulse kamen jedoch von Johann Valentin Andreae, der dem Zirkel um Heß angehörte, nach 1610 aber auch stark von dem an erbaulicher und mystischer Literatur interessierten Theologen Christoph Besold beeinflußt wurde, später auch von dem Universalgelehrten Matthias Hafenreffer. Andreae und seinen Mentoren galt wahre Frömmigkeit mehr als Rechtgläubigkeit; die Unsittlichkeit ihrer Zeit hielten sie für gefährlicher als die von den meisten orthodoxen Lutheranern kritisierte Beschäftigung mit den »letzten Dingen«. In den Jahren nach 1610 wandte sich zwar auch Andreae ab vom Chiliasmus seines Lehrers Heß; die endzeitliche Stimmung der vorangehenden Tübinger Jahre ist jedoch durchaus noch in einigen Schriften zu spüren, die er jetzt vorlegte, vor allem in den sogenannten Rosenkreuzerschriften, in der *Fama Fraternitatis*, die 1614 anonym in Kassel publiziert wurde, in der *Confessio Fraternitatis*, die ein Jahr später am gleichen Ort herauskam, weniger dagegen in der *Chymischen Hochzeit Christiani Rosenkreutz anno 1459*, die 1616 in Straßburg gedruckt wurde, die aber auch nicht mit der gleichen Sicherheit wie die anderen beiden Schriften Andreae zugeschrieben werden kann.

»Nachdem der allein weyse und gnädige Gott in den letzten Tagen sein Gnad und Güte so reichlich über das Menschliche Geschlecht außgossen, daß sich die Erkantnuß, beydes seines Sohnes und der Natur, je mehr und mehr erweitert«, heißt es im ersten Satz der *Fama*, in der Andreae von der Herkunft der Fraternität der Anhänger des Christian Rosenkreutz berichtet, die sich eine Generalreformation der Welt zum Ziel setzten. »Was für änderung bevorstehen«, bemerkte er an späterer Stelle, wollten sie »andern Gottes Gelehrten hertzlichen gerne mittheilen« (zitiert nach der Ausgabe 1973, hg. v. Richard van Dülmen, S. 17, 28). Noch eindeutiger ist die einleitende Passage der *Confessio* formuliert. »Der Herr der Jehovah ist es«, so steht dort, »welcher (nachdem die Welt nunmehr fast den Feyerabend erreicht und nach vollendetem Periodo oder Umblauff wieder zum Anfang eilet) den Lauff der Natur umbwendet, und was hiebevor mit grosser Mühe und unablessiger Arbeit gesucht worden, jetzt under denen, die es nicht achten oder wol nicht einmal dran gedencken, eröffnet, andern aber, die es begehren freywillig anbeut und denen die es nicht begehren, gleichsam auffzwinget, auff daß den Frommen zwar alle des menschlichen Lebens Müheseligkeit gelindert und deß unbestendigen Glücks Ungestümmigkeit auffgehoben, den Bösen aber ihre Boßheit und die darauff gehörige Straffen gemehret und geheuffet werden« (Ausgabe van Dülmen, S. 33).

Aus der seit dem 18. Jahrhundert geführten und bis in die jüngste Zeit hinein intensiven und kontroversen Diskussion über die tatsächlichen – oder die doch wenigstens möglichen – Hintergründe dieser Rosenkreuzerschriften und der Rosenkreuzerbewegung können hier nur wenige Punkte genannt werden. Wenn Andreaes anonyme Schriften viele seiner Zeitgenossen elektrisierten, so daß es im Alten Reich in den Jahren kurz vor und nach dem Ausbruch des Dreißigjährigen Krieges geradezu zu einem von Gerüchten und Spekulationen erfüllten Rosenkreuzerfieber kam, dann lag dies, wie Frances Yates 1972 ausführte, wohl nicht zuletzt an der singulären geistigen und politischen Konstellation jener Zeitspanne: Viele fromme Christen richteten ihre Hoffnungen auf den Führer der antikatholischen und antihabsburgischen Politik im Reich, auf Friedrich V. von der Pfalz, den die böhmischen Stände 1619 zu ihrem König wählten, wobei sich genuin Konfessionelles und Politisches mit allerhand Okkultistischem, mit alchemistischen Experimenten und nicht zuletzt auch mit endzeitlichen Spekulationen vermischte. Ob über die Pfalz dann aber auch, da Friedrich V. seit 1613 mit der Tochter Jakobs I., Elisabeth, verheiratet war, wie Yates weiter mutmaßt, älteres englisches Gedankengut, vor allem von John Dee, in die Rosenkreuzerschriften einfloß, erscheint allerdings fraglich; sicher ist jedoch, daß die von diesen Schriften ausgehende Wirkung nicht auf das Alte Reich beschränkt blieb. Davon soll noch die Rede sein. Was Andreae betrifft, so sind bei ihm auch noch gegen 1618/20 wesentliche Elemente der Rosenkreuzerbewegung vorhanden. In der *Societas Christiana*, die er in jenen Jahren propagierte, sollten sich wie in der Rosenkreuzerfraternität alle frommen Christen vereinigen, um eine neue Generalreformation zu vollbringen, nachdem die von Luther eingeleitete protestantische Reformation ihre Kraft verloren hatte. In der Christenstadt, *Christianopolis*, von der er 1619 handelte, sollten nicht zuletzt alle Wissenschaften gepflegt werden, so wie sich das auch schon die Jünger des Christian Rosenkreutz zum Ziel gesetzt hatten.

Nur an wenigen Stellen ist im Alten Reich im späteren Verlauf des 17. Jahrhunderts jedoch, wenn wir den von Stöcklein gesammelten Belegen folgen, jene für den jungen Andreae charakteristische Verbindung von Endzeitglauben und Wissenschaftsoptimismus zu finden. Der Ingenieur Wendelin Schildknecht sprach beispielsweise in seiner *Harmonia in Fortalitiis Construendis* vom »nahen hereinbrechenden Jüngsten Tage« (1652, S. 7); zu erwähnen ist auch der Würzburger Mathematikprofessor und Jesuit Kaspar Schott, der in seinen *Technica Curiosa* von der »mundi senescentis jam aetas« schrieb (1664, S. 367); und noch im Jahre 1719 pries Johann Ernst Elias Bessler sein Perpetuum Mobile als Geschenk an die Welt kurz vor deren Ende. Das waren jedoch Einzelfälle. Mit der Schlacht am Weißen Berg war nicht nur die eigentliche Rosenkreuzerbewegung zu einem abrupten Ende gekommen; der Dreißigjährige Krieg hatte dann im Alten Reich sowohl die wissenschaftliche als auch die theologische Entwicklung gründlich gestört.

Wenn sich in der gleichen Zeit in England das endzeitliche und das wissenschaftliche Denken verstärkten, ging dies zunächst auf das Erbe des großen Francis Bacon zurück. Denn anders als Heß oder Andreae hatte Bacon zu Beginn des 17. Jahrhunderts verschiedene grundlegende Werke publiziert, in denen er die philosophische Tradition kritisch prüfte und Wege zur Gewinnung neuer Erkenntnisse aufzeigte. Erinnert sei hier vor allem an sein Buch *The Advancement of Learning* von 1605, das er in erweiterter und überarbeiteter Form 1623 unter dem Titel *De Dignitate et Augmentis Scientiarum* noch einmal vorlegte. Für Bacon ging es in diesem Werk nicht nur darum, durch neue wissenschaftliche Einsicht die durch den Sündenfall verlorene Macht über die Natur zurückzugewinnen und somit auch ein wahrhaft christliches Königreich der Menschen zu errichten; wie Paolo Rossi nachgewiesen hat, war Bacon auch überzeugt, eine neue Ära der Menschheitsgeschichte stehe unmittelbar bevor. Jede wissenschaftliche Arbeit hatte für ihn somit einen tieferen religiösen Sinn: Sie sollte helfen, die Menschen von der Ursünde zu befreien und das verlorene Paradies wiederherzustellen. Das war die *Magna Instauratio Imperii Humani in Naturam*, die er anstrebte.

Bacons Einfluß genügt freilich nicht, um zu erklären, warum in England nach 1620 eine von der Eschatologie bestimmte Naturwissenschaft und Technik immer mehr Anhänger fand. Zu berücksichtigen ist dabei auch, daß Bacon in einem für die Rezeption seiner Ideen äußerst günstigen Klima wirkte. Das läßt sich auch an der Geschichte des Rosenkreuzermythos in England zeigen. Denn anders als in Italien, wo die Rosenkreuzerideen möglicherweise zwar Giordano Bruno und Campanella beeinflußten, im übrigen aber langfristig ebenso folgenlos blieben wie in Frankreich, wo Rosenkreuzerfreunde in den frühen 1620er Jahren verleumdet und wie Hexen gejagt wurden, war die Rosenkreuzerlegende vielen Engländern durchaus nichts Fremdes. Frances Yates vermutet, daß sie sogar Bacon bekannt war. Jedenfalls sind Parallelen zwischen den Rosenkreuzerschriften und seiner posthum, 1627, veröffentlichten Utopie *Nova Atlantis* nicht zu übersehen. Wahrscheinlicher ist es jedoch, daß Andreaes Pläne von zwei anderen Männern nach England getragen wurden, von dem aus Ostpreußen stammenden Samuel Hartlib und von Comenius. Hartlib war 1625 zum Studium nach Cambridge gegangen, blieb dort und gehörte bald zum engsten Kreis jener auf die Endzeit hin lebenden und planenden Puritaner, die auch eine völlige Erneuerung der Wissenschaften anstrebten. Andreaes Vorschlag, die Wissenschaften durch Gründung einer Gesellschaft wahrhafter Christen zu fördern, fesselte Hartlib zeitlebens. Comenius, der seit seinem Aufenthalt in Heidelberg 1613 die Rosenkreuzer kannte und später mit Andreae in brieflichem Kontakt stand, kam zwar erst Anfang der 1640er Jahre nach England, spielte dann aber in dem Kreis um Hartlib vorübergehend eine dominierende Rolle. Aus der großen Zahl der theologisch engagierten Wissenschaftler und der wissenschaftlich interessierten Theologen, die im damaligen England ähnliche Ideen wie die der Rosenkreuzer vertraten, seien noch der Schotte John Durie und der Pfälzer Theodor Haak genannt.

Weder der fortdauernde Einfluß Bacons noch die Aktivitäten Hartlibs und aller anderen, die den Rosenkreuzermythos kannten oder wenigstens doch ähnliche Vorstellungen guthießen, können jedoch ohne die große Faszination der Eschatologie im England der Jahrzehnte zwischen 1630 und 1660 erklärt werden. Deshalb sei hier noch einmal daran erinnert, daß ein Jahr nach Bacons Tod, 1627, in England sowohl Johann Heinrich Alsteds *Diatribe de Mille Annis Apocalypticis* als auch Joseph Medes *Clavis Apocalyptica* publiziert wurden. Wie Charles Webster ausführt, wurden in England in jener Periode die Wissenschaften dazu benützt, um den endzeitlichen Hoffnungen Genauigkeit zu verleihen, wie umgekehrt auch die Lehre von den letzten Dingen den Wissenschaftlern neue Ideen und Ziele gab. Eine außerordentlich große Gruppe von Puritanern glaubte, so Webster, daß der schicksalhafte geistige Niedergang, der mit dem Sündenfall begonnen habe, endlich aufgehoben werden könne. Nachdem die Reformation des 16. Jahrhunderts einen ersten zögernden Umschwung gebracht habe, sei diesen Puritanern ihre eigene Zeit als Zeit der Hoffnung erschienen, in der Gott es erlaubte, daß sie mit Hilfe der Wissenschaften ein neues Paradies auf Erden bauten (*The Great Instauration*, S. XVI). Nicht der physikotheologische Gottesbeweis war ihr Anliegen, wenn sie sich um die »Wunder der Natur« kümmerten, sondern der Wille, die Herrschaft des Menschen über die Natur wieder herzustellen und an dem großen Sprung nach vorn, hin zum neuen Paradies, mitzuwirken. Selbstvertrauen und Aktivismus prägten ihre wissenschaftliche Arbeit, durch welche religiöse Harmonie, soziale Gerechtigkeit und geistige Erneuerung herbeigeführt werden sollte.

Um die Herrschaft des Menschen über die Natur wiederherzustellen und um die mit dem Paradies verlorene Allwissenheit und Harmonie zurückzugewinnen, mußten alle Aspekte des Lebens verändert werden. Als Vehikel der Veränderung dienten Zusammenschlüsse von frommen Gelehrten, die den Fortschritt planen und die Reformen vorantreiben sollten. Seit den späten 1630er Jahren erschienen in England Schriften, die auf der Basis der »spiritual brotherhood« eine universitätsähnliche Organisation, eine Art College der gottesfürchtigen Weisen forderten; seit Mitte der 1640er Jahre existierten dann in London und anderswo Gruppen, durch welche diese Pläne eine reale Gestalt anzunehmen begannen. Was zunächst von Hartlib, Durie und Comenius als »invisible college« und somit als ein den Rosenkreuzern ähnlicher Bund geplant war, wurde jetzt von Robert Boyle, John Wilkins, Theodor Haak, dem unermüdlichen Hartlib und anderen als »universal college« konzipiert, als eine zentrale Agentur zur Beförderung des wissenschaftlichen Fortschritts. Aus den Außenseitern der 1630er Jahre, die vom nahen Weltenende redeten, waren im Zuge der puritanischen Revolution einflußreiche Propagandisten und Organisatoren geworden. Auf dem Gebiet der Pädagogik setzten sie sich für den Aufbau eines umfassenden Bildungswesens ein, durch das die Menschen für die neue Zeit erzogen werden sollten; auf dem Gebiet der Medizin sahen sie im Kampf gegen die Krankheiten einen Kampf gegen alles Böse und befürworteten unter anderem eine bessere Ausbildung der Ärzte und eine bessere Krankenversorgung; auf den Gebieten der Technologie und der Landwirtschaft förderten sie zahlreiche Experimente und Projekte, wobei ihnen beim Ackerbau bezeichnenderweise der Garten Eden als Vorbild diente, da, wie sie glaubten, erst nach dem Sündenfall das Unkraut zu wuchern begonnen hatte; die Chemie galt ihnen als Schlüssel zum Verständnis der Vorgänge in der Natur; neben der Binnenwirtschaft wurde auch der Außenhandel nicht vergessen. Ein Organisationsplan für ein neues »college«, den Hartlib 1647 vorlegte, sah deshalb sechs Sektionen vor: Neben einem »office of Divinity« eine Sektion für Mechanik, eine für Landwirtschaft und Verkehr, eine für »experimental philosophy«, eine »chamber of rarities« und eine für Medizin.

Obwohl Hartlib auf dem Höhepunkt der puritanischen Revolution, im Jahre 1649, als »state agent for universal learning« mit dem ansehnlichen Jahresgehalt von 100 Pfund von der Regierung offiziell angestellt wurde, blieb bis zum Ende der puritanischen Herrschaft aber eine erhebliche Differenz zwischen Programmatik und tatsächlicher Neuorganisation bestehen. Kurzfristig war in dem technologisch damals eher rückständigen England eine wissenschaftliche Revolution nicht zu initiieren. Um so stärker sollten dann aber langfristig die Impulse wirken, die von der puritanischen Verbindung von Wissenschaftsförderung und Eschatologie und der damit zusammenhängenden Rezeption der Werke von Bacon, Comenius und Paracelsus ausgingen. Die von Robert K. Merton im Anschluß an Max Weber entwickelte und auch von Christopher Hill übernommene These, der Calvinismus habe wesentlich zur geistig-wissenschaftlichen Revolution im England des 17. Jahrhunderts beigetragen, ist also dahin zu präzisieren, daß es nicht die calvinistische Prädestinationslehre oder andere Teile der calvinistischen Theologie und Tradition waren, die die wissenschaftliche Entwicklung im damaligen England beschleunigten, sondern die von zahlreichen englischen Protestanten, vor allem von vielen Puritanern geteilte Überzeugung, Gott beabsichtige grundlegende Veränderungen der Weltordnung und sie seien aufgerufen, diese Veränderungen voranzutreiben.

Auch in der *Royal Society of London for Improving Natural Knowledge*, die nach der Restauration 1660 gegründet wurde, spielten Vertreter der ehemaligen puritanischen Reformpartei noch eine wichtige Rolle. Theologische Spekulationen waren in der *Royal Society* freilich streng verboten; die ganze Arbeit sollte sich auf die Förderung der Naturwissenschaften richten. Thomas Sprat, der 1667 die erste *History of the Royal Society* veröffentlichte, verschwieg überdies den Einfluß jener Männer, die in den 1640er Jahren für die Puritaner eingetreten waren und Kontakte zum Kontinent, etwa nach Böhmen oder zur Pfalz, hatten. Das war unter dem neuen Regime alles nicht mehr opportun. Wie sich an dem lange Jahrzehnte alle anderen Mitglieder überragenden Mann in der *Royal Society*, an Isaac Newton, zeigen läßt, ließ sich aber nach den von Theologie durchtränk-

ten Jahren der puritanischen Revolution theologische Enthaltsamkeit so einfach nicht exerzieren. Newton kannte nicht nur die Rosenkreuzermanifeste in der 1652 publizierten englischen Version; der seit seiner Jugend außerordentlich fromme Newton beschäftigte sich vielmehr seit seiner Jugend auch intensiv mit theologischen Fragen, speziell mit Heilsgeschichte und mit Bibelkritik. Da Newton seine umfangreichen theologischen Manuskripte aber nicht drucken ließ, kam es dazu, daß seine Abhandlungen zur biblischen Chronologie, zur Geschichte der Ketzer und zur Apokalypse seinen Zeitgenossen unbekannt blieben und nur ein kleiner Kreis von Freunden von seinen theologischen Interessen wußte. Von Leibniz mußte sich Newton sogar den Vorwurf gefallen lassen, er verringere durch seine naturwissenschaftlichen Studien die Macht Gottes und untergrabe die Religion. Nachdem in den letzten Jahrzehnten alle theologischen Manuskripte Newtons von der Forschung erschlossen wurden, ergibt sich heute folgendes Bild: Newtons seit langem bekannte *Observations upon the Prophecies of the Holy Writ; particularly the Prophecies of Daniel and the Apocalypse of St. John*, die sein Neffe nach seinem Tod 1733 in London drucken ließ und die 1737 in Amsterdam in einer lateinischen Fassung und 1765 auch in deutscher Übersetzung erschienen, geben nur einen unvollständigen Einblick in Newtons theologische Weltsicht. Heute wissen wir, daß Newton schon 1660/61 als Student in Cambridge an das nahe Weltenende glaubte und sich intensiv mit biblischer Chronologie und Eschatologie zu beschäftigen begann, ehe er seine ersten naturwissenschaftlichen Entdeckungen machte. Naturgeschichte und Heilsgeschichte, Wissenschaft und Religion, waren für Newton jedoch zu keinem Zeitpunkt voneinander trennbar, im Gegenteil: In beiden Bereichen offenbarte sich für ihn Gottes Schöpfung. Ebenso wie er sich auf die Naturforschung konzentrierte, um das Wissen über die Natur als Werk Gottes zu mehren, trieb er ausgedehnte Bibelstudien, um mehr über Gottes Weltregierung zu erfahren. Ebenso wie er versuchte, den Naturgesetzen auf die Spur zu kommen, war Newton deshalb zeitlebens bestrebt, auch die Gesetze der Heilsgeschichte zu entschlüsseln. Auch hinter dem System der Natur waltete für ihn, wie Fritz Wagner schreibt, »ein persönlicher, schaffender und eingreifender Gott« (*Newton*, 1976, S. 54).
Was die für ihn zentrale Interpretation der biblischen Prophezeiungen betrifft, so lobte Newton den einflußreichsten englischen Vertreter des Chiliasmus, Joseph Mede, sah sich selbst als dessen würdigen Nachfolger und ging in seinen Bibelstudien ebenso gründlich und systematisch vor wie in der naturwissenschaftlichen Forschung. Ähnlich wie er auf dem Gebiet der Natur klare Gesetze suchte, so glaubte er auch daran, daß sich Gottes Weltenplan durch einfache Regeln und eine durchgehende Ordnung auszeichne. Auf drei methodische Schritte legte er beim Bibelstudium größten Wert: Zunächst sollte mit Hilfe von Textvergleichen der richtige Text hergestellt, also das, was für ihn dann das wahre Wort Gottes war, rekonstruiert werden; anschließend ging es für ihn darum, ein Wörterbuch zu erstellen, in dem alle biblischen Bilder und Symbole erklärt wurden; und schließlich mühte er sich um die Synchronisation der verschiedenen endzeitlichen Visionen der Bibel mit dem Ziel, eine in sich kohärente Version der Heilsgeschichte zu erhalten und somit auch ein kohärentes Verhältnis von biblischer Prophezeiung und tatsächlich Vergangenem. In politischen Erschütterungen, auch in Erdbeben und in Kometen (aus ihrer Bahn geratenen Sternen, wie er sagte), sah auch Newton von Gott gesandte Zeichen, die die biblische Botschaft ergänzten. Der älter werdende Newton scheute sich freilich, anders als der junge, die Zukunft und damit auch die Wiederkunft Christi vorherzuberechnen. Ferner ist zu notieren, daß sich Newton nicht mit den strengen Puritanern assoziierte, sondern mit einer häufig übersehenen Gruppe, mit »latitudinarians«, die auch »millenarians« waren, mit Anglikanern also, die an den Chiliasmus glaubten. Dies alles kann jedoch nicht über den von Newton vertretenen traditionellen Biblizismus hinwegtäuschen. Als nach der *Glorious Revolution* mit John Locke und John Toland in England die ersten

Aufklärer Bücher publizierten, in denen das herkömmliche Christentum kritisiert wurde, setzte sich der inzwischen in ganz Europa berühmte Newton für eine gezielte Gegenoffensive gegen diese Freidenker ein, damit Gottes wahre Botschaft verteidigt würde. So eng Theologie und Wissenschaft für Newton zusammenhingen, so unterschiedlich war somit sein Beitrag auf beiden Gebieten: Während er der naturwissenschaftlichen Forschung neue Horizonte erschloß, blieb er weit zurück hinter der Bibelkritik eines Richard Simon, eines Pierre Bayle oder eines Spinoza. Die für sein Denken konstitutive eschatologische Weite, die zu seinen bahnbrechenden astronomischen, mathematischen und physikalischen Einsichten beitrug, machte ihn gleichzeitig zu einem traditionell argumentierenden Gegner der Frühaufklärung.

Neben den Rosenkreuzern und neben den Puritanern gab es im Europa des 17. Jahrhunderts noch eine weitere Gruppe, bei der sich vorübergehend endzeitliche Hoffnungen und wissenschaftliche Interessen miteinander verbanden: Die Juden. Schon ehe in der Mitte des Jahrhunderts zahlreiche jüdische Gemeinden in Sabbatai Zewi den Erlöser sahen, wurde von der von Isaak Luria bestimmten Richtung der Kabbala gelehrt, Aufgabe der Wissenschaft sei es, die mit dem Sündenfall zerstörte Harmonie im Kosmos wiederherzustellen und damit die Ankunft des Messias vorzubereiten. Als Juden in Europa nach 1600 wieder stärker verfolgt wurden, ist in jüdischen Kreisen deshalb auch ein verstärktes wissenschaftliches Engagement zu beobachten. Nun gab es für einige Jahrzehnte fast so etwas wie eine Schicksalsgemeinschaft von Juden und Puritanern, die in der Begegnung zwischen Menasseh Ben Israel und Cromwell einen symbolhaften Ausdruck fand. Durchaus möglich, aber noch nicht erforscht ist es, daß in den Jahrzehnten vor und nach 1685 auch einige Hugenotten einen Zusammenhang zwischen Endzeitglauben und Wissenschaftsförderung herstellten.

Daß die neuen Erkenntnisse des 17. Jahrhunderts nicht alle auch von erneuerten endzeitlichen Hoffnungen bestimmt wurden, ist abschließend zu betonen. Neben den religiösen Kräften gilt es deshalb auch die innerwissenschaftlichen Anstöße zu sehen, wissenschaftsimmanente Diskussionen und Denkformen sowie Entdeckungen und Erfindungen, die in keiner Weise von der Theologie inspiriert wurden. Gerade auf dem Gebiet der Wissenschaften erweist sich das 17. Jahrhundert als Epoche des Übergangs: Neben Forschern, die den traditionellen ersten Platz der Theologie im Reich der Wissenschaften akzeptierten, gab es eine große Zahl anderer, die ihrerseits für ihre Untersuchungen der Theologie gegenüber einen Vorrang und für sich selbst der Kirche gegenüber volle geistige Autonomie beanspruchten. Galilei beispielsweise überschritt die Grenzen der traditionellen Theologie und argumentierte rationaler, »moderner«. Er war nicht nur überzeugt, Gott offenbare sich in der Natur nicht weniger als in der Bibel, so daß auch durch genaue Erforschung der Natur die göttliche Wahrheit richtig erfaßt werden könne. Da seine wissenschaftlichen Beobachtungen hieb- und stichfest seien und da sich zwei »Wahrheiten« nicht widersprechen könnten, forderte er vielmehr auch, die Bibel neu und besser als bisher auszulegen, um so deren wahren – mit seinen Forschungen übereinstimmenden – Sinn zu erkennen. Während Galilei fest überzeugt war, seine Lehren stünden in keinerlei Widerspruch zur biblischen Wahrheit, sahen seine Gegner in ihm einen gefährlichen Ketzer und machten ihm den Prozeß.

Von dem besonderen Einfluß, den die Eschatologie auf die Entwicklung von Wissenschaft und Technik ausübte, sind schließlich jene Wirkungen abzuheben, die von der allgemeinen Krise des 17. Jahrhunderts auch auf andere Wissenschaften ausgingen. Nehmen wir als Beispiele den schwierigen Fall des Descartes und den einfacheren Fall des Thomas Hobbes. Der Zusammenhang zwischen dem philosophischen Werk des Descartes und den Wirren der Zeit, in der er lebte, ist deshalb schwierig zu bestimmen, weil Descartes, wie Hans Blumenberg bemerkt, »die Spuren seines geschichtlichen Hintergrundes sorgfältig verwischt und verleugnet, um den Mythos vom radikalen Anfang der Vernunft zu konstituieren« (*Die Legitimität der Neuzeit*, 1966, S. 150). Andere Descartesforscher urteilen ähnlich. Was Descartes verleugnet, ist nicht nur der Einfluß anderer Philosophen auf sein Werk; was er in seinem *Discours sur la Méthode* und anderswo nicht erwähnt, sind auch Jugendeindrücke wie seine Reise nach Deutschland 1619/20, auf der er mitten hinein in den Kampf um Böhmen geriet und auf der er, wie Frances Yates annimmt, auch alle religiös-politischen Spekulationen jener Jahre kennenlernte. Jedenfalls galt er nach seiner Rückkehr nach Paris 1623 für kurze Zeit als Rosenkreuzer. Außerdem sprechen seine späteren Beziehungen zur Tochter Friedrichs V., Elisabeth von Böhmen, und zu Königin Christine von Schweden dafür, daß er die großen Konflikte seiner Zeit mit wachem Interesse verfolgte und dabei auch durchaus Partei war, daß er, der das Schicksal des Galilei gut kannte, diese Parteinahme aber nicht offen zeigen wollte oder konnte. Folgt man dieser Argumentation, dann erhalten Descartes' philosophische Werke eine zusätzliche Dimension: Sie stellen dann nicht nur den Versuch dar, die Wissenschaften auf eine feste methodische Basis zu stellen, sondern erscheinen auch von der Absicht geleitet, im Chaos der Zeit neue Ordnung zu stiften – zuerst eine Ordnung der Gedanken und der wissenschaftlichen Regeln und dann eine Ordnung der Werte und der Politik. In seiner großen Geschichte des 17. Jahrhunderts in der *Histoire Générale des Civilizations* (Bd. IV, S. 221–246) behandelte Roland Mousnier deshalb Descartes zusammen mit dem Absolutismus in dem Kapitel »La lutte contre la crise«. Daß Descartes' philosophisches System in so kurzer Zeit so viele Anhänger fand, wirft zudem ein bezeichnendes Licht auf das 17. Jahrhundert als einer Krisenzeit, in der der Wunsch nach einem Weg hin zu neuer Sicherheit und Klarheit immer stärker wurde. Nur weil der Glaube an die Tradition unsicher geworden war und nicht jene Orientierung gab, die auch die geistige Elite in der Notzeit brauchte, konnte Descartes so viele seiner Zeitgenossen überzeugen.

Deutlicher als bei Descartes sind bei Thomas Hobbes die Zeiteinflüsse nachweisbar, der sein 1651 publiziertes Hauptwerk, den *Leviathan*, während des englischen Bürgerkriegs im französischen Exil schrieb und der darin anmerkte, die »Wirren der Gegenwart« hätten ihn zu seinen Ausführungen veranlaßt (deutsche Ausgabe, hg. v. Iring Fetscher, 1966, S. 544). Unverkennbar ist im *Leviathan* an verschiedenen Stellen Hobbes' Absicht, seine Zeitgenossen zu belehren und davon zu überzeugen, wie verhängnisvoll Ungehorsam und Uneinigkeit seien und daß alles darauf ankomme, dem Staat als der allein Ordnung stiftenden und den Frieden garantierenden Form des Zusammenlebens zu gehorchen. Die Vorstellung einer ganz Europa umfassenden Krise ging Hobbes allerdings ab: Er konzentrierte sich ganz auf die Lage in England. Ökonomische und soziale Faktoren ignorierte er: Für ihn resultierte die Not in England allein aus falschen religiösen Lehren und aus einem damit zusammenhängenden falschen Verhältnis von Staat und Kirche. Deshalb widmete er auch mehr als die Hälfte des *Leviathan* Fragen der Kirchen und der Theologie. In unserem Zusammenhang ist es jedoch wichtig, daß Hobbes, wenn er sich auch nur mit den theologisch-politischen Verhältnissen in England beschäftigte, doch auf die Krise seiner Zeit reagierte und diese Krise auch zu überwinden suchte. Indem er grundsätzlichere, radikalere Fragen stellte und allein rationale Argumente gelten ließ, zog er jedoch nicht nur die traditionellen Lehrmeinungen in Zweifel, sondern verstärkte auch, anders als Descartes, die geistige Unsicherheit in seiner Zeit.

Zusammenfassend ist noch einmal darauf hinzuweisen, daß sich die geistige Elite des 17. Jahrhunderts auf verschiedene Weise und auf verschiedenen Wegen um eine neue Weltdeutung und Weltorientierung bemühte. Während ein Descartes und ein Hobbes neue philosophische Bezugssysteme über die traditionelle Theologie stellten, vereinigten andere, darunter kein geringerer als Newton, heilsgeschichtliche Erwägungen mit naturwissenschaftlicher Forschung. Außerdem ist zu sehen, daß das 17. Jahrhundert zwar im

Rückblick durchaus zu Recht als das Zeitalter einer wissenschaftlichen Revolution erscheint, daß alle Fortschritte und Neuerungen lange Zeit aber nur von relativ schmalen Gruppen aufgenommen und weitergegeben wurden. Breitere Kreise, auch und gerade die meisten Christen der damaligen Epoche, wurden kaum von dem berührt, was die führenden Köpfe beunruhigte und bewegte. Erst im Laufe des 18. Jahrhunderts sollte es sich zeigen, daß die Folgerungen, die ein Descartes, ein Hobbes und nicht zuletzt auch ein Newton während der »Krise des 17. Jahrhunderts« gezogen hatten, gravierend und irreversibel waren und jenen immer rascher werdenden Prozeß der Veränderung vorantrieben, in dessen Verlauf sich aus dem ständisch geordneten, überwiegend agrarischen Alteuropa das Europa der Industriellen Revolution entwickelte.

Bibliographische Hinweise zu III. 6.

Brecht, Martin, »Johann Valentin Andreae. Weg und Programm eines Reformers zwischen Reformation und Moderne«, in: Brecht (Hg.), Theologie und Theologen an der Universität Tübingen (1977) 270–343.

Buchholtz, Klaus-Dietwardt, Isaac Newton als Theologe (1965).

Hall, Rupert A., Die Geburt der naturwissenschaftlichen Methode 1630–1720. Von Galilei bis Newton (1965).

Hill, Christopher, Intellectual Origins of the English Revolution (1965).

Jacob, J. R., Robert Boyle and the English Revolution (1978).

Jacob, Margaret C., The Newtonians und the English Revolution 1689–1720 (1976).

Loretz, Oswald, Galilei und der Irrtum der Inquisition. Naturwissenschaft – Wahrheit der Bibel – Kirche (1966).

Manuel, Frank E., The Religion of Isaac Newton (1974).

Merton, Robert K., Science, Technology, and Society in Seventeenth Century England (1970).

Peuckert, Will-Erich, Das Rosenkreutz (1928, ²1973).

Rossi, Paolo, Francis Bacon. From Magic to Science [ital.: 1957] (1968).

Schiffers, Norbert, Fragen der Physik an die Technologie. Die Säkularisierung der Wissenschaft und das Heilsverlangen nach Freiheit (1968).

Scholem, Gershom, Die jüdische Mystik in ihren Hauptströmungen [engl. 1941] (1957).

Stöcklein, Ansgar, Leitbilder der Technik. Biblische Tradition und technischer Fortschritt (1969).

Trevor-Roper, H. R., »Drei Ausländer: Die Philosophen der puritanischen Revolution«, in: Religion, Reformation und sozialer Umbruch [engl. 1967] (1970) 221–270.

Tuveson, Ernest Lee, Millenium and Utopia. Study in the Background of the Idea of Progress (1949, ²1964).

Wagner, Fritz, Isaac Newton im Zwielicht zwischen Mythos und Forschung (1976).

Webster, Charles (Hg.), Samuel Hartlib and the Advancement of Learning (1970).

ders. (Hg.), The Intellectual Revolution of the Seventeenth Century (1975).

ders., The Great Instauration. Science, Medicine, and Reform 1626–1660 (1975).

Yates, Frances A., Aufklärung im Zeichen des Rosenkreuzes [engl. 1972] (1978).

7. Vom Jahrhundert der Angst zum Jahrhundert der Hoffnung

Versucht man zu bestimmen, in welchem Maße die Krise des 17. Jahrhunderts das Christentum veränderte, dann fällt zunächst auf, daß die verschiedenen, von der Krise ausgelösten oder beeinflußten neuen Denk- und Verhaltensweisen nicht nur von unterschiedlicher Dauer waren, sondern im Laufe des 18. und teilweise noch des 19. und 20. Jahrhunderts weiterem Wandel unterlagen. Nehmen wir als erstes Beispiel die aus der Lektüre erbaulicher Werke resultierende neue Frömmigkeit: Sowohl im katholischen als auch im protestantischen Europa wurde erbauliche Literatur bis ins 19. und 20. Jahrhundert hinein in großen Zahlen verbreitet; auch nach dem Ende der Krise des 17. Jahrhunderts bestand, so scheint es, ein großer Markt für diesen Typ christlicher Aussage. Eine genauere Analyse ergibt dann freilich, daß nicht nur, wie dargelegt, etwa seit der Mitte des

18. Jahrhunderts die Zahl der erbaulichen Werke im Verhältnis zur gesamten literarischen Produktion stark zurückging, sondern daß diese späte Erbauungsliteratur jetzt auch nur noch ganz bestimmte, kaum mehr zusammenhängende Leserkreise hatte: Literarisch interessiertes Bürgertum zum einen, das sich von der Emotionalität der erbaulichen Abhandlungen angezogen fühlte – eine sentimental-romantische Mode des 18. Jahrhunderts, die seit Beginn des 19. Jahrhunderts rasch nachließ; dann die kleinen Zirkel der Frommen, die sich in der Epoche der Aufklärung völlig abkapselten – Methodisten in England, Pietisten in Deutschland, denen aber eine kulturbestimmende Wirkung abging; schließlich sollte es im 19. Jahrhundert zu der systematischen Verbreitung erbaulicher Schriften durch die Volksmission kommen – ein religiös-erzieherischer Beitrag zur Lösung der sozialen Frage, dessen Wirkung schwer nachprüfbar ist.
Viel kürzer dauerte die zweite Reaktion, die oben geschildert wurde, die Repression und Verfolgung jener Gruppen, die man mit dem Unheil der Zeit in Verbindung brachte und in denen fromme Christen teilweise sogar die Handlanger des Teufels sahen. Bereits im ausgehenden 17. Jahrhundert, als die ganz Europa umfassende Krise durch die Machtzusammenballung im Frankreich Ludwigs XIV. zwar in eine neue Phase eingetreten, aber noch nicht zu Ende war, ging die Verfolgung von Außenseitern und Minderheiten zurück. Das lag gewiß nicht daran, daß, sozialpsychologisch gesehen, jetzt keine »Sündenböcke« mehr gebraucht wurden. Wenn schon vor 1700 aber weniger Hexen verfolgt, Juden eher toleriert und auch die intransigente Religionspolitik Ludwigs XIV. immer häufiger verurteilt wurde, dann lag das an gewissen Lehren, die zahlreiche Zeitgenossen aus dem Ausbruch und Verlauf der Krise gezogen hatten. Dazu gehörte ohne Zweifel der Wunsch nach größerer religiöser Toleranz, da konfessioneller Haß, wie man glaubte, Europa ins Unglück gestürzt hatte. Ludwigs Hugenottenpolitik erschien jedoch auch deshalb als Skandal, weil sie die Krise, unter der man schon so lange litt, verschärfte, anstatt sie zu mildern und weil sie den Gesichtspunkten der Peuplierung und der Wirtschaftsentwicklung zuwiderlief, die inzwischen, nicht zuletzt als Folge der Krise, von der in ganz Europa populären Doktrin des Merkantilismus verbreitet wurden.
Mit der Dauer der Krise, auch mit den Zentren der schwersten Turbulenzen, stimmten dagegen, wie gezeigt, sowohl die Dauer als auch die Intensität der endzeitlichen Hoffnungen weitgehend überein. Die psychologische Umsetzung von aktueller Not, von akuter Angst und von Nachrichten über schreckliche Dinge, die sich anderswo ereignet hatten, in heilsgeschichtliche Bezüge erfolgte, so scheint es, relativ kurzfristig. Wenn die Not nachließ und die Angst wieder verschwand, dann verloren auch die verschiedenen Varianten endzeitlicher Einstellung wieder ihre Wirkung, dann vermochten weder der Chiliasmus noch die Erwartung des nahen Jüngsten Gerichts noch viele Menschen zu überzeugen. Nicht länger als die eigentliche Zeit der Krise selbst dauerten deshalb auch die Verbindungen, die zwischen der Eschatologie und der Wissenschaftsreform hergestellt wurden, und nur dann, wenn die Krise sich gewaltig steigerte, wurden von dem endzeitlichen Denken auch größere politische Aktionen ausgelöst, wie das beispielsweise im England der Revolutionszeit und vor allem bei den *Fifth-Monarchy-Men* zu beobachten ist. Wenn der württembergische Theologe Johann Albrecht Bengel mit seinen heilsgeschichtlichen Berechnungen auch noch später, 1730 bis 1750, zahlreiche Schüler fand, und wenn Bengels Schüler, Johann Christoph Oetinger, zwischen 1750 und 1770 die naturphilosophischen Überlegungen eines Andreae und eines Bacon wieder aufnahm, dann geschah dies bezeichnenderweise in einem jener armen Territorien, in denen die Folgen der Krise länger als anderswo andauerten und in denen auch nach 1720 die Bevölkerung weiterhin schwerer Belastung ausgesetzt war. Mit dem Ausbruch der Französischen Revolution sollte eschatologisches Denken dann auch wieder in den größeren Ländern Europas eine Renaissance erleben. Der Zusammenbruch der gewohnten Ordnung konnte,

so scheint es, auch nach der Aufklärungsperiode von den Frommen nicht anders als die letzte Phase vor dem Ende der Welt erklärt werden.
Bei dem nächsten Beispiel, das oben ausführlicher dargelegt wurde, bei der Steigerung der berufsethischen Werte im Zuge der Krise, liegen die Zusammenhänge noch einmal anders. Hier ist ein kumulativer Effekt zu beobachten. Das Argument, Gott lohne die treue Erfüllung beruflicher Pflichten besonders, wurde desto häufiger verwendet, je länger die Krise andauerte; da im 17. Jahrhundert auch zahlreiche Schulen aufgebaut wurden, gab es außerdem, als nach 1720 Europa wieder besseren Zeiten entgegenging, eine große Zahl von Institutionen, in denen die Berufsethik weiterhin eingeübt und die damit einhergehende Disziplinierung sogar noch gesteigert werden konnte. Auch nachdem mit dem Ende der Krise die christliche Lebensangst nachließ und der aufklärerische Erziehungsoptimismus sich vollends durchsetzte, blieb deshalb eine allgemeine Sanktionierung der berufsethischen Wertnormen bestehen. Daß die spezifische Verbindung von endzeitlichen Hoffnungen und wissenschaftlichem Fortschritt nicht länger als die Krise dauerte, wurde bereits erwähnt; hinzuzufügen ist lediglich, daß die neuen wissenschaftlichen Einsichten des 17. Jahrhunderts, auch wenn sie ursprünglich von heilsgeschichtlichen Überlegungen inspiriert worden waren, dann von der Aufklärung übernommen wurden, so daß auf dem Gebiet der Wissenschaften und der Technik vom 17. bis ins 20. Jahrhundert eine weithin ungebrochene Kontinuität zustande kam.
Eine weitere Beobachtung ist zu notieren: Vergleicht man die in Kirche und Theologie des 17. Jahrhunderts dominierenden Argumente mit jenen des 18. Jahrhunderts, dann stößt man auf eine seltsame Verkehrung der Fronten. Charakteristische, weit verbreitete und offensichtlich von den Zeitgenossen auch als überzeugend empfundene Stimmen der Krisenzeit werden, wenn sie überhaupt im Aufklärungszeitalter noch zu hören sind, zu fast nebensächlichen Äußerungen, wie andererseits Werke von Außenseitern des 17. Jahrhunderts im 18. Jahrhundert den allgemeinen Ton angeben. Einige Beispiele sollen dies belegen. Johann Schmidt, der weitgereiste Straßburger Professor und Kirchenkonventspräsident publizierte 1641 zweiundzwanzig Predigten mit dem Titel *Göttliche Friedens-condition, Oder christlichtrewer Unterricht; Welches der Einige / richtige Weg sey / den langgewünschten heilsamen Frieden in Teutschland wider zuerlangen.* Die weltliche Gerechtigkeit, »durch welche die Stände menschlichen Lebens in dieser Welt zusammen gefasset / und beyeinander / gleichsam zu einem *corpore* erhalten werden«, habe sich, so Schmidt, »durch alle Stände fast gäntzlich verloren«. Sollte der Prophet Micha »diesen Tag / neben andern Königreichen / unser Teutschland durchgehen / und aller Orthe gnawe Haußsuchung thun / würde er sein Ach und Wehe vielmal zuwiderholen Ursach haben«. Seit vielen Jahren gebe es weder fromme noch gerechte Leute mehr. »Auch an den Orten / da man *fontem justitiae,* die Quell der Gerechtigkeit finden sollte / das ist / bey hohen Potentaten / Hof-Gerichten / Cancelleyen / Rathstuben« liege »offtmal *abyssus iniquitatis,* ein Abgrund aller Ungerechtigkeit«. Schmidt wurde noch deutlicher, wenn er fortfuhr, »der Greuel der Ungerechtigkeit« habe sich »sonderlich bißher gehäuffet / wo der Teuffel seine ungehewre Brut und schreckliches *monstrum,* das da heisset / *ratio status,* einzuführen und zur Königin zumachen Gelegenheit bekommen / das ist / wo man alles ohne Unterscheid / was zu deß gegenwertigen weltlichen Zustands Erhaltung und Verbesserung dienen scheint / ergreifft / anstellet / durchtreibet / ob es schon mit List / Betrug / Lügen / Meineid und Unterdruckung« geschehe. Solange diese Verhältnisse andauerten, seien weder Frieden noch Gerechtigkeit zu erwarten: »Gottloß seyn und keine Ruhe haben / seind mit dem unauffloßlichen göttlichen Band zusammen geknüpffet / dabey wird es bleiben / deß versehe sich nur jedermann«. Weder durch die Macht der Weltmänner noch durch Friedensprophezeiungen, weder durch Bündnisse noch durch Kongresse sei wieder Frieden zu erreichen, sondern,

wie sich im Alten Testament unzählige Male gezeigt habe, allein durch Gehorsam im Glauben und Gottvertrauen. Nur unter vier Bedingungen höre deshalb der Krieg, die schrecklichste aller zeitlichen Strafen, wieder auf: Nur wenn die Menschen ihre Sünden und ihre Bosheit erkennen würden, wenn sie Gnade suchten, wenn sie »die vorbegangenen Sünden« mieden und die bisher unterlassenen guten Werke täten. Ähnliche Stimmen ließen sich zitieren, auch aus dem nichtdeutschen Raum. Sie alle, auch Schmidts wortreiche Klagen, allein die Staatsraison sei schuld an Krieg und Unrecht, hätten ein Jahrhundert später seltsam geklungen, da inzwischen die meisten Theologen mit dem Absolutismus zu leben gelernt hatten. Die moralisierende Art und Weise, wie Schmidt unter Berufung auf die Propheten des Alten Testaments Buße predigte, besaß nur vor dem Hintergrund der Krise Überzeugungskraft.

Zwanzig Jahre nach dem Straßburger Prediger erhob der Rostocker Theologieprofessor Theophil Großgebauer seine *Wächterstimme auß dem verwüsteten Zion. Das ist / Treuhertzige und nothwendige Entdeckung auß waß Ursachen die vielfaltige Predigt deß Worts Gottes bey Evangelischen Gemeinen wenig zur Bekehrung und Gottseligkeit fruchte / und warumb Evangelische Gemeinen bey den häutigen Predigern deß H. Worts GOttes ungeistlicher und ungöttlicher werden.* Auch Großgebauer klagte, die Obrigkeiten vernachlässigten Gottes Reich. »Da hat man von viel höhern und nöthigern Sachen zu berathschlagen«, spottete er, »nemlich wie der Staat zu bevestigen / Tribute zu steigern / Zölle zu legen / Cantzeleyen zu bestellen / Hofhaltung zu ordnen / die Hoheit und jura zu beobachten / Vestungen und Schlösser zu bauen / Reuter zu werben«, und dazu gehörten dann »kluge Estats-Räthe / listige Finanz-Räthe / verständige Juristen / versuchte Hoffmänner / weltkluge Doctoren / künstliche Baumeister / geübte Kriegs-Obersten«. Diese hätten »alle Hände voll zu thun / und haben auch alle Hände zu empfahen große Besoldungen«; sie kümmerten sich um alles, nur nicht um ihre erste Pflicht, um »das Königreich unseres HErrn Jesu Christi« (S. 353). Die Not der evangelischen Christenheit hatte nach Großgebauer jedoch vor allem andere Ursachen: Schlechte Kindererziehung war daran ebenso schuld wie schlechte Schulen, falsches Verständnis der Sakramente ebenso wie eine zu weltliche Gesinnung der Theologen, mangelnder Amtseifer der Prediger ebenso wie fehlende Kirchendisziplin, nachlässige Kirchengerichte ebenso wie die zu selten gewordene Beichte, unerbauliche Gottesdienste ebenso wie ein zerrüttetes Gemeindeleben, zu wenig Sonntagsheilung ebenso wie eine falsche Zurückhaltung der Diener der Kirche, die sich einer schädlichen »Amnestia in göttlichen Sachen« befleißigten; schließlich fehlten der Kirche auch die finanziellen Mittel, um ihre Aufgabe richtig zu erfüllen.

Großgebauer bemühte also weder Teufel und Hexen, um das kirchliche Elend zu erklären, noch sah er in seiner Zeit die letzte und damit schwerste Etappe in der Geschichte der wahren Kirche vor ihrer herrlichen, von Gott bewirkten Erneuerung. Für ihn resultierte die Not in erster Linie aus den Versäumnissen der Kirche selbst. Um die Kirche von äußerer Not, geistlicher Verwirrung und Sittenlosigkeit zu heilen, verlangte er deshalb mehr Amtseifer der Geistlichen und eine größere Disziplin der Gläubigen, mehr organisatorische Effizienz und schärfere Kirchenstrafen. Ein Teil dieser Forderungen war hundert Jahre später erfüllt. Keine andere Macht als der absolutistische Staat, dessen zur Säkularisierung des öffentlichen Lebens führende Politik Großgebauer getadelt hatte, war dabei zum Schrittmacher einer größeren Disziplinierung in den Kirchen geworden. Da die staatlichen Stellen zugleich jedoch auch die Bürokratisierung und Uniformisierung des kirchlichen Apparats betrieben, mußte für diese größere Effizienz der kirchlichen Arbeit ein hoher Preis bezahlt werden. Wäre Großgebauer ein Jahrhundert später aufgetreten, hätte er seine *Wächterstimme* gegen die gemeindeferne Selbstherrlichkeit des innerkirchlichen Absolutismus erheben können.

Während Großgebauers kirchenkritische Schrift von 1661 von den Zeitgenossen als unbequeme aber wichtige Mahnung aufgenommen wurde, stieß der 1670 anonym publizierte *Tractatus Theologico-Politicus* des Spinoza mit seiner Kritik der kirchlichen Orthodoxie auf einhellige Ablehnung. Selbst im toleranten Holland wurde diese Schrift 1674 verboten; frühe Aufklärer wie David Hume, Leibniz und Pierre Bayle distanzierten sich von Spinoza; erst Lessing, Goethe und Hegel sollten ihn dann als ihr großes Vorbild preisen. Zu betonen ist dabei, daß Spinoza nicht etwa ein krasser Atheist war: Er bekannte sich durchaus zu einem einzigen, allgegenwärtigen Gott, der das höchste Recht und die höchste Herrschaft über alles habe, der nichts gezwungen, sondern »alles nur nach eigenem freien Ermessen und aus besonderer Gnade tue«, der jenen Seligkeit schenke, die Gerechtigkeit und Nächstenliebe übten und jene verwerfe, die »unter der Herrschaft der Lüste leben«, den reuigen Sündern aber auch verzeihe (*Theologisch-politischer Traktat,* deutsche Ausgabe v. Carl Gerhardt, 3. Aufl. 1908, S. 255 f.). Wenn Spinozas Werk als Provokation verstanden wurde, dann spielten zwei andere Punkte eine Rolle: Seine Aussagen zur Glaubensfreiheit des Einzelnen und seine Ausführungen zur Bibelkritik. Was den ersten Punkt betrifft, so befürwortete Spinoza eine klare Trennung von äußerem Kultus und innerer Glaubenseinstellung. Der äußerliche religiöse Kultus habe, so argumentierte er, dem Frieden im Staat zu dienen und es stehe dem Staat deshalb durchaus zu, hier regulierend einzugreifen. Anders als Hobbes, mit dessen Werk er sich intensiv auseinandergesetzt hatte, fügte Spinoza jedoch hinzu, weder Staat noch Kirche hätten das Recht, die Glaubensfreiheit des Einzelnen zu beschränken. Je größer die Freiheit sei, desto eher diene sie dem Frieden. Verderblich sei es für Staat und Religion, wenn Religionsdienern die Macht eingeräumt werde, »Verordnungen zu erlassen oder Regierungsgeschäfte zu führen«, gefährlich sei es, »rein spekulative Dinge dem göttlichen Recht zu unterstellen und Gesetze über Meinungen zu geben, über die die Leute gewöhnlich streitig sind oder doch streitig sein können« (S. 329). Nehme man den Menschen die Glaubensfreiheit, resümierte er, dann schade das dem Staat ebenso wie der Frömmigkeit. Wo immer man »die Meinungen Andersdenkender vor Gericht« ziehe, »da wird an rechtschaffenen Leuten ein Exempel statuiert, das eher nach einem Martyrium aussieht und das die anderen mehr erbittert und zum Mitleid, ja zur Rache bewegt als daß es sie abschreckt. Treu und Glaube und die guten Sitten werden vernichtet, Heuchler und Verräter großgezogen, und die Gegner triumphieren, weil man ihrem Hasse nachgegeben hat, und weil es ihnen gelungen ist, die Inhaber der Regierungsgewalt zu Parteigängern der Lehre zu machen, als deren Ausleger sie gelten«. Nichts gewährleiste die Sicherheit des Staates besser, setzte Spinoza hinzu, »als wenn Frömmigkeit und Religion bloß in der Übung der Nächstenliebe und der Billigkeit bestehen und wenn das Recht der höchsten Gewalten in geistlichen und weltlichen Dingen sich nur auf [die äußeren religiösen] Handlungen bezieht, im übrigen aber jedem das Recht zugestanden wird, zu denken, was er will, und zu sagen, was er denkt« (S. 361 f.). Zu diesen Zugeständnissen war jedoch im Europa des Jahres 1670 noch kein führender Staatsmann oder Theologe bereit.
Spinozas Bemerkungen zur Bibelkritik wurden als provozierend empfunden, weil er für sich beanspruchte, «die Schrift von neuem mit unbefangenem und freiem Geiste zu prüfen und nichts von ihr anzunehmen oder als ihre Lehre gelten zu lassen«, was er »nicht mit voller Klarheit ihr selbst entnehmen konnte«. Alle christlichen Zeremonien waren für Spinoza nur Äußerlichkeiten; göttliche Gesetze konnten für ihn niemals in einem Widerspruch zur Vernunft stehen, Wunder niemals gegen die Ordnung der Natur geschehen, wieso es, wie er meinte, wenn man an Wunder glaube, auch nicht möglich sei, Gott besser zu erkennen. Bei der Bibelinterpretation kam es nach Spinoza darauf an, die Eigentümlichkeiten der Sprache zu erkennen, alle Aussagen zu ordnen und aus dem Gesamtzusammenhang heraus zu verstehen sowie die Entstehungsgeschichte und die Überliefe-

rungsgeschichte der einzelnen biblischen Bücher zu berücksichtigen. In der Bibel war für Spinoza deshalb Gottes Wort nur im Hinblick auf »das allgemeine göttliche Gesetz« zu finden, nicht jedoch in den Formalien, Äußerlichkeiten und Details, und dieses göttliche Gesetz wiederum war klar und einfach: Gott forderte Liebe und Gerechtigkeit und sonst nichts. Anders als Isaak de la Peyrère, der kurz vor Spinoza beim Studium der biblischen Texte die Überzeugung gewonnen hatte, schon vor Adam hätte es Menschen gegeben und der mit seiner Theorie von den Prae-Adamiten zu einer völlig neuen Sicht der Menschheitsgeschichte gekommen war und fundamentale christliche Glaubensartikel wie die Schöpfung in Frage stellte, Ansichten freilich, die er, von der Inquisition bedroht, wenigstens nach außen hin widerrufen mußte, anders als de la Peyrères Aussagen also waren Spinozas theologisch-politische Erwägungen durchaus geeignet, eine Form des Christentums zu stützen, die sich vornehmlich ihrer ethischen Werte bewußt war und die der Frömmigkeit des einzelnen Gläubigen vertraute. Gerade daran fehlte es jedoch in der Zeit Spinozas allenthalben. Vor dem Hintergrund der Krise des 17. Jahrhunderts galt kirchlichen und weltlichen Obrigkeiten Gehorsam mehr als Freiheit, kirchliche Kontrolle mehr als die religiöse Selbstverwirklichung des Einzelnen. Im Europa von 1670, in dem die Erinnerung an Kriege, Seuchen und Hungersnot noch frisch und die Angst vor weiterer Not lebendig waren, hatte Spinozas Programm keine Chance.

Noch einmal ein gutes Jahrzehnt nach Spinozas Traktat, 1682, veröffentlichte Pierre Bayle seine *Lettres et Pensées sur la Comète de 1680,* die zwei Generationen später, 1741, in der Übersetzung von Johann Christoph Gottsched auch in deutscher Sprache erschienen. Wenn Bayle anmerkte, Kometen seien Körper, »die ebenso alt sind, als die Welt ist, die vermöge der Gesetze der Bewegung, nach welchen GOtt die ungeheure Maschine der Welt regieret, bestimmt sind, von Zeit zu Zeit unserm Gesichte nahe zu kommen, und uns das Sonnenlicht dergestalt gebrochen zuzusenden, daß wir einen langen Schweif von Stralen entweder vorne an der Spitze oder von hinten gewahr werden«, dann war das für das Jahr 1682 eine für viele Theologen zwar immer noch ungewöhnliche, für viele Naturwissenschaftler dagegen keinesfalls originelle Erklärung. Wichtiger sind denn auch die Folgerungen, die Bayle aus der Einsicht zieht, daß der »Übergang« der Kometen »in unsere Welt von keiner Folge, weder im Guten noch Bösen« sei (Ausgabe 1741, S. 921.). Einen Zusammenhang zwischen dem Auftreten von Kometen und der Häufung von Unglücksfällen gebe es nicht, dozierte Bayle, der Glaube an Kometen sei eine allein vom Teufel lebendig erhaltene Form des Aberglaubens. Gott sende zwar Zeichen, durch welche er seinen Zorn deutlich mache, diese hingen jedoch nicht wie die Kometen mit Naturabläufen zusammen und erschienen weder nachts, wenn die Menschen schlafen, noch hinter den Wolken. Daß der Kometenglaube alt sei, garantiere nicht für seine Güte. Dem Teufel sei Aberglauben und Abgötterei allemal lieber als die direkte Leugnung der Existenz Gottes, da die Götzenverehrer alle Laster viel abscheulicher machen könnten. Im übrigen seien auch die Höfe weder vom Aberglauben noch von den Irrtümern des Pöbels frei, wie sich in Frankreich zeige, wo am Hof Zauberglaube und Wollust herrschten und die Protestanten verfolgt würden. In seinem großen *Dictionnaire Historique et Critique,* das 1696/97 erschien und das ebenfalls Gottsched 1741/44 in deutscher Übersetzung herausbrachte, polemisierte Bayle dann an zahlreichen Stellen gegen das Übel des blinden Religionseifers und gegen die Nachteile der Religionsverfolgung und stellte die Vorteile religiöser Duldsamkeit in hellem Lichte dar. Auf nichts als die Wahrheit komme es an, betonte er immer wieder, Tatsachen seien wichtiger als Meinungen. Deshalb gelte es, alle falschen Überlieferungen aufzudecken und die verschiedenen Traditionen, auch im religiösen Bereich, zu würdigen. Daß Bayle mit solchen Ansichten orthodoxe Protestanten und Katholiken vor den Kopf stieß, verwundert nicht. Seine Skepsis gegenüber dem überlieferten Glauben, seine Kritik der theologischen Tradition, sein eindeutiges Bekenntnis zu Toleranz und Vernunft, sein Individualismus und Nonkonformismus, dies alles brachte ihm den Ruf eines Unruhestifters ein. Zu sehen ist jedoch auch, daß er, anders als Spinoza, schon von einigen Zeitgenossen als brillanter Vorkämpfer einer neuen Denkrichtung hoch geachtet wurde.

In Paul Hazards historiographisch einflußreichen Studien über *La Crise de la Conscience Européenne* (1935, erste deutsche Ausgabe 1939) tritt Pierre Bayle als Kronzeuge für die These von der fundamentalen Transformation des europäischen Geisteslebens in den Jahrzehnten zwischen 1680 und 1715 auf. In Bayles Lebenszeit vollzog sich, so Hazard, der säkulare Übergang der geistigen Kultur Europas von der Beharrung zur Bewegung, vom Alten zum Modernen, vom Süden zum Norden, von der Orthodoxie zur Heterodoxie. Gegen Verteidiger der Tradition wie Bossuet habe sich in jenen Jahren eine ganze Phalanx von kritischen, kreativen Geistern durchgesetzt: John Locke und Christian Thomasius, John Toland und Richard Simon, Balthasar Bekker und Nicole Malebranche, Deisten und Rationalisten, Freigeister und Naturrechtsanhänger, Gegner des Wunder-, des Hexen- und des Kometenglaubens, Anhänger der Lehre vom Gesellschaftsvertrag und Experten auf dem Gebiet der Bibelkritik. Kann diese Deutung nach vier Jahrzehnten noch überzeugen? Zunächst fällt auf, daß Hazard in die Spanne der einen Generation von 1680 bis 1715 hineinpackte, was zum Teil vorher schon gesagt worden war oder was erst danach geschrieben werden sollte, so daß der Eindruck einer rapiden Kulturwende suggeriert wird; ferner ist einzuwenden, daß er die traditionellen Elemente im Denken der Antitraditionalisten nicht genügend beachtete und daß er überhaupt die ganze geistige und kulturelle Schwerkraft sowie das politische und soziale Beharrungsvermögen des Systems, das seiner Ansicht nach geändert wurde, nicht ausreichend würdigte. Schließlich kümmerte sich Hazard auch zu wenig um die tatsächliche Wirkung der neuen Ideen und verzichtete weitgehend darauf, deren Verbreitung zu untersuchen. Deshalb ist zwar Hazard zuzustimmen, wenn er betont, daß die Aufklärung des 18. Jahrhunderts tiefe und starke Wurzeln hatte, zu ergänzen ist jedoch, daß die neuen Ideen nur langsamer und erst später, als Hazard dies unterstellte, in breiteren Schichten bekannt wurden.

Der amerikanische Historiker William McNeill bemerkte vor kurzem in seinem Werk *Plagues and Peoples* (1976, S. 257 f.) zu diesem Punkt folgendes: Eine Welt, in der der plötzliche, unerwartete Tod eine reale und gefürchtete Möglichkeit in der Lebenserfahrung der Menschen sei, mache die Vorstellung, das Universum gleiche einer großen Maschine mit regelmäßigen, verständlichen und sogar vorhersehbaren Bewegungen, zu einem unpassenden Abbild der Wirklichkeit. Bevor die Entdeckungen der Mathematiker und Astronomen des 17. Jahrhunderts zur Grundlage für eine neue Sicht der Welt werden konnten, hätten deshalb die an unvorhersehbaren Orten und zu unvorhersehbaren Zeiten auftretenden epidemischen Seuchen ihre Herrschaft über Körper und Geist der Menschen verlieren müssen. Der Rückgang der Cholera und der Malaria sowie die Kontrolle der Pocken seien deshalb notwendige Voraussetzungen für die erfolgreiche Propagierung der Ideen der Aufklärung im 18. Jahrhundert gewesen. Wenn der von der Rolle der Seuchen in der Weltgeschichte faszinierte McNeill resümiert, es bestehe eine deutlich erkennbare Korrelation zwischen der Auseinandersetzung der Europäer mit den Seuchen und den Phasen ihrer kulturellen und politischen Geschichte, so ist dies gewiß ein einseitiger Schluß. Wenn man, wie ich es vorgeschlagen habe, in dem Begriff der Krise neben den Seuchen aber auch die Kriege und die Kriegsfolgen, die Ernährungslage und die Lebenserwartung sowie Faktoren wie die Unsicherheit der politischen Ordnung und der sozialen Verhältnisse berücksichtigt, dann leistet auch McNeills These einen wichtigen Beitrag zum Verständnis des frühen 18. Jahrhunderts: Erst nach dem Ende der großen Krise, erst im dritten Jahrzehnt des 18. Jahrhunderts, bestanden die politischen und sozialpsychologischen Voraussetzungen für den Siegeszug der Ideen der Aufklärung; erst jetzt stimmten die persönliche Lebenserfahrung und die neue philosophische Welterklärung bei so vielen Europäern in so hohem Maße überein, daß der neuen Deutung neben ihren mathematischen, astronomischen und philosophischen Qualitäten auch jene unmittelbare Evidenz eignete, die für eine Verbreitung über den engsten Kreis der Gelehrten hinaus notwendig war.

In diesem Zusammenhang muß auch die weitverbreitete Theorie modifiziert werden, die neuen Naturwissenschaften und die neue Philosophie, auch das neue Staatsrecht und die neue Literatur hätten gewissermaßen aus eigener Kraft, propagiert von mutigen Vorkämpfern wie Bayle sowie unterstützt von Akademien wie der *Royal Society* und Universitäten wie Halle, das traditionelle geistige und kulturelle Leben in Europa von Grund auf verändert. Zu sehen ist vielmehr auch, daß die Krise des 17. Jahrhunderts diese Tradition schon in einem solchen Maße geschwächt hatte, daß der Siegeszug der Ideen der Aufklärung so schwer gar nicht mehr war. Das gilt speziell für den Einfluß der Krise des 17. Jahrhunderts auf Theologie und Frömmigkeit. Wenn viele Gläubige im 17. Jahrhundert, wenn sie ein wahrhaft christliches Leben führen wollten, weitgehend auf die Hilfe der Kirche und ihrer Pastoren verzichteten und sie sich die Regeln, denen sie zu folgen beabsichtigten, aus erbaulicher Literatur holten, dann hatte dies einen gewaltigen antihierarchischen Effekt. Wenn manche Gläubigen sich außerdem daran machten, für sich und ihre Gemeinden durch besondere berufliche Leistungen jene besonderen Prämien zu erwerben, die ihrer Ansicht nach Gott am Tag des Jüngsten Gerichts verlangte, dann waren erneut die Kirchen und ihre Amtsträger von diesem Streben nach Heil und Gnade weitgehend ausgeschaltet. Wenn einzelne Gläubige schließlich den Kampf gegen den Teufel in eigener Regie betrieben, indem sie für das Unglück ihrer Zeit »Sündenböcke« namhaft machten, verfolgten und bestraften, dann reduzierten sie die gesamte christliche Theologie auf den Kampf gegen den Teufel und damit auf einen Punkt, der weder in der Tradition des Katholizismus noch im Selbstverständnis des Protestantismus eine große Rolle spielte und schwächten dadurch noch einmal den Einfluß der Kirchen. Nichts schadete dem dogmatischen Konsens und damit der Autorität der großen Kirchen aber so sehr wie der ungewöhnliche Einfluß der Eschatologie im 17. Jahrhundert. Eschatologisch gesehen, hatten alle Sorgen und Nöte der Zeit eine klare Bedeutung als Zeichen vom nahenden Weltenende. Nicht Bischöfe oder Konsistorien als die offiziellen Vertreter der Kirchen traten aber auf, um diese Zeitzeichen zu deuten, sondern selbsternannte Propheten, die sich zudem noch in der Regel ganz bewußt in einen Gegensatz zur Kirchenhierarchie stellten. Da es diesen Propheten mit ihren ganz auf das Weltenende ausgerichteten Bußpredigten im 17. Jahrhundert immer wieder gelang, Gruppen von frommen Christen aus einzelnen Gemeinden herauszubrechen oder gar ganze Gemeinden zu überzeugen, konnte sie nichts mehr von der Vorbereitung auf die Wiederkunft Christi beziehungsweise das Jüngste Gericht abbringen. Wurden sie von kirchlichen Oberen ermahnt oder zurechtgewiesen, dann sahen sie darin nur einen weiteren Beweis für die Richtigkeit ihrer Lehre, da die Kirche selbst, wie sie meinten, zu Babel, dem Hort des Antichristen, werden mußte, ehe das Ende kam. Einzelne dieser Gruppen, so die Puritaner der 1630er Jahre, zögerten nicht, sich der Verfolgung durch die Auswanderung zu entziehen; andere kapselten sich ganz ab und versuchten, in aller Stille die letzte Zeit der großen Not zu überstehen. Für unsere Überlegung ist es dabei nicht nur entscheidend, daß die Lehre von den letzten Dingen in ihren vielen Varianten im 17. Jahrhundert eine große Verbreitung hatte, ebenso wichtig ist, daß sie meistens auch mit weiteren Sonderlehren verbunden wurde: Wer die Bibel von den Visionen Daniels und der Offenbarung Johannis her deutete, der beachtete die Ergebnisse der älteren Theologen nur, wenn sie in sein heilsgeschichtliches System paßten, dem galt die kirchliche Tradition nichts. Nicht zuletzt weil die Vertreter der Eschatologie die nach den kirchlichen Umwälzungen der Reformation im Zeitalter der Gegenreformation wieder befestigte theologische Autorität der Kirchen im Laufe der Krise des 17. Jahrhunderts erneut untergraben hatten, konnten sich die Aufklärer nach dem Ende der Krise durchsetzen. Damit ergibt sich ein seltsamer Zusammenhang: Die im 17. Jahrhundert, dem Zeitalter der Angst, entwickelte besondere Lehre vom künftigen ewigen Heil der wahren Christen erscheint als Voraussetzung für den Sieg der Lehre vom künftigen irdischen Heil aller Menschen im 18. Jahrhundert, dem Zeitalter der Hoffnung.

Bibliographische Hinweise zu III. 7.

Hazard, Paul, La Crise de la Conscience Européenne 1680–1715 (1935); deutsch: Die Krise des europäischen Geistes (1939, 1948).

Labrousse, Elisabeth, Pierre Bayle, Bd. 2: Hétérodoxie et Rigorisme (1964).

Rex, Walter, Essays on Pierre Bayle and Religious Controversy (1965).

Robinson, James Howard, The Great Comet of 1680. A Study in the History of Rationalism (1916).

Strauss, Leo, Die Religionskritik Spinozas als Grundlage seiner Bibelwissenschaft (1930).

IV. Orthodoxie, Heilsverlangen, Aufklärung

Wandlungen des Christentums vom Zeitalter des Konfessionalismus zum Zeitalter der Säkularisierung

Daß die Reformation eine wichtige Zäsur in der Geschichte des Christentums markiert, wurde schon von Zeitgenossen erkannt und ist auch heute noch unbestritten. Die erfolgreiche Auflehnung gegen die Gnadenvermittlung und Macht der allumfassenden römischen Kirche und der aus der Spaltung resultierende Aufbau neuer Kirchen war Ausdruck einer tiefgreifenden Krise kirchlicher Autorität, auf die die machtpolitische Konkurrenz und scharfe theologische Auseinandersetzungen zwischen der alten und den neuen Kirchen folgten. In diesem Zeitalter des Konfessionalismus, das in den ersten Jahren der Reformation beginnt und bis ins 17. Jahrhundert hineinreicht, versuchten alle Seiten, die in ihrem Einflußbereich lebenden Christen in ihrer Version des christlichen Glaubens zu erziehen. Im katholischen Europa entstand in jener Zeit der neue Typ des Priesters: Gut ausgebildet, finanziell besser als vor der Reformation gestellt, in der Regel auch eine würdigere Erscheinung als seine spätmittelalterlichen Vorgänger, als Vermittler der göttlichen Gnade und als Kenner der katholischen Lehre einerseits deutlich aus der Masse der Gläubigen herausgehoben, als unermüdlicher Missionar, Prediger und Seelsorger andererseits aber auch nahe bei den ihm anvertrauten Menschen. Regelmäßiger Besuch der Messe und kontrollierter Empfang der Sakramente, systematische Katechisation sowie Prozessionen, Wallfahrten und Kirchenfeste, dies alles trug im katholischen Europa der nachreformatorischen Zeit bei zu einer engen Verbindung von kirchlichem und gesellschaftlichem Leben sowie von theologischer Aussage und sozialer Norm. Keine Rolle spielte es, daß die christlichen Rituale und Feste damals an einigen katholischen Höfen von dem höfischen Zeremoniell schon allmählich überlagert wurden, da die katholischen Herrscher die intensivierte Erziehung im katholischen Glauben durchaus guthießen und auf vielfältige Weise unterstützten. Man wird schwerlich die Effektivität unterschätzen, mit der die katholische Kirche in der zweiten Hälfte des 16. Jahrhunderts den Glauben in allen sozialen Schichten katholischer Länder beherrschte und regulierte.

Wenn es um die Propagierung der eigenen Lehre ging, dann stand das protestantische Europa dem katholischen aber nicht nach. Bei den Anhängern Luthers, Zwinglis und Calvins waren es die Landeskirchen, die die Glaubensinhalte definierten und die erhebliche organisatorische Anstrengungen unternahmen, um die neue Lehre auch den Gläubigen beizubringen. Eine wichtige Aufgabe fiel dabei den Theologen zu, die auf Universitäten ausgebildet und später im Pfarramt strenger Visitation unterzogen wurden. Noch wichtiger scheint im Rückblick aber die Rolle, die die einzelnen protestantischen Familien bei der Einübung der neuen Lehre spielten. Auch wenn Gemeindepfarrer fehlten oder ihre Pflichten vernachlässigten, hier, in der Familie, sollte regelmäßige religiöse Instruktion stattfinden: Das tägliche Familiengebet, das gemeinsame Lesen in der Familienbibel, auch die theologische Deutung der Wechselfälle des politischen wie des privaten Lebens. Ohne Zweifel wurde dadurch die Stellung des Mannes in der Familie gewaltig gestärkt. Mit voller Billigung von Kirche und Staat trug er als eine Art Patriarch wichtige Verantwortung für das religiöse Leben in der Familie und damit für das Heil der einzelnen Familienangehörigen. Jedes Haus wurde im protestantischen Europa der konfessionellen

Epoche somit zu einer für die Erlangung der göttlichen Gnade durch nichts ersetzbaren Agentur. Ob Gemeindepfarrer und Kirchenleitungen bei der Verbreitung der protestantischen Glaubenswahrheiten Erfolg hatten, hing ab von der häuslichen Erziehung zu Frömmigkeit und Rechtgläubigkeit.

Der französische Historiker Jean Delumeau zog aus diesen Zusammenhängen vor einigen Jahren den Schluß, erst im 16. und 17. Jahrhundert seien aus den Europäern gute Christen geworden, erst die in der nachreformatorischen Epoche durchgeführte religiöse Disziplinierung habe die Christianisierung Europas bewirkt (*Le Catholicisme entre Luther et Voltaire*, 1971, S. 237–261). Delumeau selbst weist freilich auch darauf hin, daß diese Christianisierung durchaus ihre Grenzen hatte. Denn obwohl die Reformatoren scharf zwischen Religiosität und heidnischer Magie unterschieden hatten und obwohl auch in der katholischen Kirche im Laufe des 16. Jahrhunderts eine ganze Reihe von Praktiken verboten worden waren, die volkstümlicher Magie entsprachen, glaubten die meisten Europäer auch im späten 16. Jahrhundert noch an die Kraft der Zauberkunst, an die von Hexen drohenden Gefahren sowie an die besondere Bedeutung von Kometen und anderen Himmelserscheinungen. Ringsum sahen sie sich von Wundern und Magie umgeben. Zu sehen ist dabei, daß nicht nur in den katholischen Ländern ein religiöses Klima herrschte, in dem Zauberkunst, Magie und Hexenglauben gediehen, wobei es eine breite Skala religiös-magischer Praktiken gab, bei denen Elemente des christlichen Ritus und christlicher Doktrin mit nichtchristlichen Handlungen und Sinnsprüchen verbunden wurden, ohne daß daran Anstoß genommen wurde; auch in den protestantischen Ländern gelang es vielmehr keineswegs, die christliche Lehre zum einzigen Maßstab zu machen, mit dessen Hilfe alle Sorgen und Nöte des Lebens erklärt und damit verarbeitet wurden: Die Mißernten und die Seuchen, Feuersbrunst und Hagelschlag, um von den Ungewißheiten des täglichen Lebens ganz zu schweigen. Wenn unvorhergesehenes Unglück hereinbrach, dann sprachen zwar die Theologen von Gottes Allmacht, von seiner Weisheit und Güte oder seinem strafenden Zorn; bei den Betroffenen wurde ihre Rede und damit die theologische Deutung jedoch häufig überlagert vom Glauben an Hexen und an böse Geister sowie vom Glauben an die Mittel, die gegen diese schützten; wichtiger als die Pfarrer waren in diesen Situationen jene Männer und Frauen, die etwas vom Gegenzauber wußten und diesen anzuwenden verstanden.

Von dieser nach außen hin vom Christentum völlig beherrschten, in Wirklichkeit von christlichen Normen und Werten aber nur teilweise bestimmten Welt des 16. Jahrhunderts gilt es, das christliche Weltverständnis sowie die sozialen und politischen Bezüge des christlichen Glaubens im 17. Jahrhundert zu unterscheiden. Gehen wir zunächst ein auf die theologische Weltorientierung in jenem Säkulum, in dem sich der Absolutismus als Herrschaftsform durchsetzte und das zugleich durch nichts so sehr wie durch Kriege, Seuchen und Elend gekennzeichnet war. Vier verschiedene Formen christlicher Deutung der Welt des 17. Jahrhunderts können voneinander abgehoben werden:

1. Der theologische Traditionalismus oder die Orthodoxie;
2. der theologische Gegenwartsbezug oder die Deutung der Zeitzeichen;
3. der endzeitliche Biblizismus oder das finale Heilsverlangen;
4. die prophetische Verkündigung oder die neue Heilsgewißheit.

Der theologische Traditionalismus dominierte in der katholischen Kirche, die sich mit dem Werk des Konzils von Trient wieder eine feste theologische Basis geschaffen hatte. Während sich der gegenreformatorische Katholizismus sowohl auf die Bibel als auch auf die kirchliche Erfahrung stützte, zog die protestantische Orthodoxie ihre Kraft aus der Verbindung eines strengen Biblizismus mit den Lehren der großen Reformatoren. Im Gegensatz zum nachtridentinischen Katholizismus, in dem sowohl die Heiligen den Gläubigen beistehen als auch die Gläubigen selbst durch gute Werke Gottes Gnade errin-

gen konnten, vertrat die protestantische Orthodoxie die Lehre von Gottes unbeeinflußbarer Allmacht und Vorsehung. Zufälle oder Unfälle gab es nicht: Alles geschah mit Gottes Wissen, der die Menschen warnte und bestrafte, aber auch belohnte. Dabei wurden individuelle und kollektive Strafen beziehungsweise Gnadenerweise unterschieden: Einzelnen Menschen, die sündigten, schickte Gott Krankheit und Not, aber auch, wenn sie sich als gute Christen erwiesen, Gesundheit und Wohlergehen; ganze Gemeinden und Völker, die seinen Geboten nicht folgten, strafte er durch Krieg und Unwetter, durch Überschwemmungen und Mißernten ebenso wie er sie, wenn sie fromm und sittsam lebten, durch Frieden, gute Ernten und allgemeines Wohlergehen belohnte. Lutheraner und Calvinisten lehrten, daß dieser allmächtige Gott stets weise und gerecht handele: Wenn Menschen seine Gebote nicht einhielten, dann warnte er sie zuerst, indem er beispielsweise einen Kometen schickte, und wenn sie dann weiter sündigten, dann strafte er sie, um sie wieder auf den rechten Weg zurückzuführen. Die Strafen konnten dann bitter sein, im Grunde waren sie aber nichts anderes als Erziehungsmaßnahmen im wohlverstandenen Interesse der Betroffenen, auch wenn diese Gottes Eingreifen nicht verstanden. Das endgültige Urteil, ob ein Mensch das ewige Heil erlangt hatte, fiel nach protestantischer Lehre im übrigen erst am Tage des Jüngsten Gerichts. Auch Wohlstand und Gesundheit, die frommen Christen zuteil werden konnten, verschafften deshalb noch keine Heilsgewißheit.
Allen Katholiken, die sich um ihr Seelenheil sorgten, gab die katholische Orthodoxie dagegen mehr Sicherheit und Hilfe. Hier gelang es der Kirche und ihren Priestern im 17. Jahrhundert die Gewißheit zu verbreiten, daß der einzelne Christ, wenn er die Regeln des kirchlichen Lebens einhielt, auch von Gott angenommen werden würde. Die von der protestantischen Orthodoxie verkündete Lehre von Gottes Weltregierung war dagegen abstrakt und von den wenigsten Gläubigen weder emotional noch intellektuell nachvollziehbar. Der von Gott versprochene und von den Kirchen in Aussicht gestellte Lohn für ein frommes, christliches Leben, das ewige Heil, schien unendlich weit entfernt, zu weit, um jetzt im Diesseits schon Trost zu spenden. Enttäuschend mußte es auch sein, daß auf die von den Kirchen geforderten und in vielen Familien gesprochenen Gebete keine Resonanz erfolgte, selbst wenn alle Beteiligten wußten, daß eine direkte Antwort gar nicht zu erwarten sei. Nicht nur für schlechte Christen war deshalb die Distanz zwischen den Sorgen des menschlichen Lebens und der göttlichen Allmacht fast unüberwindlich groß.
Zahlreiche Protestanten versuchten deswegen im 17. Jahrhundert, mehr über Gottes Absichten und Pläne zu erfahren. Da, wie sie nach der Lehre von Gottes Allmacht glaubten, nichts auf der Welt ohne Gottes Zustimmung geschah, konnten sie dann nichts Genaueres über Gottes Weltregierung herausfinden, wenn sie alle Ereignisse in Politik und Natur genau beobachteten und richtig deuteten? Von den Anhängern der Lehre des theologischen Gegenwartsbezugs wurden deshalb alle politischen Vorgänge, aber auch alle signifikanten Ereignisse in der Natur, als Ergebnis göttlicher Entscheidung verstanden; sicherlich, bei vielen Protestanten, zunächst nur als wichtige Ergänzung der traditionellen Lehre, bei manchen jedoch auch als die neueste und damit wichtigste Botschaft Gottes an die Menschheit. Die nicht auf wenige Sätze reduzierbaren Aussagen der Bibel wurden auf diese Weise konkretisiert, die, wie man glaubte, zeitgebundenen Lehren der Reformatoren revidiert und auf den neuesten Stand der heilsgeschichtlichen Entwicklung gebracht. Bei den Deutern der Zeitzeichen blieb so zwar die Lehre von Gottes Allmacht erhalten. Indem sie das, was sie als die aktuelle Botschaft Gottes verstanden aber neben – und teilweise sogar über – die biblische Lehre stellten, setzten sie neue theologische Akzente.
Wie in dem Abschnitt über die Erneuerung der Eschatologie gezeigt wurde, verfolgten viele Protestanten im 17. Jahrhundert aber auch noch einen anderen Weg, um Gottes

Heilsplan zu entschlüsseln: Sie lasen und interpretierten die biblischen Prophezeiungen in der Hoffnung, hier die entscheidenden Hinweise für das künftige Schicksal der Welt und somit auch Entscheidendes über ihre Gegenwart zu finden. Die Deutung der Zeitzeichen gewann dadurch eine neue Dimension: Sie geschah nicht mehr in der Absicht, die Lehre von Gottes Allmacht anschaulich und damit verständlich zu machen, sondern diente dem Ziel, in der eigenen Gegenwart die Erfüllung jener Voraussagen zu finden, die im Buche Daniel und in der Offenbarung Johannis standen. Kannte man diese biblischen Bücher genau und kannte man außerdem die bisherige Menschheitsgeschichte, dann war zudem nicht nur eine heilsgeschichtliche Ortsbestimmung der Gegenwart möglich, sondern auch eine Zukunftsprognose. Nicht die Hybris, Gottes Schöpfungsplan zu entschlüsseln, steckte jedoch hinter solchen Vorhersagen, sondern die Hoffnung auf baldige Erlösung. Alle endzeitlichen Berechnungen des 17. Jahrhunderts, in denen ein Termin für den Tag des Jüngsten Gerichts oder die Wiederkunft Christi und den Beginn des Tausendjährigen Reiches genannt wurde, sagten bezeichnenderweise dieses große Ereignis für eine nicht allzuweit entfernte Zeit voraus.

Im 17. Jahrhundert traten schließlich auch einzelne Protestanten auf, die sich als Propheten, in einigen wenigen seltenen Fällen sogar als der zurückgekehrte Messias bezeichneten. Damit war eine neue Stufe des theologischen Radikalismus erreicht. Wurde im theologischen Traditionalismus die in der Bibel gegebene und in der bisherigen Kirchengeschichte verwirklichte göttliche Botschaft akzeptiert und wollten die Protestanten, die Zeitzeichen deuteten und sich um die letzten Dinge kümmerten, im Grunde nur diese Botschaft genauer bestimmen und auf ihre Gegenwart beziehen, so beanspruchten Propheten, wie sie zum Beispiel im englischen Bürgerkrieg und später bei den Camisarden auftraten, direkt und authentisch in Gottes Namen zu sprechen. Damit konnten sie ihren Anhängern bieten, was anderen Protestanten versagt war: Neue Heilsgewißheit.

Alle diese Formen christlicher Deutung der Welt hatte es schon vor dem 17. Jahrhundert gegeben. Erinnert sei nur an die Rolle der Eschatologie bei Thomas Müntzer und an das als Neues Jerusalem bezeichnete Reich der Wiedertäufer in Münster, wenngleich sich im zweiten und dritten Drittel des 16. Jahrhunderts die Orthodoxie schon weitgehend durchgesetzt hatte. Typisch für das 17. Jahrhundert war es dann jedoch, daß jetzt immer mehr Protestanten an den theologischen Gegenwartsbezug und an den endzeitlichen Biblizismus glaubten und daß, zumindest im protestantischen Europa, der theologische Traditionalismus einen großen Teil seines Einflusses verlor. Bezeichnend für das 17. Jahrhundert war es ferner, daß sich diese neuen Theologien stärker auf das Alte als auf das Neue Testament beriefen: Ähnlich wie das Volk Israel im Alten Testament einen besonderen Bund mit Gott geschlossen hatte, verstanden sich die Puritaner als Volk eines Neuen Bundes – ganz von Gottes Willen abhängig, aber auch ohne Vorbehalt für Gottes Reich kämpfend. Nicht nur die Puritaner waren jedoch der Überzeugung, Gott kämpfe mit dem Teufel um jede Seele und überall in der Welt. Viele gute Lutheraner, auch viele Katholiken, sahen sich als Streiter Gottes und versuchten, sich in dem für das Schicksal der Menschheit entscheidenden Kampf auf der Seite Gottes gegen den Teufel – oder, da der Teufel so schwer zu fassen war, wenigstens gegen die Hexen als die Verbündeten des Teufels – einzusetzen. Und charakteristisch für das 17. Jahrhundert war es schließlich, daß neben den verschiedenen Formen der christlichen Weltdeutung auch die im 16. Jahrhundert zwar noch vorhandenen, aber weitgehend unterdrückten Formen einer nichtchristlichen Weltdeutung zahlreiche neue Anhänger fanden: Der Glaube an die heilende Kraft von Zaubermitteln, der Glaube an den Einfluß der Sterne und der Glaube an die Macht von Hexen und bösen Geistern.

Wie wir aus den Forschungen von Keith Thomas wissen, war es im England des 17. Jahrhunderts weit verbreitet, gegen alle möglichen Krankheiten Zaubersprüche anzuwenden, wobei auch im Rückblick eine klare Grenzziehung zwischen magischen und religiösen Beschwörungen nicht möglich ist. Die offizielle kirchliche Kampagne gegen die Magie minderte nach der Ansicht von Thomas deren Einfluß beim Gemeinen Mann keineswegs. Bei den Gebildeten, auch beim Adel, war damals zudem der Glaube an die Astrologie ungebrochen lebendig: Vorhersagen, aufgrund der Sternenkonstellation bei der Geburt, wurden ebenso oft gewünscht wie die Befragung der Sterne vor schwierigen Entscheidungen. Unübersehbar war somit gerade in der Oberschicht die Rivalität zwischen religiöser und astrologischer Deutung, da die Astrologie ein ausgeklügeltes, seit Jahrhunderten bekanntes und von zahlreichen Autoritäten gestütztes System bildete, mit dessen Hilfe alle Fragen beantwortet werden konnten. Da die Astrologie nur die höhere Macht der Sterne anerkannte und dadurch sowohl den Zufall als auch persönliche Schuld aufhob, war zudem, wie es scheinen mag, ein Kompromiß mit der Theologie von Gottes Allmacht unmöglich. Trotzdem verbanden, wie Thomas nachweisen konnte, einige Independenten und auch einige Anglikaner christliche Erwägungen und astrologische Argumente durchaus miteinander. Außerordentlichen Einfluß übte im England des 17. Jahrhunderts schließlich auch der Hexenglauben aus: Alles Unglück, für das es sonst keine Erklärung gab, wurde als Hexenwerk angesehen. Das hatte gegenüber dem Glauben an Gottes Allmacht nicht nur den Vorteil, daß man Gegenzauber anwenden konnte, sondern man konnte sich auch auf die Suche nach dem Schuldigen machen, diesen stellen, anzeigen und damit der Bestrafung zuführen.

Nichts spricht dafür, daß nichtchristliche Vorstellungen im 17. Jahrhundert im übrigen Europa weniger populär als früher waren und daß Thomas' Ausführungen eine singuläre Erscheinung beschreiben. Auch wenn in Frankreich, in Italien oder im Alten Reich im 17. Jahrhundert jemand erkrankte, dann war die strenge christliche Erklärung, Gott selbst hätte diese Krankheit geschickt, nur eine neben mehreren. Zwar griffen protestantische und katholische Prediger nur allzugerne das Thema Krankheit auf und verkündeten, die Kranken hätten gesündigt, Gebet und Buße seien deshalb die besten Mittel, um wieder gesund zu werden. Den Kranken selbst sagte, soweit wir wissen, diese harte Sprache jedoch meistens nicht zu. Kranke Katholiken verlangten lieber nach geweihtem Wasser, das heilte, statt auf moralisierende Belehrung zu hören und riefen wundertätige Heilige an; Kranke aller Konfessionen baten um die Hilfe von Magiern, da nur diese, wie sie glaubten, den durch Hexen und andere böse Geister bewirkten Bann lösen und damit die Krankheit heilen konnten. Medizinische Hilfe im eigentlichen und modernen Sinn wurde in der Regel nur zusätzlich angewendet und war gegenüber den Zaubersprüchen von marginaler Bedeutung.

Wenn jemand starb, dann spielten nichtchristliche Praktiken und Erklärungen im 17. Jahrhundert dagegen nur selten eine Rolle. Das heißt jedoch nicht, daß damals die christliche Lehre akzeptiert wurde, die im Tod einerseits eine letzte Züchtigung des sündigen Menschen sah, andererseits aber auch einen entscheidenden Schritt hin zur Erlösung. Üblich war nur, wie Pierre Chaunu herausgefunden hat, daß die Verfasser von Testamenten Christi Verdienste als Erlöser mit so beschwörenden Worten beschrieben, als ob sie sich schon dadurch das ewige Heil sichern könnten; und üblich war es auch, wie Philippe Ariès beobachtet hat, daß der Tod im 17. Jahrhundert stärker als früher als ein persönliches Schicksal empfunden wurde, was sich dann auch in der persönlichen Gestaltung der Grabstätten und in Grabinschriften zeigte, die das besondere Schicksal der Verstorbenen würdigten. Diese Dinge betreffen jedoch die Oberschicht und sollten, aufs Ganze gesehen, nicht zu sehr betont werden. Denn angesichts des Todes dominierte im 17. Jahrhundert in der Regel nichts anderes als Resignation und Hilflosigkeit. Der Tod war zu vertraut, um immer wieder aufs Neue tiefen Schmerz auszulösen. Wenn man der neueren Forschung glauben darf, dann sahen sogar Mütter fast passiv zu, wenn ihre Kinder in der

Wiege starben. Erst wenn Kinder die schweren ersten Lebensjahre überstanden hatten, entwickelten Eltern eine engere Beziehung zu ihnen. Obwohl die Begegnung mit Sterben und Tod in jener Epoche ganz alltäglich war, verlor der Tod dennoch nichts von seinem Schrecken. Deshalb gerieten die Menschen in Panik, wenn eine Seuche wütete. Wie François Lebrun nachgewiesen hat, setzten französische Prediger deshalb ganz bewußt auch die Angst vor dem Tode als Mittel ein, um die Menschen auf dem rechten christlichen Weg zu halten oder, wenn sie davon abgewichen waren, wieder auf diesen Weg zurückzuführen. Wer starb, ohne bekehrt zu sein, so argumentierten sie, der sei verloren, dem drohe Gottes Strafgericht. Wiederum spricht nichts dagegen, Lebruns Ergebnisse auf andere Teile Europas zu übertragen. Sowohl der Katholizismus als auch der Protestantismus zeigten sich, so scheint es, in der so sehr vom Tod geprägten Welt des 17. Jahrhunderts vornehmlich als Religion der Angst und des Leidens. Zu kurz kam demgegenüber, gerade wenn jemand starb, die christliche Botschaft der Liebe und der Zuversicht.

Sowohl die christlichen als auch die mit diesen teilweise verbundenen, teilweise aber auch in Konkurrenz stehenden Formen nichtchristlicher Weltdeutung können nur vor dem Hintergrund der sozialen und politischen Veränderungen und Probleme des 17. Jahrhunderts beurteilt werden. Es gilt deshalb, in einem weiteren Schritt unserer Überlegungen, auf den Zusammenhang des Christentums mit den wichtigsten politischen und sozialen Kräften jener Epoche einzugehen: Auf Familien und Gruppen, die sozialem Druck besonders ausgesetzt waren, sowie noch einmal auf den Absolutismus, der den politischen Wandel nachhaltig bestimmte.

Das katholische Europa des 17. Jahrhunderts ist eine Zeit der Orden und der religiösen Zusammenschlüsse. Nicht die Kirche insgesamt, auch nicht die Gemeinden, reagierten auf die Not der Zeit und auf die neuen politischen Strukturen, sondern Gruppen von Klerikern und Laien, die nur zum Teil Einfluß und Ansehen in der kirchlichen Hierarchie besaßen und die, wenn sie, wie die Jansenisten, mit der staatlichen Macht in Konflikt gerieten, auch nicht mit dem Schutz der Kirche rechnen konnten. In der französischen Forschung wird seit über zwanzig Jahren, seit den Arbeiten von Gabriel Le Bras, darüber gestritten, ob diese politisch sensiblen und religiös sensibilisierten Kreise den Einfluß des Katholizismus langfristig eher stärkten oder schwächten. Hoffnung auf Einigung in dieser Debatte, warum und in welchen Provinzen die Dechristianisierung in Frankreich im 18. Jahrhundert am größten war, besteht derzeit nicht, zumal auch umstritten ist, welchen Grad zuvor die Christianisierung Frankreichs erreicht hatte.

Noch schwerer ist die Situation im protestantischen Europa zu beschreiben. Auf der einen Seite führte die große Not im 17. Jahrhundert dazu, daß aus der patriarchalisch bestimmten Familie damals so etwas wie eine Kampfgemeinschaft wurde, in der der Mann, wenn er da war, im Notfalle aber auch die Frau für Sicherheit und Überleben sorgte. Auf der anderen Seite zerstörten die großen Kriege aber gerade viele Familien so gründlich, daß von der auf die gemeinsame religiöse Erbauung gerichteten protestantischen Familienidylle des 16. Jahrhunderts nicht viel übrig blieb. Auf der einen Seite ist das 17. Jahrhundert auch das Zeitalter des Puritanismus und damit des puritanischen Familienkults: Die Ehe galt den Puritanern als ein von Gott geheiligter Stand; Gott hatte, wie sie glaubten, zuerst die Familie geschaffen, und erst aus dem Zusammenwirken der Familien waren danach Staat und Kirche entstanden. Auf der anderen Seite gab es schon im späten Puritanismus und dann vor allem im Pietismus familiensprengende geistliche Freundschaften: Wichtiger als der eheliche Bund wurde hier die Gemeinschaft der wahren Christen. In England und in den puritanischen Kolonien Nordamerikas trat der Zusammenschluß frommer Familien an die Stelle der Kirchengemeinden; im Alten Reich, in den Niederlanden und in Skandinavien wurden die Kirchengemeinden dagegen durch die besonderen Konventikel der Erweckten in zwei Lager geschieden. Wie immer man diese Vorgänge beurteilt, das Fazit bleibt gleich: Durch die besonderen sozialen Spannungen und den besonderen politischen Druck des 17. Jahrhunderts wurde mit der Familie die für die religiöse Erziehung im protestantischen Europa wichtigste Einrichtung, aufs Ganze gesehen, schwer erschüttert.

Sieht man die Rolle der verschiedenen christlichen Gruppen im Kontext der im 17. Jahrhundert in Europa weithin siegreichen absolutistischen Herrschaft, dann kommt noch ein weiterer Punkt hinzu. Zu berücksichtigen gilt es dann gewiß, daß die Kirchen häufig der absolutistischen Regierungsweise den Weg bereiteten und daß sie später die absolutistischen Fürsten meist uneingeschränkt unterstützten. Ohne Zweifel wurden dadurch auch die auf Herrschaft und nicht die auf Kooperation und Mitsprache gerichteten Elemente kirchlicher Tradition gestärkt. Zu sehen ist jedoch auch, daß die religiöse Opposition dem Absolutismus mehr zu schaffen machte als die ständische. Zwar gelang es den frommen Protestanten nur in den Niederlanden und in England, sich erfolgreich gegen die Macht der Krone zur Wehr zu setzen, und das gewiß nur im Bund mit anderen Kräften. Gegen die auf konfessionelle Uniformisierung, soziale Disziplinierung und auf bürgerlichen Gehorsam zielende absolutistische Politik bildeten die religiös Engagierten aber in vielen Ländern Europas ein geistiges und soziales Reservoir des Widerstandes. Kurzfristig ließen sie die von oben verordnete Politik eines engen dogmatischen Konfessionalismus scheitern; langfristig trugen sie zu einem System des religiösen Pluralismus bei. Gegen die kirchliche Amtsautorität hielten sie die christliche Tradition der Partizipation und der brüderlichen Mitsprache lebendig.

Von einer Säkularisierung des Konfessionalismus wird man hier noch nicht reden dürfen, wohl aber von einer wichtigen Stufe zwischen dem Zeitalter des Konfessionalismus und dem Zeitalter der Säkularisierung. Bemerkenswert sind dabei über die konfessionellen Grenzen hinwegreichende strukturelle Ähnlichkeiten sowohl der in den staatlichen Machtapparat inkorporierten und vom Absolutismus domestizierten Kirchen als auch der auf religiöse Autonomie und Selbstverwirklichung drängenden religiös-sozialen Gruppen. Wenn Puritaner und Jansenisten, wenn Quietisten und Pietisten im 17. Jahrhundert den dogmatischen Absolutheitsanspruch der kirchlichen Oberen anzweifelten, dann schützten sie nicht nur die verschiedenen Formen persönlicher und gemeinschaftlicher Frömmigkeit vor religiöser Fremdbestimmung, sondern verteidigten auch die religiöse Freiheit insgesamt. Für das europäische Christentum war deshalb zu Beginn des 18. Jahrhunderts eine kritische Lage entstanden. Auf der einen Seite war die Situation der vom Absolutismus abhängig gewordenen Kirchen fatal: Sie steckten in einem immer unbeweglicheren Panzer kirchlicher Bürokratie und begannen den Kontakt zu den Gläubigen zu verlieren. Um so größer war demgegenüber die Attraktivität der kleinen religiösen Gruppen, die sich auf die religiöse Freiheit beriefen und sich von den Staatskirchen lossagten, die sich damit aber häufig auch von der reichen Erfahrung der älteren theologischen Tradition lösten und die verschiedensten Sonderlehren propagierten. Noch im 20. Jahrhundert haben die christlichen Kirchen an dem schweren Erbe des absolutistischen Zeitalters zu tragen: Der Erstarrung der Kirche auf der einen und dem religiösen Subjektivismus von vielen Gläubigen auf der anderen Seite.

Ein weiterer Aspekt verdient in diesem Zusammenhang Erwähnung: In beiden Lagern, sowohl im Lager des Absolutismus und der mit diesem verbündeten Kirchen als auch im Lager der opponierenden religiös-politischen Gruppen, wurden im Laufe des 17. Jahrhunderts die gelehrten und teilweise sehr diffizilen theologischen Überlegungen des 16. Jahrhunderts durch einfachere, schlagkräftigere Argumente verdrängt. Die große Anspannung der Kräfte, auch die große äußere Belastung, führte, so scheint es, nicht nur zu einer Elementarisierung der politischen Konflikte, sondern auch zu einer Elementarisierung des theologischen Vokabulars. Von zwei theologischen Denkfiguren, die sich an biblischen Vorbildern orientierten, ging dabei die größte Faszination aus: Von dem Bild der gottesfürchtigen und starken Könige des Alten Testaments und von dem Bild des gottesfürchtigen und direkt von Gott abhängigen Volkes Israel. Kein absolutistischer Fürst des 17. Jahrhunderts, der sich nicht selbst gerne mit David oder Salomo verglich oder dem es nicht gefiel, wenn er ein David oder Salomo genannt wurde, keiner, der nicht beanspruchte, sein Volk vor allen Anfechtungen und Gefahren zu schützen: Weise im Frieden, aber auch unüberwindlich im Krieg. Kein Bischof und kein Konsistorium, das seine Rolle nicht mit jener der für den Tempel verantwortlichen Priester des Alten Testaments verglich. Alle religiösen Erneuerungs- und Erweckungsbewegungen orientierten sich dagegen am Volk Israel des Alten Testaments. Hier gab es ein schwer geprüftes und von Gott doch immer wieder gerettetes Volk; hier fand man die Propheten, die in dunkler Zeit Buße gepredigt und neue Hoffnung verbreitet hatten. Nicht nur bei den Puritanern der Alten und der Neuen Welt, die sich als *chosen people* empfanden, als ein Volk des Neuen Bundes, sondern im ganzen christlichen Europa des 17. Jahrhunderts wurde von den Predigern immer wieder auf Parallelen zwischen dem eigenen schweren Schicksal und dem des leidgeprüften Volkes Israel hingewiesen. Gruppen von Auswanderern, Puritaner wie Hugenotten, betrachteten sich als neues Gottesvolk, bedrohte religiöse Minderheiten ebenso; selbst auf ganze Völker wie die Deutschen im Dreißigjährigen Krieg oder die Engländer in der Revolutionszeit wurde die Metapher vom Volk Israel angewandt. Kein Stück der Bibel besaß, so scheint es, im 17. Jahrhundert mehr Aussagekraft, keine andere Theologie war so wie die des Alten Testaments geeignet, die schweren Zeitläufte zu erklären und zugleich das Vertrauen in Gottes Weltregierung zu festigen.

Von den Veränderungen, die das 18. Jahrhundert im politisch-religiösen und im religiös-sozialen Bereich brachte, sollen hier nur die wichtigsten skizziert werden. Neben Kontinuität ist vor allem Diskontinuität zu registrieren. Der absolutistische Staat bestand weiter und damit auch der ganze Komplex des Staatskirchenwesens; unter dem Einfluß der Aufklärung, und vor allem auch aus ökonomischen Erwägungen, forcierten viele der absolutistischen Fürsten jetzt aber eine Politik größerer religiöser Toleranz. Auf der Ebene der Familie entwickelten sich in der gleichen Zeit, wenn man den Ergebnissen der neueren Familienforschung folgen darf, jene engeren emotionalen Bindungen zwischen den einzelnen Familiengliedern, die für die neuere Kleinfamilie typisch sind. Außerdem ließ damals die Intensität der religiösen Erbauung in den Familien nach. Allein bei frommen Nonkonformisten, wie den Methodisten, gehörte auch im 18. Jahrhundert das tägliche Gebet noch zum Familienleben. Wie Philippe Ariès, Michel Vovelle und Pierre Chaunu festgestellt haben, wurden nach 1730 auch in den Testamenten die religiösen Passagen kürzer und seltener, wobei fraglich ist, ob dies als Zeichen der beginnenden Säkularisierung zu werten ist oder als Beweis für die immer enger werdenden Familienbande, die jeden, auch den, der sich um die Zustände nach seinem Tode sorgte, stärker als früher trugen. Schließlich spielten im Europa des 18. Jahrhunderts Magie, Zauberkunst und Astrologie eine geringere Rolle als jemals zuvor. Zuerst in England und in den Niederlanden, mit einer gewissen Phasenverschiebung dann aber auch in Frankreich und den übrigen Ländern Europas, wirkten sich jetzt die revolutionären wissenschaftlichen und philosophischen Einsichten des 17. Jahrhunderts voll aus. Magie und Zauberkunst, Astrologie und Hexenglauben wurden von der siegreichen Aufklärung als Zeichen eines finsteren Aberglaubens diffamiert und aus dem geistigen Leben verbannt. Allein auf lokaler Ebene und in den unteren sozialen Schichten wurden die älteren Formen nichtchristlichen Glaubens weiter tradiert. Dazu kam, daß neue Technologien im Laufe des 18. Jahrhunderts auch eine immer bessere Beherrschung der Natur ermöglichten. Alle Weichen waren für einige Jahrzehnte auf Fortschritt gestellt: Neue geistige Aspirationen, neue geistige Maßstäbe überhaupt, setzten sich allgemein durch; der demographische und ökonomische Aufschwung, der nach 1720/30 in ganz Europa begann, ließ die Sorgen und Nöte der vorangehenden Epoche vergessen; die europäische Friedensordnung von 1713/21 brachte neue Sicherheit. Nicht die Stärkung der Kirchen, der Theologie und der Frömmigkeit beherrschte das religiöse Leben, sondern die »fortschreitende autonome Ausgliederung sozialer Bereiche aus der Herrschaft religiöser Glaubensinhalte und Institutionen« (so Peter L. Berger und Thomas Luckmann, »Secularization and Pluralism«, Internationales Jahrbuch für Religionssoziologie 2, 1966, S. 85). Aufklärung, Säkularisierung und Dechristianisierung waren zwar für die Menschen des 18. Jahrhunderts niemals gleichlautende Begriffe und analoge Vorgänge, und auch im Rückblick gilt es diese Prozesse klar zu unterscheiden. Keine Frage kann es jedoch sein, daß das Christentum in dem neuen Säkulum vor eine schicksalhafte Herausforderung gestellt wurde.

Eine allerletzte Bemerkung sei angefügt. Falsch wäre es, die religiöse Entwicklung vom Zeitalter des Konfessionalismus zum Zeitalter der Säkularisierung als homogen und geradlinig anzusehen. Im Gegenteil: Selbst in den gleichen Perioden und in den gleichen Ländern fand damals Ungleiches nebeneinander statt, verharrte Überholtes, kündigte sich an, was erst zu späteren Epochen gehört. Ein einziges Beispiel mag dazu genügen. Der große John Milton plädierte 1644 in seiner Schrift *Areopagitica* für absolute Pressefreiheit und wetterte gegen jede Zensur. Wer ein gutes Buch vernichte, so schrieb er, der erschlage den Geist und töte Gottes Ebenbild gewissermaßen vor der Welt: »Ganze Ewigkeiten sind oft nicht imstande, den Verlust einer einzigen Wahrheit auszugleichen, die man nicht anerkennen wollte, – einen Verlust, um dessentwillen es ganzen Nationen dann um so schlimmer ergeht« (deutsche Ausgabe von Hans Fleig, 1944, S. 25). Der gleiche Milton trat im puritanischen England ferner für die Scheidung und die Wiederheirat von Geschiedenen ein, wobei, das sei nicht übersehen, die Initiative allein beim Mann liegen dürfe. Wenn Milton auch mit beiden Vorschlägen bei seinen Zeitgenossen auf wenig Gegenliebe stieß, so beweisen sie doch, was abschließend zu betonen ist: Daß trotz der Auswirkungen des Absolutismus und der Folgen der großen Krise des 17. Jahrhunderts die vielgestaltige geistige, politische, soziale und religiöse Welt Europas erhalten blieb. Aus dieser Vielfalt resultierten zwar viele Konflikte, in dieser Vielfalt lagen jedoch auch die Chancen für die Zukunft – auch und gerade für das Christentum nach dem so bewegten Zeitalter zwischen Reformation und Aufklärung.

Bibliographische Hinweise zu IV.

Ariès, Philippe, L'enfant et la vie familiale sous l'ancien régime (1960, ²1973); engl.: Centuries of Childhood (1962 u. ö.); deutsch: Geschichte der Kindheit (1975, ²1976).

ders., Western Attitudes towards Death: From the Middle Ages to the Present (1974); franz.: Essais sur l'histoire de la mort en Occident du Moyen Age à nos jours (1975); deutsch: Studien zur Geschichte des Todes im Abendland (1976).

ders., L'homme devant la mort (1978).

Chaunu, Pierre, »Mourir à Paris (XVIe–XVIIe–XVIIIe siècles)«, Annales 31 (1976) 29–50.

ders., La Mort à Paris. XVIe, XVIIe et XVIIIe siècles (1978).

Lebrun, François, Les hommes et la mort en Anjou aux 17e et 18e siècles (1971).

Morgan, Edmund S., The Puritan Family (1944, ²1966).

Schücking, Levin L., Die puritanische Familie in literarsoziologischer Sicht (1929, ²1964).

Stone, Lawrence, The Family, Sex and Marriage in England 1500–1800 (1977).

Thomas, Keith, Religion and the Decline of Magic (1971).

Troeltsch, Ernst, Die Soziallehren der christlichen Kirchen und Gruppen (1912).

Vovelle, Michel, Piété baroque et déchristianisation en Provence au XVIIIe siècle. Les attitudes devant la mort d'après les clauses des testaments (1973).

ders., Mourir autrefois. Attitudes collectives devant la mort au XVIIe et XVIIIe siècles (1974).

ders., »Les attitudes devant la mort: Problèmes de méthode, approches et lectures différentes«, Annales 31 (1976) 120–132.

Personenregister

Adam 166
Alba, Fernando Alvarez de Toledo, Herzog von 40
Albrecht V., Herzog von Bayern 45, 55
Alexander VI., Papst 37
Alexander VII., Papst 67
Alsted, Johann Heinrich 130 f., 133, 138, 156
Andreae, Johann Valentin 130 f., 154 ff., 162
Ariès, Philippe 174, 177
Arminius, Jacob 41
Arnauld, Antoine 66 f., 70, 148
Arnauld d'Andilly, Robert 67
Arndt, Johann 88, 93, 116, 118 ff., 122, 128
Arnold, Gottfried 115, 132
Aston, Trevor 106
Aubert, Roger 14
Augustin 124
Avillot, Barbara 65

Bacon, Francis 153, 155 ff., 162
Ball, Bryan W. 80, 132
Baltimore, George Calvert Lord 103
Barclay, William 28
Baxter, Richard 88, 116, 121, 145, 147 f., 150 f.
Bayle, Pierre 83, 95, 102, 125, 159, 165–168
Bayly, Lewis 88, 115, 121, 145
Beck, Hermann 116
Bekker, Balthasar 167
Bellarmin, Roberto 28
Bengel, Johann Albrecht 92, 132, 162
Berg, J. van den 139
Berger, Peter L. 178
Bérulle, Pierre de 65, 120
Besold, Christoph 154
Béthlen, Gabriel, Fürst von Siebenbürgen 48 f.
Beza, Theodor 133
Bessler, Johann Ernst Elias 155
Binsfeld, Peter 142
Blumenberg, Hans 159
Bocskay, Stefan, Fürst von Siebenbürgen 49
Bodin, Jean 25, 27, 62, 86, 142
Böhme, Jakob 130
Bogatzky, Karl-Heinrich von 118
Bossuet, Jacques-Bénigne 27, 29, 64
Boyle, Robert 157
Brecht, Martin 154
Brightman, Thomas 133
Browne, Robert 76
Bruno, Giordano 156
Bucer, Martin 73, 132
Bunyan, John 88, 116, 121, 145
Burkhardt, Jakob 108

Calixt, Georg 87
Callenberg, Heinrich 139
Calov, Abraham 87
Calvin, Johann 10, 12, 24, 36, 54, 62 f.,76, 97, 132, 145, 170
Campanella, Tommaso 157
Canstein, Carl Hildebrand von 90
Cavalier, Jean 70
Cartwright, Thomas 75 f., 78
Celichius, Andreas 128
Chaunu, Pierre 15, 125, 174, 177
Chmelnizkij, Bogdan 137
Christian IV., König von Dänemark 57, 101
Christine, Königin von Schweden 160
Clark, George 15
Colbert, Jean Baptiste 147
Coligny, Gaspard de 62
Comenius, Johan Amos 93, 131 f., 156 f.
Conring, Hermann 86
Corneille, Pierre 115
Corrodi, Heinrich 144
Cotton, John 133
Cranmer, Thomas 73
Cromwell, Oliver 80 f., 102, 131 f., 139, 159
Czepko, Daniel von 129

Dach, Simon 129
Daniel 124, 129, 133, 153, 158, 168, 173
David 96, 177
Dedeken, Georg 128 f.
Dee, John 155
Delrio, Martin Anton 142
Delumeau, Jean 21, 171
Deppermann, Klaus 90
Descartes, René 18, 42, 51, 153, 159 ff.
Drabik, Nikolaus 131
Dülmen, Richard van 154
Durie, John 139, 156 f.
Duvergier de Hauranne, Jean 66

Eberhard Ludwig, Herzog von Württemberg 91
Eduard VI., König von England 73, 75
Egmont, Lamoral Graf von 40
Eisenhardt, Ulrich 53
Elers, Heinrich Julius 90
Elisabeth von Böhmen 160
Elisabeth I., Königin von England 72, 74–77
Elisabeth, Kurfürstin von der Pfalz 155

Elliott, John H. 14, 106 f.
Engel, Josef 32
Engels, Friedrich 24
Erasmus, Desiderius, von Rotterdam 42
Erdmann, Karl Dietrich 103
Ernst von Bayern 55
Ernst II., Graf von Schauenburg 101
Eusebius 74

Felgenhauer, Paul 130, 138
Fénelon, François 70, 148
Ferdinand I., Kaiser 44 ff., 52
Ferdinand II., Kaiser 23, 45–48, 56–59
Ferdinand, König von Spanien 38
Fetscher, Iring 28, 160
Firmian, Leopold Anton von 60
Fischart, Johann 142
Flacius, Matthias 56
Fleig, Hans 178
Flemming, Paul 129
Fliche, Augustin 14
Foxe, John 74 f., 133
Francke, August Hermann 89 ff., 115, 139, 147
Franz, Herzog von Guise 62
Franz II. Rákóczi 50
Franz von Sales 65, 115, 117, 120, 148
Friedrich III., Herzog von Gottorf 101
Friedrich V., Kurfürst von der Pfalz 48, 56, 130, 155, 160
Friedrich (III.) I., König von Preußen 30, 88, 90
Friedrich II., König von Preußen 13, 61, 90 f., 145
Friedrich Heinrich, Prinz von Oranien 41
Friedrich Wilhelm, Kurfürst von Brandenburg 33, 84–88
Friedrich Wilhelm I., König von Preußen 60, 90 f.
Friedrichs, Carl Joachim 15

Galilei, Galileo 17 f., 153, 159 f.
Gebhard Truchseß von Waldburg 55
Georg I. Rákóczi, Fürst von Siebenbürgen 49, 131
Georg II. Rákóczi, Fürst von Siebenbürgen 49, 131
Georg Wilhelm, Kurfürst von Brandenburg 84
Gerhard, Johann 114
Gerhardt, Carl 165
Gerhardt, Paul 116, 120 f., 129
Goethe, Johann Wolfgang von 165
Goldmann, Lucien 67
Gomarus, Franz 41
Goodwin, Thomas 133
Gottsched, Johann Christoph 166
Grimmelshausen, Hans Jakob Christoffel von 129
Große, Constantin 116
Großgebauer, Theophil 164 f.
Grotius, Hugo 26, 39, 86
Gryphius, Andreas 61, 113, 119, 129
Gulyas, Paul 125
Gustav Adolf, König von Schweden 56 ff., 60, 130
Guyon, Jeanne Marie von 70

Haak, Theodor 156 f.
Haase, Roland 130 f.
Hadrian VI., Papst 36
Hafenreffer, Matthias 154
Hagai 129
Hall, Joseph 116
Haller, William 74
Hartlib, Samuel 81, 139, 156 f.
Hartprecht, Nikolaus 130
Hartung, Fritz 23 f.
Hassinger, Erich 15, 101
Hatton, Ragnhild 15
Hazard, Paul 167
Heckel, Martin 53, 86
Heermann, Johann 129
Hegel, Georg Wilhelm Friedrich 165
Heinrich VII., König von England 72 f.
Heinrich VIII., König von England 37, 72, 74, 77
Heinrich II., König von Frankreich 62
Heinrich IV., König von Frankreich 63 ff., 100
Herberger, Valerius 114
Hermann von Wied 55
Heß, Tobias 154 f.
Heussi, Karl 13
Hill, Christopher 106, 132, 157
Hinrichs, Carl 90 f.
Hintze, Otto 84
Hitler, Adolf 24
Hobbes, Thomas 28 f., 159 ff., 165
Hobsbawm, Eric J. 105 f., 108
Hooker, Richard 74
Hoorne, Philipp Graf von 40
Hotman, Francis 62
Hubatsch, Walther 15, 24
Hubmaier, Balthasar 45
Hume, David 165
Hunn, Aegidius 129
Hus, Johann 48
Huter, Jakob 45

Ingen, Ferdinand van 108
Innozenz X., Papst 67
Isabella, Königin von Spanien und Portugal 38

Jablonski, Ernst von 88
Jakob (VI.) I., König von England 76 ff., 141, 155
Jakob II., König von England 17, 82
Jansen, Cornelius 66 f., 71
Jedin, Hubert 13, 66
Jeremias 129
Jesus Christus 18, 28, 30, 41 f., 74, 80, 89, 92, 96, 98, 117–120, 124, 127–135,

138 f., 142 f., 146, 153, 158, 164, 168, 173 f.
Jewel, John 74
Johann Georg I., Kurfürst von Sachsen 56
Johann Sigismund, Kurfürst von Brandenburg 84
Johannes 78, 98, 124, 131, 133, 158, 168, 173
Jonas 129
Joseph II., Kaiser 13, 51
Jurieu, Paul 134, 139

Kamen, Henry 15, 107
Kantzenbach, Friedrich-Wilhelm 14
Karl V., Kaiser 12, 35 f., 38, 44 f., 51
Karl VI., Kaiser 51, 60
Karl I., König von England 78 ff., 132
Karl II., König von England 81 f.
Karl von Lothringen 62
Karl, Erzherzog von Österreich 45
Karl XII., König von Schweden 34, 60
Karl Alexander, Herzog von Württemberg 60, 91, 140
Karl Eugen, Herzog von Württemberg 91
Karl X. Gustav, König von Schweden 131
Kellenbenz, Hermann 137
Klemens IX., Papst 70
Klemens XI., Papst 71
Klesl, Melchior 46 f.
Knowles, M. D. 14
Knox, John 76
Koepp, Wilhelm 120
Konstantin, Kaiser 74, 132
Korn, Dietrich 129, 134
Koser, Reinhold 23
Kotter, Stephan 130 f.
Kottje, Raymund 13
Kretzer, Hartmut 64
Kruedener, Jürgen Freiherr von 29 f.
Krumwiede, Hans-Walter 14
Kuhlmann, Quirinus 138

Labadie, Jean de 132, 139
Lackner, Martin 87
Lamont, William 80, 132, 142, 148
Laud, William 78 f., 81
Le Bras, Gabriel 175
Lebrun, François 175
Leibniz, Gottfried Wilhelm 95, 158, 165
Lenhart, Ludwig 59
Lenz, Rudolf 117
Leo X., Papst 37
Leopold I., Kaiser 49 f., 137
Lerner, Franz 117
Lessing, Gotthold Ephraim 165
Lilburne, John 82
Lipsius, Justus 85 f., 113
Locke, John 42, 83, 95, 102, 158, 167
Logau, Friedrich von 129
Loyola, Ignatius von 53
Luckmann, Thomas 178
Ludwig, Prinz von Condé 62
Ludwig XIII., König von Frankreich 63, 65
Ludwig XIV. König von Frankreich 15, 23, 27, 33, 49 f., 64 f., 68–71, 89, 94, 100, 131, 133, 149, 162
Lüthy, Herbert 149
Luria, Isaak 159
Luther, Martin 11, 12, 24, 54, 56, 88, 103, 132, 136, 145, 155, 170 f.

Machiavelli, Niccolò 25 f., 29
Maimbourg, Louis 69
Malachias 129
Malebranche, Nicole 167
Margarethe, Herzogin von Parma 39
Maria Guise, Königin von Schottland 76
Maria Theresia 13, 51
Mary Stuart, Königin von Schottland 39, 76
Mary Tudor, Königin von England 72–75
Marsilius von Padua 86
Martin, Victor 14
Marx, Karl 105
Matthias, Kaiser 46 f.
Maximilian II., Kaiser 45 f.
Maximilian I., Herzog von Bayern 48, 55 f.
Mazarin, Jules 64, 67 f., 70
McNeill, William 167
Mede, Joseph 133, 156, 158
Meinecke, Friedrich 23–26
Melville, Andrew 76
Melanchthon 56
Menasseh Ben Israel 139, 159
Menger, Arnold 143
Merriman, R. B. 107
Merton, Robert K. 157
Meyfart, Johann Matthäus 114, 125 f., 129, 143, 147
Micha 129
Milton, John 82, 178
Mitzman, Arthur 145
Moeller, Bernd 13
Mohr, Rudolf 117
Molinos, Miguel de 115, 148
Mommsen, Wilhelm 23
Montaigne, Michel de 93 f.
Moritz, Prinz von Oranien 41
Moses 97, 138
Mousnier, Roland 15, 106, 108, 160
Müntzer, Thomas 173

Nagel, Paul 130
Nathan von Gaza 137
Naylor, John 133
Neuhäuser, Wilhelm Eo 130
Neveux, Jean Baptiste 93
Newton, Isaac 17, 19, 125, 153, 157–161
Nicolai, Philipp 114, 128 f.
Nicole, Pierre 70
Noailles, Louis Antoine de 71

Obadias 129
Oestreich, Gerhard 85 ff.
Oetinger, Johann Christoph 162
Offenbacher, Martin 145
Oldenbarnevelt, Johann van 41 f.
Olivares, Gaspar de Gusman, Graf von 43
Opitz, Martin 61, 129
Oppenheimer, Joseph Süß 60, 140
Owen, John 133
Oxenstierna, Axel Graf 57

Palffy, Johann Graf 50
Paracelsus 118, 130, 154, 157
Pascal, Blaise 67
Paul III., Papst 53
Paul IV., Papst 136
Paulus 96
Pázmány, Peter 49
Pennington, Donald H. 15
Perkins, William 78, 133, 141
Petersen, Johann Wilhelm 132
Peyrère, Isaak de la 166
Philipp II., König von Spanien 12, 23, 34–43, 45
Philipp III., König von Spanien 38, 43
Philipp IV., König von Spanien 43
Piscator, Johannes 130 f.
Pithon, Pierre 64
Plaustrarius, Johannes 130
Plessis-Mornay, Philippe du 62
Poniatovska, Christina 130 f.
Prokop von Templin 154
Pufendorf, Samuel 26, 86 f.
Pym, John 79

Quesnel, Pasquier 70 f.
Quistorp, Johann 124

Rabb, Theodore K. 103 f.
Rachfahl, Felix 149
Ranke, Leopold von 12
Raumer, Kurt von 24
Rehm, Walter 107
Reinhard, Wolfgang 25
Reinkingk, Theodor 26, 29, 86
Richard II., König von England 73
Richelieu, Jean Armand Du Plessis de 64–67, 94, 100
Richer, Edmond 64 f.
Richter, Christian Friedrich 90
Ringier, Johann Heinrich 150 f.
Rist, Johann 129
Ritter, Gerhard 15
Rogier, Ludovicus Jacobus 14
Roscher, Wilhelm 23
Rosenkreutz, Christian 154 f.
Rossi, Paolo 155
Rousseau, Jean-Jacques 11
Rudolf II., Kaiser 46 f., 49, 131
Rüttenauer, Isabella 113
Ruggiero, Romano 110

Sabbatai Zewi 137 f., 159
Salomo 96, 177
Scheibler, Christoph 127, 142
Schieder, Theodor 14
Schildknecht, Wendelin 155
Schmidt, Johann 163 f.
Schnee, Heinrich 140
Schöffler, Herbert 60 f., 129
Schönborn, Friedrich Karl von 60
Schoeps, Hans-Joachim 14, 138
Scholem, Gershom 138
Schott, Kaspar 155
Schütz, Johann Jakob 89
Schwager, Moritz Johann 144
Scriver, Christian 116
Sedlmayr, Hans 30
Semler, Johann Salomo 144
Serrarius, Petrus 139
Seymour, Eduard, Herzog von Somerset 73
Sigismund, König von Polen und Schweden 57, 93
Simon, Richard 83, 159, 167
Skalweit, Stephan 28
Smit, J. W. 15
Sozzini, Fausto 85
Spee, Friedrich von 134, 143
Spener, Philipp Jakob 88–93, 116 f., 131 f., 139, 143
Spinoza, Baruch de 42, 83, 102, 159, 165 ff.
Sprat, Thomas 157
Strafford, Thomas Graf von 79
Stern, Selma 140
Stöcklein, Ansgar 153 ff.
Stoye, John 15
Straub, Eberhard 29 f.
Stryck, Samuel 86

Tauler, Johannes 118
Taveneaux René 67
Tersteegen, Gerhard 91, 132
Teufel, Helmut 136
Thomas, Keith 21, 173 f.
Thomas a Kempis 115, 118
Thomasius, Christian 86, 90, 143, 167
Thurn, Heinrich Matthias Graf von 48
Tilly, Johann Tserclaes Graf von 57
Toland, John 83, 158, 167
Toon, Peter 133
Trevor-Roper, Hugh R. 105 f., 108, 142
Tschernembl, Georg Erasmus 46

Veit, Ludwig Andreas 59
Villars, Claude Louis Hector Herzog von 70
Voltaire, Francois-Marie 9, 171
Vovelle, Michel 177

Wagenseil, Johann Christoph 143
Wagner, Fritz 158
Wallenstein, Albrecht von 57
Wallmann, Johannes 14

Walzer, Michael 81
Warner, Johann 130, 138
Weber, Max 81, 145–157
Webster, Charles 156
Weigel, Erhard 153
Weigel, Valentin 118, 130
Weis, Eberhard 68, 71
Wentzlaff-Eggebrecht, Friedrich Wilhelm 119
Wilhelm V., Herzog von Bayern 55
Wilhelm I., Prinz von Oranien 40, 42, 102
Wilkins, John 157
Williams, Roger 103
Wilson, John 80
Winkler, Eberhard 117
Wittram Reinhard 23 f.
Wolf, Lucien 138
Wolff, Christian 61, 90 f.

Yates, Frances 155 f., 160

Zápolya, Johann, König von Ungarn 44
Zeeden, Ernst-Walter 55
Zeller, Winfried 14, 114, 117
Zinzendorf, Ludwig Nikolaus Reichsgraf von 92
Zwingli, Ulrich 45, 97, 170

Sachregister

Aberglaube 21, 142, 166, 177
Absolutismus, absolutistische Herrschaft 9, 11, 13–20, 23–27, 29–35, 38, 40, 45, 48–51, 54 f., 57, 59, 62, 64, 67 ff., 71 f., 79, 88, 91, 93 ff., 97–100, 102, 110 ff., 133, 140, 147, 160, 164, 171, 176, 178
Absolutistische Fürsten 16, 18, 20 f., 26–34, 45, 53, 57, 60, 89, 92, 95, 100, 102, 110, 143, 170, 177
Adel 24, 29, 34, 39, 45 f., 48 f., 57, 63 ff., 67 ff., 73, 76, 81, 89, 93, 100, 102, 125, 137, 174
Altes Testament 28, 57, 70, 76, 79 f., 96 ff., 100, 103, 117, 124, 131, 151, 164, 173, 177
Analphabetentum 111, 116
Anglikanismus, Anglikaner 17, 31, 33, 74 ff., 78 f., 81 f., 95 f., 132, 141, 148, 158, 174
Angst 111 f., 123, 141, 175
Antichrist 81, 89, 129–132, 168
Antisemitismus 136 ff., 140
Antitrinitarier 49, 101 f.
Askese 146, 151
Astrologie 107, 131, 134, 173 f., 177
Aufgeklärter Absolutismus 13, 23
Aufklärung 9, 12 ff., 32, 83, 90 ff., 95, 102 f., 111 f., 145, 147, 152, 159, 162 f., 165, 167 ff., 177 f.
Aufstand 9, 46, 48, 50, 107
Augsburger Religionsfriede 12, 35, 45, 52 f., 58, 61, 63, 84
Auswanderung 20, 51, 53, 60, 69, 78, 125, 149, 168

Baptisten 81, 95, 101
Barock, Barockkultur 14 ff., 20, 28 ff., 33, 59, 67, 89, 99, 107 f., 112, 117, 129
Bauern 45–48, 68, 85, 110
Beamtentum, Bürokratie 24, 31, 67, 106, 164, 176
Berufsethik 145 ff., 150 f., 163
Bevölkerungsentwicklung, Peuplierung 12 f., 33, 51, 109 f., 125, 162, 178
Bibelkritik 158 f., 165, 167
Böhmische Brüder 47, 88, 93, 101, 131
Bruderschaften 137, 151, 154
Buchproduktion 110 f., 117
Bürgerkrieg 15, 17, 28, 78 f., 110, 132 f., 142, 149, 160, 173
Bürgertum 13, 25, 34, 38, 49, 62, 68 ff., 89, 93, 98, 125, 162
Buße 89, 97, 118 f., 122 ff., 164, 174, 177

Cäsaropapismus 29, 31, 73, 87, 89
Calvinismus, Calvinisten 12, 24, 39–42, 46, 48 f., 51, 53, 56, 58, 62 f., 65 f., 69, 76 f., 84, 87, 90 f., 97, 102 f., 128 f., 145, 148 f., 157, 172
Camisarden 69 f., 100, 134, 173
Caritas 21, 92, 96, 147
Chiliasmus 80, 98, 101, 130–133, 137 ff., 143, 145, 147, 154, 158, 162

Dissidenten, Dissenters 20 f., 34, 37, 41, 53, 73 f., 81 f., 103, 149
Disziplinierung, Sozialdisziplinierung 19, 31, 91, 95, 146 f., 164, 171, 176
Dreißigjähriger Krieg 15, 17, 49, 58 f., 66, 94, 106, 109, 120, 130, 136 ff., 155, 177

Edikt von Nantes 17, 62 f., 65, 68 f., 82, 85
Endzeit, Weltende 80, 82, 89, 124, 128 f., 139, 155, 163
Episkopalismus, Episkopalsystem 53, 64, 86
Erbauung 18, 88, 92, 177
Erbauungsliteratur 113–118, 120–123, 146 ff., 154, 161 f., 168
Erneuerungsbewegung 33, 65 f., 96–101, 115, 122, 146, 177
Erweckung 97 f.
Eschatologie 19, 70, 80 f., 89, 92, 97 f., 107, 113, 129, 132 ff., 137, 142 f., 146 f., 153–159, 162, 168 f., 171 ff.
Ethik, ethischer Rigorismus 13, 16, 35, 67, 88, 93, 96, 99, 145 f., 149

Familie 19 f., 146, 151, 170, 172, 175 ff.
Flugschriften 128, 130
Föderaltheologie 76, 79 f., 97 f., 103, 132, 173, 177
Folter 32, 141
Französische Revolution 9, 13 ff., 23, 162

Gallikanismus, Gallikaner 17, 31, 33, 61, 64–67, 69 ff., 95
Gebet 117, 120, 147, 172, 174, 177
Gegenreformation 9, 12 ff., 16, 20, 27 f., 36 ff., 40, 43, 46, 48 f., 51–55, 60, 64 f., 75, 87, 93, 95, 115, 123 f., 129, 131, 133, 136, 141, 148 f., 169, 171
Geistliche 19, 21, 31, 64, 67–71, 76, 81, 88, 90 f., 93, 98, 106, 122, 137, 140, 142, 148, 164, 168, 170 ff., 175
Gemeinde 19, 31, 41, 70, 75–78, 82, 84, 98, 100, 122, 136 f., 140, 146, 151, 164, 168, 171 f., 175
Gemeiner Mann 21, 31, 81, 130, 140, 174

Glaubens- und Gewissensfreiheit 24, 34, 42, 46, 50 f., 80 ff., 87, 93, 95, 100, 102, 165
Gottesgnadentum 17 f., 20, 24, 27–30, 32 f., 64, 68 f., 71, 77, 79, 82, 95 f.

Heiligung 89, 92
Heilsgeschichte 126, 128, 131, 134, 143, 158, 160, 162, 172
Hexen, Hexenverfolgung 32, 141 ff., 145 ff., 156, 162, 164, 167, 171, 173 f., 177
Hofprediger 31 f., 34, 88, 91
Hugenotten 24, 33 f., 62–66, 68 f., 85, 89, 94, 100 f., 125, 134, 141, 149, 159, 162, 177

Independenten 80 f., 174
Industrielle Revolution 13, 110, 147, 152, 161
Inquisition, Inquisitionsprozeß 32, 37, 39 f., 149, 166

Jansenismus, Jansenisten 17, 20, 33, 61, 65–68, 70 f., 94–100, 115, 117, 122, 147 f., 175 f.
Jesuiten 12, 17, 47, 53 ff., 65–68, 71, 75, 79, 93, 95 f., 108, 117, 130 f.
Juden 38, 41, 60, 81, 85, 87, 91, 131, 133, 135–141, 143, 146, 159, 162
Jüngstes Gericht 124, 126–130, 133 f., 142 f., 147, 153, 162, 168, 172 f.

Kapitalismus 24 f., 81, 105, 145 f., 149 ff.
Katholische Reform 13 f., 16, 20, 37, 53
Katholizismus 12, 34–37, 39 ff., 41, 44, 49 f., 52 f., 55, 59 f., 62 ff., 66, 68, 73 f., 81 f., 84, 91, 93–96, 100, 102 f., 117, 120, 125, 131 f., 134, 136, 141, 145, 147 f., 150, 168, 170 f., 173, 175
Ketzer, Ketzerei 30, 32, 37 ff., 73, 125, 142, 149, 158 f.
Kirchenlieder 116, 120 f., 129
Kometen 125, 127, 158, 166 f., 171 f.
Konfession, konfessionelle Uniformität 12, 23, 51 f., 59 f., 63, 86 f., 94 f., 102, 115, 123, 129, 148, 150, 155, 170, 176, 178
Kongregationalismus 75 ff.
Konzil von Trient 12, 16, 20, 36, 45, 54, 62, 65, 171
Konventikel 89 f., 92, 122, 151, 176
Konziliarismus, Konziliartheorie 64, 66 f.
Krieg 17, 26 f., 38, 42, 49, 56, 58, 80, 89, 107 ff., 118, 125, 133, 135, 146, 167, 172
Krise des 17. Jahrhunderts 17–20, 105–110, 112 f., 115, 123, 127, 144, 146, 148, 151, 159 ff., 164, 166, 168 f., 178

Leichenpredigten 117
Libertinismus 41, 78, 102
Liturgie 54, 73, 76, 80
Luthertum, Lutheraner 41, 45, 47, 49, 51, 53, 55 f., 58, 60, 73, 84, 87, 90 f., 128, 131, 139, 147 f., 172 f.

Märtyrer 72, 74, 101
Magie, Zauberer 21, 171, 173 f., 177
Marranen 136 ff., 141, 149
Marxismus 24 f., 33
Merkantilismus 31, 33, 68, 85, 95, 111 f., 140, 147, 162
Messianismus 138
Methodismus, Methodisten 82, 97, 162, 177
Minderheiten 34, 63, 65, 84 f., 94 f., 100 f., 103, 149, 162, 177
Mission, Missionare 30, 32, 37, 42, 75, 92
Molinismus 66
Monarchomachen 62, 64
Morisken 34, 38, 141, 149
Mystik, Mystiker 70, 88, 114, 118 f., 148, 154

Naturrecht 27, 62, 86, 157
Naturwissenschaft, neue Wissenschaft 17 ff., 83, 111 ff., 134, 152 f., 156, 158, 160
Neues Testament 103, 131, 173
Neustoizismus 85, 87
Nonkonformismus, Nonkonformisten 81 f., 88, 103, 148, 167, 177

Obrigkeitslehre 19, 24, 62, 86
Offenbarung Johannis 78, 98, 124, 130 f., 133, 168
Opposition, Oppositionsbewegung 20, 33 ff., 38, 47, 64, 67, 70 f., 77, 93 ff., 99, 176
Oratorianer 65, 70, 122

Pansophie 46, 130 f.
Papst, Kurie 16 f., 19, 28 f., 31, 35, 38 f., 54 f., 64 f., 67, 69–73, 75, 79 ff., 84, 124, 127, 129 f., 132 f.
Periodisierung 12–15
Philosemitismus 136, 138
Pietismus, Pietisten 14, 32 f., 83, 88–92, 95–100, 115 f., 122, 132, 141, 145, 147 f., 162, 175 f.
Prädestination 41, 66 f., 97, 147, 149 ff., 157
Presbyterianer 74–77, 79 f.
Propheten 70, 76, 96 f., 100, 168, 171, 173, 177
Protestantische Orthodoxie 14, 17, 32, 87 ff., 95, 108, 119, 123, 154, 165, 171 ff.
Protestantismus 17, 36 f., 39, 44–52, 55 f., 58 ff., 62 f., 69, 74 f., 97, 100, 103, 110, 114, 117, 124 f., 130, 132, 134, 136, 139, 141, 145, 148, 150, 164, 168, 175
Puritanismus, Puritaner 17, 20 f., 33 f., 76–83, 94–100, 103, 106, 115, 122, 128, 132 f., 141 f., 146 f., 149, 156–159, 168, 173, 175 ff.

Quäker 81, 95, 101, 103, 133, 149
Quietismus, Quietisten 33, 70, 81, 88, 91, 95 f., 115, 148, 176

Reformation 9, 12, 14 f., 20, 42, 53 ff., 57, 72 ff., 92, 94, 117, 128, 149, 156, 169 f.

Reformorthodoxie 88
Regalismus 33, 36 f., 95
Rekatholisierung 16 f., 45–51, 59 f., 70, 73, 75, 82, 93, 107
Religionsfreiheit 47, 49, 79, 82, 87, 102
Remonstranten, Arminianer 41, 78
Renaissance 15, 46, 106, 131, 136
Residenz, Hof 16, 29 f., 32 ff., 106, 110, 170
Richerismus 64, 71
Rosenkreuzer 130, 154–160

Säkularisierung 13, 16, 24, 52, 57, 73, 100, 148, 152, 164, 176 ff.
Sakramente 66, 73, 142, 170
Seuchen 109, 111, 126, 135, 167, 171, 175
Souveränität 25, 27, 29, 31 f., 45, 59, 62, 73, 77, 86 f., 89
Sozinianer 85, 87
Staatskirche, Staatskirchensystem 18 f., 26, 32 f., 36, 64 f., 71, 73, 76, 78, 81 f., 86, 94–100, 102 f., 106, 115, 122, 133, 176 f.
Staatsraison 16, 25 f., 31, 66, 77, 86, 94, 111, 164
Staatsrecht 25 f.
Stände, ständische Verfassung 17, 20, 23, 26, 33, 35, 40, 44–50, 52, 55 f., 60, 64, 67, 88 f., 91, 93 f., 99, 101, 110, 130, 140, 155, 176
Synkretismus 87

Tausendjähriges Reich 98, 124, 127, 130, 132 ff., 138, 153, 173
Territorialismus, Territorialsystem 26, 33, 83, 86–89, 91, 95, 102, 141
Tod 107 f., 111, 116 f., 119, 122, 167, 174 f.
Toleranz 33 f., 40–43, 47, 51, 59, 65 f., 85, 87 f., 90, 100–103, 139 ff., 143, 149, 162, 166 f., 177
Türken 38 f., 44 f., 47, 49 f., 69, 89, 125, 127, 133, 137
Tyrannei 26, 40 f., 62, 69, 79 f., 102

Universität 38, 46 f., 55, 61, 63, 68, 133, 139, 168, 170
Urchristentum 76 f., 88

Volk Israel 57, 76, 79 f., 96 ff., 100, 124, 173, 177

Waldenser 85, 89, 91, 101
Wallfahrten 29 f., 71, 170
Westfälischer Friede 13 f., 58, 60, 110
Widerstand 27 f., 33 ff., 42, 50, 62, 64 f., 69 f., 77, 82, 88, 95, 176
Wiedergeburt 78, 96 ff.
Wiederkunft Christi 18, 28, 89, 92, 98, 124, 127, 132 ff., 138, 142 f., 146, 153, 158, 168, 173
Wiedertäufer, Mennoniten 41, 45, 53, 79, 87, 100 f., 130, 173

Zeitungen 127 f.
Zeitzeichen 124 f., 127 f., 132, 134, 143, 166, 168, 171 ff.
Zensur 54, 78, 81, 178